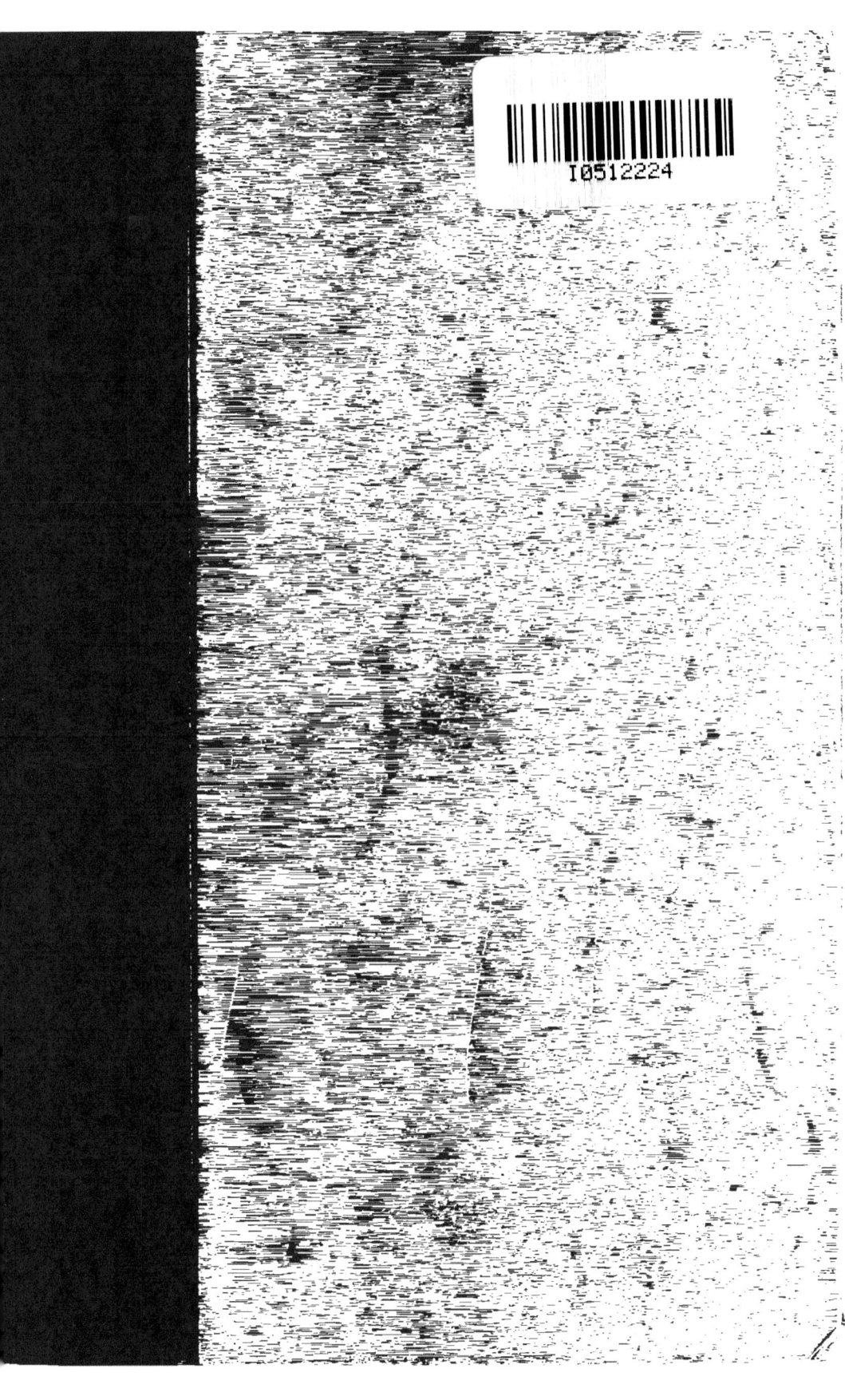

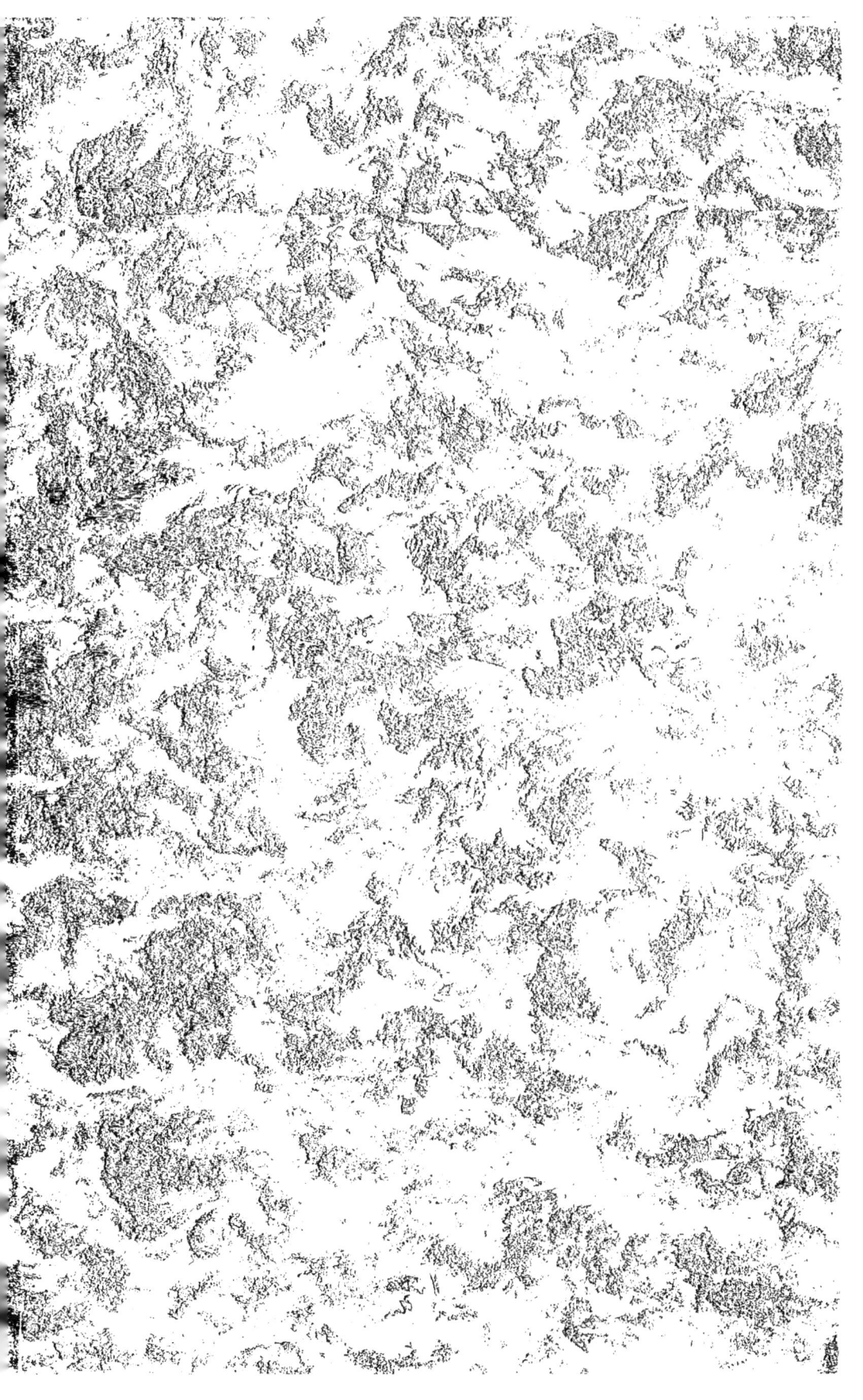

DE L'UNION

DES

ARTS ET DE L'INDUSTRIE.

15542

DE L'UNION

DES

ARTS ET DE L'INDUSTRIE

PAR

M. LE C^{TE} DE LABORDE,

MEMBRE DE L'INSTITUT.

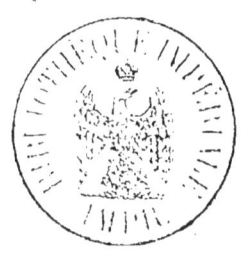

TOME PREMIER.

LE PASSÉ.

PARIS.

IMPRIMERIE IMPÉRIALE.

M DCCC LVI.
1857

COMMISSION FRANÇAISE

DE L'EXPOSITION UNIVERSELLE DE LONDRES.

RAPPORT

SUR LES BEAUX-ARTS

ET

SUR LES INDUSTRIES

QUI SE RATTACHENT AUX BEAUX-ARTS.

COMPOSITION DE LA XXXe CLASSE DU JURY.

MM. G. DE VIEBANN, conseiller au département du commerce, à Berlin......................... Zollverein.
lord COLBORNE............................ Angleterre.
Antonio PANIZZI, conservateur des imprimés au Musée britannique........................... Toscane.
C. R. COCKERELL, architecte de la Banque de Londres.
J. GIBSON, sculpteur......................... Angleterre.
lord HOLLAND............................. Toscane.
le comte DE LABORDE, membre de l'Institut........ France.
le général Georges MANLEY................... États Pontif.
C. T. NEWTON, conservateur-adjoint des antiquités au Musée britannique........................
A. William PUGIN, architecte.................. Angleterre.
A. J. QUETELET, secrétaire de l'Académie des beaux-arts de Bruxelles........................... Belgique.
Richard REDGRAVE, peintre.................... Angleterre.
J. D. C. SEURMONDT, directeur de la Monnaie, à Utrecht................................... Hollande.
le Dr C. WAAGEN, conservateur des tableaux du Musée de Berlin................................ Prusse.
W. WYON, graveur de la Monnaie, à Londres...... Angleterre.

AVANT-PROPOS.

L'Exposition universelle de Londres a remué le monde, et les effets de cette commotion se continuent dans les intelligences capables d'apprécier la portée de cet événement. Personne, en effet, ne croira qu'en fermant les portes du Palais de Cristal on a clos la discussion des grands intérêts débattus dans son enceinte. Loin de là : c'est depuis que les visiteurs sont rentrés dans le courant de leur activité nationale qu'on s'aperçoit à quel point l'horizon de chacun s'est étendu au delà de sa portée ordinaire. Et cependant, si ce contact des intérêts généraux a soulevé toutes les questions, un résultat a dominé ce mouvement : évident pour tous, il est devenu comme le programme universel. Chacun s'est dit : « L'avenir des arts, des sciences et de l'industrie est dans leur association. »

Représentant de la France dans le Ve groupe du jury, j'ai dû étudier cette question au point de vue particulier de l'action des arts sur le développement intellectuel et commercial des peuples. Cependant je n'ai pas mission d'écrire l'histoire des beaux-arts; je dois indiquer sommairement le rôle qu'ils ont joué aux époques florissantes de la civilisation, signaler en quoi, de nos jours, ils ont changé leur voie, et quels vices de constitution arrêtent leur essor; puis, après avoir marqué notre place dans l'Exposition universelle de Londres, constater les efforts qui sont faits de tous côtés pour nous ravir le sceptre dont la légitimité a été reconnue dans ce solennel concours; enfin je dois rechercher quelles sont, dans cette nouvelle situation, les mesures à prendre, les réformes à introduire, les institutions à fonder pour soutenir la lutte et maintenir la domination universelle que la France a exercée à plusieurs reprises depuis Charlemagne, et sans interruption, comme sans conteste, depuis Louis XIV.

Cette tâche est lourde; avant de l'accepter, je me suis fait deux questions : Les arts ont-ils assez d'importance dans la vie d'un peuple pour qu'on doive s'en occuper sérieusement? Ai-je le droit de traiter cette matière difficile? J'ai répondu affirmativement sur les deux questions; le lecteur jugera en dernier ressort.

Je ne me suis occupé que des arts, et cependant je ne sépare de l'industrie ni les lettres ni les sciences; à mon sens, les arts, les lettres et les sciences ne font qu'un avec l'industrie, et l'édifice industriel menace ruine quand ces trois appuis de sa base perdent de leur solidité. La culture des lettres et des sciences, comme celle des arts, peut avoir lieu, il est vrai, d'une manière abstraite, et se développer dans l'isolement; mais alors ces études sont bornées autant que puériles, ce développement est maladif et n'a aucune portée.

Si l'union est complète, la marche est assurée, et toutefois les progrès diffèrent essentiellement. Les arts ne se laissent arracher que des victoires personnelles et passagères; les sciences accordent à l'humanité des conquêtes inaliénables, définitives, et qui conduisent avec certitude à d'autres conquêtes. Dans les arts, une génération apprend et crée des chefs-d'œuvre; celle qui la suit désapprend et ne laisse rien après elle : dans les sciences, depuis l'origine du monde, mais surtout depuis l'invention de l'imprimerie, qui défie les invasions partielles de la barbarie, ce qu'une génération invente devient le patrimoine de la génération qui la suit, le point où l'homme est arrivé sert de point de départ aux nouveaux efforts de ses enfants. Cette différence est surtout sensible lorsque l'enseignement des arts est désorganisé, en même temps que l'étude des sciences est fortement constituée; on voit alors se produire ce qui se passe aujourd'hui sous nos yeux : une école d'artistes qui laisse dépérir l'art, une foule de praticiens qui le rabaissent dans des pastiches de tous les styles, tandis que la science unie à l'industrie marche à pas de géant dans une voie élargie, aux horizons sans fin. C'est à rétablir une harmonie indispensable que tendent tous les développements de mon rapport.

Je propose dans ce travail beaucoup d'innovations, sans avoir de prétention au rôle de novateur, au mérite des idées originales, sans me laisser non plus étourdir par les reproches d'esprit chimérique et paradoxal, car la vie se passe à taxer de vulgarité les chimères de la veille et à nommer aujourd'hui vérité banale ce qui était hier paradoxe insensé; je n'ignore pas qu'une idée n'entre dans la pratique que lorsqu'elle s'est dépouillée du costume étrange de la nouveauté, et je serai heureux si chacun, en me lisant, peut s'écrier : « Mais ceci a été fait! mais j'ai déjà eu cette idée! Voilà un projet qui n'est pas nouveau; j'ai vu cette proposition quelque part; les anciens ont fait cela : au moyen âge, on ne procédait pas autrement! » Ce sera là mon triomphe, triomphe de courte durée, je le sais; hier, on m'aurait reproché de rêver l'impossible, demain on m'accusera d'avoir proposé des mesures vulgaires et d'être un esprit arriéré : ainsi juge la routine, ainsi marche le progrès.

Me rattachant à toutes les grandes traditions, j'aurai contre moi ceux qui les considèrent comme des vieilleries inutiles; croyant sincèrement que les peuples les mieux doués et les plus avancés sont menacés de décadence quand ils ne marchent pas résolûment dans la voie du progrès, j'aurai à lutter contre cette jeunesse qui pense que la génération présente est prédestinée pour les grandes créations de l'art, parce qu'elle a su se débarrasser de toutes les entraves de l'étude; mais ma conviction n'est pas ébranlée par ces dédains superbes, par cette confiance aveugle. J'ai vu partout, dans l'histoire des arts, les renaissances se former avec lenteur de l'habile combinaison d'éléments anciens et nouveaux, à force de labeurs, au prix de mille efforts, et je crois que la renaissance du xixe siècle, que j'appelle de tous mes vœux, sera également le résultat d'une comparaison sérieuse et approfondie de tous les modèles de l'art associés aux beautés de la nature, d'études accomplies de bonne foi, avec conscience, persévérance et modestie.

APERÇU HISTORIQUE SUR LA MARCHE DES ARTS

AU MILIEU DES NOMBREUX CHANGEMENTS DE STYLE ET DES DIVERS MODES D'ENSEIGNEMENT, DE CONTRÔLE ET DE PROTECTION.

L'homme avait à peine commis sa première faute qu'il comprit sa destinée finale. Adam vit qu'il était nu, dit l'Écriture; il se fit industriel pour s'habiller et pour meubler sa demeure. Mais Dieu n'aurait pas voulu donner à sa créature une mission aussi matérielle, aussi bornée; il permit que l'homme emportât du paradis, en souvenir de son existence presque divine, cet amour du beau qui le relève de sa déchéance, qui distrait ses ennuis et le console dans l'adversité.

L'homme est donc né à la fois industriel par besoin et artiste par vocation; mais, de même que les individus sont plus ou moins intelligents, les nations sont plus ou moins bien douées. Ce sentiment d'outre-terre, cet amour du beau, inné en nous comme les principes de la vertu, l'amour filial, le sentiment de l'honneur, la barbarie peut l'étouffer ou le laisser sommeiller, l'éducation et les institutions ont le pouvoir de le développer et de l'exalter. Telle nation est artiste sans industrie, telle autre deviendra industrielle sans avoir le sentiment des arts. Vienne un de ces hommes que les nations nomment *grands*, et il donnera à celle-ci des bras; à celle-là, une âme; à la nation artiste, des machines, des comptoirs, des vaisseaux; à la nation industrielle, la connaissance et l'amour du beau par l'enseignement des écoles, par la vue des chefs-d'œuvre de l'art répandus sur les voies publiques ou réunis dans les musées.

Tout art a pour loi de développement la diversité dans l'unité, la liberté dans la règle.

L'Égyptien a trouvé dans sa religion, peut-être aussi dans les limites circonscrites de sa vallée, créée successivement et toujours fécondée par le limon du Nil, et en même temps dans la nature monotone de son climat, aux phénomènes réguliers, toujours et toujours les mêmes, un obstacle au développement de ses qualités précieuses, car il était né à la fois artiste et industriel, artiste par une faculté rare d'observation et par un goût décidé pour la perfection de toute œuvre, industriel par l'esprit inventif qui trouve les procédés et par l'aptitude patiente qui les applique à nos besoins.

Les prêtres dominèrent l'art et lui imposèrent l'unité sans diversité, la règle sans liberté; mais en même temps ils organisèrent les castes laborieuses de manière à assurer à tous les procédés le progrès continu sans défaillance momentanée, sans arrêt et sans décadence, le perfectionnement sans limites. Ainsi retenu, ainsi organisé, l'Égyptien est resté un artiste borné; il est devenu un ouvrier incomparable. Du reste, l'artiste et l'industriel furent liés indissolublement dans ce pays, qu'ils travaillassent pour le temple de la divinité ou pour le tombeau des seigneurs, pour l'ameublement royal ou pour la vie domestique du riche; un même style, un même goût présidait à tout, et si ce peuple semble avoir été absorbé dans l'observation du culte et dans la contemplation de la mort, d'innombrables témoignages établissent toutefois qu'il donnait une part de ses soins à l'embellissement de la vie et aux distractions dont Dieu a mis en nous le besoin.

En Asie, avec de vastes plaines accidentées et des conditions de climat différentes, avec une constitution politique et religieuse analogue, l'art se constitua de la même manière; un art entier, une architecture sculptée et peinte qui sert de modèle à l'ameublement et aux ustensiles de la vie privée. L'art assyrien, comme l'art égyptien, n'a ni enfance ni vieillesse, ni tâtonnements ni décadence; c'est un singulier problème que cette perfection tout d'une pièce qui apparaît et disparaît sans grandir, mais aussi sans s'amoindrir.

La civilisation en était à ce point lorsque, par des colonies originaires de l'Égypte et de l'Asie, se constitua le peuple le plus admirablement doué dans la contrée délicieuse qui se nomma la Grèce. Ici l'art, à peine sorti des bornes étroites qui entravaient son cours dans ces deux vastes régions, prit un développement nouveau, un essor inconnu. Il sembla que l'âme pour la première fois pénétrait dans l'œuvre de l'homme, qui jusqu'alors n'avait encore rien produit que par l'effort de sa main. L'unité se vivifia par la diversité, la règle ne fut qu'un guide pour la liberté. Mais prenons l'art grec à ses débuts.

L'école de Dédale était égyptienne et asiatique dans ses procédés et dans les principes de respect, dans les entraves traditionnelles qu'elle imposait aux artistes. Elle avait maintenu, comme en Égypte, comme en Asie, un type conventionnel qui se reconnaissait à première vue, et que Pausanias, après plusieurs siècles, pouvait encore déterminer sans hésitation. Il est donc à supposer que l'organisation était la même, autant toutefois que le comportaient des caractères indociles et une nature plus déliée. De nombreuses générations d'artistes usèrent des années à briser ces entraves, et ils trouvèrent dans la lutte cette force que le ressort acquiert par la compression, cette profondeur que le sentiment trouve dans une carrière limitée, les grandes qualités enfin qui distinguent l'école attique primitive.

Consacré au culte des dieux, l'art avait encore les prêtres pour législateurs et gardiens sévères des traditions; mais ces prêtres étaient des Grecs, et la séduction des innovations s'exerçait sur eux : ils cédaient devant les empiétements des chefs-d'œuvre, et, en les admirant, ils se laissaient entraîner par eux. Ils auraient repoussé les difformités de l'Inde, les accouplements monstrueux de l'Égypte; ils furent sans défense contre l'idéalisation de la nature, qui substituait peu à peu aux formes hiératiques de vieilles idoles immobiles toute une perfection de beautés qui convenait à des dieux pétris de passions humaines. L'art d'ailleurs n'était déjà plus confiné dans les temples; représenter les dieux était encore sa mission, ce n'était plus son occupation exclusive. Tout rentrait dans son ressort, et la liberté qu'il prenait au dehors du sanctuaire avait son écho au dedans. L'admirable et magnifique coffre de Cypselus, sans aucune destination religieuse, est un exemple de ce que l'art pouvait en dehors de sa mission hiératique, et, à défaut d'autres renseignements dans les textes, nous avons tiré des tombeaux la preuve qu'armures, meubles, bijoux, arts céramiques, toute la vie privée enfin, était comme le reflet, comme la traduction des progrès que l'art faisait dans des régions supérieures. Mais cette application aux usages domestiques n'est restée si pure, si élevée, si sévère (car l'ustensile le plus vulgaire est devenu dans nos musées un modèle précieux), que parce que l'art, considéré dans sa haute mission, restait lui-même élevé, pur et sévère.

Le plus beau chef-d'œuvre de cette grande école primitive, c'est Phidias lui-même, et c'est ici le lieu d'examiner dans quelles conditions se trouvaient les arts de la Grèce lorsque ce grand génie se plaça à la tête de l'école athénienne.

Les traditions religieuses avaient encore une grande puissance; les traditions de caste ou d'école perdaient une bonne part de leur influence; déjà l'imitation de la nature était devenue une autorité, et la séduction de l'imagination se trahissait en toutes choses. Les perfections du métier vinrent en aide à cet essor de l'intelligence artistique, car la Grèce héritait des procédés si avancés de l'Égypte et de l'Asie; la céramique, le verre, le travail des métaux, de l'ivoire, des pierres précieuses, du marbre et du bois, n'avaient de secrets pour aucun atelier, et cette qualité précieuse qui s'appelle le goût distinguait déjà la nation entière. Comment ce bon goût s'était-il formé ?

Ce qui dominait ce peuple d'élite, c'était son admiration pour la beauté du corps humain, qu'il poussa au point de ne savoir plus la distinguer, de ne pouvoir plus au moins la séparer de la beauté morale : la beauté du corps, disait-il, est un reflet de la beauté de l'âme; être vertueux, être beau, être juste, autant de dons des dieux, et des dons au moins égaux. Quelles furent les conséquences de cette manière de voir? A la guerre, nous apprend Hérodote, l'homme le mieux fait avait, par cela seul, un nom et une célébrité. Dans la paix, on vivait au milieu des exercices de la palestre, c'est-à-dire dans l'état le plus voisin de la nature, avec la seule occupation de rechercher les plus belles formes, les mouvements, les attitudes et les expressions les plus favorables à la beauté. Il y avait même des concours de beauté, et le vainqueur seul pouvait conduire la procession de Mercure à Tanagre et avait droit de prétendre aux fonctions de prêtre d'Apollon Isménius ou de prêtre de Jupiter à Ægœ dans l'Achaïe. Climat, morale, religion, autorisaient la nudité, favorisaient ainsi l'étude du corps humain et en donnaient à chacun une connaissance exacte, véritable fondement du talent des artistes, du goût et du jugement du public. Et cette tolérance pour la nudité, loin d'être un signe de démoralisation, était tenue par les Grecs pour une marque de leur supériorité sur les autres nations. *Les barbares,* dit Hérodote, *tiennent à opprobre de se montrer nus,* et Platon remarque que les Grecs, à l'aurore de leur civilisation, avaient les mêmes scrupules, faisant ainsi comprendre qu'ils avaient écarté ce reste de barbarie depuis qu'ils avaient secoué cette réserve.

Était-ce à l'avantage de la pureté des mœurs? Je le crois; car les nobles aspirations détournent l'homme de ses mauvais penchants et domptent la chair en exaltant l'esprit. On a parlé de désordres habituels chez les anciens Grecs, et qui auraient été la conséquence de cette vie dans la palestre; ces mêmes désordres se retrouvent chez les Grecs modernes et dans tout l'Orient, où la nudité est un opprobre, où l'étude du corps n'est possible qu'au marché des esclaves, où l'art lui-même est condamné par la religion. Il est vrai que, dans ce culte passionné de la beauté, la femme ne paraît pas avoir pris en Grèce le rang qui lui appartient, la place que le christianisme lui a rendue. Je dis ne paraît pas, parce qu'il serait peu sensé de juger toute une organisation civile par les récits des poëtes et de croire qu'on connaît la vie intérieure des Grecs par les écrits de ceux qui vivaient de leur vie extérieure. Une grande société n'a pas pu atteindre au plus haut degré de la civilisation, donner l'exemple de tous les nobles sentiments et jouir de huit siècles d'une admirable prospérité, en ne comptant dans son sein que de viles courtisanes, que d'impudiques modèles d'atelier. Non, les Grecs ont connu tout aussi bien que nous, mieux que nous, les vertus domestiques et le charme de la vie de famille; leur intérieur était d'autant plus tranquille, chaste et pur, qu'il se distinguait mieux des habitudes extérieures; la vie du dedans était d'autant mieux protégée par le silence, abritée par le calme, qu'elle tranchait plus complétement sur la vie bruyante du dehors. Un bonheur de famille muré et dont nous savons peu de chose, une existence publique livrée au culte des arts, à l'empire des sens, et dont nous avons le tableau embelli par l'imagination des poëtes : tel est l'état de la société, dans laquelle la femme occupait une grande place. Elle choisissait, entre ces deux voies si différentes, celle qui répondait au penchant irrésistible de sa nature, portant ainsi aux uns, en gage de félicité, les vertus douces, fermes et résignées, aux autres les passions violentes, l'abandon lascif, l'entraînement poétique. La famille conservait tous ses droits, et l'art avait les motifs d'inspiration, les ressources d'étude et les éléments de progrès qui lui sont indispensables.

Les jeux Olympiques ajoutèrent à cette étude du nu l'attrait de l'enthousiasme. On sait ce qu'étaient ces jeux : une institution politique et l'école des nobles sentiments patriotiques qui créent et constituent une nationalité. De là cette protection que lui accordent les États, ce concours dévoué de tous les hommes considérables. Les Grecs avaient pensé, en outre, que l'hygiène de tout un peuple et le progrès des arts étaient choses d'assez d'importance pour réclamer le concours de ce qu'il y avait de plus puissant dans leurs institutions. La gymnastique eut sa consécration religieuse. Les prêtres affirmèrent qu'Apollon avait lutté avec Hercule dans le stade d'Olympie, et toute la jeunesse grecque, 776 ans avant Jésus-Christ, accourut dans ce champ clos disputer à son tour la palme de la beauté, de l'agilité et de l'adresse. Ainsi se fonda d'elle-même la véritable exposition des arts : l'homme, cette suprême création de Dieu, exposée dans ses plus parfaits modèles par toutes les cités de la Grèce, les jeunes gens les plus beaux et les mieux doués choisis dans toutes les palestres pour lutter de grâce, de souplesse et de force; et, après les émotions de ces luttes charmantes, tout cet auditoire parcourant les salles de tableaux et les galeries de statues, ou reposant dans le bois sacré du Dieu, non loin de son temple, magnifique produit de l'architecture, pour écouter les chants des rapsodes, les discours des orateurs et des philosophes, les récits de voyage d'Hérodote et les odes de Pindare. Déjà, plus de cinq siècles avant l'ère chrétienne (59° olympiade), Praxidamas d'Égine eut sa statue, et, depuis lors, pas un vainqueur dont les traits, aussi bien que les formes, ne fussent saisis par le sculpteur le plus habile, les traits dans la noble exaltation de la victoire, les membres dans l'action énergique de la lutte, l'homme, en un mot, et toujours le plus beau, dans le développement le plus heureux pour l'art et le plus difficile pour l'artiste. C'était le réalisme de l'art dans son magnifique développement, car c'était le portrait et la copie du modèle, mais d'un modèle désigné par les applaudissements d'un peuple entier, consacré par la gloire du succès, et qui devenait ainsi le programme et la donnée mère de l'art.

Tous les quatre ans, la Grèce entière, son intelligence et son cœur réunis à Olympie, retrouvait ce musée iconographique complété par les artistes les plus célèbres, car c'était un titre d'honneur, une victoire aussi, de pouvoir placer son œuvre dans ce sanctuaire. Artistes et athlètes briguaient cette faveur, et tout était prétexte, aux individus comme aux municipalités, aux villes rapprochées comme aux colonies lointaines, de prendre part à ce concours, où les rivalités d'école, de nationalité, de voisinage, trouvaient à se déployer sous les yeux de la Grèce réunie. Il suffisait d'un vœu exaucé, d'un oracle accompli, pour consacrer une statue de Dieu, un monument votif, un groupe colossal; le dévouement d'un citoyen, la bonne administration d'un tyran, la victoire d'un général, motivaient des statues iconographiques, des bas-reliefs allégoriques, des vases en or, en argent ou en bronze, et chaque année ajoutant aux prodigalités de l'année précédente, le jardin d'Olympie, ses portiques et ses temples s'étaient remplis d'une population entière de statues qu'on ne peut estimer à moins de cinq à six mille, puisque, sous le règne de Néron seulement, les Romains en enlevèrent trois mille, et que Pausanias, cent ans plus tard, n'éprouvait d'autre regret que de ne pouvoir décrire toutes celles qui s'y trouvaient encore.

D'autres jeux, moins célèbres que ceux d'Olympie, réunissaient aussi le peuple grec : c'étaient les jeux Pythiques, à Delphes, et ceux de l'Isthme, près de Corinthe. Les enceintes de ces réunions étaient également consacrées à la religion et aux arts; on en peut dire autant de l'Acropole d'Athènes et des acropoles de toutes les villes qu'un temple fameux rendait sacrées. Là aussi venaient placer leurs statues et leurs monuments votifs, l'artiste déjà célèbre et l'amateur fier de protéger les arts, la ville des colonies grecques, heureuse de prouver qu'elle n'était pas devenue étrangère aux arts de la mère patrie, et la ville des contrées barbares qui prétendait être digne du nom de Grec. Tous ces sanctuaires vénérés, dépositaires scrupuleux de nombreux chefs-d'œuvre, formaient les véritables musées de l'art grec, puisqu'ils en offraient les débuts et les progrès aux générations qui successivement venaient s'y former le goût; mais, contrairement à l'idée que nous représente un musée, tout dans ces réunions d'objets d'art vivait du sentiment qui avait présidé à la consécration de chaque œuvre du génie, rien qui sentît ce froid glacial, cette impression lugubre dont l'âme est saisie dans nos galeries. A Olympie surtout, la beauté du lieu, la richesse des offrandes et le concours immense des spectateurs, venus de la Grèce et de ses colonies les plus éloignées, étaient bien faits pour enthousiasmer toutes les âmes. Aussi l'admiration, exaltée par les nouvelles luttes, s'attachait aux nouvelles statues, revenait aux plus anciennes, comparait les unes et les autres avec les athlètes qui allaient entrer dans la lutte, et qui bientôt en sortaient couverts de lauriers ou suivis de regrets. C'était l'exercice du jugement le mieux préparé dans les circonstances les plus favorables : un musée de statues à côté d'un musée de modèles ; la nature, dans sa plus riche parure de beauté et de force, donnée en étude à l'imagination de l'artiste au moment de sa plus grande exaltation ; et quant à la foule, à ce public destiné à devenir le juge de l'artiste, cette étude de l'art par les modèles vivants était pour elle le développement, le complément de l'enseignement donné dans les écoles, car dans toute la Grèce, dès les temps anciens, le dessin fut la première instruction des enfants. Il devint obligatoire, comme l'étaient la natation, la gymnastique et l'équitation, alors que ces exercices avaient déjà développé dans la nation la connaissance et le goût de la beauté des formes. Les pères ne pouvaient soustraire leurs enfants à cet enseignement sans s'exposer à déchoir de leur autorité, et toute la jeunesse apprit ainsi à figurer exactement les objets avant de les décrire vaguement dans des caractères de convention. Le dessin précédait l'écriture. Habitué de cette manière à regarder, préparé à bien voir et à conserver dans la mémoire le souvenir plastique de ce qu'il avait vu, le jeune Grec arrivait à l'âge où l'on entrait dans les palestres, où l'on suivait les exercices du stade institué dans chaque ville, où l'on avait le droit d'assister aux jeux Olympiques.

Ne nous étonnons pas des progrès de l'art grec, quand la nature, ainsi présentée, lui sert de guide. Cette étude, la mère nourricière de l'art, donna, non pas seulement aux artistes, mais au peuple entier, le sentiment des justes proportions en toutes choses ; aussi n'y eut-il chez les Grecs ni paysagistes, ni sculpteurs d'animaux, ni peintres de genre et de nature morte, ni miniaturistes, ni industriels chargés d'appliquer l'art aux objets de la vie privée : il y avait des artistes (chacun était artiste) qui, formés par l'étude du corps humain, étaient devenus maîtres de leur art et l'appliquaient ensuite avec succès à la donnée la plus difficile, comme à ses programmes inférieurs. Je ne citerai pas, la liste en serait longue, les architectes qui furent sculpteurs, et les sculpteurs qui, comme Polyclète, excellaient dans l'architecture, ceux d'entre eux qui pratiquaient en même temps la peinture : Phidias débuta par être peintre; mais je donnerai deux exemples de l'art associé aux lettres et s'alliant sans hésitation avec l'industrie. Paul Émile ayant demandé aux Athéniens, pour élever ses enfants, le plus célèbre de leurs philosophes, et, pour peindre son triomphe, le meilleur de leurs peintres, ils ne choisirent qu'un seul homme : Métrodore réunissait ces deux mérites. Pausias, un peintre célèbre, dont le talent avait inspiré assez de confiance pour qu'on le chargeât de restaurer les peintures de Polygnote sur les murs de Thèbes, Pausias peignait en même temps des décorations d'appartements, de murs, de lambris et de plafonds. L'histoire des arts dans l'antiquité est remplie de ces faits. Zeuxis même, et c'est tout dire quand il s'agit de talent incontestable et de gloire acquise, Zeuxis, enrichi par l'exercice de son art et remplissant la Grèce de sa renommée, ne dédaignait pas de tracer ses compositions sur les vases de la céramique la plus ordinaire. Cette limite si précise que nous prétendons tracer entre l'art et l'industrie n'existait donc pas, ou du moins la transition était si insensible que l'industrie semblait être un emploi courant, facile et comme secondaire des facultés de l'artiste. Elle était abandonnée à des élèves livrés à eux-mêmes soit par le départ, soit par la mort de leurs maîtres, et à des artistes qui, n'ayant pas réussi dans les grandes œuvres de l'imagination, trouvaient chez un bronzier, un orfèvre ou un potier l'emploi d'un talent, incomplet sans doute, mais préparé par les plus sérieuses études et nourri des meilleurs principes. Ces jeunes gens apportaient dans la décoration d'un fauteuil ou d'un lit, d'une lampe, d'un bouclier, d'un coffret ou d'un vase, un sentiment supérieur à leur œuvre et des traditions de goût maintenues avec d'autant plus de respect qu'elles étaient rigoureusement exigées par une clientèle difficile à satisfaire. De cette domination exercée par l'ouvrier sur l'œuvre qu'il entreprend découle le bon sens ou la convenance des formes, l'application heureuse de la décoration des monuments aux ustensiles les plus vulgaires, en un mot l'alliance de l'art et de l'industrie.

Il n'y eut donc pas chez les Grecs des artistes et des industriels, mais il y avait des artistes à divers degrés de talent, dont les productions se distinguaient surtout par la différence de leur destination. Un exemple excellent de cette confusion, disons mieux, de cette fusion, se trouve dans Plutarque. L'illustre biographe parle des magnifiques constructions entreprises à Athènes par Périclès, et menées si rapidement à bien aux dépens du trésor commun des villes alliées : « Il meit en
« avant au peuple des entreprises de grands édifices et des des-
« seings d'ouvrages de plusieurs mestiers qui ne se pouvoyent
« achever que avec long traict de temps, afin que les citoyens
« qui demouroyent en la maison eussent moyen de prendre
« part aux deniers publics, et de s'en enrichir aussi bien comme
« ceulx qui alloyent à la guerre, qui servoyent aux vaisseaux
« sur la mer ou qui estoyent en garnison à la garde des places :
« pour ce que les uns gaignoyent à fournir les matières,
« comme la pierre, le cuyvre, l'yvoire, l'or, l'ébène et le cyprez ;
« les autres à les mettre en œuvre et à en besongner, comme
« les charpentiers, mouleurs, fondeurs, imagers, maçons,
« tailleurs de pierres, teinturiers, orfèvres, menuisiers, beson-
« gnans d'yvoire, peintres, ouvriers de marquetterie, tour-
« neurs ; les autres à conduire les estoffes et à les fournir,
« comme marchands, mariniers, pilotes ès choses qui s'ame-
« noyent par la mer, et par terre les charrons, voituriers, char-
« tiers, cordiers, carriers, selliers, bourreliers, pionniers pour
« applanir les chemins, fouilleurs de mines. Davantage chasque
« mestier comme capitaine avoit soubz soy sa propre armée
« de maneuvres, gaignans leur vie à la peine de leurs bras
« seulement, pour servir comme d'outilz et d'aides aux mais-
« tres ouvriers ; de manière que la besongne, par ce moyen,
« venoit à espandre et distribuer le gaing à toute aage et à toute
« qualité et condition de gens.

« Or, celuy qui luy conduisoit tout et avoit la superinten-
« dance sur toute la besongne estoit Phidias, combien qu'il
« y eust plusieurs autres maistres souverains et ouvriers très-
« excellents à chasque ouvrage. »

Je ne me suis pas servi sans intention de l'attachante traduction d'Amyot. Les expressions du vieil helléniste sont comme ces touches de pinceau qui, dans un tableau ancien, fixent sa date; ici elles rapprochent cette scène des grandes entreprises du moyen âge et de la Renaissance, on croit assister aux immenses travaux de construction d'une cathédrale comme celle d'Amiens ou à l'édification d'un magnifique château comme celui de Fontainebleau. Même activité dans une grande association, même ruche de travail où chacun, quel que soit son art ou son talent, se range sous les ordres du chef pour accomplir consciencieusement sa part de l'œuvre, en ne prétendant qu'à une gloire collective.

Cette subordination a été l'un des éléments de succès des Grecs. Si nous nous reportons à la plus grande époque de l'art, à sa plus belle création, à son représentant le plus illustre, nous pouvons saisir dans l'ensemble de ce Parthénon, dont Plutarque vient de nous faire le tableau, l'esprit qui anima les artistes à Athènes. Une exécution irréprochable dans les moindres détails du monument suppose une association dévouée à son œuvre; l'absence de toute signature indiquant la part des artistes dont la main s'est trahie involontairement dans des sculptures exécutées toutes d'après un modèle créé évidemment par une seule main, prouve la soumission des élèves devant l'autorité du maître; ce n'est pas l'abnégation, c'est un sentiment naturel de retenue qui étouffe les prétentions quand il s'agit d'une participation presque manuelle, et réserve pour des œuvres personnelles un droit de signature dont on était excessivement jaloux, et que le maître de l'œuvre, dans cette occasion même, maintenait pour lui au risque de sa vie.

On n'ignore pas que les Athéniens, dans cette circonstance exceptionnelle, avaient défendu à Phidias d'inscrire son nom sur la Minerve, et qu'ils le jetèrent en prison parce qu'il avait substitué son portrait à sa signature. Si l'on scrute attentivement l'antiquité, on voit cet amour-propre se dessiner aux deux extrémités de l'échelle : au haut, les artistes déjà célèbres qui signent en toutes lettres et d'une manière assez évidente les œuvres qu'ils considèrent comme leurs chefs-d'œuvre; au bas, de simples potiers et leurs dessinateurs à gages, qui tracent leurs noms sur les vases comme un marchand met son adresse sur sa boutique; au centre, des artistes de grand talent qui s'associent aux créations des architectes, combinent des monuments, reproduisent des œuvres célèbres, et qui, laissant de côté toute prétention personnelle, considèrent l'art comme une carrière qui fait vivre, et s'acquittent de leur tâche avec la même conscience qu'un tisserand, un menuisier ou un employé de bureau, qui ne prétendent pas mettre leurs noms sur l'étoffe, le meuble ou la dépêche qui est cependant bien sortie de leurs mains, tissée, rabotée ou copiée.

Ainsi donc, un même enseignement pour tous, les uns se faisant artistes, les autres se faisant public et juge; parmi les artistes, ceux-ci représentant la nature dans l'expression des passions violentes, dans l'étude des formes animées par le mouvement, ceux-là appliquant leur art à tous les besoins de la vie, dans l'ameublement et dans l'ornementation de la demeure, dans les armes, les bijoux et le costume. Des différences d'appréciation au milieu du public juge, mais une même direction de goût, et un goût simple qui cherche la perfection en toutes choses, et, quand il l'a atteinte, s'y tient et ne se lasse pas d'en voir les répétitions reproduites sous toutes les formes. De là cette grande stabilité dans l'art des Grecs et dans leur industrie, ce perfectionnement, jusqu'au chef-d'œuvre, de chaque donnée qui a pu appartenir dans sa première inspiration à quelqu'un, mais qui, dans sa perfection, est l'œuvre de tous les talents qui l'ont adoptée. Un tableau, une statue, un temple avaient-ils reçu de l'opinion publique cette consécration qui en faisait un chef-d'œuvre, aussitôt les répétitions s'en multipliaient partout : ce tableau, on le copiait sur toutes choses; cette statue, on la reproduisait de toutes les dimensions, on la transformait en bas-relief, en camée, en médaille; ce temple lui-même servait de modèle aux temples de la Grèce et de ses colonies. Les arts, comme l'amour, sont de grands recommenceurs, et les Grecs, ces amoureux de l'art, ne se fatiguaient pas de contempler sous tant de formes nouvelles ce qui les avait ravis dans sa forme première; ils excellaient moins par les facultés inventives que par ce don de perfectibilité, d'épuration, d'idéalisation. La beauté de la forme les préoccupait autant que l'idée qui s'y rattachait, et ils montraient dans leur admiration une constance et une fixité qui leur manquaient souvent dans des circonstances plus graves.

De cette liberté laissée à tous de s'appliquer à l'art dans la vaste étendue de son domaine, de cette juste appréciation de la part et des droits de chacun dans l'œuvre créée en commun, de cette facilité accordée au talent de profiter des idées et des chefs-d'œuvre des grands artistes, soit pour les copier, soit pour les faire entrer dans des combinaisons nouvelles, sans que des lois fiscales en protégeassent sordidement la propriété, résulta un art sublime et une industrie incomparable, art et industrie confondues, créant à l'envi les grandes œuvres de l'architecture et les productions charmantes de la céramique, les statues des dieux et les miroirs des courtisanes, les scènes historiques du Pœcile et les peintures des vases, les trépieds de bronze du temple et les colliers d'or des femmes, les pierres gravées et les médailles, tout un ensemble de perfections répondant à un ensemble d'institutions vivifiées par les lettres, la poésie et la philosophie, par l'amour de la gloire, de la patrie et de la liberté. De la liberté: oui, c'est sous sa sainte protection mieux encore que sous l'égide de Minerve que s'épanouirent les arts de la Grèce au milieu d'un monde entier courbé sous le joug d'un sacerdoce immuable, d'une tradition aveugle ou d'une tyrannie brutale, et à Thémistocle revient l'honneur d'avoir contribué à affranchir de toute entrave le travail et l'industrie; il voulait faire prospérer Athènes, la peupler, la vivifier, et la liberté lui sembla le ressort le plus puissant de l'amélioration qu'il projetait. Non-seulement l'industrie fut libre, mais les ouvriers qui la faisaient fleurir avaient, comme citoyens, leur part de droits dans l'administration de l'État, et Périclès, en rendant leur existence plus prospère, augmenta encore la dignité de leur position. Les esclaves ne vinrent que plus tard porter atteinte à cette belle organisation.

Ces arts, cette industrie, ainsi protégés par des institutions favorables à la liberté, ainsi vivifiés par un public délicat, avaient-ils besoin, pour progresser, de ces concours publics que nous appelons des expositions? Évidemment non. Dans les mœurs de l'antiquité et de l'Orient, l'art et l'industrie s'épanouissaient au soleil, au grand air, au regard de tous; l'un et l'autre n'en étaient point arrivés à cette satiété qui produit sans but, qui accumule des ouvrages de toutes sortes au hasard et pour tenter des curiosités banales, des goûts indécis; l'art et l'industrie créaient pour une destination bien définie, et l'exposition de leurs œuvres se faisait chaque jour et à toute heure sur la voie des Trépieds ou sur celle des Tombeaux, dans les temples et sous les portiques, au milieu des jardins de l'Académie et dans les gymnases, au théâtre ou au stade.

Il y avait bien chez les anciens l'emporium; mais c'était un entrepôt des marchandises envoyées par le commerce, et, sous ce rapport, le Pirée tout entier pouvait être considéré comme un vaste entrepôt, puisque les marchandises du monde des Grecs étaient exposées, dans ses rues et sur ses quais, à la curiosité des désœuvrés d'Athènes et des négociants de toute la Grèce. Le caractère exclusivement mercantile de cette réunion d'objets de diverses provenances la distingue des expositions modernes, et la rapproche plutôt de nos grandes foires du moyen âge. Je ne passerai pas non plus sous silence les processions solennelles de certaines grandes fêtes dans lesquelles on promenait sous les yeux de la foule les productions rares des contrées éloignées et de l'industrie des peuples étrangers : celle qu'organisa dans sa ville d'Alexandrie Ptolémée Philadelphe présentait une réunion d'œuvres d'art, de meubles et d'ustensiles de la vie privée, apportés de loin, bien faits pour attirer l'attention, et qui peut-être devaient servir de modèles ; mais on comprend que ces expositions rapides ne purent laisser que des impressions passagères, et qu'elles ne participaient en rien du caractère d'utilité de ces vastes expositions dont on classe de nos jours les objets avec tant de méthode, pour que le public apprécie mûrement les progrès accomplis, pour que les hommes compétents les comparent, les jugent et les récompensent. D'ailleurs, il s'agit déjà d'une époque comparativement moderne et de circonstances tout à fait particulières. Les généraux d'Alexandre, devenus souverains en Égypte et en Asie, adoptant par politique et par goût les habitudes de magnificence de ces contrées, n'en étaient pas moins restés Grecs par le cœur, par le souvenir et plus encore par la conscience hautaine de la supériorité de leur patrie. Le goût des arts persistait donc au milieu de l'étalage du faste oriental, et ce goût, en dépit des difficultés qu'il trouvait à se satisfaire, était exclusif pour les arts de la Grèce.

Le premier soin des Ptolémées, des Séleucides et de leurs collègues fut de consacrer une partie de leurs richesses à acheter en Grèce des tableaux, des statues, des camées et pierres gravées, en outre, tout l'ameublement de la demeure, et les vases peints et les trépieds de bronze, délicieux entourage de la vie privée qui faisait illusion sur l'éloignement de la patrie, dont le regret ne pouvait être compensée ni par les richesses de l'Asie ni par les splendeurs des bords du Nil. Ce n'était plus, comme à Athènes, l'ornement conséquent, et pour ainsi dire le fruit venu naturellement sur l'arbre ; une collection artificielle avait formé ces pinacothèques où les œuvres des vieux maîtres de Sicyone et d'Égine coudoyaient les productions des artistes vivants d'Athènes et de Corinthe : le pouvoir des richesses et ses séductions avaient transplanté, avec une égale brusquerie, les hommes et les choses ; les philosophes, les poëtes, les artistes de la Grèce trouvaient près des successeurs d'Alexandre, les uns le refuge le plus consolant contre les injustes persécutions de leurs concitoyens, les autres un asile charmant, entouré de tout ce qu'il fallait de jouissances raffinées pour compenser l'exil qu'ils s'étaient volontairement imposé.

Quand, à l'imitation de ces souverains grecs, les colonies de la Grèce eurent adressé de tous côtés à Athènes des demandes du même genre, quand l'Attique fut devenue la pourvoyeuse générale du monde d'alors en objets d'art de toutes sortes, on conçoit l'espèce de perturbation momentanée que cette affluence de commandes pouvait apporter dans les ateliers; je dis dans les ateliers, je ne dis pas dans le goût public. En effet, le public grec resta fidèle à ses errements distingués, à son culte pour l'art dans ses données les plus pures, dans son programme le mieux raisonné; mais tandis qu'il continuait à chérir dans l'art tous les genres de perfection; tandis que, même au milieu des excès du luxe qu'une immense prospérité commerciale développait à Athènes, à Corinthe, et dans les principales villes de la Grèce, il ne comprenait l'art que créant les choses qui le passionnaient, qu'ornant les monuments qu'il élevait, qu'embellissant tout ce qui l'entourait, que vivant, en un mot, de la vie qu'il animait lui-même, ses compatriotes du dehors demandaient aux artistes grecs des ouvrages créés sans but déterminé, des statues hors de propos, des tableaux sans destination précise, ou qui n'en devaient pas avoir, puisqu'ils étaient appelés à se juxtaposer au hasard dans une pinacothèque, à côté d'autres œuvres étonnées de se rencontrer ensemble. L'artiste grec, habitué à pratiquer un art appliqué aux besoins de la vie, un art vivant, ne comprenait pas mieux que le public cet art mort-né dans les catacombes d'un musée, et il n'aurait pas résisté aux tendances fâcheuses de ces tiraillements, si trois circonstances favorables n'avaient conjuré ce désastre : en premier lieu, le goût public, qui, comme une direction supérieure et puissante, maintint la dignité et la pureté de l'art; en second lieu, l'admiration exclusivement réservée aux chefs-d'œuvre et la préférence accordée à une bonne reproduction d'un ouvrage célèbre sur la création d'une œuvre nouvelle d'un mérite contestable, les étrangers demandant plutôt des reproductions, qui exerçaient la jeunesse, que des compositions nouvelles, qui se fussent produites dans des conditions de hâte et de presse toujours préjudiciables aux arts; en troisième lieu, le peuple grec, exercé au dessin dès l'enfance, formé pendant le cours de sa jeunesse par des institutions favorables au développement du goût, était prêt à réussir rapidement dans la carrière des arts, qui offrait désormais de si beaux profits, et on vit le nombre des artistes s'augmenter sans que le niveau de l'art baissât d'une manière sensible. On doit attribuer à ces trois causes le maintien et la résistance des saines doctrines de l'art, les moyens trouvés si facilement de répondre aux demandes d'objets d'art sans altérer la sérénité des artistes créateurs, les moyens aussi de suffire, par la prodigieuse multiplication des artistes, aux besoins non moins prodigieux de têtes ingénieuses et de mains habiles pour façonner toutes les données de l'art et les plier à toutes les exigences de l'industrie.

La civilisation grecque eut, à toutes les époques, ses grandes entrées en Italie et ne cessa jamais de communiquer aux habitants de cette contrée les œuvres et les procédés de son art; bien plus elle permit à ses artistes, à une époque très-reculée, de porter en Italie leurs talents avec ses types, ses mythes et ses traditions. Tant que ces communications eurent lieu, l'art, comme une fontaine qui fait jaillir l'eau dont on emplit son réservoir, lança les jets brillants de cette abondance d'emprunt; mais aussitôt que les guerres, ou les malheurs des temps, détournaient la Grèce de ses occupations favorites, la source de l'art tarissait, l'Italie était frappée de stérilité, car ce qui manquait à sa population, d'ailleurs bien douée, c'était l'éducation artistique, l'enthousiasme pour le beau, et l'imagination féconde qui crée un monde original et le peuple de ses productions.

Rome jeta ses fondements, grandit, prospéra sans sentir la passion des arts, sans avoir le goût du luxe; mais les fiers habitants de cette ville, devenue immense, pensèrent qu'ils se devaient à eux-mêmes de protéger, d'encourager les arts : ils firent appel aux artistes. Les Étrusques leur apportèrent ce qu'ils avaient emprunté. Rome eut le bon goût d'aller chercher l'art grec en Grèce même ; malheureusement pour Rome, pour les arts et pour la Grèce, les Romains ne se contentèrent pas d'envoyer à Athènes des fils de famille, de jeunes artistes et des apprentis pour s'instruire dans ses écoles et devant ses monuments; ils y envoyèrent aussi leurs généraux, qui mirent la ville au pillage. Bientôt, les triomphes se succédant à de courts intervalles, les dépouilles de la victoire entassèrent dans Rome les chefs-d'œuvre de l'art grec par milliers et par centaines de milliers. La ville devint un vaste musée où les monuments de l'art, comme dans tous les musées, avaient perdu leur véritable signification, parce qu'ils ne se liaient plus à leur destination première; c'était bien encore un enseignement archéologique, ce n'était plus cet enseignement vivant des œuvres que les artistes grecs avaient produites en harmonie avec les horizons de l'Attique, en rapport avec les besoins et les mœurs, en communion avec le sentiment public. Les Romains n'étaient pas préparés à ce débordement des beautés de l'art; ils en furent comme écrasés et ne se relevèrent de ce coup qu'en affectant plus de grandiose dans l'architecture, plus de vérité dans la peinture, plus de réalité dans la statuaire. A vrai dire, la pratique des arts dans les conditions ordinaires était générale. Comme à Athènes, pas un enfant à Rome qui n'apprît à dessiner, pas d'homme bien élevé qui ne sût plus ou moins représenter un fait quelconque en peinture. Pline énumère complaisamment les chevaliers romains, les préteurs, généraux, proconsuls, consuls, empereurs même, qui exerçaient la peinture avec assez de facilité pour exposer dans le forum des tableaux représentant leurs exploits militaires. Il ne nous dit pas quel était le mérite de ces peintures, et je doute, rien qu'en voyant le célèbre compilateur vanter quelques-uns de ces tableaux *parce qu'ils ont été peints de la main gauche,* qu'un Grec s'en fût fait un titre d'honneur.

Quoi qu'il en soit, on trancha du connaisseur, on disserta à perte de vue, on se jeta dans mille systèmes : ici l'engouement pour le style grec primitif, là un retour archéologique décidé vers le style égyptien, partout le luxe des belles matières; même pour la statuaire, le marbre blanc ne suffisait plus : le marbre coloré, le basalte, le granit et le porphyre furent employés. Dans ces efforts de prétendue jeunesse, on sent la satiété de la vieillesse, on voit des prétentions de toutes sortes; on cherche vainement la pureté du goût, la pensée élevée, le sentiment profond. Les arts étaient devenus un spectacle, et le peuple romain s'attachait aux statues grecques de ses portiques comme aux acteurs de ses théâtres; il faisait des émeutes quand on déplaçait celles-là, quand on excluait ceux-ci, mais l'âme qui avait animé ces chefs-d'œuvre de l'art lui restait étrangère : c'était une curiosité et une vanité; il eût été indigne de Rome de ne pas égaler Athènes. Évidemment ce peuple est trop positif : l'art pour lui n'est plus une part de la vie, ce n'en est même plus le luxe; c'est un mode d'influence, une action gouvernementale, un auxiliaire de la grande voirie. Les Romains demandent à l'architecture des aqueducs, des ponts, des arcs de triomphe, des thermes, des théâtres, des cirques, des forums, et ils installent partout comme marque de leur puissance, dans Rome et dans les provinces conquises, ces monuments au caractère grandiose. De là un art majestueux, à physionomie municipale. Pour conséquence de tant de manières diverses d'étudier et de sentir, on trouve une absence d'école, une divergence de vues, un mélange de styles, et cependant le feu sacré allumé par la Grèce n'était pas étouffé; il brûlait d'une intensité assez vive pour résister à tant d'influences destructives, pour produire encore, à Rome, des monuments magnifiques embellis par la peinture, une statuaire iconographique puissante, de beaux camées et des médailles excellentes, des armes, des bijoux et tous les ustensiles de la vie privée, réminiscences appesanties, mais toujours charmantes des inventions grecques.

Au milieu du dissolvant de toutes ces influences, dans cette immense et trop rapide production d'un luxe sans frein, l'art et l'industrie restèrent d'autant plus unis que les Romains voulaient des applications utiles, et que les artistes grecs, qui n'avaient jamais scindé les deux impulsions, trouvaient matière, dans les immenses travaux commandés par les empereurs et les riches de Rome, aux combinaisons les plus heureuses.

On aurait droit de s'étonner que l'industrie, poussée à ce débordement, n'ait pas cherché un moyen de réunir ses productions pour les montrer au public, n'ait pas organisé quelque chose d'analogue à nos grandes expositions. Bien des causes expliqueraient l'absence, dans le gouvernement romain, de cette institution qui prend de nos jours une si grande place dans la vie publique; mais il suffira de faire ressortir celle qui domine les autres. Toutes les œuvres d'art produites à Rome ayant une destination, et presque toujours une destination publique, les artistes d'alors n'avaient pas besoin de cette publicité que recherchent les nôtres; en outre, ils n'auraient pu retirer leurs œuvres des monuments qu'elles décoraient pour les réunir dans un local destiné aux expositions, et, bien plus, ils n'auraient pas compris l'utilité de ce rapprochement, de cette juxtaposition forcée de peintures et de statues qui, dès lors, ne s'expliquaient plus par leur but, par leurs entours, par toutes ces circonstances qui ont préoccupé l'artiste et qui donnent à une œuvre d'art sa signification sérieuse et sa valeur véritable. Il n'y eut donc pas d'exposition semblable aux nôtres; mais l'intention, le but et le résultat ont été les mêmes. Les œuvres d'art, soit qu'un général les arrachât aux sanctuaires de la Grèce, soit qu'un tribun ambitieux de popularité les commandât aux artistes grecs établis à Rome, étaient toujours exposées en public, dans les temples, sous les portiques ou dans les forums. On ne pouvait, il est vrai, pénétrer dans les habitations particulières, dans ces bibliothèques ornées de statues et de tableaux par la passion d'un Cicéron, et dans ces villas embellies de chefs-d'œuvre de l'art par la prodigalité d'un Lucullus; mais, outre que ce luxe n'approchait en rien de la richesse des lieux publics, il fut plus d'une fois question de livrer ces objets d'art à la curiosité des citoyens, et Agrippa, au rapport de Pline, avait prononcé avec succès un discours sur la nécessité d'exposer en public, à Rome, tous les tableaux et statues devenus richesses particulières. Quant aux ouvriers, étant tous esclaves, ils n'avaient aucune initiative, aucune prétention d'amour-propre, aucune ambition de gloire. La fainéantise d'un peuple corrompu, bien plus qu'un sentiment de supériorité mal entendue, avait frappé l'industrie de cette indignité.

Les Romains, race militaire, s'étaient constitués puissance par les exploits de la guerre; mais la portion de la population de Rome qui aurait dû représenter l'élément pacifique et industriel n'offrait que le spectacle dégradant d'une immense agglomération cupide et abjecte. Tandis que le nom et la puissance du peuple-roi s'étendait aux confins de la terre, tandis que Rome prétendait au sceptre de l'intelligence, comme elle possédait en réalité le sceptre du monde, les arts, les sciences et l'industrie étaient abandonnés aux étrangers et aux esclaves; ils étaient, pour ainsi dire, interdits aux citoyens romains. Denys d'Halicarnasse fait remonter à Romulus, c'est-à-dire à l'établissement même des Romains, cette interdiction incompréhensible; mais cet auteur écrivait sous l'empire, et ce qu'il attribuait à une loi aussi ancienne n'était que le résultat d'une incapacité notoire, reconnue avec le temps et constituée en interdiction traditionnelle par habitude de paresse. Quoi qu'il en soit du motif, l'interdiction était réelle; les Grecs avaient l'entreprise et la direction des arts, les affranchis cultivaient les sciences et les lettres, les esclaves seuls exerçaient les métiers. Des hommes comme Crassus, comme Atticus, qui comptaient les esclaves par milliers, avaient organisé leurs travaux et l'apprentissage de leurs enfants; habiles à distinguer l'aptitude de chacun, ils parquaient dans telle ou telle branche de fabrication ceux qui montraient pour elle le plus de dispositions, et tous ces bras, semblables à nos machines, travaillaient sans que le maître mît son honneur dans leur succès et se souciât d'autre chose que du profit qu'il en retirait. Sans doute, il se préoccupait du bien-être de ses esclaves, il affranchissait les plus laborieux après avoir reconnu leurs bons services ; mais de même qu'il n'avait d'autre pensée que de s'enrichir pour briguer au moyen de sa fortune les grandes dignités, de même aussi ses esclaves n'espéraient de leurs travaux qu'un accroissement de jouissances matérielles, qu'une vie plus douce.

Il ne manque donc à cette époque de production exubérante que deux choses : chez les grands, un sentiment distingué de l'art ; dans la foule, un goût exercé capable de juger. Privés de cette direction et de cette digue également salutaires, les artistes marchèrent au gré d'une imagination désordonnée, et la décadence de l'art était complète à Rome quand, au IVe siècle, il émigra à Byzance.

De cette décadence, qui se poursuivit dans la capitale de l'empire d'Orient, je ne veux faire ressortir que l'absence d'imagination et l'excès de luxe qui en furent le caractère et qui expliquent comment dans cette ville, je dirai mieux dans cette capitale du monde, non-seulement l'art et l'industrie ne firent qu'un, mais l'industrie absorba l'art, l'art ayant échangé ses pensées contre des tours de main. Et de cette circonstance se déduit un autre fait bien important dans l'histoire de l'art en Occident, c'est le maintien et la mise en œuvre non interrompus de tous les procédés, de toute la technique de l'art antique dans ses applications industrielles. Je dis que ce fait est important, parce qu'il explique comment l'art, dans sa pratique matérielle, a pu traverser presque tranquillement des temps si malheureux pour l'Occident et venir se prêter aux goûts de luxe que réveilla au VIIIe siècle la sécurité toute nouvelle, la prospérité engageante du grand empire de Charlemagne.

A la même époque, les populations arabes, retrempées par le fanatisme d'une nouvelle religion, exaltées par leurs victoires, enrichies par leurs conquêtes, s'abandonnèrent aux

douceurs de la paix sous des chefs habiles, sages et éclairés.
Les arts et les sciences charmèrent leurs loisirs, et ils surent
trouver, dans l'imitation ingénieuse de tout ce qui les entourait, l'expression originale de leur pensée, la physionomie
propre à leur nature. Le style arabe est une déviation de l'art
antique avec un mélange de caprices orientaux et d'imitations
byzantines. Les pèlerinages et les croisades, entre le viie et le
xiiie siècle, ont été la voie et le fil conducteur de l'influence
orientale sur les goûts et les arts de l'Occident. Cette période
de cinq cents ans vit toutes les intelligences ouvertes aux
nouveautés, toutes les natures passionnées, en deux mots
l'imagination et la foi, en marche vers le saint sépulcre, et
malgré les dangers du voyage, en dépit des malheurs des
croisades, l'Europe faire son tour de Terre-Sainte. Plus de
quatre millions d'hommes partirent pour ces contrées lointaines, et assistèrent au spectacle inattendu de la civilisation
avancée de ces soi-disant barbares, comparée à la barbarie
de l'Europe soi-disant civilisée. Revenus au foyer domestique, ces pieux voyageurs, ces hardis croisés, avaient la
tête remplie de souvenirs assez vagues qui confondaient les
monuments élevés par les chrétiens d'Orient et ceux que
construisaient les Arabes musulmans; ils rapportaient, soit
conquis sur le Sarrasin au risque de la vie, soit acquis à
prix d'argent dans les bazars de Jérusalem, de Damas et du
Caire, des étoffes, des tapis, des armes, des bijoux, de petits meubles, tous les ustensiles de la vie privée, autant de
témoignages irrécusables de ces longues et méritoires pérégrinations. Tout ce qui venait de la Palestine était pieux et
sacré aux yeux de ceux que l'impuissance de l'âge ou la faiblesse du sexe avait retenus en Europe; l'étoffe à la légende
tirée du Coran était aussi sainte que la relique enchâssée par
les artistes chrétiens de Constantinople, le vase des fabriques
mahométanes de Damas aussi vénéré que les chapelets de
Jérusalem et les coquilles sculptées de Bethléem; ce qui sentait par trop l'infidèle était compensé par un parfum de Terre-Sainte, et ce dévot engouement, rencontrant tout un art

d'une élégance nouvelle et délicieuse, faisait naturellement pencher le goût vers un style qui n'avait pas besoin d'un aussi pieux cortége pour être apprécié; si bien que les Arabes de Cordoue et de Grenade, en Espagne, de Palerme et de Messine, en Sicile, trouvèrent commode de défrayer l'Europe de produits analogues et qui passaient pour orientaux; si bien que les Vénitiens aussi, toujours à l'affût des sources du gain, voyant ces marchandises orientales à la mode, s'appliquèrent avec une admirable adresse à contrefaire étoffes, verreries, bronzes et fer ciselés, tout l'art et toute l'industrie des Arabes et des Byzantins, et ils les répandirent en immense quantité sur les marchés de l'Europe par les mille voies commerciales que leur industrie s'était ouvertes. Le style byzantin et le style arabe, dans leurs formes si riches, si abondantes, si variées, devinrent ainsi, pendant toute la durée du moyen âge, la préoccupation de l'Occident; de leur fusion, ainsi que du mélange avec le vieux fonds romain qu'entretenaient les traditions des corps de métiers, sortit le style gothique, autre expression vraie, originale, d'une renaissance puissante; mais n'anticipons pas.

Toutes les contrées de l'Europe, conquises par les Romains, avaient accepté, avec leur domination, la langue, les lois et les arts de leurs vainqueurs. Les traditions grecques, qui régnaient sur le littoral de la Méditerranée, dataient de la colonisation et se fondirent, en l'épurant, dans ce nouveau courant; quant aux influences indigènes, elles marquent dans le détail, elles passent inaperçues dans l'ensemble. La Gaule était donc romaine dans le style de ses artistes et dans les procédés de ses ouvriers; tout prouve qu'elle montra dès lors cette rare aptitude et ce bon goût qui la distinguent de nos jours. Du IVe au VIIIe siècle, une grande inondation de barbarie avait dévasté en Occident le champ de la civilisation; Charlemagne attira quelques rayons de la splendeur byzantine sur son empire naissant, et la cour magnifique d'Aix-la-Chapelle donna le ton au reste de l'Europe.

Ce fut un météore, car déjà, au milieu du IXe siècle, l'obscurité était de nouveau complète; mais il resta de cette renaissance orientale, greffée sur les traditions romaines, quelques grandes constructions et le souvenir de la protection de l'État. Faisons attention à ce fait, parce qu'à partir de Charlemagne nous allons trouver tous les grands mouvements de l'art stimulés par l'initiative intelligente et la protection éclairée de nos rois, et que cette coïncidence expliquera l'habitude qui s'est introduite parmi nous de laisser au souverain, avec le soin de décider de la paix et de la guerre, la charge de faire les renaissances et de diriger les arts. A ce point de vue, le pays se considère comme en tutelle; il s'attribue ses progrès, mais il accuse son Gouvernement de ses défaillances, et il ne lui pardonnerait pas une décadence.

Inutile de faire le tableau des arts et de l'industrie au xe siècle; on ne saurait comment l'éclairer, avec quoi l'animer, si ce n'est avec la torche de l'incendie et avec des flots de sang. On voit bien de grands établissements religieux se former et devenir le refuge des lettres et des arts, on sait qu'au retour de la Terre-Sainte, voyage qui se faisait par terre en passant par Constantinople, les pèlerins s'arrêtaient quelques jours ou rentraient définitivement dans ces saints asiles, y apportaient des étoffes, des reliquaires et mille objets de fabrication byzantine, y recueillaient aussi leurs souvenirs encore frais et le résultat de leurs études, y faisaient des récits écoutés avec avidité; puis ils se remettaient, avec leurs frères, à l'œuvre de la civilisation occidentale sous l'impression de ces charmantes traditions des beaux-arts que l'antiquité avait léguées à l'Orient. Au commencement du xie siècle, Cluny, l'immense abbaye, dont les couvents de Grèce, de Syrie et d'Arabie m'ont donné le tableau, était une grande maison industrielle. On y faisait son salut, mais on y faisait toutes choses en même temps, pour l'habillement des moines et le service du couvent, pour l'augmentation de la bibliothèque, pour l'ameublement de l'église, des chapelles et des succursales, pour les cadeaux aux grands protecteurs, comme aussi pour la vente et le profit. L'art et l'industrie étaient là en plein exercice comme encore aujourd'hui dans les couvents de l'Orient, où la communauté se règle suivant les lois de l'association, avec abnégation par tous les membres et d'après les capacités de chacun, sans gloire personnelle, mais avec conscience et pour l'utilité de l'œuvre.

Tout l'art et toute l'industrie, depuis la plus fine orfévrerie jusqu'à la plus grossière étoffe, étaient confinés dans ces cloîtres; mais bientôt la sécurité générale les appelle au dehors, et ils franchissent les murs du couvent. Cette émancipation allait avoir lieu d'elle-même; saint Bernard l'activa. Le grand réformateur condamnait l'excès du luxe dans les couvents, il en avait provoqué la réforme jusqu'à l'exagération; les laïques, au contraire, commençaient à s'y habituer, et c'est en dehors des asiles de la piété et de l'abnégation que l'industrie fit fortune, en se constituant toutefois sur les mêmes bases, mais au milieu de la commune et en corporations de métiers.

L'art était alors un procédé mécanique, esclave de la tradition. Les moines suivaient servilement les modèles qu'ils avaient reçus de l'Italie ou de l'Orient, et ne se sentaient entraînés à innover ni par leur imagination ni par leurs talents. Une nation jeune ou rajeunie, comme l'était la France, n'adopte pas les types de convention, le style emprunté et des procédés même perfectionnés, sans les renouveler bientôt par l'étude de la nature et une originalité propre. Ainsi se signala la renaissance du XIIe au XIIIe siècle; c'est au point que nous trouvons dans quelques-unes de ses statues une pureté de traits, une vivacité d'expression, et dans leurs attitudes des poses si nobles, que nous hésitons à décider si elles appartiennent à la Renaissance du XVIe siècle ou si elles ne sont pas de simples imitations de l'antique. Ni l'idée chrétienne du Dieu fait homme et de ses apôtres sortis du peuple, ni les usages et les costumes du temps, ne favorisaient dans cette renaissance le retour au culte de la forme, tel que les Grecs l'avaient conçu. Les artistes gothiques auraient atteint, j'en suis convaincu, jusqu'à la beauté idéale, jusqu'à l'étude la plus hardie du nu, si telle avait été la tendance de leurs contemporains; mais on voulait des types d'une vérité saisissante, d'une expression souffrante et mystique, vêtus avec la décence claustrale des modes de l'époque, et, en se soumettant aux exigences de ce programme restreint, les artistes du xiii° siècle le remplirent avec la distinction, la simplicité, la noblesse, qui resplendissent si magnifiquement depuis le pied jusqu'à la cime des cathédrales de Chartres, de Reims, de Strasbourg, d'Amiens et de vingt autres villes. Ce retour à la source pure de la nature, efforts persévérants d'artistes isolés, devient plus évident à mesure que l'on avance dans le xiv° et le xv° siècle; la peinture, la sculpture, l'orfévrerie, en offrent mille exemples remarquables, et quand, à la fin du xv° siècle, nos promenades militaires au delà des monts nous eurent appris quelle renaissance un retour vers l'antique avait produite en Italie, nous étions arrivés à peu près au même point, mais par une autre et meilleure route, celle de la nature.

Ces efforts de nos artistes avaient pour but d'animer la statuaire et la peinture; ils étaient accompagnés d'études pratiques sur l'art de bâtir suivant les règles et les traditions transmises par les maîtres qui avaient construit les immenses et majestueux édifices des xi° et xii° siècles, mais d'après des principes nouveaux. Les architectes étaient devenus laïques, comme les artistes qui s'appliquaient à l'industrie; placés plus près des hommes, initiés à leur vie, à la marche des idées et au progrès du bien-être, leur but fut désormais de satisfaire les besoins nouveaux, les goûts à la mode, et de tirer le meilleur parti des matériaux, en greffant les innovations qu'ils méditaient sur l'ancien fonds d'architecture antique mélangé d'influences orientales qu'on nomme le style roman. Quelles étaient, quelles auraient dû être ces innovations? Devait-on, pouvait-on revenir à l'architecture antique dans ses principes de pureté première? Il n'est pas douteux qu'on l'eût dû, il ne me paraît pas certain qu'on l'eût pu. Le cours donné à la décadence des arts à Constantinople, dès le iii° siècle, avait encore une certaine force d'impulsion : c'est le style gothique qui devait l'épuiser.

Voyons donc comment on répondit à ces besoins, à ces goûts, à la nature de ces matériaux. On donna plus d'élancement à tous les supports qui élevaient les voûtes comme autant de ciels; on amincit les piliers et on agrandit les fenêtres pour donner plus d'air et de lumière à ces grands édifices : voilà pour les besoins; les formes de toute l'ornementation résultèrent d'un mélange de réminiscences de l'antique, de l'Orient et des productions de la nature : voilà pour répondre aux souvenirs des pèlerins et des croisés, aux tendances chaque jour plus élégantes et à un ensemble de civilisation qui progresse; enfin le style particulier de l'architecture gothique, déduit de l'art antique, mais modifié suivant les exigences des nouvelles voûtes, de leur poids et de leur poussée, fut la conséquence de l'emploi des petits matériaux et d'un mode de construction plus hardi, plus hâtif, mais moins puissant.

Sous l'empire de ces conditions nouvelles, au moyen de ces études rajeunies, se forma cette admirable modification du style roman, dont le tiers-point des arcs est un détail, l'élancement vertical des lignes, le caractère, et l'ornementation le véritable mérite, tant elle est ingénieuse à faire valoir toutes les innovations, à parer des nécessités déplorables, à tirer parti même de défauts obligés et révoltants. Là n'est pas seulement l'architecture gothique; là est aussi l'art gothique tout entier, car il devint l'expression de l'art dans toutes ses formes, et fut appelé à orner et à meubler tout à la fois l'église et le palais des rois, le château du seigneur, l'hôtel de ville et les maisons des bourgeois enrichis par le commerce.

On a tenté d'ériger le style gothique en type exclusif et universel du christianisme, en style religieux par excellence : c'est une erreur à la fois et une injustice. L'Italie et l'empire grec ne l'ont point connu à ses débuts. Quand il dominait déjà en France, en Angleterre et en Allemagne, le Midi et l'Orient l'ont accepté à titre d'importation étrangère, mais sans y associer leur âme, et tout disposés à lui prouver leur indifférence avant même qu'il fût passé de mode dans les pays qui lui avaient donné la vogue. Il en a été autrement dans le nord de l'Europe : là le style gothique, né dans l'église, s'est développé au sein du catholicisme dans son plus grand mouvement de ferveur pieuse, et il en est devenu pour nous l'expression la plus éloquente.

Même au milieu de l'Europe du nord, le style gothique n'est pas sorti de terre partout à la fois : il a eu son berceau dans l'Ile-de-France, et ses vrais protecteurs dans nos rois. Paris était alors dans l'apanage et sous l'administration immédiate de nos souverains. Dès le XIIe siècle cette ville était riche, savante, élégante; son luxe, ses écoles, ses modes, avaient autorité dans le monde, et, au milieu de cette grande rénovation de l'art qui se dessine franchement au commencement du XIIIe siècle, Philippe-Auguste n'eut qu'à suivre les tendances et à prendre les hommes qui lui étaient désignés par leurs succès. Il s'éleva pendant ce règne, et sous l'impulsion de ce puissant monarque, une forêt de cathédrales et d'églises des plus grandes dimensions, et cette fièvre de bâtisse n'était égalée que par la fièvre de piété qui la stimulait. En 1245, Pierre de Montereau, revenant de l'Orient avec saint Louis, consacra la place du style gothique dans l'histoire de l'art; il prouva, en élevant la délicieuse Sainte-Chapelle du palais royal, qu'il n'y a pas d'erreur si grave, pas de déviation si fâcheuse des sages principes, qu'un sentiment profond, uni au génie, n'élève à la dignité de chef-d'œuvre.

Dans le domaine royal, c'est-à-dire dans le cercle d'action de souverains éclairés et amis du luxe, sous les yeux d'une cour formée de longue date à ce qui est devenu le bon goût, sous l'impulsion d'un clergé plus mondain que dans d'autres centres où il était aussi puissant, plus courtisan surtout et assez habile pour employer, suivant les tendances de la cour, les dons immenses qui lui venaient d'elle ou par elle, ce caractère d'élégance royale, qui marquait déjà dans la renaissance provoquée par Charlemagne, domina si impérieusement dans cette nouvelle renaissance du XIIe au XIIIe siècle, qu'il exerça son influence non pas seulement sur la France, mais sur l'Europe entière. On appelle les architectes de Paris, on s'engoue des innovations qu'ils introduisent dans l'architecture, on suit leurs plans, on contrefait leurs édifices. C'est ainsi que l'église de Cologne s'élève en imitation de celle d'Amiens et de la Sainte-Chapelle, qu'Étienne Bonneuil va, en 1287, construire l'église d'Upsal, en Suède, et Guillaume de Honnecourt celle de Bude, en Hongrie, à la même époque. Dans l'entraînement de cette vogue, le style gothique, qu'on devrait appeler le style français, couvre l'Europe.

Il est difficile d'être spectateur attentif de cette grande renaissance et de ces immenses travaux sans se demander quelle était l'organisation du service des bâtiments pendant le moyen âge. Mais il n'est pas facile de satisfaire cette curiosité. Une certaine obscurité règne sur ces détails d'intérieur pendant la période qui précède le XIIIe siècle, et même à cette époque on parvient difficilement à saisir les liens qui rattachent entre eux les artistes, les fonctionnaires et le roi, les artistes de l'abbaye mère et les abbés des maisons succursales, les artistes et la municipalité, enfin les artistes et le conseil de fabrique des immenses cathédrales.

Je crois que dans le domaine royal la direction des bâtiments, confiée de tous temps à l'architecte et placée dès l'origine de la monarchie sous une surintendance qui devint, en raison de son importance, une des grandes charges de la cour, était soumise à un contrôle financier; car le service des bâtiments se complique en tous temps des règles de l'art, des goûts particuliers de l'autorité quelconque qui commande les travaux et des exigences d'une gestion financière, trois intérêts très-conciliables, mais qui ont donné lieu à plus d'un tiraillement. Éginhard exerça la charge de surintendant des bâtiments sous Charlemagne avec une habileté dont témoignent les historiens, et sur une étendue de territoire qu'il n'a jamais été donné depuis à un monarque de posséder. Dans les siècles suivants, l'action royale ne dépassait les limites très-restreintes de son domaine que pour s'étendre aux résidences. Si son influence fut grande sur le goût général, ce fut par le maintien des principes de l'art, par une élégance, une pureté et une distinction traditionnelles, le tout embelli par l'éclat du pouvoir qui fascine les yeux de la foule; mais en dehors de ce petit domaine se trouvait la France tout entière, divisée en royaumes, duchés, provinces, abbayes, municipalités, autant d'autorités indépendantes, soumises à des impulsions très-différentes, qui peuvent toutefois se réduire à l'influence italienne répandue dans tout le Midi, à l'intervention byzantine évidente dans le Périgord et une partie du centre, à quelques courants arabes venus de l'Espagne et traversant le sud-ouest, enfin à la séduction exercée par la cour de France dans toute la contrée qui s'étend au nord de la Loire. Cette séduction imposait, comme nous l'avons vu, bien au delà de ces étroites limites le modèle créé par les architectes du roi. Aussi lorsque l'abbé Suger, avant d'équiper une armée pour la croisade au nom et aux frais de son abbaye, administrait paisiblement les immenses revenus de Saint-Denis et les appliquait à l'embellissement de son église, je doute que le roi de France fût plus magnifique que lui et je suis certain que l'abbé empruntait tout, ou beaucoup, à la cour de France. Quand Pierre de Montereau, au XIIIe siècle, était maître des œuvres royales, Raymond du Temple au XIVe, Jean Cambiche au XVe, je les vois entourés d'une foule d'élèves qui répandent de tous côtés les préceptes du maître et les mettent en œuvre; je vois aussi leurs créations, comme la Sainte-Chapelle de Paris et celle de Vincennes, Notre-Dame de Paris et la chapelle de la Vierge de Saint-Germain-des-Prés, servir de modèles; je les vois enfin appelés eux-mêmes de tous côtés en consultation à Amiens, à Reims, à Troyes, partout où s'entreprend une vaste construction, où se discute un point délicat, où il s'agit d'apporter un prompt et énergique remède. Un même genre de domination s'exerçait dans les abbayes quand l'organisation était puissante, comme dans l'ordre de Cluny, puissante dans la rude traverse des dixième et onzième siècles, puissante encore plus tard au milieu des progrès de la civilisation dont elle est la source. Cluny avait un architecte, maître des œuvres de maçonnerie, qui était souvent un de ces artistes universels comme l'antiquité et le moyen âge en produisaient, aptes à tous les travaux et les exécutant autant qu'ils les dirigeaient. La maison mère et toutes ses filles étaient placées sous la direction de cet architecte et ainsi s'explique une similitude de caractère avec une variété de plans et de dispositions qu'on remarque dans toutes les constructions d'un même ordre, à de grandes distances les unes des autres. La gestion de l'architecte était contrôlée par l'économe de la maison, qui intervenait dans les acquisitions de matériaux et distribuait la paye des ouvriers. Chaque ville un peu importante avait aussi un maître de ses œuvres de maçonnerie : c'était le plus souvent l'architecte de l'abbaye ou de la cathédrale qui cumulait ces fonctions; prêtre ou laïque, il avait la conduite de toutes les constructions municipales, il faisait les projets, présentait les plans, surveillait les acquisitions et les adjudications, et référait de sa gestion au contrôleur municipal.

Rien de plus naturel que le domaine royal, les abbayes et les villes eussent des services de bâtiments régulièrement organisés; ce qui est plus singulier, c'est qu'une église ait eu besoin de les imiter. Pour le comprendre, il faut se rappeler que la construction d'une église durait, sans discontinuer, un ou deux siècles, et maintenait en activité son chantier de travaux au milieu duquel s'élevait la maison du maître de l'œuvre. Celui-ci employait chaque année les fonds que la piété publique mettait au service de l'achèvement de l'édifice; il y usait sa vie; puis il laissait à son élève, souvent son fils, et comme en héritage, la continuation de l'entreprise. Il soumettait ses plans et projets au chapitre, et sa gestion financière au maître de la fabrique. L'importance des travaux, la cherté de la main-d'œuvre et des matériaux, l'incapacité financière et administrative bien reconnue chez la plupart des artistes, les désordres survenus, l'expérience chèrement acquise, toutes ces causes réunies engagèrent les municipalités comme les gens de finances du roi, comme les conseils de fabrique et les économats d'abbaye, à appointer annuellement l'architecte et, en l'affranchissant de tout souci de comptable, à établir pour tous ses travaux un système de régie. Dès le xiv° siècle ce régime était presque général. Il amena naturellement les adjudications au rabais, et chaque corps de métier entra dans l'œuvre, prit une part d'autorité et d'initiative dans la question d'art, ce qui d'abord diminua la liberté d'action de l'architecte et l'annula bientôt complétement. Autrefois c'était un artiste qui remaniait sa cathédrale, comme un sculpteur pétrit sa terre, s'inspirant au milieu même du progrès de son œuvre, la corrigeant en la créant; dorénavant, et tous les jours davantage, ce fut un homme de science et un penseur qui, courbé sur sa table, combina dans sa tête l'œuvre entière, dressa le plan, traça les épures, dessina les moindres détails, ne laissant plus rien à l'initiative personnelle de ses collaborateurs sculpteurs et peintres, prescrivant tout avec une sèche rigueur, et pouvant surveiller, même de loin, l'exécution exacte et servile de la plus vaste église. Dans ce mode, si perfectionné quant à l'organisation, la rectitude domine, l'imagination lui fait place; on obtint une plus complète symétrie et moins d'harmonie, car la symétrie se trouve sur le papier avec une plume ou un compas, l'harmonie se rencontre sous les doigts qui pressent la corde ou la touche, sous la main qui entame le marbre, sous l'action de l'architecte qui élève son édifice de la pensée et de la direction, avec la tête et avec les mains. Ce qui aurait été un bien dans une architecture sérieuse et régulière devenait ainsi un principe de décadence dans l'architecture gothique, qui chercha dès lors dans l'ornementation une vie factice, pour remplacer cette vie réelle qu'on lui ôtait.

L'architecture ne serait rien sans l'assistance des autres arts, mais les arts n'auraient pas d'unité sans l'architecture : aussi les grandes époques de l'art, et les renouvellements caractéristiques qui marquent les phases de son histoire, coïncident avec les grandes constructions. Les offrandes à Dieu qui, comme dans l'antiquité, rachetaient les plus grandes fautes et calmaient les consciences bouleversées, prirent toutes les formes de l'art et servirent à son développement. On n'immolait plus les bœufs par centaines, mais on construisait des chapelles, on élevait des églises, on contribuait à l'édification des grandes cathédrales, et, lorsqu'il s'agissait de meubler et d'embellir ce temple du vrai Dieu, le luxe avait des recherches infinies et n'avait pas de bornes. Ainsi s'explique l'incroyable fécondité des xie, xiie et xiiie siècles ; ce qu'il a surgi d'églises dans cet espace de temps, au milieu des cités comme dans la campagne, au compte des villes comme aux frais des moindres villages, est véritablement prodigieux. Les styles roman et gothique sont nés, l'un au xie siècle, l'autre à la fin du xiie, de ces grands mouvements de la piété. Cette fièvre a été universelle ; mais lorsqu'on examine les édifices religieux dans l'Ile-de-France et dans les provinces qui dépendaient plus ou moins du domaine royal, on remarque qu'ils sont plus nombreux, plus magnifiques, plus complets qu'ailleurs, que toutes les innovations de style qui s'y font jour ont précédé ce qui s'est produit dans d'autres contrées, qu'enfin, avec ces droits à l'invention, elles présentent un caractère d'originalité et de pureté qui en a fait des modèles. Ce grand déploiement d'activité explique donc l'apparition du style gothique et constitue nos droits à son invention. Mais, aussitôt ce style formé, la sculpture et la peinture, qui contribuent pour une si grande part à caractériser l'architecture religieuse, la mère de toutes les autres, s'en détachent par mille voies, pour satisfaire aux goûts du luxe des particuliers ; elles s'en détachent, mais pour répandre partout le même style adapté à chaque chose. Cette expansion au dehors, cette adoption générale, et dans toute son étendue, du style gothique consacre la légitimité de son usurpation sur les styles byzantin et roman, en prouvant qu'il n'est pas de commande officielle, de caprice princier ou de fantaisie passagère, mais qu'il est accepté par tout ce qui fait autorité, en se mettant au service de tous les besoins. Au moyen âge, on disait un bijou, un calice, un ostensoir *de maçonnerie*, et cela voulait dire un travail d'orfévrerie exécuté dans le style des maçons, les architectes d'alors, dans le style gothique. C'est le caractère propre des véritables révolutions dans l'art ; l'antiquité en avait donné l'exemple à Athènes, la Renaissance apporta une nouvelle preuve de cette nécessité de la domination de l'architecture sur tout le domaine de l'art.

Cet envahissement général d'une forme d'architecture établit aussi sa vitalité, et il en sera tenu compte dans cette exposition des variations de nos goûts. A l'avénement du style gothique, il y eut d'innombrables monuments et des objets d'art de toutes sortes à réparer, à finir, à compléter. Le xiie siècle avait plus entrepris qu'il ne lui était donné de mener à bien, et il laissait à son successeur le lourd héritage de ses entreprises inachevées. Quand le style gothique fut maître du terrain, il le trouva donc jonché d'églises, les unes à peine commencées, les autres à moitié construites : à celle-ci il manquait la façade, à celle-là les voûtes et les clochers, sans compter tout le riche mobilier intérieur qu'il fallait fournir. Que fit le xiiie siècle? étudia-t-il un art qu'il avait tué, qui était mort, pour raccorder soigneusement, péniblement, les additions nouvelles aux parties anciennes, la suite au commencement, les adjonctions au principal? Il n'y songea pas. Cette Renaissance se sentait vivante, elle portait la tête haute, et son ambition était de laisser partout, franchement, bravement, la trace de son passage. L'église romane n'était pas couverte, des voûtes ogivales s'élèvent sur ses piliers; elle n'avait pas de portail, ou pas de flèches, ou ses clochers n'étaient montés qu'à moitié de leur hauteur : son portail se dresse, sa flèche perce l'air, ses tours se couronnent élégamment, et toutes ces additions, bien que d'un style différent, se soudent, se marient si habilement à l'ancien style, qu'on ne s'aperçoit de l'étrangeté et du contraste que pour admirer l'adresse, le goût, le savoir et le délicieux talent d'arrangement de ces habiles maîtres gothiques. Ont-ils eu tort d'en agir ainsi? Devons-nous regretter qu'ils n'aient pas continué chaque monument, chaque œuvre d'art comme il avait été commencé, méthodiquement, savamment, ennuyeusement? Non certes, et je ne crois pas qu'il existe archéologue si entêté, si aveugle, qui n'approuve ces artistes d'avoir été de leur temps, au lieu de s'affubler d'un costume vieux et hors d'usage, d'avoir parlé leur langue au lieu de s'exprimer maladroitement dans quelque langue morte.

Dans l'élan que reçurent au XIIIe siècle l'amour de l'art et les goûts du luxe, cette transformation radicale s'étendit à toutes les productions de l'art et de l'industrie, depuis le mobilier de l'église, et j'entends par là l'ameublement de son chœur, de ses autels et du trésor de la sacristie, jusqu'au mobilier de la maison, et je comprends dans ce terme la décoration intérieure de toute habitation, les meubles si habilement travaillés, les riches bijoux, les costumes somptueux et les ustensiles de la vie privée qui témoignent tous, chacun au degré qui lui est particulier, des goûts distingués et du luxe de cette époque.

Où est la source de ce luxe inouï des XIIIe, XIVe et XVe siècles? Attachons-nous aux grands motifs. En premier lieu, l'inégale répartition des fortunes et du bien-être qui, dans l'organisation féodale, faisait d'un seul le dispensateur de tous les avantages d'un pays; en second lieu, l'ignorance de toute institution de crédit qui pût donner aux capitaux un emploi utile, avec la certitude de pouvoir les retirer dans les temps de danger et de besoin : de là un grande richesse dans un petit nombre de mains, et cette richesse maintenue en nature, non pas en lingots d'or et d'argent, mais en vaisselle resplendissante, en armes de luxe, en ustensiles de ménage, faits de métaux précieux, jusqu'aux chaudrons et aux chenets qui étaient d'or massif, en bijoux ornés de pierreries, rehaussés de perles et d'émaux, en costumes surchargés de broderies d'or et d'argent, fastueux ornements à l'usage des hommes et des femmes dans les fêtes de la paix, ressources immédiatement réalisables par la fonte, ou comme garantie dans les emprunts, pour les besoins de la guerre.

Un moyen âge resplendissant d'or et de pierreries, embelli par le luxe des arts et le charme des lettres, n'est pas le moyen âge tout entier. Pour rester dans le vrai, nous ne nous contenterons pas de voir la médaille de son beau côté;

nous regarderons aussi son revers. Il offre le spectacle d'une grande barbarie, d'une honteuse malpropreté et d'une profonde misère. Ce contraste ne pourrait être compris si nous n'en avions pas encore aujourd'hui l'image vivante dans les contrées orientales : là aussi des pachas, des radjahs, des beys, des gouverneurs de ville, mènent un train magnifique, habitent de somptueuses demeures, écoutent le chant des poëtes et les féeries des conteurs, ils fument dans l'ambre et s'inondent de parfums; mais immédiatement au-dessous d'eux, sans transition, sans intermédiaires, règnent la barbarie, la malpropreté, la misère. S'ils montent de magnifiques coursiers arabes, leurs chevaux entrent jusqu'aux genoux dans la fange des ruisseaux; s'ils sont couverts de splendides vêtements, la vermine s'y abrite avec eux. Aussi brillant devait être le roi Louis le Gros, quand son cheval, effrayé par les porcs qui cherchaient leur pâture dans la boue de Paris, se renversa sur lui et le tua. Notre moyen âge, c'est l'Orient d'aujourd'hui.

Il est donc bien entendu qu'en parlant des splendeurs du moyen âge, nous n'envisageons qu'une classe très-restreinte de la société, la plus haute et la plus intelligente; que notre esprit est préoccupé surtout du spectacle offert par un clergé riche qui reporte toutes ses magnificences dans l'embellissement de la maison de Dieu, par une royauté qui se préoccupe de l'opinion publique et maintient son rang dans les arts et dans le bon goût comme dans la politique, par une aristocratie enfin qui, en élégance, en faste, en protection libérale de tout ce qui est noble, suit, imite et égale la royauté.

Dans ce luxe, dont les inventaires de nos rois et des princes du sang nous donnent un tableau qui dépasse toute idée, l'art et l'industrie sont confondus dans une même action, ou plutôt on sent que l'industrie, maîtresse de ces riches métaux et de ces pierres précieuses, ne peut faire que de l'art, et que les ustensiles les plus vulgaires se ressentiront de l'élégance des bijoux les plus fins.

On se demande à quelles études, à quelle école, à quel

enseignement se formaient les ouvriers des corporations de
métiers, ces artistes qui donnaient à chaque chose, avec le
style du temps et l'exécution la plus parfaite, ce cachet de
distinction. Trois écoles existaient alors qui formaient l'enseignement public des arts, et, en les énumérant, je laisserai de
côté tout ce qui indirectement servait de guide et offrait des
modèles ; je ne parlerai donc pas de ces palais somptueux
tout enrichis de peintures historiques et de sculptures iconographiques, de ces hôtels qui luttaient de magnificence avec
les palais, de la richesse des tapisseries appendues aux murs,
de la resplendissante vaisselle étalée sur les dressoirs ou sur
les tables, des manuscrits à miniatures, admirables galeries
de tableaux vus au microscope, des curiosités de toutes sortes
recueillies partout et apportées de loin qui s'accumulaient
dans le trésor de chaque grande famille, des somptuosités de
costumes, d'armures et de harnachements déployées au soleil
des fêtes et des tournois, des décorations si splendides, des
inventions si ingénieuses créées en commun par le poëte et
l'artiste lors des cérémonies royales, à l'occasion d'un sacre,
d'une entrée ou d'un traité de paix, autant de musées d'objets
d'art, autant d'expositions de produits de l'industrie, musées
vivants, expositions animées par l'enthousiasme. Je ne ferai
ressortir que les moyens pratiques de l'étude. C'était d'abord
la maison de Dieu, le musée du peuple, où l'enfant apprenait
dans les bas-reliefs, les fresques et les vitraux, l'histoire sainte
ou la légende pieuse, et sentait, à la vue de ce monde imaginaire, animé par un art convaincu, s'éveiller en lui les instincts de l'artiste; c'était ensuite l'apprentissage près de l'orfèvre, où il apprenait à dessiner, à modeler et à travailler de
ses mains la matière rebelle, suivant des procédés et des
traditions que le père léguait au fils avec les progrès qu'il
avait lui-même fait faire à son industrie; c'était enfin l'apprentissage près de l'architecte, le maître de la grande œuvre
de maçonnerie, en prenant part aux combinaisons des plans,
aux dessins des épures, à la marche des travaux, en peignant
les murs et les vitraux, en sculptant les statues, les bas-reliefs

et les ornements, chaque chose sous la direction de l'orfèvre pour sa destination, sous la direction de l'architecte pour sa place; l'art, idée abstraite, aux productions sans but, étant chose inconnue. Dans tout cela il n'y avait d'indépendant que la pensée de l'artiste, dans les limites que je viens de tracer; quant à sa personne, elle devait être engagée dans un métier.

J'ai dit que les métiers s'étaient constitués en corporations; les gens de métiers, c'est-à-dire en dehors des gens d'église et des clercs, tous ceux qui demandaient à leur intelligence et à l'adresse de leurs mains de produire ce qui pouvait séduire le goût du luxe, formaient alors la bourgeoisie. Ces corporations, après avoir fait reconnaître leurs statuts par les seigneurs, firent proclamer leurs droits, et de l'industrie elle-même est sortie la classe de la société qui étendit indéfiniment le domaine et les débouchés de l'industrie. Pour se propager, elle institua, non pas seulement les bazars fixes, comme en Orient, c'est-à-dire l'établissement de tout un corps de métier dans une même rue, dans un même quartier, mais des foires périodiques, l'équivalent de nos expositions d'aujourd'hui, comme celles de Saint-Germain et du Landit, pour Paris, celle de Troyes, en Champagne, et de chaque centre commercial dans nos provinces; grands concours industriels qui appelaient à eux, comme en un jour de fête, tous ceux qui avaient des besoins, et cette foule de gens oisifs chez lesquels la vue des objets fait naître des fantaisies de toutes sortes. Ces foires duraient des mois. Elles étaient pour la jeunesse un temps de plaisir, pour les membres éloignés d'une même famille un lieu de réunion, et pour tous les âges, comme pour toutes les classes, une distraction bien nécessaire dans des temps rudes et difficiles. A l'étalage de toutes les nouveautés aimées du luxe et de la coquetterie, se joignait l'attrait des spectacles de toutes sortes, et de ces mystères si longuement récités, si patiemment écoutés, l'attrait aussi de la poésie chantée par des rapsodes, comme à Olympie, avec d'autres idées, il est vrai, et dans un langage moins pur. Ces foires devenaient le lien commercial avec les nations éloignées et le stimulant des progrès pour les pays arriérés; c'étaient, je le répète, les expositions de l'industrie de ces temps. La foire de Beaucaire en donne encore aujourd'hui quelque idée; mais je les ai retrouvées dans leur naïveté première, à leurs débuts enfantins, dans toute l'Asie.

La grande lutte de l'industrie, qu'on l'appelle corps de métier ou commune, contre la féodalité, tout en créant ses franchises, arrêtait son essor. De guerre lasse, elle accepta la protection des rois et trouva sous cet abri des lois paternelles, ainsi que la confirmation des statuts qu'elle avait rédigés elle-même. La hanse parisienne servit de modèle et donna l'essor à toutes les associations commerciales, comme les statuts des métiers de Paris, créés par les métiers mêmes, sanctionnés par l'expérience et enregistrés par Boileau, au Châtelet de Paris, en 1260, furent le type et le point de départ de l'organisation de l'industrie des autres villes et des pays étrangers.

L'esprit de ces statuts est essentiellement protecteur. Ne jugeons pas les corporations, les maîtrises et l'ensemble de leurs règlements, surveillés par une armée de vérificateurs, à notre point de vue et du sein d'une organisation sociale très-perfectionnée; estimons-les comme la protection efficace, judicieuse, habile, du commerce loyal au milieu d'une déloyauté barbare. Leur mérite est d'avoir prévu tout ce qui peut le mieux perpétuer les traditions, assurer les progrès et maintenir l'industrie dans les mêmes familles, tout ce qui peut concourir à la bonne réputation et au perfectionnement du métier, par l'emploi exclusif des matières premières les plus pures, et à l'instruction de l'ouvrier par un long apprentissage, par un engagement qui le lie au maître jusqu'à ce qu'il soit en âge de le devenir, en même temps que le maître est assuré de profiter pendant quelques années de l'enseignement qu'il donne sans réserve et libéralement. Le tort de ces statuts, c'est d'avoir été faits par le métier lui-même et en vue de ses intérêts exclusifs, sans intervention modératrice d'une autorité qui pût défendre les intérêts généraux. De là ces barrières infranchissables entre les industries diverses, véritables et seules entraves que les corporations opposaient aux progrès, entraves que la royauté faisait disparaître de temps à autre en fusionnant ensemble plusieurs corps de métiers, mesure violente, d'une exécution difficile, et qui n'était obtenue qu'après de longues souffrances, et alors seulement que le besoin en était par trop évident.

Quand une institution offre tant d'avantages précieux, et n'a pas un inconvénient qui ne puisse, à la longue, trouver son remède, elle est bonne, elle est estimable, elle possède en elle-même des garanties suffisantes de vie et de durée : ainsi s'expliquent la force et les six cents ans d'existence légale et prospère des corporations.

Tel était donc l'enseignement de l'art dans les métiers; tels étaient aussi ces métiers; voyons quel était le public qui rendait nécessaires ces efforts des artistes, et cette organisation dans la société. Quand on examine une étoffe, une arme, un meuble ou un ustensile quelconque de la vie privée du moyen âge, on s'étonne de voir l'art le plus exquis répandu partout; l'exécution vulgaire et le mauvais goût ne se trahissent nulle part; on en conclut qu'un luxe distingué était du domaine universel. Il y a du vrai et du faux dans cette conclusion, faisons-en le départ. Oui, l'art et l'industrie n'ayant qu'une seule et même impulsion, le goût qui animait l'architecte de la cathédrale et l'orfèvre du reliquaire inspirait en même temps le tisserand, l'armurier, le chaudronnier et le huchier; seulement, et là se rencontre la distinction, le public qui participait au luxe des choses d'art était très-restreint. C'était le roi d'abord, puis le clergé; plus tard le clergé, le roi et ses grands officiers; au XIIIe siècle, le clergé, le roi, la cour et la noblesse; partout ailleurs régnait une simplicité d'habitudes qui, même dans l'aisance, se contentait des costumes les moins apparents, ne portait ni armes ni bijoux, marchait à pied, mangeait dans l'étain; et si la bourgeoisie se distinguait alors des basses classes, c'était par un luxe de propreté qui allait se promenant sur toutes choses, faisant reluire le cuivre et l'étain des ustensiles les plus simples, le bois de chêne des solides bahuts; c'était aussi par un luxe de générosité, quand il s'agissait d'offrir à l'église ou à la chapelle de la confrérie les riches ex-voto. A cette époque, lorsqu'un bourgeois essayait de trahir son aisance en imitant quelque chose du costume ou du train de son seigneur, aussitôt des lois somptuaires rigoureuses réprimaient ces velléités de parvenu. Apprécions donc bien ces limites pour juger ce qu'on appelle improprement la généralité du goût au moyen âge, et pour nous rendre meilleur compte de toutes les productions qui datent de cette époque.

Ainsi dégagé de ce qui l'obscurcissait, le fait se réduit à ceci : il y avait un public d'élite restreint, un art réservé pour son luxe et ses besoins. Ce public formé de toute la noblesse, c'est-à-dire de ce qu'il y a de plus distingué dans la nation, n'avait d'autre tendance, d'autre ambition que d'imiter, ce qui pour lui était tout, l'église et le roi, et ce qui en effet était la distinction par excellence et un modèle unique : le roi confondant son goût avec sa piété, associant le luxe de sa maison au luxe de la maison de Dieu. De là pour les artistes un but sûr, une direction tracée, des tendances bien définies et, comme dans l'antiquité, une fixité de goûts qui, se contentant d'un petit nombre d'idées, préférait la répétition d'une pensée déjà comprise, mais développée ou mieux rendue, à l'essai ou l'ébauche d'une pensée nouvelle, demandait par conséquent beaucoup de copies d'un original consacré par la popularité de son succès, et étendait cette stabilité du goût aux formes de toutes choses. On ne rencontrait donc alors aucune de ces influences pernicieuses de gens de rien élevés par la fortune, aucun de ces tiraillements perpétuels, si funestes aux arts, d'un public qui confond le sentiment de l'art avec ses sots caprices, rien, en un mot, de ce qui corrompt de nos jours les meilleures tendances de nos artistes et le bon goût national de notre industrie. Sur ce dernier point, ce n'étaient pas seulement les institutions sociales qui enchaînaient les modes aux mêmes formes, aux mêmes dessins, aux mêmes goûts; c'était une foule de circonstances favorables à la stabilité : dans les modes des costumes, la richesse d'étoffes cossues et solides qui se transmettaient de père en fils; dans le goût des bijoux et de l'orfévrerie, les modèles conservés dans le trésor de chaque famille; dans les meubles, leur mérite comme objets d'art, et l'habitude de les voir depuis l'enfance occuper la même place; en tout, un sentiment de calme et de repos qui appartient aux classes élevées lorsqu'elles peuvent croire encore leur position inébranlable, et qui tient à un attachement respectueux aux souvenirs des ancêtres.

Au moyen âge, en dehors de ce public d'élite, se remuait une foule, simple spectatrice, curieuse de tout éclat et courant admirer et applaudir les chefs-d'œuvre, mais exclue de toute influence sur les arts. Elle se préparait, il est vrai, par une grande aisance et une meilleure éducation, à prendre sa part du luxe, s'initiant au bon goût en suivant dans l'église les cérémonies resplendissantes du clergé, dans les rues les magnifiques entrées royales, et sur les places les tournois et les fêtes de la noblesse, ces jeux olympiques du moyen âge; elle jouera son rôle plus tard, jusqu'à ce qu'elle domine en souveraine comme de nos jours : mais alors, heureusement pour l'art, elle n'avait pas voix au chapitre.

Si j'ai été clair dans cette rapide exposition, on a dû comprendre que l'art, à l'époque de cette grande renaissance du xiiie siècle, puisait sa vie dans la nécessité de se plier à une destination, soit dans l'ornementation comme complément de l'architecture, soit dans une multitude d'applications industrielles. Du chantier de construction, de l'atelier des orfèvres sortirent tous les grands artistes en tous genres, car là se concentraient les plus riches, les plus nobles créations de l'art. En disposant un autel et ses retables, en dessinant un reliquaire ou une châsse, en modelant les cires qui peuplaient d'un monde de figures ces grandes compositions d'orfévrerie, destinées aux dressoirs et aux tables des princes, on essayait ses forces, on devinait soi-même ses propres tendances, on marquait sa voie, et, comme Brunelleschi, Albert Durer et tant d'autres, on devenait architecte, peintre ou sculpteur, souvent tout cela à la fois : ainsi se formaient des artistes hors ligne qui, tout en planant désormais au-dessus des nécessités du métier, conservaient de cette éducation première l'habitude d'appliquer leur art et de le plier à toutes les conditions de l'industrie. Aussi, dans ce temps, point de distinction entre l'art et l'industrie, entre l'artiste et l'artisan, les termes de métiers et d'ouvriers s'appliquaient indifféremment aux uns et aux autres. Lorsque tous les corps de métier allèrent, en 1260, faire enregistrer leurs statuts, c'est-à-dire des règlements qu'ils s'étaient dictés à eux-mêmes, mais que personne ne leur avait imposés, et qui prenaient désormais un caractère légal, il ne fut pas question d'art. Les orfèvres, les imagers, les peintres, les huchers, etc., se partagèrent toutes les spécialités de travaux par lesquels l'homme parvient à rendre sa pensée et à exprimer ses sentiments, à montrer son goût pour l'élégance, quelles que soient d'ailleurs les matières qu'il a sous la main. Mais, dès 1303, on revient sur cette heureuse fusion, et, comme il était difficile de fixer des limites dans des productions qui toutes découlaient de l'art et avaient en même temps une utilité usuelle et immédiate, on choisit pour ligne de démarcation la destination des objets : ce qui est pour l'église et pour le roi est de l'art, disait-on ; le reste appartient au métier et subit ses charges, impôts et prestations.

S'il y eut un changement dans cette excellente manière d'envisager la mission des artistes, si la scission se fit entre l'art et l'industrie, il faut en faire remonter la cause jusqu'au trône. Nos rois sont les coupables; séduits par les grands talents de quelques hommes hors ligne, ils les attirèrent près d'eux, leur donnèrent des titres et des charges de cour, et, sans le vouloir, en firent des gens à part qui, ne relevant plus de la corporation, parce qu'ils consacraient leur art au service du roi, auraient pu se croire d'une essence particulière et d'un rang supérieur. Quand, en France, il s'agit des actes de la royauté, on ne doit jamais omettre l'influence de l'aristocratie; dans leur action sur les arts, nos rois ont toujours eu quelques grands seigneurs pour auxiliaires. Je ne les cite pas, l'espace me manque pour pénétrer dans le détail; mais chacun connaît ces beaux noms, et on étendra en ce sens mes observations. De la part de la royauté comme de l'aristocratie, l'innovation qui retirait de la corporation les membres les plus éminents, qui les affranchissait de ses charges et leur faisait une position à part en les élevant au-dessus de leurs collègues, cette innovation, qui porte en germe la détestable distinction entre l'artiste et l'ouvrier, se réduisit dans l'origine à la nomination d'un architecte, maître des œuvres, d'un peintre, peintre en titre d'office : l'intention de bouleverser les usages reçus était si éloignée de la pensée de nos princes qu'ils attachaient à leur personne, et aux mêmes titres, les brodeurs, orfèvres et armuriers, chargeant ces artistes et ces ouvriers, ou bien ces gens de métiers, comme on les appelait encore indistinctement, de tous les travaux, depuis les plus distingués jusqu'aux plus ordinaires, depuis la décoration de leurs palais jusqu'à la confection de leurs vêtements et des ustensiles les plus vulgaires de la vie privée.

A la fin du xve siècle, ces idées prévalaient encore en Europe, et nulle part, ni à la cour de France, de toutes la plus brillante, ni à la cour des ducs de Bourgogne, qui éclipsa pendant quelques années par son faste le luxe royal, ni dans les grandes familles princières et aristocratiques qui formaient aussi des cours, nous ne trouvons trace d'un changement sensible dans la manière de voir, à cet égard, du public et des artistes eux-mêmes. L'activité humaine était encore considérée comme un grand ensemble, dans lequel le talent seul établissait des rangs. Était-on clerc sans imagination, on gagnait sa vie au métier de copiste; avait-on reçu du ciel ou conquis par la ténacité du travail la faculté créatrice, on composait des œuvres poétiques, et si l'on était distingué par un souverain, grand ou petit, qui vous gratifiait de sa familiarité et de quelques faveurs pécuniaires, on jouissait de ces avantages tout en restant un simple clerc. Était-on tailleur d'images ou peintre, on sculptait le bois comme un manœuvre, on promenait sa brosse sur les murs comme le dernier de ses apprentis, et si, remarqué par le souverain ou par quelque grand personnage, on était attaché à leur personne, l'élévation de ce rang, l'agrément de ces avantages, ne vous portaient pas à vous croire un autre homme qu'un hucher ou qu'un peintre d'images. Il y avait donc la jouissance très-complète d'une position matérielle meilleure, il y avait aussi le sentiment d'un talent supérieur qui vous plaçait moralement à la tête de votre corporation, de votre classe; mais l'idée d'un art et d'une industrie distincts, d'un art élevé et d'une basse industrie, d'un art qui anoblit l'homme et d'une industrie qui le dégrade, n'était venue à personne dans tout ce moyen âge, pas plus qu'elle n'avait eu cours dans toute l'antiquité; on s'échelonnait sans se scinder; on se mesurait, on ne se classait pas.

Plusieurs causes contribuaient à écarter les prétentions et à maintenir une heureuse harmonie. Je ferai ressortir comme caractéristiques de l'époque la classification abstraite des arts, les qualifications des artistes, leur organisation. Les vastes conceptions encyclopédiques du moyen âge admettent des arts libéraux : ce sont les lettres, les arts et les sciences, qui découlent d'une source unique, la philosophie. Lorsqu'à partir du XIIe siècle on les figura sur les monuments, soit au nombre de sept, soit au nombre de dix, la philosophie marchait en tête. L'architecture n'avait pas de place; elle était comprise dans l'un de ses éléments sous le nom de géométrie, car, dit Christine de Pisan, en appelant le roi Charles V *un sage artiste, de géométrie qui est l'art et science des mesures et ecquerres, compas et lignes, s'entendoit souffisamment et bien le monstroit en devisant de ses édifices.* L'architecture exclue, la sculpture, la peinture, tous les arts graphiques et manuels se résumaient dans la peinture; ils étaient personnifiés par un homme qui, d'un style solide, traçait vigoureusement son dessin sur une pierre; tous les arts étaient représentés par des femmes, la peinture seule avait la figure d'un homme. Est-ce parce qu'alors l'art était une rude besogne, et qu'il s'y fallait adonner de la tête et des mains ? Je ne sais, mais je n'ai voulu faire ressortir que cette fusion des arts libéraux tous ensemble. Les qualifications devaient avoir une influence pratique plus grande. J'ai montré déjà dans mon glossaire que le mot *artiste,* dans son acception actuelle, est tellement moderne, qu'il ne prit pas place dans la première édition du Dictionnaire de la l'Académie. Le mot latin *artista* se traduisait par maître ès arts, et il a été employé souvent, ainsi que le fait Christine de Pisan, pour marquer la supériorité intellectuelle d'un homme; mais cela n'a aucun rapport avec le mot qui marque aujourd'hui une classe d'hommes et les occupations spéciales de l'architecture, peinture, sculpture et musique. Pendant tout le moyen âge, et assez avant dans le xvie siècle, métier et art avaient une seule et même qualification, excellente fusion et qui s'est conservée de nos jours dans le mot *peintre,* qu'on escorte des mots d'histoire, de genre, de portrait, pour le distinguer du peintre de décors, de carrosses et de bâtiment, qui, lui aussi, n'en reste pas moins un peintre. Eh bien ! au moyen âge, le *cementarius* ou le maçon désignait l'ouvrier en constructions à tous les rangs, et aussi l'architecte, souvent un très-gros monsieur. Ainsi, dans une charte de 1251, Gautier de Saint-Hilaire, architecte de la cathédrale de Rouen, est qualifié de *cementarius, magister operis;* rien de plus facile que de trouver des exemples plus anciens, mais j'en citerai de plus modernes pour montrer combien longtemps cette fusion se maintint. En 1368, Charles V assigne un payement à Jean Perrier, maçon et maître de l'œuvre de l'église de Rouen, et il ne nomme pas autrement son propre architecte lorsqu'il donne à son fils, dont il avait été le parrain, deux cents francs d'or : *en contemplacion des bons et agréables services que nostre amé sergent d'armes et maçon maistre Raymon du Temple nous a fais.* Remarquons bien que Raymond du Temple n'était pas un homme ordinaire, qu'il s'était acquis dans le palais du Louvre, et sous les yeux des Parisiens, une grande réputation d'habileté; il occupait en outre la charge de sergent d'armes, sorte de garde du corps du roi. Un sculpteur travaillait-il en bois, c'était un hucher; sculptait-il la pierre, c'était un tailleur d'images : le talent n'y faisait rien, et, quelle que fût sa réputation, il ne prenait pas de titre qui le distinguât de ses compagnons moins bien doués. L'organisation de la maîtrise ou corporation était la source d'une camaraderie qui entrait pour beaucoup dans ce nivellement des prétentions. Partant d'un même apprentissage, sortant du rang d'apprenti pour passer maître, après avoir fait ses preuves, chacun entrait dans la vie avec plus ou moins de talent, avec la même position, les mêmes droits, le même titre.

J'attribue à cet enseignement pratique et à cette manière de comprendre la mission de l'artiste toute la perfection qu'on remarque dans les productions de cette époque, et surtout dans ces immenses cathédrales, produits de l'association, où l'initiative personnelle de chaque collaborateur est subordonnée au plan général et à la direction du maître de l'œuvre. Une opinion différente est depuis quelque temps à la mode. On parle de l'impossibilité de faire ce que le moyen âge a fait; on répète sur tous les tons que l'art n'a atteint ce degré de perfection, que les monuments n'ont obtenu cet ensemble et n'ont conservé le caractère particulier qui les distingue, que parce que les artistes du moyen âge avaient la foi catholique, parce qu'ils croyaient. Est-ce sérieux? ou s'agit-il seulement de défrayer de phrases sonores les archéologues romanciers? Nous serons obligés de leur refuser notre aide en combattant cette opinion. Sans doute il a fallu une foi bien profonde, un enthousiasme bien vif pour trouver, dans ces temps difficiles, l'argent nécessaire à la construction de tant d'édifices religieux élevés presque simultanément; cette foi précipitait l'Europe vers l'Asie, elle détachait de toutes les affections, de toutes les jouissances, la classe la mieux douée par le cœur et l'intelligence, pour la précipiter dans des dangers qu'elle connaissait, dans des entreprises désastreuses dont un petit nombre seulement était revenu; c'est cette même foi qui a donné au clergé les moyens d'élever ces immenses églises, **surgissant partout** presqu'à la fois et couvrant l'Europe en moins de deux siècles. Ce sentiment religieux, si sincère, si général, a dû être le partage aussi de quelques artistes, surtout de ceux qui vivaient dans les cloîtres ; mais l'indépendance d'esprit, l'étendue des vues, la liberté d'imagination, la vie instable et presque nomade des artistes, les disposent en général à une débonnaireté de croyance qui n'est ni l'indifférence ni la négation, mais qui n'est pas la foi ardente. Pour enthousiasmer l'artiste, il lui faut autre chose. Un peuple tout entier, accourant avec ferveur au lieu de pèlerinage, apportant ses offrandes, donnant tout, son avoir et ses bras, communique une grande part de sa sainte ardeur à l'architecte et à ses collaborateurs de tous étages ; si ce n'est pas le même sentiment de piété, c'est une sympathie électrique et chaleureuse, c'est l'ambition d'être connu, estimé, applaudi par ce peuple immense. Mais, dira-t-on, si tels avaient été les mobiles des artistes, si l'amour de la gloire leur avait communiqué seule cette vive inspiration, vous verriez leurs noms partout, tandis que, dans leur abnégation de toute célébrité, architectes, peintres, sculpteurs, sont restés inconnus ; ils n'ont signé aucune de leurs œuvres. J'ai insisté, en parlant des arts dans l'antiquité, sur le besoin des artistes de se faire connaître de leurs admirateurs présents et futurs ; l'homme n'avait pas changé au moyen âge. Vous auriez vu alors le maître de l'œuvre, fier de sa mission, traverser cette foule au milieu des manifestations du respect et de l'admiration, disposé à se croire après Dieu et ses saints le plus important personnage et bien que son nom fût dans toutes les bouches, bien qu'il dût penser que jamais l'oubli ne le revendiquerait, avoir soin de l'inscrire en larges et magnifiques caractères, comme fit Jean de Chelles, en 1257, au portail méridional de Notre-Dame de Paris, Erwin de Steinbach, en 1277, sur la façade de la cathédrale de Strasbourg, Regnault de Cormont, à Amiens, en 1288, au milieu du dallage de la nef avec de belles lettres en cuivre incrustées dans la pierre, en ayant soin de mentionner Robert de Luzarches, qui commença l'œuvre en 1220, et Thomas de Cormont, son père, qui la continua, mettant ainsi son amour de renommée à l'abri de la justice et de la piété filiale. Je n'en citerai pas d'autres. Sous la direction de l'architecte s'agitaient d'innombrables artistes, ouvriers de tous genres, depuis le sculpteur des statues jusqu'au tailleur de pierre, depuis le peintre verrier et le peintre des fresques jusqu'au mosaïste et au carreleur. Ceux-là, il est vrai, ne songeaient pas à transmettre leur nom à la postérité en revendiquant leur part dans l'œuvre commune; mais cette abnégation n'avait rien de religieux. Au point de diffusion générale où était parvenue la pratique des arts, il se faisait de commun accord deux parts dans l'œuvre de l'artiste, ce qui était du métier et ce qui était création personnelle et originale. Un homme de talent se mettait aux gages d'un architecte, et, travaillant sur ses dessins, ne se croyait aucun titre à signer l'œuvre à laquelle il participait manuellement. Cet esprit des artistes du moyen âge, je le répète, avait animé les artistes de l'antiquité : c'est le véritable esprit de l'art. Comme au temps de Phidias, l'amour-propre aux deux extrémités, l'abnégation consciencieuse et dévouée au milieu. Le maître de l'œuvre signe son immense cathédrale; le hucher et le faïencier inscrivent leurs noms sur de grossiers bahuts, sur des plats décorés à la hâte, marchandises mises dans le commerce et qui donnent l'adresse du marchand : entre ces deux extrêmes de l'art, les artistes de talent s'acquittent avec scrupule, mais sans prétention, d'un ouvrage qu'ils considèrent comme une tâche, comme le gagne-pain de la journée, et dont le résultat, en concourant à l'œuvre entière, leur laisse un mérite collectif; mais ils réservent leur amour-propre pour l'œuvre qu'ils créent eux mêmes, et qu'alors ils signent de leur nom, avec indication du lieu de naissance, de l'année, du jour, et le reste.

Mais il est temps d'examiner une transformation plus importante qu'une distinction subtile, une transformation dans l'art lui-même.

En dépit des efforts de tous, malgré les progrès remarquables de la peinture, qui s'élevait, par les voies du réalisme le plus minutieux et de l'exécution la plus parfaite, à une supériorité inouïe, l'art et l'industrie déclinaient, parce qu'ils n'étaient plus soutenus par l'architecture, cette base indispensable de tous les arts réunis.

Le style gothique porta en lui, dès sa naissance, son principe de décadence; fondé sur le caprice, il n'avait pas duré un demi-siècle que des symptômes irrécusables signalaient déjà sa pente fatale. Les habiles architectes qui le créèrent avaient étudié les monuments antiques, et, tout en innovant, ils conservaient encore de ses admirables principes de formes et d'ornementation une simplicité, une réserve, un à-propos, qui ne furent que trop vite abandonnés. Une fois le mouvement commencé, ce fut un vertige : les excès d'élancement, de légèreté, de décoration, n'eurent plus de frein, on sculptait la pierre comme on brode la dentelle, et on s'émerveillait de ces contre-sens; on suspendait sur les têtes des clefs pendantes dont la légèreté ne se faisait plus sentir quand elles venaient à tomber; on ornait les toits plus que l'édifice, et on y prit si bien goût, qu'ils devinrent plus importants que lui, comme on peut le voir à Fontaine-Henry et dans vingt endroits de cette riche Normandie, le berceau, le tombeau aussi de l'art gothique. Au milieu du xve siècle, les architectes de tous pays étaient déjà à bout de fantaisies et de tours de force, le public à bout aussi d'admiration et d'étonnement pour ces puérilités coûteuses et peu durables. Ce fut surtout dans ses nouveaux besoins de constructions civiles, commandées par le luxe et le goût du bien-être, que la France accueillit les influences de renaissance antique qu'elle puisait en premier lieu dans l'étude nouvelle de la nature, qui donne le goût et le sentiment des proportions justes, dans la vue des monuments romains si nombreux encore; en second lieu, dans le contre-coup du nouvel élan que l'architecture antique avait reçu au delà des monts sous la main puissante de Brunelleschi. Cette phase de l'histoire de l'art est si importante que je désirerais marquer d'une manière plus précise les dates et les localités. J'ai dit que la cour de France dominait à cette époque au milieu de nous toute autre influence. Sa résidence devenait le centre naturel et obligé des manifestations les plus délicates de l'intelligence. Ceci admis, qu'on veuille bien embrasser d'un coup d'œil, et comme à vol d'oiseau, les Flandres, limitées par les sinuosités de la Meuse depuis l'affluent de l'Eyck jusqu'à l'Océan, Paris et la vallée de la Seine, Tours et les bords de la Loire, Lyon et le bassin du Rhône. Antérieurement au XVIe siècle, voici ce qui s'y passe. Sous l'influence des ducs de Bourgogne, princes français, l'art flamand naît sur les bords de l'Eyck, se développe à Gand, à Bruges, à Bruxelles, et parvient à une perfection surprenante; l'art italien, patronné par les papes, qui entretinrent Giotto pendant dix ans, et après lui une succession de ses compatriotes, peintres de premier ordre, remonte le Rhône au milieu de cette Gaule narbonnaise qui fourmille de monuments antiques, et vient dominer dans la ville de Lyon; à Paris et à Tours, deux résidences royales, notre art national se développe dans son originalité native, mais fait des concessions, à peu près égales, tantôt aux Flandres, dont le naturel et les tendances réalistes nous séduisaient, tantôt à l'Italie, qui pénétrait par la vallée du Rhône jusqu'au cœur de la France et s'imposait par l'élévation du style. Arrive le XVIe siècle, ou plutôt les dernières années du XVe, et avec elles la véritable renaissance. Si les scènes historiques étaient encore de mode, ce moment de l'histoire des arts ferait le sujet d'un tableau piquant. Le premier acte se passerait à Tours, sur les bords de la Loire. Là Louis XI, qui aime les arts, comme tout ce qu'il aime, par caprice et par boutade, les met au service de ses dévotions, de ses entrées solennelles et de ses monuments funéraires; la protection royale développe dans la résidence une école toute française. Michel Colombe et Jean Fouquet, deux talents remarquables, un grand sculpteur et un grand peintre, sont à la tête, et ils font leur renaissance d'eux-mêmes, sans penser beaucoup à l'Italie. Cependant le roi ne néglige pas les arts dans les demandes d'objets de curiosité qu'il adresse de tous côtés, selon Commines, pour dissimuler sa maladie, et plus vraisemblablement pour s'en distraire. Dans le nombre de ces commissions données à l'étranger, on remarquera la demande (c'était presque une injonction) faite aux Frari del Zoccolo, de Venise, du magnifique tableau de Gentile Bellini, dont ils étaient si fiers. La venue de ce chef-d'œuvre, qu'on suspendit dans quelque oratoire, eut sa petite part dans l'influence qu'Avignon exerçait déjà sur l'art français, influence modérée que l'originalité nationale développait en l'absorbant. Dès lors, le mouvement de réaction contre le gothique était donné : on le ressent partout, le règne de Charles VIII l'active, et de ce moment il plane dans l'atmosphère comme un parfum d'antiquité qui nous pénètre par tous les pores. La noblesse française ne se promena pas des Alpes jusqu'à Naples sans admirer les progrès déjà faits, sans comparer les palais et les villas des Italiens rajeunis par le nouveau style, avec leurs hôtels et leurs châteaux assombris encore par le style ancien. Charles VIII entraîna à sa suite les artistes et fit venir d'énormes chariots remplis d'objets d'art. Louis XII, à son tour, voit l'Italie : il admire à Turin la Cène de Léonard dans le réfectoire des dominicains, il fait sculpter sa statue par Laurent de Mugiano, le plus habile artiste de cette ville, il ramène un plus grand nombre d'artistes que son prédécesseur, et il remplit ses châteaux de leurs productions. Déjà retentissent parmi nous les noms d'Andrea Solario, de Dominique de Cortone, de Guido Paganino et autres initiateurs de la renaissance; nos artistes eux-mêmes, Perreal, Bourdichon, Geoffroy Tory, ont suivi la cour de France en Italie et suivent aussi ses engouements.

Tout cela se passe sur les bords de la Loire, dans le centre de la France; une école de renaissance plus française qu'italienne se développe sous ces auspices royaux à Tours, à Amboise, à Blois : c'est l'art italien infusé à doses modérées dans l'art français, avec toutes sortes d'égards pour nos habitudes, notre climat et nos matériaux; on n'y subit pas une brutale domination, on y accepte librement et comme d'un commun accord une sorte d'association. Cette renaissance, féconde en œuvres délicieuses, et qui forme d'innombrables artistes, saute par-dessus Paris pour s'abattre en Normandie, sous la protection du premier cardinal d'Amboise. Gaillon devient, à son tour, une école de renaissance dans la province de France la plus fidèle à son vieux style, et un centre de séduisante et rapide propagande. Faute de l'initiative royale, Paris est encore gothique et persiste dans le gothique : Saint-Eustache en est la plus magnifique preuve. Construite en 1532, c'est une église gothique badigeonnée de renaissance.

Ici s'ouvre le second acte de ces scènes historiques que nous appellerions la renaissance des arts à la cour. François Ier partage son temps entre Paris et Fontainebleau. Il laisse à Paris se développer l'art français : là règne une corporation d'artistes qui tient par plus d'une affinité à l'école des bords de la Loire, et qui reçoit de l'Italie une influence salutaire parce qu'elle n'est pas absorbante; ses chefs sont Pierre Lescot, Jean Goujon, Jean Cousin et les Clouet. Mais en même temps que le roi donne d'immenses travaux à cette école sans lui imposer de conditions, il transporte à Fontainebleau, au milieu de sa magnifique forêt, près de ses belles eaux, une colonie italienne au complet, dont nous citons deux ou trois célébrités, et qui compte vingt autres noms que Vasari revendique pour des artistes du plus grand talent.

Jamais terrain ne fut mieux préparé que la France pour donner accueil à cette réforme appelée à juste titre Renaissance. En présence d'un art usé, bafoué, expirant, tout tendait à renaître. Le Gouvernement, plus fort, donnait une sécurité plus grande; l'art militaire, modifié par l'introduction des armes à feu, rendait inutiles les simulacres de fortifications dont les villes et les châteaux s'étaient entourés. L'instruction avait donné du goût; le bien-être inspira l'amour du luxe. De tous côtés, les seigneurs renversaient leurs créneaux, les villes effondraient leurs remparts, nobles et bourgeois reconstruisaient à l'envi leurs demeures, nouvelles de style, de disposition et d'ameublement.

Le luxe du moyen âge, semblable au luxe de l'Orient de nos jours, était retranché derrière des bastions, des fossés et des ponts-levis; le luxe de la renaissance fit quelques avances aux passants de la grande route et de la rue : désormais, au lieu de se cacher, on cherchera à se montrer; on jouissait de son luxe en dedans et pour soi, on en jouira en dehors et avec les autres. Mais on ne tranche pas facilement dans les habitudes qui, nées de la nécessité, conservaient le souvenir de droits regrettés et l'apparence flatteuse d'une autorité maintenue. Le goût des arts et le désir d'imiter les villas et les demeures de l'Italie fut plus fort que les habitudes: on remplaça les créneaux et les hautes murailles percées de meurtrières par des portiques ouverts et des galeries à jour, le pont-levis disparut, les fossés se comblèrent; la porte d'entrée, devenue monumentale, était engageante comme l'hospitalité de la châtelaine.

On ne se représente pas bien l'aspect de Paris à ce déclin du moyen âge. Des villes comme le Caire et Smyrne avant l'invasion des Européens, comme Brousse et Alep avant les tremblements de terre, comme Damas et Orfa, encore de nos jours, en donnent une meilleure idée que toutes les descriptions. D'un côté, des quartiers marchands, divisés par corps de métiers, et dont les maisons, pressées les unes contre les autres, se dressent sur la rue et l'égayent de leurs boutiques richement garnies, coquettement arrangées, bruyamment animées; d'un autre côté, un quartier aristocratique, dont les rues sont bordées de murs crénelés qui forment l'enceinte des somptueux hôtels, ou de hautes maisons qui leur tournent le dos, ouvrant à peine sur les passants quelques jours curieux et menaçants; derrière ces murs un luxe oriental, dans ces rues la misère en permanence, et de loin en loin le cortége brillant et bruyant d'un seigneur qui sort ou qui rentre, d'ailleurs un silence profond, et avec la nuit l'obscurité et les voleurs : tel était encore Paris à la fin du xve siècle, alors que la Renaissance entreprit de le renouveler et commença pour lui une régénération à laquelle, par de nouveaux percements, on travaille encore de nos jours. Nos rois, comme toujours, prirent l'initiative; leur cour, c'est-à-dire toute l'aristocratie, les suivit. François Ier abat l'ancien château fort du Louvre et son redoutable donjon pour faire resplendir, aux yeux de tous, l'architecture de Pierre Lescot et les sculptures de Jean Goujon. Catherine de Médicis construit le château des Tuileries au bord de l'eau, au milieu de la campagne, à la porte de Paris, sans un fossé, un bastion, la moindre tourelle pour défendre son habitation contre les attaques des ennemis et la curiosité des Parisiens. Le goût inné des arts et le désir persévérant d'être à la tête de tout ce qui est élégance et distinction poussèrent nos princes dans cette voie; l'esprit politique ne les eût pas mieux conseillés, car c'était pressentir l'avenir et aller au devant de lui.

Dans cette irrésistible tendance vers les innovations, l'embarras, on le conçoit, fut assez grand : car, entre les velléités de construire d'après le mode antique et la science qui retrouve la proportion des ordres, il y a loin. Nos architectes, nés dans le gothique, n'avaient ni les données premières d'un Brunelleschi, entouré de tous côtés de traditions antiques, ni les ressources d'études qui complétèrent sa science au milieu des monuments de Rome. Ce ne furent d'abord que tentatives timides et isolées. Le style antique commença à marquer dans les peintures et dans les miniatures; je citerai comme exemple celles de Jean Fouquet, peintre de Louis XI. Il se montra ensuite dans les petits monuments, autels ou tombeaux qui s'introduisaient, avec le goût nouveau, dans les chapelles gothiques : on peut s'en convaincre en examinant le tombeau d'Agnès Sorel, dont l'ornementation délicieuse est tout empruntée aux monuments de l'antiquité; il éclata plus bruyamment dans quelques châteaux commandés, soit par des seigneurs de la cour de Charles VIII, après leur expédition en Italie, soit par des cardinaux qui, comme les d'Amboise, avaient la prétention d'être à la tête de cette réforme : le château de Gaillon et ses magnificences en sont la preuve. Dans tout cela, l'intervention italienne n'est nullement directe. Il y a influence, pas autre chose, car on ne pourrait citer ni un architecte illustre venant d'Italie en France, ni un artiste français de quelque renom allant étudier en Italie. Le goût public, poussé dans les voies nouvelles par la lassitude générale et le dégoût d'un art épuisé, s'était senti éveillé par des réminiscences antiques, partout et en toutes choses à la fois.

Depuis plus d'un demi-siècle, on était donc parmi nous en travail de renaissance, attendant, pour que ce style vînt au monde complet, savamment déduit et solidement constitué, des hommes d'étude et de savoir, génies complexes, formés d'inspiration et d'observation. Jean Bullant, au château d'Écouen, Pierre Lescot, au Louvre, et Philibert de Lorme, un peu plus tard, aux Tuileries, présidèrent magistralement aux sérieux débuts du nouveau style : ils en arrêtèrent les principes, ils en posèrent, au milieu de nous, les solides fondements.

Nous trouvons ainsi au XVIe siècle, comme au XIIIe, comme plus tard sous Louis XIV et sous Louis XV, nos architectes à la hauteur de leur mission, inspirés par une élégance particulière, fond de leur originalité, et guidés par une science profonde, base de leur autorité comme constructeurs. Ni Bullant, ni Lescot, ni de Lorme, n'avaient vu l'Italie; mais, depuis leur enfance, ils suivaient les tentatives de leurs maîtres, leurs recherches, je dirai presque leurs insomnies et leurs tourments. Doués de cet esprit critique qui dégage une question des broussailles épaisses qui l'encombrent, ils allèrent droit à la source, aux monuments antiques, à Vitruve, et puis, avec un merveilleux talent, parvenus à plier, à assouplir les principes et les modèles aux besoins qu'ils devaient satisfaire, ils composèrent une architecture qui n'est ni une copie de l'antique ni une imitation de la renaissance italienne : ils créèrent une architecture française. Il est vrai qu'ils eurent le bonheur, chacun, de rencontrer un collaborateur dévoué dans un sculpteur de premier ordre : Jean Cousin, Jean Goujon, Germain Pilon, grands artistes qui, mettant de côté toute prétention personnelle, soumirent leur génie et subordonnèrent la verve de leur imagination aux exigences de l'architecture et au degré d'importance que la décoration pouvait s'arroger partout où elle était appelée à concourir. Ces habiles sculpteurs, sans connaître les ravissantes arabesques que Raphaël alla chercher dans les thermes de Titus, sans se mettre à la suite du premier et du plus habile des ornemanistes florentins, de Desiderio da Settignano, ont créé, au moment où l'architecture française se renouvelait, un art décoratif tout français.

Ainsi s'est formé en France le style de la Renaissance, ou la renaissance du style antique; et comme au XIIIe siècle, dans cette même Ile-de-France, sous les yeux et sous l'impulsion de nos rois, le gothique, pour proclamer sa force, sa souplesse et sa vitalité, s'était étendu à toutes choses, ainsi la nouvelle architecture, dans les mêmes lieux, sous des influences semblables, chassa, au XVIe siècle, de toutes ses positions le gothique aux abois.

Il se produisit alors, comme au XIIIe siècle, comme il se produira toutes les fois qu'un style sera né viable, une domination absolue de ce style dans tout le domaine de l'art : s'agit-il de restaurer, de compléter, de terminer une église romane, un hôtel de ville gothique, les architectes n'ont aucun souci de ces styles, de ces illustres morts; ils les respectent, ils ne tentent pas de leur rendre la vie. A côté d'eux ils élèvent des êtres vivants : à la nef romane ils appliquent une façade dans leur style, le style de la Renaissance; ils complètent de la même manière l'hôtel de ville, l'hôtel-Dieu, les châteaux et les maisons, et ce qui distinguera partout leur œuvre, ce ne sera pas l'étrangeté de ce rapprochement, mais l'habileté avec laquelle ils auront su raccorder les additions modernes aux parties anciennes dans un sentiment d'harmonie des lignes et des justes proportions. Ainsi se promena la Renaissance sur toutes les productions; architecture, peinture, sculpture, gravure, poésie en reçurent la vive et inaltérable empreinte, et rien de plus naturel que de voir cette influence pénétrer par la voie de l'industrie jusqu'au sein de la vie privée : tapisseries, ameublement, étoffes, orfèvrerie et bijouterie, armures et harnachement, caractères et vignettes d'imprimerie, reliure de livres, tout est *à l'antique*, et ce style de la Renaissance suit avec tant de respect les modèles donnés par les grands artistes constructeurs, qu'il est impossible d'hésiter sur la date précise d'aucun de ces objets.

Ces grands traits suffisent pour indiquer comment le gothique fit place à un style qui était un retour au berceau de l'antiquité, comment surtout la France fit sa renaissance elle-même, par elle-même, et en lui conservant une originalité qui n'a rien d'italien. Sans doute, en France comme en Italie, on se fût bien trouvé de croire un peu moins à Vitruve et d'imiter les monuments de la Grèce de préférence à ceux de l'Italie, c'est-à-dire les vrais modèles au lieu de leur contrefaçon; mais, en somme, nous pouvons nous dire que l'Italie n'a rien qui surpasse en pureté, en élégance, en reproduction savante des trois ordres, en interprétation heureuse du goût antique, le château d'Écouen, de Jean Bullant, le Louvre, de Pierre Lescot, et les Tuileries, de Philibert de Lorme : or, je ne veux citer que ces trois monuments, parce que les premiers ils ont marqué le progrès, et parce qu'ils nous sont parvenus suffisamment intacts pour témoigner, au grand jour, des qualités si rares, si puissantes, des chefs habiles de notre renaissance.

Je ne mentionne que pour mémoire les écrits de Bullant, qui ne nous sont pas parvenus, et ceux de Philibert de Lorme, qui montrent sa science ingénieuse. Ces publications prouvent que nos architectes étaient des hommes complets, science et pratique, construction et décoration, et en outre des hommes fort modestes, car ils conservaient leur ancien titre de maître de l'œuvre de maçonnerie. Nous retrouverons toujours en eux cette heureuse association, et il est d'autant plus à propos de la signaler qu'elle fit défaut à l'Italie aussitôt qu'au commencement du XVIe siècle des artistes dessinateurs, peintres et sculpteurs se crurent en droit de construire, comme s'il suffisait du sentiment des proportions et d'un certain goût d'arrangement pour être architecte. Il est bien important de marquer cette distinction, parce que les limites entre chaque art sont étroites, et qu'il est nécessaire de les observer quand des études préalables et sérieuses n'ont pas permis de les effacer. Je voudrais louer dans Balthazar Peruzzi une association heureuse, et je voudrais blâmer dans Léonard de Vinci, dans Raphaël, dans Michel-Ange, dans Jules Romain et dans vingt autres peintres de moindre mérite, un envahissement déplorable; il importe donc de distinguer. Les arts, chacun l'admet, ne sont qu'un : être architecte et peintre, être sculpteur et faire de l'architecture, être à la fois peintre, sculpteur et architecte, c'est la véritable doctrine, à la condition d'étudier chaque art, et l'architecture particulièrement; car c'est plus qu'un art, c'est une science. Balthazar Peruzzi est le plus admirable exemple de cette heureuse association. Il était peintre et exerçait son art exclusivement depuis plusieurs années, lorsque, sur l'invitation de son protecteur, Augustin Chigi, et aussi par tendance naturelle, il étudia l'architecture. Aucun des secrets de cet art ne lui resta caché, aucune de ses règles ne lui fut celée; il était peintre, il devint sérieusement architecte; seulement préparé par la peinture, il chercha des effets nouveaux et trouva des ressources inattendues. La Farnesina sortit tout entière, construite, peinte et sculptée, de ce cerveau complexe, moitié peintre, moitié architecte, ou plutôt de cet esprit ouvert sur le grand domaine de l'art. La Farnesina restera, non pas le modèle de l'architecture moderne, encore une fois il est ailleurs, mais un des exemples les plus frappants de ce que peut le génie de l'invention dans les limites qu'on croit si restreintes de l'imitation antique. Après Balthazar Peruzzi, et en même temps, Raphaël, s'éprenant de l'art antique, se mit aussi à faire de l'architecture; il avait un génie propre à tout, mais tout dans l'architecture n'est pas du fait du génie, et comme il n'avait ni le temps d'étudier ni les occasions de pratiquer, il dut scinder en deux l'architecture, faire une part à la conception de l'œuvre et donner l'autre à l'exécution matérielle, se réserver la première, abandonner la seconde aux hommes du métier; même pour sa propre maison, dont il voulait faire un modèle, il n'en donne que le dessin, et il la fait faire par le Bramante, *fece fare da Bramante,* comme l'écrit Vasari; pour Saint-Pierre aussi, il en façonne un petit modèle : le reste est du ressort de l'architecte constructeur.

On peut assigner à ce désordre d'attributions la tendance pittoresque de l'architecture italienne et la décadence de la nôtre; car, au moment même où Raphaël succédait à Bramante, l'engouement de Henri II pour les artistes italiens fit qu'un peintre devint le collègue de Pierre Lescot et le premier architecte du roi. Alors, et forcément, le titre changea avec les fonctions : l'homme de génie qui, comme Raphaël et Michel-Ange, donnait les dessins d'un édifice, et les hommes pratiques qui conduisaient savamment la construction, dûrent avoir chacun leur nom; et ainsi s'introduisit à Fontainebleau le mot d'architecte, qui n'était pas encore dans la langue et qui devenait nécessaire, car il y avait dès lors, au grand détriment de l'art, un architecte qui dessinait et un maître maçon qui construisait.

La gloire du xvie siècle est d'avoir compris la haute mission et l'utilité pratique des arts; c'est de n'avoir rien négligé de ce qui pouvait contribuer à leurs progrès. Les souverains se distinguèrent tous, et presque en même temps, par le goût d'une certaine perfection en toutes choses et par une noble ambition de favoriser, de développer, de conquérir même sur leurs voisins le génie, quelle que fût la forme qu'il animât. Ferai-je l'histoire des Médicis, me transporterai-je dans le palais de Laurent le Magnifique, devenu, comme la palestre antique, le rendez-vous des amateurs, l'école de la jeunesse, le musée des artistes, le lieu de réunion des poëtes et des hommes de lettres? Dans ce lieu enchanteur, et sous cette protection princière, qui faisait du talent le plus grand titre à la faveur, se forma cette atmosphère qui bientôt s'étendit sur la ville et au loin, atmosphère d'élégance naturelle, de goût épuré et délicat, qui rendait intolérables l'affectation et le mauvais goût. Quittant Florence, visiterai-je toutes ces petites cours, jusqu'à la cour suprême, la cour de Léon X? Partout même délicatesse d'appréciation, même sentiment du beau, même recherche de la perfection qui semblait former l'apanage des princes et l'ambition de tous ceux qui prétendaient s'introduire à leur cour ou s'en approcher; princes et cour composant ce public d'élite, ou pour mieux dire le tribunal juste et sévère, parce qu'il était compétent, de tout ce que les artistes produisaient.

J'ai dit comment des causes différentes créèrent en France les mêmes tendances déjà sous le règne de Louis XI. J'ai fait comprendre leur développement en montrant Charles VIII et Louis XII sous le charme de cette résurrection des beautés de l'antiquité, respirant en Italie même cette atmosphère enchanteresse; il s'agit maintenant de François Ier, merveilleusement disposé par sa nature ouverte et enthousiaste, entraîné par une sorte d'enivrement qui lui fait trop oublier la France. En effet, ce grand roi, cet artiste délicat, eut le tort de ne pas apprécier l'art français comme il le méritait, de ne pas ménager avec plus de soin son éducation à ce moment si important où il se transformait; mais il avait vu l'Italie, et il ne croyait pas qu'il y eût de meilleur ou du moins de plus rapide moyen d'activer les progrès en France que de nous donner en modèle les premiers artistes italiens. Ses choix doivent lui faire pardonner son erreur. Raphaël, il est vrai, se contenta de lui envoyer des chefs-d'œuvre pour s'excuser de ne pas accepter son invitation; mais Léonard de Vinci, quoique bien vieux, consentit à le suivre, quand il put croire que le roi de France était venu à Milan tout exprès pour admirer sa *Cène* et l'emmener avec lui. Conquérir un grand artiste valait le voyage, surtout en gagnant la bataille de Marignan par-dessus le marché; mais Léonard avait accompli sa carrière : il mourut au milieu de nous, sans nous laisser d'autre production de son génie que celles qu'il avait apportées avec lui. Andrea del Sarto vint alors en France, et il y resta le temps nécessaire pour peindre une vingtaine de tableaux, des chefs-d'œuvre, et pour tromper le roi, son bien-

5.

faiteur; il fut remplacé par le Primatice. Ces quatre artistes offraient sans aucun doute la réunion des qualités qui s'alliaient le mieux à nos qualités, et sous leur direction Fontainebleau, remplaçant Rome, où il n'eût pas été facile d'établir une académie et d'envoyer des élèves, devint un grand atelier italien, où des centaines d'artistes français s'exercèrent et se formèrent à ce style un peu factice qui prit le nom d'école de Fontainebleau; puis, comme l'art appliqué à la décoration et aux usages de la vie était pour tous alors, et aussi aux yeux du grand roi, l'art dans son développement le plus naturel, comme il ne comprenait l'industrie que pratiquée par des artistes, François Ier appela près de lui Jérôme della Robbia, héritier d'un grand nom et d'un grand art, qui introduisit dans le château de Madrid l'architecture polychrome au moyen des faïences émaillées. Sur cette invitation royale, Benvenuto Cellini vint nous apprendre comment un grand sculpteur n'est pas de trop pour faire un bon orfèvre, comment le savant dessin des figures et l'élégance des formes puisent un éclat inattendu dans l'identification complète de l'artiste avec ses métaux, ses pierreries, ses émaux et les outils de son métier; une grande pensée rendue avec talent en relief sur l'agate ou en creux dans la pierre fine, c'est là un régal de roi, le rêve de tout amateur. Les Médicis ne manquèrent pas de pousser dans cette voie les artistes qui naissaient en Toscane au soleil de la Renaissance, et François Ier, qui avait tous les nobles goûts, n'eut pas de cesse qu'il n'attirât dans sa colonie de Fontainebleau le plus habile des graveurs en pierre fine, Andrea del Nassaro, un grand artiste et un homme des plus ingénieux. Cet art fit merveille sous cette influence heureuse de protection libérale, puis il s'éteignit à mesure que se retirait la main puissante qui le protégeait. N'oublions pas dans cette récapitulation sommaire : Hugo da Carpi, un merveilleux menuisier; Léonard Limosin, le plus habile peintre en émail de l'industrieuse ville de Limoges; Salomon de Herbaines, le maître tapissier, chargé de diriger les ouvriers qui travaillèrent désormais sur les patrons des plus grands maîtres, et tant d'autres dont l'énumération n'aurait pas d'utilité, car mon but n'est pas de faire l'histoire des arts en France, mais d'indiquer sommairement quelles influences les ont régis. Il faut compter au nombre des plus heureuses celle qu'exerça François Ier lui-même; car cet artiste couronné sut, malgré les désastres de ses guerres malheureuses, transporter en France les meilleurs modèles et les plus habiles artistes, et faire de sa cour une réunion incomparable d'amateurs de bon goût, de femmes de la plus gracieuse élégance, de seigneurs aux meilleures manières.

Le XVIe siècle tout entier, la race des Valois tout entière, furent fidèles à ce mot d'ordre. On peut varier dans les appréciations sur ce temps et sur ces rois quand il s'agit de politique, mais on sera unanime quand on étudiera les arts. Il y avait dans cette noble famille une distinction native, une disposition innée pour toutes les perfections, et comme l'expression raffinée du caractère, des aptitudes et de l'esprit français.

Parvenu à ce point de mon exposé de la marche des arts, je crois nécessaire d'examiner sous quelles influences et de déterminer exactement dans quelle mesure les idées, le rôle et la position des artistes se modifièrent. J'ai montré que leurs progrès, jusqu'à la fin du XVe siècle, n'avaient nullement augmenté leurs prétentions, n'avaient rien changé à leur attitude et à leur manière d'envisager leur mission. Mais, dès que je me place au XVIe siècle, je suis obligé de constater une altération dont il faut tenir compte, tout en montrant qu'elle a été plus apparente que réelle, et favorable aux arts, sans être préjudiciable à l'industrie.

Les gens de lettres, poëtes et chroniqueurs, furent, je crois, les premiers qui battirent en brèche la vieille organisation. Ils s'insinuèrent à la cour, ils conquirent la protection des princes, ils s'élevèrent au-dessus des clercs et tranchèrent avec eux du seigneur. La nomination des architectes, peintres et sculpteurs royaux en titre d'office ne vint que plus tard donner accès aux prétentions d'une classe d'hommes qui, vivant par l'imagination, se nourrit de préférence des vanités de l'amour-propre. Toutefois, bien que l'origine de cette déviation doive être cherchée en France, elle se développa plus rapidement en Italie. On le conçoit facilement. Le caractère italien est avant tout facile : ce n'est ni débonnaireté ni ouverture franche; c'est le laisser-aller d'un grand seigneur qui tutoie les gens et leur frappe sur l'épaule, avec la confiance qu'on sera flatté de ces familiarités et qu'on ne les lui rendra pas. Ajoutez à ce trait du caractère national les circonstances politiques, qui avaient constitué en Italie vingt centres brillants d'activité fiévreuse. Tous ces princes, toutes ces républiques, tous ces marchands puissants, luttaient de luxe et d'élégance, rivalisaient d'idées généreuses et protégeaient à l'envi les lettres et les arts; c'était à qui ferait le plus de sacrifices pour encourager et développer autour de soi poëtes et artistes, pour s'attacher les uns, pour séduire l'inconstance des autres. On conçoit facilement combien, dans cette recherche flatteuse de leurs talents, l'amour-propre des artistes dut grandir, leur vanité s'exalter. Ce qui avait eu lieu dans l'antiquité se reproduisit alors. Le grand Alexandre, si irascible, supportait d'Apelle des observations qui auraient mal sonné à ses oreilles partant d'une autre bouche; Jules II, si fougueux, tolérait dans Michel-Ange ce qu'il n'aurait pas permis à tout son sacré collége réuni, et les mots qui avaient été dits déjà dans l'antiquité sur la supériorité du génie, sur la position exceptionnelle du talent, reprirent naturellement cours au xv⁰ siècle en Italie. C'est aussi dans ce pays, et réconciliées par tant de distinctions flatteuses, que pour la première fois les grandes familles de la noblesse virent sans honte leurs enfants entrer dans la carrière des arts.

Quoi qu'il en soit de ces facilités données aux hommes supérieurs, de ces séductions offertes aux médiocrités vaniteuses, même en Italie, même au milieu de cette passion qui régna plus particulièrement de 1450 à 1550, les conditions de l'apprentissage se maintinrent, l'autorité des maîtrises ne fut aucunement ébranlée, et, ce qui est plus extraordinaire, ce qui, en même temps, explique comment la pratique des procédés et les ressources de l'expérience se conservèrent dans l'art et lui assurèrent sa base solide, la fusion de l'art et du métier resta complète et intacte.

Les biographies de Vasari, les correspondances et les mémoires des artistes sont remplis de témoignages en faveur de cette assertion; j'y renvoie. On se convaincra, en les relisant, que l'art en Italie, à cette époque, n'a été aussi sublime que parce que l'artiste était complet, tenant à la terre par toutes les perfections matérielles, touchant au ciel par toutes les aspirations du génie. L'apprentissage restait la règle pour tous, et Michel-Ange, quoique issu de la noble famille des Buonarotti, s'y soumit pendant trois ans. Après avoir broyé les couleurs du maître, dégrossi ses marbres, surveillé sa fonte, préparé au haut de l'échafaudage le mortier de sa fresque, on s'essayait d'abord en le copiant, ensuite en variant légèrement sur le thème qu'il avait composé, comme Raphaël perçant sous Pérugin dans cette charmante fleur qui se nomme Spozalizio; puis enfin on volait de ses propres ailes, si le maître le permettait, car dans les anciennes écoles de peinture, comme dans les anciennes familles, on restait élève, enfant, tant que le maître vénéré ou le père chéri prolongeait l'exigence de la soumission. Fût-on grand peintre, et général déjà, on supportait toutes sortes de brusqueries, on acceptait une domination absolue, on avait pris l'habitude d'obéir et on obéissait. On en a violemment appelé de cette soumission, sans s'inquiéter même de tout ce qu'elle avait de bon, d'utile, de salutaire, de tout ce qu'offrait de garantie ce développement du jeune talent à l'ombre de l'expérience. Je ne sais rien de plus instructif, rien qui présente plus exactement le tableau de ces rapports d'élève à maître, d'artiste à roi, que les mémoires de Benvenuto Cellini. Ils sont, quand il s'agit de soumission et d'humilité, d'autant plus véridiques, que l'auteur était plus disposé à altérer sur ce point la vérité; on doit avoir d'autant plus de confiance en son humilité qu'il était plus fanfaron, qu'il se pose plus ouvertement en homme supérieur, frayant d'égal à égal avec papes, rois, ducs et seigneurs.

Fier d'appartenir à une bonne famille, reprochant à Baccio Bandinelli d'être le fils d'un charbonnier, Benvenuto avoue cependant qu'il entra, à l'âge de quinze ans, en apprentissage chez Antonio Sandro, ou plutôt, comme il le dit, qu'il se mit en boutique chez cet orfèvre (*mi missi a botega*), et cette boutique, ouverte sur la rue à tous les chalands, n'avait rien qui la distinguât des boutiques actuelles que plus de simplicité. Mais la particularité essentielle de l'apprentissage si humble de ce grand artiste, c'est qu'en renonçant à la paye des apprentis, il conservait le droit d'employer une partie de son temps à dessiner d'après les maîtres, complétant ainsi par des études d'un genre élevé la pratique des procédés matériels du métier. Ayant quitté cet atelier et sa ville natale par un de ces coups de tête qui vont être les actes ordinaires de sa vie, il traverse Pise et il s'arrête à la devanture d'un orfèvre pour y considérer les objets exposés à la curiosité des passants. L'orfèvre est sur le seuil de sa boutique; il remarque son attention, il le questionne, et, séduit par sa physionomie ouverte, il l'engage à travailler chez lui. Benvenuto accepte et se met à l'œuvre. S'il a quitté son premier maître sans difficulté, c'est qu'il était entré chez lui à des conditions particulières; s'il s'engage aussi facilement chez le second, c'est qu'il n'est plus dans la même ville, car autrement il eût pu être revendiqué par le premier pour compléter le temps de son engagement, et le second n'aurait osé le prendre chez lui. En effet, nous apprenons par Benvenuto lui-même, dans la suite de ses Mémoires, qu'un orfèvre lui ayant débauché Ascagno avant qu'il eût fini son temps, il le menaça de le tuer s'il ne lui renvoyait pas son élève dans sa boutique (*alla bottega mia*) avant la fin de la journée; quant à Ascagno, c'est à coups de pied et à coups de poing qu'il règle avec lui (*gli delti di pugna e calci*). « Es-tu revenu avec la ferme volonté de finir ton temps (*se' tu venuto per finire il tempo, che tu mi hai promesso*)? » lui dit-il; l'autre, à genoux et suppliant, jure sur ce qu'il a de plus sacré, et Benvenuto jure aussi d'oublier ce qui s'est passé. Il y avait donc en Italie les mêmes conventions et les mêmes rapports de maître à apprenti qu'en France. Nous venons d'assister à des actes d'autorité, à des scènes de brutalité; nous trouverions aussi plus d'un exemple de la domesticité complète des élèves. Benvenuto parle avec éloge de Bernardino, qui bêchait le jardin, pansait son cheval, faisait le service de la maison, et devint en même temps le meilleur de ses élèves et un artiste parfait. (*Questo giovane mi governava un cavallo, lavorava l'orto, dipoi s'ingegnava d'aiutarmi in bottega, tantoche a poco a poco é' comincio a imparare l'arte con tanta gentilezza, che io non ebbi mai migliore aiuto di quello.*) Heureusement que d'autres passages de cet ouvrage prouvent que le dévouement filial de l'élève était toujours égalé par les soins paternels du maître. A Pise, Benvenuto Cellini maintient son droit de profiter de quelques heures chaque jour pour dessiner, et il va chercher ses modèles dans le Campo-Santo; à Florence, puis à Rome, nouveaux maîtres, mais toujours mêmes études persistantes. Aussi ne manque-t-il pas de consigner la remarque de Madame Chigi : qu'il dessinait trop bien pour un orfèvre (*che troppo ben designavo per orefice*), aveu détourné d'une supériorité sur ses confrères qui ne l'engageait cependant ni à quitter ni à dédaigner son métier, qui ne l'empêchait même pas de se conformer au dessin d'un élève de Raphaël, comme modèle d'une aiguière commandée par l'évêque de Salamanque. En même temps qu'il travaillait ainsi de ses mains sur des dessins étrangers, il frayait avec tous les grands artistes, avec Michel-Ange et Jules Romain; il donnait même à dîner au Rosso, à un élève de Raphaël et à d'autres peintres, sculpteurs et architectes; témoignage suffisant de cette grande camaraderie s'étendant sur les arts et les métiers sans distinction. De retour à Florence, il y prend boutique sur le marché Neuf et répond lui-même aux clients qui viennent marchander les objets qu'il expose sur sa devanture. Mais, à cette époque, il est maître chez lui; il travaille à sa fantaisie et sur ses compositions, et répond brutalement à Baccio Bandinelli qui lui dit que, pour les beaux ouvrages, il faut donner aux orfèvres des dessins en modèles. Il avait le droit de repousser ce reproche quant à ce qui le concernait, bien qu'obligé de l'accepter pour l'ensemble de sa corporation. D'ailleurs, tout en se distinguant de ses confrères par le talent, il reste soumis aux mêmes exigences, et, lorsqu'il s'agit de monter un gros diamant appartenant au pape, il accepte sans difficulté ce qui serait considéré aujourd'hui comme une humiliation, la collaboration des quatre joailliers les plus habiles de Rome. Remarquons qu'à cette époque de sa vie, Benvenuto, qui a déjà fait son premier voyage en France, a atteint toute sa célébrité comme un artiste hors ligne, qu'il est lié avec les peintres et sculpteurs les plus illustres de l'Italie, qu'il est admis à la table des grands et traité avec toutes sortes d'égards; on croit sans doute qu'il cessera de travailler de ses mains, ou du moins qu'il se cachera à tous les yeux quand il sera occupé à ces rudes travaux du métal : on se trompe; le grand artiste ne songe à quitter sa boutique que pour en prendre une plus grande s'ouvrant près de celle d'un parfumeur, sur une rue plus fréquentée (*apersi un' altra bottega, accanto al Sugherello, profumiere, molto più grande e più spaziosa*). C'est ainsi qu'il faut envisager la position des artistes dans cette mémorable époque, et toujours se rappeler que de la boutique de ces orfèvres étaient sortis tous les grands noms de la Renaissance. Il en sortait aussi les nobles aspirations : Benvenuto ne parle jamais de son métier qu'avec enthousiasme, et dans sa boutique il porte haut la tête et il élève le ton. Lorsque le cardinal de Ferrare l'invite, au nom de François Ier, à se rendre à Paris, il va demander des chevaux à l'intendant du prélat; celui-ci, effrayé de ses exigences, lui dit : « Comptez-vous donc voyager comme les fils du duc de Ferrare ? — Non, répond Benvenuto, mais comme les fils de l'art, et pas autrement (*a lui subito risposi : Che i figliuoli dell' arte mia andavano in quel modo*). » Faisons attention à cette soumission au travail, à l'acceptation facile de toutes les conditions du métier, et au maintien du sentiment de dignité personnelle et de supériorité sociale fondés sur l'intelligence et sur le talent. Ajoutons à ce mélange de traits qui semblent se contrarier une certaine souplesse commerciale pour conquérir la faveur des grands et la clientèle des riches, et même une grande humilité quand besoin est. C'est toujours un genou en terre, et après lui avoir baisé les jambes ou le pan de son manteau, que le célèbre orfèvre parle à François Ier, sans qu'il paraisse dans ses Mémoires la moindre répugnance contre ces formes de l'étiquette imposées aux grands artistes ainsi qu'au petit peuple. (*Giunto alla presenza sua, gli baciai il ginocchio. — Io missi un ginocchio in terra, e baciatogli la vesta in sul suo ginocchio.*) Mais cette France où il est si bien traité, il la quitte par instabilité d'humeur, et aussi poussé par un noble sentiment patriotique, par un désir qui l'obsède de laisser dans sa ville natale, et au sein de ce qu'il nomme *la grande école du monde,* une œuvre digne de lui et digne d'elle. Son *Persée* était dans sa tête; il fut bientôt sur la grande place de Florence, et les applaudissements qu'il excita se continuent encore aujourd'hui.

Prenant cet ensemble de faits en considération, on peut dire que dans sa première phase, au moment de la transition, la distinction de l'artiste et de l'ouvrier, devenue si considérable, la séparation si profonde aujourd'hui, était alors sans influence fâcheuse. On vit des artistes réellement supérieurs se dégager de tout labeur fatigant, se consacrer entièrement aux créations de l'imagination, aux fantaisies du caprice, tandis que des artistes d'un talent moins élevé s'inspirèrent modestement de leurs inventions pour les appliquer aux mille productions de l'industrie. L'étincelle du génie enflammait l'ambition des premiers; la modestie du talent retenait les seconds dans l'humble cercle de l'imitation.

L'union de l'apprenti et de son maître, l'humilité du maître devant son seigneur, fut à la même époque plus grande en France qu'en Italie. Nos artistes, nos peintres en titre d'office eux-mêmes, avaient médiocrement développé leur esprit par l'étude des lettres, et se seraient trouvés grandement embarrassés s'il se fût agi d'écrire des mémoires qui devinssent un jour des modèles de style; quand il s'agissait d'invention, ils attendaient les idées du clerc, deviseur de hauts faits, et n'auraient pas été capables de les chercher eux-mêmes dans les auteurs. Jean Coste, le peintre du roi Jean, qui exécuta en 1353 pour son fils le duc de Normandie, le futur Charles V, dans son château du Vaudreuil, *l'Ystoire de la vie de César, celle de Notre-Dame, de sainte Anne et de la Passion, plus encore le couronnement et l'Annonciation de la Vierge,* Jean Coste ne savait ni lire, ni écrire, ni compter. Il y avait certainement chez nos artistes une infériorité d'éducation littéraire, et conséquemment un sentiment de dignité personnelle moins développé. Ce qui s'appelait en Italie les garçons de l'artiste, on les nommait en France les valets du maître. Je sais bien que le mot valet, qui n'avait plus au xve siècle la signification guerrière qu'il eut dans l'origine, n'avait pas non plus le caractère vil qu'il a pris depuis deux siècles; mais enfin quand Philippe le Bon sort de l'atelier de Jean Van Eyck, il donne à ses élèves quelque argent, et son comptable ne les plaçait pas bien haut dans son estime en inscrivant : *Aux varlets de Johannes d'Eyck, xxv sols.* Charles VIII et sa cour respirèrent en Italie cette nouvelle atmosphère de libéralité facile pour tous les talents, de familiarité engageante et gracieuse avec tous les hommes de génie; ils revinrent en France disposés à se montrer aussi libéraux, aussi familiers; mais, trouvant devant eux une humilité traditionnelle et une modestie ignorante de ce qu'elle pouvait exiger et satisfaite de tout ce qu'elle obtenait, les anciennes habitudes reprirent bien vite le dessus. En 1497, le roi de France ordonnant le payement d'une année de gages de plusieurs architectes, peintres, orfèvres et mosaïstes de marqueterie, qu'il a fait venir de la péninsule en 1495, les qualifie du titre d'*ouvriers et gens de mestier,* et appuie sur les termes, en expliquant la raison de leur venue en France : *pour ouvrer de leur mestier à l'usage et mode d'Italye.* L'année suivante, en 1498, Louis XII, faisant payer l'architecte Joconde, le nomme un *deviseur de bastimens*. C'est au sein de la colonie italienne de Fontainebleau, au milieu des jalousies suscitées par les amours-propres, au milieu des violences de ceux-ci, des manques de foi de ceux-là, et par-dessus tout à la faveur de la passion d'un royal amateur, assistée de la noble indulgence d'un grand roi, que cet esprit libéral pénétra en France et donna d'abord aux artistes italiens la position qu'ils avaient dans leur pays. Serlio est qualifié d'architecte, le Primatice est commanditaire d'une abbaye et superintendant de tous les travaux ; le roi visite à plusieurs reprises l'atelier de Benvenuto, l'appelle son ami, et traite tous ces étrangers avec des égards proportionnés à leurs talents. Si ces mêmes concessions ont été plus lentes à l'égard de nos artistes, c'est donc qu'eux-mêmes les sollicitaient avec moins d'âpreté, et il ne pouvait y avoir que profit dans une sage lenteur. Pierre Lescot avait aussi une abbaye, les Clouet étaient peintres en titre d'office, et nous pouvons supposer, quoique les documents ne le disent pas, que le talent français avait des titres au moins égaux à la bienveillance royale.

Si, après nous être préoccupé de la position des artistes et de l'opinion qu'ils se faisaient eux-mêmes de cette position, nous recherchons l'influence que l'indépendance exerce sur l'esprit et l'allure de leur imagination, nous voyons qu'elle est salutaire, au prix même de quelques désordres, et que la sève, pour monter librement, ne perd nulle part de sa force, qu'il s'agisse de décorer l'église d'images pieuses, de peindre des scènes historiques sur les murs du Vatican ou d'égayer une villa des scènes voluptueuses de la mythologie païenne. A l'époque du moyen âge, la direction générale des idées s'était portée vers Dieu ; l'art suivit cette voie : j'ai dit dans quelles limites. Mais l'artiste n'accepte les pensées exclusives que sous bénéfice d'inventaire : il y prête son esprit, il y associe son talent ; sa religion est ailleurs. Je doute fort que Phidias crût fermement à la grande mascarade de l'Olympe. Vasari prétend que le Pérugin était athée ; il est certain que

Raphaël voyait dans ses madones l'idéal d'un amour très-profane. Qu'on nous laisse donc en repos avec l'omnipotence des influences religieuses, les seules, dit-on, qui puissent inspirer les artistes et pourraient aujourd'hui régénérer notre école. La religion de l'artiste, c'est son art; il lui importe d'y croire fermement : pour le reste, qu'il suive ses tendances : s'il est pieux, ses tableaux religieux s'inspireront de sa piété ; a-t-il la vocation militaire, il peindra la mêlée des batailles; est-il chasseur, les meutes échapperont, toutes haletantes de son pinceau. Aux individus, leur pente; aux époques, leurs grands entraînements. La Renaissance étudiait le style et la nature; elle avait le goût de l'élégance et le sentiment du beau. Était-elle religieuse? était-elle païenne? Je ne m'en inquiète pas.

Telle architecture, tel art et telle industrie, je l'ai déjà dit. Pendant tout un grand siècle (1480-1600) les saines traditions des maîtres de la Renaissance se maintinrent, et l'industrie les suivit fidèlement, sans chercher d'autres modèles, qu'elle n'eût trouvés aussi bons nulle part ailleurs. Rien en pays étranger, rien absolument, et je n'en excepte ni les plus forts artistes de l'Italie, ni Albert Dürer en Allemagne, n'offre des qualités d'arrangement, de proportion, de sage et brillante décoration, qui puissent être comparées à nos œuvres françaises ; et cette supériorité est plus évidente dès 1550, car l'art en Italie devient alors un rococo absurde, et l'Allemagne, abandonnant ses traditions, imite l'Italie.

Le public, il est vrai, s'était un peu transformé, j'entends celui qui participait aux arts. Le clergé, le roi et la noblesse avaient dû bientôt accepter le luxe des gens en charge et des gens de finance; la haute bourgeoisie, elle-même, avait acquis peu à peu, avec le moyen, aussi le droit d'être somptueuse dans ses costumes et ses ameublements, d'être recherchée dans tout ce qui tient à la mode. Mais, comme le roi et sa cour continuèrent pendant tout le xvie siècle d'exercer un empire absolu sur le goût, ce public accru les suivait aveuglément, et les artistes, en satisfaisant l'immensité de leurs besoins, conservèrent un guide sûr et un phare conducteur.

Il n'y avait pas plus de goût pour les arts aux cours des petits princes d'Italie qu'il n'en régnait à la cour de France, mais il planait comme une atmosphère plus générale de goûts distingués et d'appréciations justes dans la population entière des grandes villes italiennes. L'opinion publique dans les questions d'art comptait déjà, et pour beaucoup, à Rome, à Florence et à Venise; les souverains s'en inquiétaient et comptaient avec elle. Une grande œuvre de sculpture était-elle terminée, on suspendait tout jugement jusqu'à ce que, exposée aux yeux de tous, on eût recueilli l'expression de l'opinion publique. Alors le peuple d'accourir, les universités de fermer leurs écoles, les tribunaux de chômer, et quand la population en masse avait apprécié, quand les poëtes, et qui n'est pas poëte en Italie? avaient suspendu tout autour, par milliers, leurs sonnets louangeurs ou leurs épigrammes mordantes, la réputation de l'œuvre était faite.

En étudiant la nouvelle position faite à l'artiste dans cette grande rénovation de toutes choses, j'ai touché à deux questions que je désire épuiser ici : celle de l'enseignement des arts et celle de la disposition générale des artistes à entrer dans l'industrie.

J'ai dit que, dans cette grande époque, l'enseignement des arts était partout le même et tenait encore des usages du métier; c'était l'apprentissage, et cette porte ouverte à tous dans la carrière des arts est la meilleure des écoles. Il y avait toutefois un grand changement apporté dans l'enseignement. L'étude du nu y prenait désormais une place plus grande, une place avouée, prônée, déclarée indispensable. L'anatomie elle-même, science encore nouvelle dans la médecine et réservée à cette spécialité, entra dans l'enseignement des arts. Le retour aux traditions de l'antiquité et aux sujets mythologiques donne la raison de ce changement dans les études; ces traditions servaient de prétexte et d'excuse pour étudier d'après le modèle et représenter des nudités. Ni les Médicis, ni les papes, ni les rois de France n'étaient païens, n'étaient immoraux parce qu'ils encourageaient ces études; ils étaient simplement amoureux du bel art de l'antiquité, et, dans l'enthousiasme de leur passion, ils prétendaient l'élever aux sommités les plus ardues. Représenter la beauté corporelle dans toute sa séduction, exprimer les passions dans leur vérité si variée, rendre la poésie la plus charmante, c'était pour tous un monde enchanteur et un nouveau monde. La grande école des Donatello, des Michel-Ange et des Raphaël s'appuyait sur ces fortes études. François Ier voulut qu'elles devinssent la base de l'éducation de nos artistes. C'était le seul moyen de dépouiller la vieille friperie du moyen âge, et Jean Cousin, Jean Goujon, Jean de Douai, Germain Pillon, ont prouvé que le roi avait eu raison de compter sur l'école française, car elle a abordé courageusement ce difficile programme et elle l'a rempli avec une tenue, une grâce, une distinction qui, venant de cette impulsion, se sont maintenues au delà même du siècle des Valois. D'ailleurs, point de musées, de collections publiques, d'enseignement gratuit donné au nom et aux frais du Gouvernement; chacun se faisait agréer par un maître, à charge de le servir, mais avec le droit de le voir travailler, de le suivre dans ses études, de l'écouter dans ses démonstrations. Il y eut bien quelques circonstances où des tableaux, comme les cartons de la guerre de Pise par Léonard de Vinci et Michel-Ange, devinrent, par leur mérite transcendant et leur popularité bruyante, une sorte d'enseignement public; mais c'est un fait accidentel : l'apprentissage attentif, soumis, dévoué, lent surtout, était le début de l'artiste, même dans cette Italie où l'abondance des talents ne suffisait pas à la passion des grands protecteurs de l'art, où toutes les prétentions des artistes étaient exaltées autant par la recherche de leurs ouvrages que par une soumission aveugle à leurs caprices. Ce qui le prouve mieux que tout autre fait, ce sont les dispositions des artistes. Et ici j'arrive à cette seconde question si grave de la participation facile, complaisante, et comme naturelle, des plus grands artistes aux travaux de l'industrie. Déjà l'existence du sculpteur et de l'orfèvre Benvenuto Cellini nous a mis sur la voie de ces dispositions, et il est facile d'accumuler les preuves et de généraliser la tendance. Peut-être aurait-on été mal venu à demander au Pérugin ou à Michel-Ange de peindre leurs compositions sur un bahut ou sur un lit; mais qu'on ne s'y trompe pas : le refus serait venu de ce que l'artiste avait d'autres occupations qui laissaient plus de marge à son talent, et nullement de l'éloignement qu'il aurait ressenti pour ce genre de travail, ou de l'abaissement dont il se serait cru atteint dans cette besogne; et en effet, à la même époque, s'agit-il de fêtes publiques, d'entrées triomphales, ce sont les artistes les plus considérables, les plus en faveur, qui peignent des façades de maisons, des monuments de circonstance, des décorations de théâtres, des voitures de gala; s'agit-il d'industrie, les bijoux sont de la statuaire, les faïences d'apothicaires de l'art. Bahuts, armoires, lits et litières, arçons de selle et bannières sont sculptés ou peints par des talents de premier ordre.

Vasari, racontant vers 1550 la vie de Dello, mort en 1421, qui, comme tous les peintres de son temps, consacrait indifféremment son talent aux tableaux de sainteté et à l'ornementation des meubles et des appartements, ajoute : « Et pen-
« dant longues années l'usage se maintint que les plus excellents
« peintres se livrassent à ces occupations sans en avoir honte
« (*senza vergognarsi*), comme le ressentiraient aujourd'hui
« beaucoup de nos contemporains. » Beaucoup de ses contemporains, dit Vasari, et il semble les condamner d'éprouver de ces vains scrupules. C'est qu'en effet la tendance industrielle était tout aussi décidée chez les artistes italiens que parmi les nôtres; ne suffit-il pas de montrer combien Raphaël lui-même avait l'esprit libéral à cet égard. A peine la gravure, procédé reproducteur, admirablement employé par Albert Dürer, a-t-elle paru en Italie dans son nouvel aspect expressif, facile et populaire, que Raphaël s'attache Marc-Antoine et forme cet élève à la plus parfaite compréhension de sa pensée, à la plus habile manière de rendre son dessin. D'immenses travaux de décoration sont-ils projetés par le pape, le grand peintre ac-

cepté les plus vastes commandes, sans reculer devant des moyens d'exécution qui demandent la participation d'un nombre infini d'aides et de collaborateurs, car il comprend l'art dans toutes ses directions : ici comme un élément de l'architecture, avec la liberté grandiose de la décoration ; là comme œuvre isolée, avec toutes les finesses de l'exécution la plus parfaite. Pour la première tâche, il s'entoure d'une foule d'auxiliaires qu'il dresse à sa manière, qu'il incorpore à sa pensée : à ceux-ci il confie ses arabesques inimitables, à ceux-là ses sublimes compositions ; s'agit-il de tableaux, ses élèves deviennent chacun un autre lui-même, ils exécutent d'après ses cartons, ils commencent la peinture que le maître terminera, ils la répètent même plusieurs fois sous ses yeux ; et la direction supérieure est si sage, si puissante, ses élèves sont si soumis, si dévoués, qu'il est bien difficile de distinguer une différence de faire, de surprendre la participation directe et positive de ses habiles et modestes collaborateurs. Ce n'était pas seulement pour le pape et les grands que Raphaël entreprenait ces travaux dont la direction seule surpasse les forces d'un homme et la capacité d'une tête ; le besoin de produire, la satisfaction de voir ses créations prendre corps et se manifester au grand jour de l'admiration et de la sympathie publiques, le poussaient à se faire ainsi entrepreneur de peintures. Antonio Battiferri veut-il décorer sa maison : aussitôt Raphaël compose les dessins qui doivent couvrir la façade à l'extérieur, et il charge un de ses élèves de les peindre à fresque ; un marchand de ses amis, Antonio Chigi, lui demande de l'aider dans la décoration de sa villa : il s'y prête sans difficulté ; sa *Galatée* resplendit au milieu des œuvres d'artistes illustres : Sébastien del Piombo, Antonio Razzi et Jules Romain. Le pape désire avoir des tapisseries : il travaille pour les ateliers de la Flandre et il envoie à Bruxelles deux de ses élèves, avec ses instructions, pour en surveiller l'exécution. La tradition veut qu'il ait donné des dessins aux fabricants de marqueteries de Vérone, aux damasquineurs de Florence, aux émailleurs de Faenza, aux peintres verriers de Marseille. Je n'en ai pas la preuve, mais je crois la tradition, car c'est le véritable esprit de l'art, c'était l'esprit de Raphaël.

Sans doute, il y eut dans cette fusion des tiraillements et des froissements; la ligne de démarcation et les limites étaient si difficiles à fixer, que les artisans les plus ordinaires entraient dans les confréries de peintres et de sculpteurs, et, quand il prenait envie de les en exclure, il s'élevait des contestations sans fin, il s'engageait des procès inextricables. Il reste un fait acquis, cependant : c'est que les artistes qui prétendaient se placer dans une sphère supérieure aux exigences de l'industrie étaient une exception, même en Italie; en France, ils n'existaient pas. Les plus habiles de nos artistes avaient du talent pour l'appliquer à tout usage, pour le mettre en toutes choses.

Nos rois continuaient à avoir des peintres habiles attachés à leur personne, à les loger dans leurs résidences, à les prendre dans leur suite pendant les voyages; les seigneurs de leur cour les imitaient, voyant dans cette intervention un moyen de soustraire des hommes habiles aux obligations que s'étaient imposées les corporations. Il est probable qu'à l'exemple de l'Italie on les traitait avec plus de considération que de simples artisans; toutefois ils n'avaient pas cessé d'être confondus avec les brodeurs, merciers et autres gens de métier, et quelque idée avantageuse que des faveurs et un commerce familier avec le prince aient pu leur donner d'eux-mêmes, on fera attention à un fait qui maintint longtemps et solidement le lien des arts et de l'industrie : c'est la destination spéciale et l'application à sa place et à son usage de toute œuvre d'art. Même à Fontainebleau, peintres et sculpteurs travaillaient pour la décoration de l'architecture. On n'avait pas l'idée d'exécuter un tableau sans but, une statue sans destination; on faisait bien des portraits, mais la plupart peints sur émail étaient incrustés dans les murs et dans les meubles, ou bien, dessinés aux crayons, ils formaient des albums. Un seigneur amoureux des arts n'aurait pas commandé un tableau pour sa demeure; car où l'accrocher? Ses murs étaient tendus des plus belles tapisseries, molles et douces peintures; il demandait à son peintre d'orner ses plafonds, comme à Fontainebleau, ou les murs de sa chapelle, mais en toutes choses l'artiste se sentait encore en association pratique avec l'architecte.

Tel est le caractère général, tel est aussi l'esprit dominant; il faut y regarder de très-près pour saisir les exceptions. Il y en avait cependant, et ne pas les signaler rendrait la suite de ce rapport inintelligible; on ne comprendrait pas qu'il se soit formé partout à la fois, au xviie siècle, des collections de tableaux, si l'on n'apprenait comment ce goût a pris naissance à la fin du xve. Les tableaux placés dans l'église sur l'autel, les tableaux de sainteté accrochés au chevet du lit, et surtout ces tableaux à deux volets où l'on peignait des scènes de la passion, et qui servaient d'*autels portatifs,* doivent être considérés comme le point de départ de la décoration des appartements par des tableaux-meubles; les portraits ne vinrent qu'ensuite. Toutes ces peintures furent exécutées exclusivement par nos artistes, qui passaient sans difficulté de la peinture des miniatures de manuscrits à cette peinture à l'œuf ou à l'huile en miniature; mais, vers 1450, le grand talent et la réputation européenne des frères Van Eyck et de leurs élèves, Roger Vanderweyden et Hemling, mirent en vogue l'art flamand : chacun voulut avoir, à prix d'argent, quelques-uns de ces délicieux tableaux de piété qui contenaient tant de choses, et des mieux peintes, en si peu de place. Déjà donc les alcôves des chambres à coucher se garnissaient de petits cadres, lorsque les circonstances étendirent en Italie le champ d'acquisitions des amateurs. On n'a pas oublié la curiosité inquiète qui poussait Louis XI à demander aux moines de Venise leur beau tableau de Gentile Bellini. Nous ignorons où ce tableau fut exposé; il est probable qu'il prit place dans l'oratoire ou au chevet du lit du roi. Mais quand Charles VIII, au retour de son expédition en Italie, reçut des fourgons remplis d'objets d'art; quand, la mode aidant, les productions italiennes de toutes sortes affluèrent par les soins des voyageurs, la rapacité des troupes et l'active intervention du commerce, alors l'ancienne chambre de curiosité ou l'ancien

Trésor devint musée. Déjà, en 1524, Marguerite d'Autriche, la gouvernante des Pays-Bas, possédait dans ses appartements de Bruxelles 167 tableaux flamands, italiens, français et allemands. Tous les genres de peinture étaient représentés dans cette curieuse collection : la religion, cela va sans dire; l'art, inspiré par la beauté et la poésie, dans des têtes d'expression et dans quelques sujets mythologiques; l'histoire, dans le siége de Vanloo et la bataille de Pavie; le paysage, dans plusieurs vues des saints lieux; le genre enfin, dans les scènes familières et les caprices fantastiques du vieux Bosch et d'autres Flamands. C'était bien là l'un des précurseurs de nos collections modernes. Mais la cour de France n'avait pas l'habitude de prendre ses modèles à la cour de Bruxelles. Déjà Charles VIII et Louis XII avaient amassé dans leur cabinet de curiosités nombre d'objets d'art, et il était réservé à François Ier de former la première collection des tableaux du roi, qui, après trois cents ans, est devenue le musée du Louvre. Il ne fit pas autrement que Marguerite d'Autriche; seulement il fit plus grandement. Léonard de Vinci lui apportait ses tableaux, Raphaël lui envoyait les siens de Rome, Andrea del Sarto, Rosso, le Primatice venaient peindre les leurs à Fontainebleau. Aux tableaux italiens s'ajoutaient les tableaux flamands achetés par ordre du roi à Anvers et à Bruxelles, et une suite charmante de portraits peints par les artistes français; les belles tapisseries complétaient les tableaux, et les objets les plus distingués de l'art appliqué à toutes choses venaient dans cette belle collection de chefs-d'œuvre témoigner des ressources inépuisables du génie de l'homme. Nous n'avons pas tout vu : 124 statues antiques, des bustes sans nombre, représentèrent dignement la statuaire, et il faut parler d'une innovation qui permit d'enrichir cette magnifique collection d'une manière inusitée et toute favorable à l'étude des arts. Le Primatice avait demandé au roi l'autorisation et les moyens d'aller à Rome prendre les moules des plus belles statues antiques. Il voulait les rapporter à Fontainebleau, et couler en bronze ces chefs-d'œuvre, qui devaient servir de modèles aux artistes et de diapason à l'admiration royale pour tout ce qui se produisait d'œuvres modernes autour d'elle. François I*er*, avec cette belle intelligence des arts dont il donna tant de preuves, comprit l'utilité de ce projet, et bientôt les plus remarquables créations de la statuaire antique peuplèrent Fontainebleau. Nous reconnaissons encore aujourd'hui ces magnifiques bronzes à la rare perfection de leur fonte et à la délicieuse patine dont le temps les a revêtus. Mais je crains qu'à la lecture de ces détails on ne se fasse une très-fausse idée de la collection royale. L'esprit, tenu en lisière par les habitudes journalières, se représente immédiatement quelque vaste galerie, un musée caverneux où tous ces objets sont accrochés, huchés, alignés par ordre chronologique, rangés par pays et par école, avec étiquette, numéros et livret. Il n'y avait rien de tout cela à Fontainebleau ; on ne pensait pas à momifier de cette manière les charmantes créations du génie. Quelques statues et des bustes avaient pris place dans les grands appartements peints à fresque et dans les salles tendues de tapisseries ; les tableaux étaient disséminés dans les petits appartements, à leur meilleur jour, clair-semés dans chaque chambre, et presque toujours placés de manière à entrer dans la décoration architecturale ; les objets d'art avaient pour support des gaînes en belle matière et des dressoirs, objets d'art eux-mêmes, qui permettaient à la lumière et à l'air de les animer, aux yeux de se promener autour et de les caresser de la vue ; la statuaire de bronze et de marbre était répandue dans les vestibules, au pied des escaliers et surtout près du château, dans les parterres, autour des bassins, au fond des allées, dans les longues perspectives doucement ombrées par les grands arbres. Associées aux dispositions monumentales de l'architecture, aux beautés de la nature, aux aises de l'intérieur, ces superbes productions de l'art, quoique arrachées à leur destination première, retrouvaient une seconde vie dans ces conditions favorables, comme ces arbres enlevés de la forêt qui reprennent racine et reverdissent dans nos jardins, ne conservant de leur exil qu'un air dépaysé et comme une teinte mélancolique. Ce goût des collections envahit toute l'aristocratie. Le connétable de Montmorency plaçait les esclaves de Michel-Ange sur la façade et à l'entrée de son château d'Écouen; il répandait les objets d'art et les tableaux dans ses appartements. Mais n'entrons pas dans les descriptions de détail; qu'il suffise de dire qu'à la fin du xvie siècle on n'aurait pas trouvé un hôtel de seigneur qui n'offrît quelque tableau précieux et une suite remarquable de portraits de famille, et qu'on voyait dans le seul hôtel de Beaumont, appartenant à un particulier, le duc Charles de Croy, deux cent trente-quatre tableaux, dont onze de Paul Véronèse, six de Roger Vanderweyden, et des ouvrages des plus fameux peintres.

Je me serais reproché de n'avoir pas compté cet esprit collectionneur au nombre des ressources offertes alors à l'étude des artistes et à leur activité productive. Je ne dois pas omettre non plus une influence qui tendit à effacer le caractère national et tranché que d'autres circonstances contribuaient à maintenir dans les arts et l'industrie de chaque pays : je ne veux pas parler de la facilité toujours plus grande des communications, j'en reconnais la portée; mais j'entends signaler l'influence des estampes qui circulèrent dans les ateliers pendant tout le xvie siècle. Il ne s'agit pas des progrès de la gravure elle-même. Notre art trouva, à chaque époque, ses fidèles et éloquents traducteurs : l'école de Fontainebleau a été gravée avec les qualités qui conviennent à son style, à son abondance, à sa facilité. Je ne veux parler que des estampes étrangères. La France subit moins que les pays voisins, l'Allemagne et l'Angleterre, l'espèce de nivellement opéré par l'étude de ces reproductions fidèles; elle le subit cependant, et la collection des Marc-Antoine et des Albert Dürer, celle des petits maîtres allemands, les gravures spéciales d'ornements pour la bijouterie, l'orfévrerie, la damasquinure, la broderie et les dentelles, qu'elles vinssent de l'Allemagne ou de l'Italie, pénétrèrent, avec les compositions de l'école de Fontainebleau, dans l'immense domaine de l'industrie : faïences, émaux, sculpture d'ornementation dans l'architecture et dans les meubles, damasquinure et gravure dans le métal, sont les imitations plus ou moins fidèles, plus ou moins habilement déguisées, de ces modèles. A la vue de cet envahissement, on sent que l'art tend à s'isoler, à se retirer peu à peu de l'industrie; il fait place à l'ouvrier copiste, dépourvu d'initiative et de talent original.

Les dernières années du xvie siècle marquent en France l'extrême limite de la Renaissance et les débuts de l'art moderne. Elles coïncident avec la mort de Henri III, de Ducerceau, de Germain Pillon et de François Clouet, avec la guerre, et de toutes la plus cruelle, la guerre civile issue des passions religieuses. Un autre esprit, né des circonstances politiques autant que du caractère personnel de Henri IV, inspirera désormais l'art, la littérature et la mode. Ce n'est plus la même élégance attique, la même légèreté païenne; c'est un autre esprit, c'est l'art moderne. Dès lors les symptômes évidents d'une décadence envahissante marquent, dans une architecture dépourvue du sentiment des justes proportions et de l'élégance, dans une sculpture qui n'a conservé des traditions de l'antiquité et de la Renaissance que leurs défauts, dans une peinture devenue la contrefaçon des Italiens contemporains, la triste fin d'une grande époque.

Marie de Médicis, par goût, par habitude, peut-être aussi pour ne pas faillir à son nom, protégeait ouvertement les arts et les pratiquait elle-même, chose rare dans ce rang et à cette époque. Elle eut bientôt conscience d'un empiétement de décadence : elle fit comprendre au roi la nécessité de ranimer les arts et l'industrie; elle-même s'y employa. Henri IV comprit tout cela; mais, d'un côté, il fallait livrer de véritables assauts à Sully pour obtenir des fonds que le ministre croyait réclamés avec plus d'urgence par les besoins de l'agriculture et le service des fortifications, ponts et chaussées; d'un autre côté, le roi n'avait pas le goût des arts. Il aimait, il est vrai, la bâtisse et les alignements au cordeau : le vieux Paris en eut la preuve dans la démolition du palais des Tournelles pour ouvrir la place Royale, dans la démolition du palais des Étuves pour bâtir le pont Neuf et la place Dauphine, dans vingt autres démolitions faites à la hâte et remplacées par des constructions faites également à la hâte ; mais cet excellent roi se souciait assez peu de la perfection dans les arts, de cette perfection qui est le vrai progrès et dont la poursuite devrait être considérée comme une obligation et un apanage du pouvoir. Il forma, il est vrai, une galerie de peintures dans le Louvre : mais c'étaient des portraits, c'est-à-dire de la peinture positive ; il commanda un monument de sculpture à Fontainebleau, mais c'était une cheminée ; il fonda deux grands établissements, c'étaient des manufactures de tapisseries ; il logea au Louvre nombre d'artistes habiles, c'était pour lui faire ses meubles, et parce que, dit-il dans ses édits, il ne voit pas de meilleur moyen que l'établissement des arts et des manufactures pour relever *ce pauvre estat que nous avons trouvé languissant et comme gisant à terre.* Il fait planter des mûriers dans les Tuileries, là où Bernard Palissy émaillait pour les Valois ses charmantes faïences, et c'était pour acclimater l'éducation des vers à soie. Partout se montre ce côté prosaïque et utilitaire du soldat et du bon vivant ; plus rien de l'élégance sans but, de l'art mis en toutes choses et sans nécessité, et de ce coin poétique qui distingue François I*er*, son fils et ses petits-fils.

Quand l'esprit se modifie, on peut être sûr de trouver aussi dans le corps de profonds changements. Les arts tournaient au prosaïque, leur direction allait devenir administrative et bureaucratique. Voyons ce qu'elle avait été pendant ce beau xvi*e* siècle. Le moyen âge nous a montré le maître des œuvres, équivalent de premier architecte du roi, rendant compte au souverain de ses projets, de ses travaux, et au contrôleur des finances de sa gestion. Sous la dynastie des Valois, les rôles se modifièrent, mais au fond le mécanisme resta le même. Et il était bon aussi longtemps que nos rois eurent cette délicatesse de goût qui s'attache à la perfection et qui préfère des monuments de médiocres dimensions, menés lentement au plus parfait degré d'achèvement, à ces places régulières, à ces rues alignées que fit surgir comme par enchantement le premier des

Bourbons; il était bon aussi longtemps que le domaine de nos rois fut assez restreint pour qu'ils pussent diriger eux-mêmes leurs architectes. François Ier, au retour de la captivité, sembla vouloir jeter dans les travaux pacifiques des arts, des lettres et des sciences cette fougue qu'il avait mise jusqu'alors dans ses entreprises guerrières. En 1526, il avait entrepris Chambord; en 1528, il commença à la fois Fontainebleau, Livry, Madrid; en 1530, il y ajoute les grands travaux de Saint-Germain-en-Laye et de Villers-Cotterets; en 1533, c'est le tour de Loches, Chenonceaux, Blois, et je ne cite que les entreprises les plus importantes. Au milieu de ces constructions si vastes, si éloignées les unes des autres, le roi comprit que, tout en se conservant le choix des artistes et la discussion de leurs projets, il devait chercher à organiser une direction générale des beaux-arts, afin d'obtenir de l'ensemble dans les travaux et d'établir un contrôle financier qui aurait pour but de débarrasser les artistes de soins qui doivent leur rester étrangers, et d'établir une régularité financière d'autant plus urgente que les dépenses augmentaient davantage. Voici l'organisation adoptée : l'architecte du roi resta complétement le maître des œuvres, c'est-à-dire le directeur absolu de tous les travaux qui concourent à la construction comme à la décoration de l'édifice. Rien ne se faisait sans son initiative ni en dehors de ses projets approuvés par le roi. Il ordonnait tout; seulement entre l'artiste et le souverain surgissait désormais un intermédiaire. Ce fut en 1528, lors du grand essor des nouveaux travaux, Florimond de Champverne, *son cher et bien amé varlet de chambre*, comme s'expriment les lettres patentes du roi, *auquel il a devisé et donné à entendre son vouloir et intention de la forme et construction d'iceulx bastimens et édiffices, et d'avoir regard et superintendance à faire bien et duement, promptement et diligemment besongner les ouvriers*. L'architecte dut se référer à ce fonctionnaire intime pour le détail et pour *les ordonnances, rolles, prix et marchés des ouvrages des bastimens du roy*; celui-ci, à son tour, s'adressait à un comptable, qui était Nicolas Picart, receveur des finances, qui avait lui-même pour contrôle un conseil de surveillance composé alors de *messire Jean de la Barre, chevalier, comte d'Estampes, prévost et bailly de Paris et premier gentilhomme de la chambre; du sieur Nicolas de Neufville, chevalier, sieur de Villeroy et trésorier de France; et de Pierre de Balzac, aussi chevalier, sieur d'Entragues.* On voit avec quel soin, dans cette organisation, étaient sauvegardées l'initiative du roi, l'indépendance de l'artiste, la surveillance d'une personne de confiance et la gestion financière.

En 1535, le personnel changea, et, si l'organisation resta la même, on voit cependant l'intérêt financier dominer, puisque l'espèce de superintendance exercée dans l'intimité du roi par son valet de chambre passe au grand trésorier de France. Les lettres patentes signées à Coulommiers, le 22 janvier, s'exprimaient ainsi : « François, par la grace de Dieu, roy de France,
« à nostre amé et féal conseiller et trésorier de France, Phil-
« bert Babou, chevalier, seigneur de la Bourdaizière, salut
« et dilection, pour ce qu'il adviendra quelquefois que, au
« temps que vous n'aurez pas empeschement à l'entour de
« nostre personne, vous vous pourrez transporter en nos mai-
« sons et nouveaux bastimens, ainsi que vous avons ordonné
« faire durant ce voyage où vous allez présentement par nostre
« commandement; Nous, à cette cause et affin que vous ayez
« meilleur moyen de nous faire en cet endroit le service que
« désirons et espérons nous y estre par vous fait, pour la cer-
« taine confiance que nous avons de vostre personne et de vos
« sens, expérience, bonne conduitte et grande diligence, vous
« avons commis et députez, commettons et députons par ces
« présentes à la charge et superintendance de nosdites maisons
« et bastimens, tant de ceulx que l'on besongne à présent ès
« lieux de Chambort, Fontainebleau et autres quelsconques
« que aussy de ceulx que nous avons ordonné faire à Loches,
« Chenonceau et ailleurs, et aussy conséquemment faire tous
« les autres que nous pouvons faire faire cy-après. »

Cette superintendance planait sur la direction particulière des artistes, mais sans gêner leur indépendance. Il n'y avait

pas encore de premier architecte du roi, mais des architectes étaient chargés d'une grande série de travaux, comme Sébastien Serlio, qui succède à Giles Le Breton, en 1541, dans les constructions de Fontainebleau avec le titre de *peintre et architecte ordinaire du roy;* comme Pierre Lescot, qui est chargé du nouveau Louvre et de toutes les constructions royales dans Paris. Je citerai le préambule des lettres patentes qui nomment cet artiste, pour que l'on comprenne à la fois sa dépendance et son indépendance. Elles sont datées de Fontainebleau, le 2 aoust 1546 : « François, par la grace de Dieu, roy de France,
« à nostre cher et bien amé Pierre Lescot, seigneur de Claigny,
« salut et dilection, parce que nous avons délibéré de faire
« bastir et construire en nostre chastel du Louvre et autres
« lieux et endroits de nostre ville de Paris aucuns édiffices,
« mesmes audit chastelet du Louvre un grand corps d'hostel,
« au lieu où est de présent la grande salle, dont nous avons
« fait faire les desseins et ordonnances par vous, duquel nous
« avons advisé d'en bailler la totale charge, conduicte et super-
« intendance; à cette cause soit besoin vous faire expédier vos
« lettres de pouvoir en tel cas requises. Pour ces causes, con-
« fians à plain de vostre personne et de vos sens, suffisance,
« loyauté, preudhomme et bonne expérience au fait d'archi-
« tecture et grande diligence, et aussy que vous avons ample-
« ment déclaré nostre vouloir et intention sur le fait desdicts
« bastimens, au moyen de quoy sçavez autant bien que nul
« autre conduire et vous acquiter de la dicte charge à nostre
« gré et contentement, vous avons commis et députté, et vous
« avons donné plain puissance de ordonner du fait desdits bas-
« timens et édiffices. »

J'ai déjà dit que les travaux de Paris étaient distincts de ceux de Fontainebleau autant par la direction que par les tendances. Pierre Lescot, ayant la superintendance sur tout ce qui se construisait dans la prévôté de Paris, contribua puissamment à maintenir le camp de l'art français séparé du camp de Fontainebleau, qui représentait exclusivement l'art italien.

En 1547, après la mort de François Ier, son fils, Henri II, continua au trésorier de France, Philibert Babou de la Bourdaizière, la superintendance de ses bâtiments ; il institua Pierre Des Hostels dans la charge « *de commis à faire les devis et controlle, et avoir la conduitte et regard sur ses bastimens et édiffices, tant de Fontainebleau, Saint-Germain-en-Laye, Boullongne, Villers-Costerets, chasteau du Louvre, que autres estans ès environs de nostre ville de Paris ;* » enfin, il donna à Philibert de Lorme, « *son architecteur ordinaire,* » la direction de tous les travaux « *dans ses bastimens, excepté le Louvre,* » qui restait sous la direction de Pierre Lescot. En suivant la marche des travaux dans ce dernier palais, qu'on appelait encore par habitude un château, on s'expliquera le genre de surveillance et de contrôle que subissait l'architecte : ainsi, on a vu que la transformation de l'ancien Louvre en un nouveau avait été confiée à Pierre Lescot, suivant des dessins faits par lui ; mais deux ans plus tard, sans doute d'après les désirs du nouveau roi, des changements importants sont proposés par l'architecte ; s'il n'y avait pas eu de contrôle, l'approbation verbale du roi suffisait, mais, avec l'organisation financière, aucun mandat de payement n'aurait été accepté par le contrôleur, si de nouvelles lettres patentes n'avaient approuvé les changements apportés aux plans primitifs. Ces lettres, datées du 10 juillet 1549, s'expriment ainsi : « Néantmoins, ayans de-
« puis trouvé que pour grande commodité et aisance dudit
« bastiment il estoit besoin de le parachever autrement, et
« pour cet effet faire quelque démolition de ce qui estoit jà
« fait et encommancé, et ce suivant un nouvel devis et des-
« sein que vous en avez fait dresser par nos commandemens,
« que voullons estre suivi, soit besoin pour mieux exécuter ce
« que nous avons commandé, vous faire expédier sur ce nos
« lettres de pouvoir, savoir vous faisons que nous vous avons
« de rechef et de nouvel donné plain pouvoir de faire faire
« lesdites démolitions ès endroits que adviserez estre plus à
« propos. »

Les années apportaient nécessairement des changements

dans le personnel de ce service, les uns causés par la fragilité humaine, les autres amenés par la faveur. Je n'en relèverai que deux. En 1557, Jean Bullant fut chargé du contrôle des bâtiments et il exerça ces fonctions jusqu'en 1559. Le 12 juillet de la même année, le roi décharge Philibert de Lorme de la direction des bâtiments et la donne au Primatice, « à François « Primadici de Boullongne en Italie, abbé de Saint-Martin de « Troyes, ayant confiance dans sa grande expérience en l'art « d'architecture dont il a fait plusieurs fois grandes preuves en « divers bastimens; » dorénavant, en effet, cet artiste porte dans tous les actes le titre « d'architecte et de superintendant « des bastimens royaux hormis celuy de nostre chasteau du « Louvre. »

Il était nécessaire de s'étendre sur cette organisation du service des bâtiments, qui formait en réalité une véritable direction des arts et réunissait les différents services administratifs que nous avons répartis entre la liste civile, la direction des beaux-arts et le conseil des bâtiments civils, toute réserve faite pour l'étendue du territoire et les exigences de la centralisation.

Les malheurs des temps, qu'on les attribue aux guerres politiques, aux passions religieuses ou aux faiblesses du Gouvernement, arrêtèrent cet essor des arts, qui sera à tout jamais l'honneur des Valois, et du moment où on ne construisait plus, où le faste des décorations intérieures faisait place à la simplicité de l'indigence ou à la rudesse des camps, le service des bâtiments, l'étude de l'architecture et la culture de tous les arts furent tous à la fois abandonnés. On n'accorde pas, en général, assez d'attention, dans l'histoire des arts, à cette action malfaisante de certaines phases politiques. Et pourtant, elles ne sont comparables, pour le mal qu'elles font, à aucune des perturbations apportées par ces mêmes causes dans les autres services publics. Dans les arts, ce sont des points d'arrêt, des principes de décadence; c'est la plante coupée à ras de la racine et qui de longtemps ne fleurira plus. Lorsque Henri IV entra dans Paris, la colonie de Fontainebleau était dispersée :

Pierre Lescot, le Primatice, Philibert de Lorme, Jean Cousin, Jean Goujon et les Clouet étaient morts, et les élèves qu'ils avaient formés s'étaient développés avec peine dans l'atmosphère troublée des émeutes et des guerres. D'ailleurs, l'esprit de cette génération n'était plus l'esprit de la génération qui l'avait précédée. Le sentiment de la grâce, le goût de la perfection dans de modestes dimensions, cette patience maternelle qui consentait à attendre une œuvre pour lui donner le temps de devenir un chef-d'œuvre, toutes les délicatesses de la Renaissance avaient fait place à une passion des arts fastueuse, hâtive et de mauvais aloi, amoureuse des grandes proportions et faisant cas de la quantité, ne se doutant pas qu'on regarde d'un œil distrait ce vaste déploiement, tandis qu'on cherche à pénétrer dans l'œuvre petite qui contient une idée et résume dans sa perfection l'âme entière de l'artiste. David le dira plus tard : « *Ce qu'on fait vite est vite vu,* » et le Poussin avant lui avait écrit : « Les choses esquelles il y a de la perfection ne « se doivent pas voir à la hâte, mais avec le temps, jugement « et intelligence; il faut user des mêmes moyens à les bien « juger comme à les bien faire. » Une autre cause contribue alors à altérer le goût national. L'accroissement de la population parisienne, la construction incessante de nouvelles maisons formant de nouveaux quartiers, l'importance politique de la capitale, l'habitude des souverains d'y prolonger leur séjour, tous ces envahissements avaient déjà fait de Paris la grande ville, la ville par excellence, *Urbs.* Nos rois en étaient fiers; ils l'embellissaient comme leur propre demeure pour la montrer aux princes voyageurs, et tous, visiteurs et poëtes, de dire : « *Il n'est qu'un Paris.* » Montaigne n'écrivait-il pas alors qu'il n'était « Françoys que par cette grande cité, grande en « peuple, grande en félicité de son assiette, mais surtout grande « en variété et diversité de commodités; la gloire de la France « et l'un des plus nobles ornements du monde. » Après la guerre, et quand il s'agit de relever hâtivement des ruines, de porter de l'air et du jour dans cette grande ville qui étouffait, l'initiative hardie, passionnée, tenace, de Henri IV était peut-être ce qui convenait le mieux pour donner aux embellissements de Paris le premier coup de collier et aux arts le premier coup d'éperon, tout cela mené brutalement, vivement et même un peu à coups de fouet. Que de percements de grandes rues, que de constructions de grandes places opérées en moins de quinze ans, et quels projets immenses arrêtés par le poignard d'un assassin! On retrouve jusque dans les résidences royales la trace de cette impulsion marquée en ornements lourds cherchant l'ampleur, en statuaire violente de formes et d'attitudes, en peintures au dessin tourmenté comme une dernière convulsion de Michel-Ange, au coloris sans vérité, passant de la lumière à l'ombre sans transition. Au milieu de cette violente activité, Sully, qui n'aurait pu prendre le goût des arts que dans les mêmes camps et dans une vie soldatesque tout aussi rude, qui s'inquiétait bien moins de faciliter les progrès des arts que d'entraver leurs dépenses, Sully fit comprendre au roi la nécessité de soumettre à un contrôle plus sévère le service des bâtiments, devenu désormais énorme, et comme il accaparait volontiers toutes les charges, pour en cumuler les appointements, il se fit donner la surintendance des bâtiments, que M. de Fourcy le jeune occupait depuis la mort de son père, et la réunit aux charges de grand voyer de France et de grand maître des fortifications, pour mener ces trois services de front et du même pas, en les contrôlant comme ministre des finances. Si l'esprit public n'était plus le même, la direction supérieure, comme on voit, avait changé aussi de caractère.

A l'avénement de Louis XIII, il restait cependant de cette impulsion, qui fut profonde et générale, un retour décidé au culte des arts, et les dispositions les plus favorables pour les encourager par de généreuses commandes et par des facilités de tous genres offertes à l'étude. Mais comme dans les ascensions de hautes montagnes, où l'on part gaiement, allègrement, où l'on s'essouffle en marchant trop vite, où l'on s'arrête épuisé, ainsi dans ce mouvement propice aux arts, il arriva un jour où, sans le secours de la presse, des chemins de fer et des télégraphes électriques, il surgit partout, et presque en même temps, un sentiment unanime de découragement, une conscience uniforme de la décadence des arts, et du même coup une aspiration, une ambition de renaissance qui, si elle ne choisit pas le bon moyen pour sortir de l'ornière, envisagea le but résolûment et y marcha avec courage.

Ce moment de transition est une des plus curieuses phases de l'histoire des arts; elle est restée inaperçue, quoiqu'elle contînt en germe tout le siècle de Louis XIV, quoique le premier élan fût plus noble et plus brillant que la course elle-même, comme l'eau est plus pure à sa modeste source qu'elle ne le reste quand, plus abondante, elle devient fleuve immense. Les dernières années du xvie siècle avaient compromis l'art par l'excès de l'indépendance laissée à l'artiste, par l'abus de liberté donnée à l'élève, par la perte de l'autorité qui doit appartenir au maître; le règne de Henri IV, les règnes, je veux dire les ministères de Richelieu et de Mazarin, travaillèrent à remettre dans les têtes quelques sages idées d'ordre, de hiérarchie et de soumission, et à pousser le goût public dans des voies plus saines que celles qu'on avait suivies partout. En effet, il faut le dire, Michel-Ange avait mené l'Italie, et à sa suite toute l'Europe, à mal; architecture, sculpture, peinture, se ressentirent de son terrible enseignement. Comme une armure qui a protégé celui dont les épaules étaient assez fortes pour la porter et qui écrase un homme courageux, mais moins robuste, ainsi les principes de Michel-Ange, faits à sa taille, n'allaient à aucune autre. Dès la fin du xvie siècle, l'art italien était en pleine décadence; mais par habitude, par routine, on continuait à le prendre pour modèle.

La réforme commença en Italie même, et se fit par la peinture, dans diverses villes, mais plus particulièrement, et avec un talent supérieur, sous la conduite des Carrache à Bologne. Comme tous les réformateurs, ces grands peintres exagérèrent même leur principe. Ils voulaient ramener l'art à sa pratique consciencieuse, système sage qui comporte la noble poursuite de l'idéal par l'étude de la nature; mais ils réformaient, et en conséquence ils protestaient contre l'idéal, en se faisant exclusivement réalistes ou *naturalisti*, et le public d'applaudir cette nouveauté comme toute autre nouveauté. La sculpture sentit se réveiller ces idées dans les premières œuvres du Bernin, qui débuta comme un homme de génie. En France, cette réforme s'opéra, ainsi qu'on le voit à toutes les époques, par l'architecture étudiée dans ses conditions les plus sérieuses, et par deux peintres, Poussin et Lesueur, qui retournèrent sur leurs pas, l'un cherchant la source de l'art dans l'antique, l'autre la trouvant dans Raphaël, l'un et l'autre donnant à leurs contemporains le modèle invariable, parce qu'il est immortel. Notre beau style de la Renaissance avait été étouffé sous un amas de décorations et de formes qui lui étaient étrangères; pour en retrouver la pureté, on se rattacha à l'antique étudié dans ses monuments.

Les circonstances extérieures seraient impuissantes à rien produire, si elles ne produisaient pas elles-mêmes les hommes capables de diriger les grands mouvements de l'humanité. Louis XIII, personnellement, n'eût point apporté grande aide aux circonstances; il aimait les arts, il s'engoua de Vouet, il s'appliqua même au dessin, mais tout cela mollement, sans idées arrêtées et sans suite. Heureusement il avait près de lui une Italienne, sa mère, une Médicis, et deux ministres dont l'un était passionné pour la grandeur en toutes choses et l'autre amoureux de la perfection dans les œuvres d'art. Marie de Médicis, Richelieu et Sublet de Noyers ont pu s'entendre sur ce point, et leur action dans la direction des arts tripler ses forces par son ensemble. Le Luxembourg fut construit par de Brosse, à l'italienne, et orné par le Flamand Rubens, en 1624, d'une magnifique suite de compositions qu'il était en train de compléter par une seconde série tout aussi considérable, lorsque la reine mère quitta la France. L'hôtel du cardinal s'embellit des peintures de Philippe de Champagne; la Sorbonne se dressa majestueuse à la voix de Lemercier, premier architecte du roi, qui en même temps continuait le Louvre, prouvant dans le premier de ces monuments qu'il pouvait inventer, et dans le second, qu'il savait respecter. Et ce n'est pas tout : Richelieu faisait les choses grandement, et son architecte construisait encore pour lui un immense château, la merveille du temps et quelque chose de prodigieux par l'étendue et la grandeur, par l'abondance des statues et la beauté des objets d'art. Tous ces grands efforts de magnificence et le goût du faste pénétrèrent dans le public et se manifestèrent sous toutes les formes. Le cardinal écrivait en 1632 à son intendant : « Les peintures que je voys en « tous lieux où je vas me font désirer que les miennes soient « fort bien. » Que signifie *en tous lieux*, si ce n'est dans vingt hôtels de Paris et dans autant de châteaux autour de la capitale, où plafonds et lambris resplendissaient des peintures nouvelles, depuis l'hôtel de Sully, dans la rue Saint-Antoine, et l'hôtel Lambert, en l'Ile, jusqu'au château de Vaux? car les magnificences de Lambert et de Fouquet ne sont que la continuation naturelle de ce nouveau luxe qui envahissait tout. Et cependant rien dans toute cette activité n'égale l'influence heureuse qu'exerça alors le nouveau surintendant et ordonnateur général des bâtiments. Sublet de Noyers, secrétaire d'État, c'est-à-dire ministre de la guerre, en 1636, après la retraite de Servien, fut fait capitaine et concierge de Fontainebleau en 1637, et nommé à la surintendance des bâtiments en 1638, à la mort du président de Fourcy. A peine installé dans cette nouvelle charge, il choisit Sarrazin pour sculpter les cariatides du pavillon central du Louvre, et il écrivit à Poussin : « Aussitôt que le roi m'eut « fait l'honneur de me donner la charge de surintendant de « ses bâtimens, il me vint en pensée de me servir de l'autorité « que Sa Majesté me donne pour remettre en honneur les arts « et les sciences. » Ceci veut dire qu'il prenait ses nouvelles fonctions au sérieux, et rien n'était plus désirable à ce moment d'explosion d'une sève nouvelle qu'une direction habile pour la fortifier. De Noyers trouvait dans sa famille trois hommes distingués qui l'aidèrent de leurs conseils à atteindre ce noble but. Il y avait chez les frères de Chantelou une réunion rare d'entente naturelle des arts, appuyée sur la plus solide érudition, et de tendances distinguées qui planaient au-dessus du terre à terre de l'époque. D'ailleurs, ils eurent soin de ne pas proposer de grandes innovations; ils refirent ce qui avait réussi à toutes les époques, et trouvèrent qu'ils guidaient bien Louis XIII en le menant sur les traces du grand roi François Ier.

S'agit-il d'architecture, quel enseignement proposent-ils au surintendant des bâtiments? L'étude de l'antiquité, d'après les monuments, sans préoccupation de Vitruve et des commentateurs. Écoutons l'abbé de Chambray, le plus jeune des frères de Chantelou et l'auteur de l'excellent parallèle de l'architecture antique avec la moderne, il nous dira en peu de mots où il voit l'avenir : « Voulons-nous donc bien faire ? « ne quittons pas le chemin que les Grecs nous ont ouvert. « Suivons leurs traces, avouant de bonne foi que le peu « de bonnes choses qui a passé jusqu'à nous est encore leur « propre bien. C'est le sujet qui m'a convié de commencer « ce recueil par les ordres grecs, que je suis allé puiser dans « l'antique, même avant d'examiner ce qu'en écrivent les au- « teurs modernes. Car les meilleurs livres que nous ayons sur « cette matière, ce sont les ouvrages de ces vieux maîtres « qu'on voit encore aujourd'hui en pied, la beauté desquels est « si véritable et si universellement reconnue, qu'il y a près de « deux mille années que tout le monde l'admire. C'est là qu'il « faudrait aller faire des études pour accoutumer ses yeux et « confirmer son imagination aux idées de ces excellents esprits, « qui, étant nés parmi la lumière et dans la pureté du plus « beau climat de la terre, étaient si nets et si éclairés, qu'ils « voyaient naturellement les choses que nous découvrons ici à « peine après une longue et pénible étude »

Ainsi parlait la science en montrant le chemin aux artistes. Ils suivirent ce guide, peut-être même trop loin, car il en résulta un bouleversement presque radical, un abandon quasi complet de notre architecture nationale, qui, moins archéologique et plus pratique, avait combiné le style suivant les besoins, indiquant par une superposition d'ordres, ses divers étages, échelonnant sa décoration du plus grave au plus léger. Pour ces régénérateurs, les besoins, la destination, le but de la construction devinrent une abstraction; on considéra l'ensemble de l'édifice, sans se préoccuper des divisions qu'il devait recevoir, et on disposa un seul ordre proportionné à sa hauteur totale. Ainsi fut continué le Louvre sur le bord de l'eau, ainsi furent décorées toutes les façades de nos édifices publics et les parties intérieures de nos salles et galeries. L'architecture perdit en élégance, en dispositions commodes, raisonnables et variées ce qu'elle gagna en grandeur, en majesté et quelquefois en noblesse. L'ornementation, puisée à l'étude savante des grands monuments de la Rome antique, acquit en ampleur ce qu'on lui ôtait en pureté délicate, et cette révolution dans l'architecture, d'abord plus ou moins bien appliquée, marque dès le règne de Louis XIII dans toute l'industrie, dans les meubles, les boiseries d'appartement, l'orfévrerie et la ferronnerie.

La peinture et la sculpture participèrent de cette explosion d'idées nouvelles, de ce retour vers les belles choses du passé; Poussin, en s'inspirant de l'antique, Lesueur, en associant ses divines pensées aux traditions de Raphaël, Puget, en admirant la nature, l'antiquité, et Michel-Ange, en les amalgamant avec sa propre nature, donnèrent à cette tentative de renaissance une impulsion qui puisait sa force dans leurs chefs-d'œuvre. Malheureusement, ces grands artistes étaient dispersés; leurs pensées, unies par un lien commun, laissaient leur action divisée. MM. de Chantelou virent rapidement où était le mal; ils s'étaient mis en communication facile avec l'Italie et en correspondance avec Nicolas Poussin. Ne se contentant pas de l'écho de sa réputation qui résonnait à Paris, ils lui avaient commandé des tableaux, et ils comprirent à la vue de ce grand style, comme ils sentirent à la lecture des nobles pensées qui remplissaient les lettres de l'artiste, que l'enseignement de Vouet poussait l'art à sa décadence, tandis que Poussin était destiné à le relever. De ce moment ils conseillèrent à M. de Noyers d'appeler ce grand artiste à Paris, et ils firent si bien, qu'en 1641 le roi Louis XIII nommait Nicolas Poussin son premier peintre ordinaire, et qu'ils étaient envoyés en Italie pour le chercher.

Il suffisait, pour venir en aide à nos peintres, de ramener Poussin ; mais, pour nos sculpteurs, il fallait de nouveaux modèles, et MM. de Chantelou obtinrent, comme le Primatice, l'autorisation de faire mouler à Rome « les deux colosses de « Monte-Caval avec leurs chevaux, qui sont les plus grands et « les plus célèbres ouvrages de l'antiquité, que monseigneur de « Noyers avoit dessin de faire jetter en bronze pour les placer à « la principale entrée du Louvre. » C'était là une admirable idée, grandement conçue, une de ces idées qui restent un regret tant qu'elles ne sont pas devenues une réalité. La colonne Trajane tout entière, les bas-reliefs de l'arc de triomphe de Constantin et d'autres moulages de cette importance montrent le point de vue élevé et la grandeur des moyens mis en œuvre pour atteindre le but. On sait par Poussin lui-même comment il fut reçu à Paris, et les difficultés qu'il y rencontra ; le tort du roi, de Richelieu et de M. de Noyers est d'avoir cédé à la tourbe des médiocrités qui se liguèrent contre le grand homme et l'enveloppèrent de ce réseau de contrariétés, d'embarras, de dégoûts, qu'elles seules savent ourdir, parce qu'elles seules savent rencontrer des auxiliaires à tous les abords des pouvoirs faibles et jusque dans l'oreille d'un souverain irrésolu. Le mérite de Poussin est d'avoir maintenu la dignité de l'art. On lui demanda la décoration de la grande galerie du Louvre ; il s'y mit tout entier : peinture, architecture, sculpture, tout se combina dans sa tête à la fois et produisit un ensemble excellent. On voulait lui associer l'architecte du roi, donner une partie des travaux à un sculpteur, et réserver des places pour les paysages du peintre Fouquières ; il repoussa tous ces intrus et maintint l'harmonie de son travail en le faisant seul. On lui commanda des cartons pour les tapisseries des Gobelins. On ne trouve

pas trace dans sa correspondance d'une objection ou d'un regret pour cet emploi de son temps et de ses talents; il se plaint seulement d'être trop pressé et de n'avoir pas assez de loisir pour pousser ces compositions à leur perfection. On voulut qu'il fît la décoration d'un cabinet et les ornements d'une cheminée; il s'y prêta avec autant de bonne grâce et s'acquitta de la tâche avec talent. On avait besoin, dans le nouvel essor donné à l'imprimerie royale du Louvre, de frontispices de livres pour ajouter à la magnificence des impressions le mérite de son talent; il s'appliqua à leur composition, rappelant à lui les souvenirs des beautés étudiées dans l'Italie, sa patrie adoptive, qu'il ne retrouvait pas dans la France : « Hélas! nous sommes ici trop loin du soleil pour y
« pouvoir rencontrer quelque chose de délectable; mais quoi-
« qu'il ne me tombe rien sous les yeux que de hideux, le peu
« du reste des impressions que jadis j'ai reçues des belles
« choses m'a fourni je ne sais quelle idée pour le frontispice
« de l'*Horace* qui peut passer entre les autres petites choses
« que j'ai dessinées. Quand j'aurai le sujet du frontispice du
« livre des *Conciles*, j'y travaillerai. » En même temps, il peignait des tableaux de chapelle et des tableaux d'église, des tableaux pour M. de Noyers et des tableaux pour le premier ministre : « Le cardinal de Richelieu a été satisfait des ou-
« vrages que je lui ai faits; il m'en a fait des compliments et
« m'a remercié en présence de monseigneur Mazarini. » Il répondait également à tous les désirs, n'ayant de l'éloignement que pour la hâte, pour cette *furia francese* qui voulait aujourd'hui ceci, demain cela, et tout au plus vite. « Je travaille
« sans relâche, écrit-il à son protecteur à Rome, tantôt à une
« chose et tantôt à une autre. Je supporterois volontiers ces
« fatigues, si ce n'est qu'il faut que des ouvrages qui deman-
« deroient beaucoup de temps soient expédiés tout d'un trait.
« Je vous jure que si je demeurois longtemps dans ce pays,
« il faudroit que je devinsse un véritable *Strapazone*, comme
« ceux qui y sont. Les études et les bonnes observations
« sur l'antiquité et autres objets n'y sont connues d'aucune

« manière, et qui a de l'inclination à l'étude et à bien faire
« doit certainement s'en éloigner. » Ce jugement, trop sévère
pour être vrai, était inspiré à Poussin par son esprit morose,
par l'absence du beau soleil d'Italie et par la privation de son
indépendance, plus belle encore. En réalité, il y avait déjà
en France un retour très-sensible vers ces études de l'antiquité, et le séjour à Paris du grand peintre contribua à les
animer d'un nouveau feu en leur imprimant leur véritable
direction. Pour n'en donner qu'un exemple dans différents
genres, je citerai Lesueur, Balin, Warin et François Mansart. Poussin aurait-il renié l'influence de son enseignement
sur ce peintre délicieux à qui il servit d'intermédiaire avec
l'Italie? C'est par lui que Lesueur connut le style noble uni à la
grâce et comprit comment on suit son idéal, même en complaisant aux caprices de la foule; comment aussi on peut
sauvegarder la dignité de l'art, même en le mettant au service
des fantaisies les plus vulgaires. Balin n'aurait été peut-être
qu'un simple orfèvre, Jean Warin, qu'un sculpteur ordinaire, si deux années d'entretien avec Poussin ne les eussent
formés au style qui convient le mieux à la sculpture d'orfévrerie et à la sculpture de médailles. A Balin il donna mieux
que des conseils, il lui fit des modèles, et c'est en face
de ces compositions inspirées par les beautés de l'antique,
c'est en forçant le rude métal à s'assouplir sous les conseils
du grand peintre, qu'il devint lui-même un artiste de premier ordre, comprenant son métier comme les anciens
l'avaient pratiqué, comme la Renaissance l'avait cherché, avec
la même élégance, la même pureté, la même ampleur réservée et à propos. Warin, nommé directeur de la monnaie
royale, nouvellement établie avec l'imprimerie au Louvre,
était chargé de graver les coins des monnaies et des médailles;
il retrouva, sous l'impulsion de Poussin, l'art de faire vivre
un profil sur le relief modelé d'une médaille, et, après lui,
il sembla que le génie de l'antiquité s'était retiré de nous.
François Mansart n'avait pas besoin, sans aucun doute, de
Poussin pour être un grand architecte, mais les règles,

remises en vigueur par MM. de Chantelou, étaient si bien dans les idées du grand peintre, qu'il est impossible que l'autorité d'un si beau talent, d'un si grand esprit, n'ait pas eu quelque influence sur cette imagination inquiète, ne fût-ce que pour la calmer et lui donner cette assurance qui fait la force. Or, quand Nicolas Poussin quitta Paris, nous étions ainsi débarrassés de Vouet, de Freminet, nous avions mis de côté cette massive architecture de transition et cette violente sculpture italianisée qui marque la fin du xvie siècle et le règne de Henri IV, nous étions redevenus nous-mêmes en entrant dans la bonne voie : la renaissance du xviie siècle était faite. Mais de même qu'on voit le coup qui porte, sans savoir, sans se soucier même de savoir d'où le coup est parti, de même aussi on a fait honneur à Louis XIV et à Colbert d'une transformation qui appartenait à Louis XIII, à Richelieu, et surtout à Sublet de Noyers. C'est alors que s'ouvrit le règne de Louis XIV. Le jeune souverain, avant d'avoir atteint sa majorité, avait été formé à l'amour des arts, à l'habitude des collections, au goût des constructions, qui devint sa manie, par le premier ministre de la reine, l'Italien Mazarin, qui avait conservé, de son origine, ces mêmes goûts et s'efforçait de les faire envisager par le roi mineur comme un apanage et un devoir de la royauté.

A la mort du premier ministre, Louis XIV, maître absolu, pouvait continuer les errements de son père et de son grand-père, commander à l'un ou à l'autre des bâtiments, des tableaux, des statues, sans méthode, sans suite : il n'eût pas ainsi exercé plus d'influence sur la marche de l'art qu'il n'aurait laissé trace de son passage ; mais il eut le bonheur de rencontrer un administrateur habile, qui lui fit comprendre dans quel désordre était plongée cette importante partie de son gouvernement, et ce roi, aussi impérieux qu'absolu, eut deux mérites à la fois : l'un, de comprendre le plan d'organisation qui lui était proposé ; l'autre, de le suivre résolûment, à fond et jusqu'à ses dernières conséquences. Malheureusement, les tristes temps de la Fronde avaient mis toute liberté en discrédit, et si Colbert avait eu la pensée de la réhabiliter au profit des arts, il n'eût été ni bien reçu par son roi ni bien compris par le public : on avait besoin d'autorité, on en fit abus ; de direction, elle servit à tuer toute indépendance. Quelle fut l'idée de Colbert? Organiser les arts comme toute autre chose. Voyons comment son plan pouvait répondre à la pensée de Louis XIV. Le roi voyait une hiérarchie succéder au désordre, l'autorité à l'anarchie. Il souscrivit donc facilement à la constitution régulière d'une académie de peintres et de sculpteurs dirigeant une école supérieure de dessin, à la fondation d'une académie d'architecture dans laquelle il fit entrer et où il puisa tous ses architectes, à une école établie à Rome pour compléter l'éducation des élèves commencée à Paris ; enfin pour l'industrie, étendue à toute la France et poussée à sa perfection artistique à Paris, il donna son assentiment à l'établissement d'un grand nombre de fabriques, construites ou subventionnées par les fonds de l'État, et à la fondation d'une grande manufacture de meubles et tapisseries, qui devait réunir les artistes les plus habiles en tous genres ; et comme faîte de cet édifice à large base, comme chef de cette nouvelle armée des arts et de l'industrie enrégimentée par la royauté, on choisit le peintre Lebrun, qui comprenait Louis XIV et savait s'en faire comprendre. Ferai-je le tableau de cette époque si mémorable dans l'histoire de l'art français? Parlerai-je de la domination que notre école exerça au-dehors, ou bien me contenterai-je de faire ressortir, comme d'habitude, un ou deux éléments d'appréciation? Et tout d'abord, il est bien convenu qu'on ne crée pas les génies, pas plus qu'on ne les étouffe. Partant de là, je cherche si les arts et l'industrie dûrent leurs progrès dans ce règne à quelqu'un de ces hommes supérieurs qui attirent à eux et galvanisent les générations, ou à quelque découverte, comme la vapeur, qui transforme toutes les conditions de l'industrie ; je ne vois ni génies ni vapeur, mais je discerne une bonne et sage organisation qui me conduit au Val-de-Grâce, à la chapelle de Versailles, dans le cloître des Invalides et dans leur église, devant l'arc de triomphe de la porte Saint-Denis, et qui m'oblige à vanter les grandes qualités de cette architecture; si je cherche dans les statues et dans les tableaux produits à cette époque ce qu'ils ont de bien approprié à leur place, ne pourrai-je pas faire un triste retour sur la peinture et la sculpture dont on a orné depuis, dont on orne encore nos monuments, et, en outre, ne devrai-je pas signaler les batailles de Lebrun, les tableaux de Jouvenet, les portraits de Rigaud et de Largillière, les statues de Coysevox et des Coustou, comme des productions qui ne dépareront jamais le musée de l'école française? Si, parcourant les appartements de Versailles et des Tuileries, je suis attentivement l'ornementation intérieure, depuis les boiseries dorées jusqu'aux peintures des plafonds, depuis les marbres jusqu'aux bronzes, depuis les tapisseries jusqu'aux meubles, ne serai-je pas autorisé à réclamer des éloges sans réserve pour cette heureuse entente du peintre Lebrun avec les architectes Mansart et Levau, avec les sculpteurs Anguier et Girardon, avec les orfèvres Balin et Germain, pour cette bienfaisante soumission d'une foule d'artistes de talent, employés en second ordre, pour l'association intime et le bon accord de tous les arts de la décoration et de l'ameublement, qui font concorder chaque partie et produisent une douce et majestueuse harmonie? Si, enfin, me reportant à cette époque, je vois affluer une cour brillante dans ces magnifiques appartements, comme dans un riche musée, n'ai-je pas le droit d'être sans inquiétude quand l'amour du faste, le goût du luxe et les devoirs qu'imposent rang et fortune poussent ces jeunes seigneurs à imiter leur maître? Car je sais que le modèle est bon et que les artistes n'en seront pas détournés pour satisfaire aux exigences de caprices individuels.

L'influence à la cour et autour de la cour fut donc heureuse en raison même de cette domination absolue et de l'organisation des arts; elle fut en outre de longue portée, car ce n'était pas assez de ces grands exemples donnés par de vastes monuments dont l'étonnante magnificence était rehaussée par une grande recherche d'exécution; ce n'était pas assez de l'extension de cette noble architecture aux habitations privées, à ces grands hôtels dont l'ampleur, les faciles abords, les entrées magnifiques, les escaliers monumentaux, laissaient cependant place à toutes les aises de la vie, il fallut encore propager au loin ces excellents modèles, et les architectes habiles qui, comme Jean Marot, étaient en même temps des graveurs de talent, se chargèrent de ce soin. L'œuvre de ce maître restera toujours, non pas comme un modèle à suivre, il est ailleurs, mais comme un précieux témoignage de la solidité des études et de l'application ingénieuse des ressources de l'art antique à l'ensemble de nos besoins.

Une des plus précieuses ressources, un des ressorts de ce grand mouvement imprimé aux arts, fut l'accroissement prodigieux de la collection de tableaux et sculptures du roi. A la mort de Louis XIII, on aurait pu trouver environ 250 tableaux disséminés dans les petits appartements du Louvre et les résidences royales; pendant la minorité, et au milieu des troubles politiques, la royauté céda le pas aux grands collectionneurs d'objets d'art, et tandis qu'on n'achetait rien pour le roi, le cardinal Mazarin, Jabach et Brienne, pour ne nommer que les plus ardents, avaient accaparé en Italie, en Belgique et surtout en Angleterre, lors de la vente des tableaux de Charles Ier, tout ce qui s'offrait de véritablement remarquable. Ces collections particulières étaient admirables. A la mort de Mazarin, pendant la folie de Brienne et au moment des mauvaises affaires de Jabach, Louis XIV, aidé par Colbert, ou Colbert, autorisé par Louis XIV, songea à faire profiter la royauté de sa stabilité en présence de l'instabilité individuelle, à faire ainsi que le roi, en objets d'art comme en palais et en résidences, fût plus magnifique que sa cour, plus riche que de simples particuliers. Il s'agissait, il est vrai, uniquement du lustre de la couronne et de l'ameublement fastueux des palais royaux. On voit dans les correspondances des ambassadeurs près les cours étrangères, et dans celles des agents entretenus en tous pays par Colbert, que leur préoccupation est bien moins d'acheter ce que recommande un mérite d'art favorable aux études, ou de compléter les œuvres d'un maître, ou de combler une lacune dans une école, que d'acquérir ce qui convient par sa beauté hors ligne et ses dimensions à la décoration des appartements et parcs royaux. « La *Cène* de Paul Véronèse, » écrit en 1663 l'ambassadeur à Venise, évêque de Béziers, « est propre à « mettre dans une salle ou salon à faire les fonctions royales. » Le duc de Villars, ambassadeur à la cour d'Espagne, mande de Madrid, en 1672 : « MM. Blanchart et Cuzat ne veulent « rien avoir icy qui ne se puisse égaler aux plus belles choses « qu'ayt le roy, et ils n'ont trouvé de digne d'entrer dans les « cabinets de S. M. que 24 ou 25 tableaux. » Le duc de Créquy écrit de Rome en 1664 qu'il va faire l'acquisition pour le roi du Taureau Farnèse, « mais c'est une masse si « haute, si vaste, chargée de tant de figures qu'il n'y a pas « apparence qu'on la puisse charger sur un vaisseau ni mettre « en place dans les parcs royaux. » Cet embellissement des résidences royales était donc à peu près étranger à l'idée de collection ou de musée public; mais, par cette voie détournée, la royauté agissait peut-être plus utilement sur le goût général, et c'est aussi pourquoi elle se faisait de ce luxe un devoir et comme un point d'honneur. Les peintres de la Renaissance, ainsi que ceux du moyen âge, avaient été appelés et entretenus à la cour dans cette seule intention, et on lit encore, en 1639, dans les lettres par lesquelles Louis XIII nomme Poussin l'un de ses peintres ordinaires : « Désirant, à l'imita-« tion de nos prédécesseurs, contribuer autant qu'il nous sera « possible à l'ornement et décoration de nos maisons royales, « en appelant auprès de nous ceux qui excellent dans les « arts et dont la suffisance se fait remarquer dans les lieux « où ils semblent les plus chéris, nous vous faisons cette « lettre pour vous dire que nous vous avons choisi et retenu « pour l'un de nos peintres ordinaires, et que nous voulons « dorénavant vous employer en cette qualité. » C'est que le roi était l'État et non pas le chef politique des Français; les domaines de la couronne ne formaient pas encore le domaine de la nation et la propriété de tous les citoyens. Il n'entrait ni dans les idées, ni dans les mœurs, ni surtout dans les besoins, de réclamer la part du public dans la jouissance de ces trésors ; mais bientôt, et déjà vers 1680, le bien-être et les progrès de l'éducation augmentant, le goût du public se perfectionnant, le nombre des artistes croissant, et les besoins de leurs études exigeant la communication facile des meilleurs modèles, on comprit l'utilité que pouvait avoir l'accès libre dans la collection des tableaux du roi, et comme trente ans auparavant, le cardinal Mazarin avait ouvert libéralement sa bibliothèque à tous les savants, Louis XIV ouvrit, avec sa magnificence habituelle, un musée à tous les artistes.

On ne doit pas oublier que l'académie de peinture et de sculpture était une création royale en opposition aux usages établis, un acte d'autorité par lequel la royauté affranchissait les artistes de la prétendue tyrannie exercée sur eux par la corporation. Quoi de plus naturel que le roi prît intérêt aux développements que cette nouvelle institution donnait aux études des élèves, et s'associât à l'opinion publique dans une voie ouverte par lui-même! L'initiative de l'entrée publique dans la collection royale peut appartenir à Lebrun, alors directeur de l'académie, mais il doit en partager le mérite avec le roi, car c'est parce que cette innovation entrait dans les intentions du prince que son premier peintre obtint aussi facilement un magnifique local au Louvre pour y disposer les tableaux provenant de ce qu'on appelle le Cabinet du roi.

Qu'on me permette ici une petite digression philologique qui ne m'écartera pas tellement de mon sujet que je n'y puisse rentrer facilement. Le mot de *cabinet*, qui désignait, au milieu du xviie siècle, la plus privée des petites chambres d'un appartement, témoin l'usage qu'Alceste prétend faire du sonnet d'Oronte, s'appliquait aussi aux chambres qui formaient les petits appartements, auprès ou au-dessous des grands; ceux-ci, tout entiers réservés à l'apparat, étaient décorés par l'architecte ou tendus de tapisseries. Si le peintre intervenait, c'était en traçant ses compositions sur les plafonds, les lambris et les places réservées exprès dans la décoration; mais les tableaux qu'on accroche et qu'on déplace à volonté n'y avaient pas entrée, à l'exception toutefois des grands tableaux que l'architecte avait compris dans l'ornementation générale et rivés à poste fixe et d'un ou deux cadres de sainteté placés dans l'alcôve de la chambre à coucher. Quant aux tableaux-meubles, on les réservait pour les *cabinets*, c'est-à-dire pour certaines chambres des petits appartements consacrées à l'étude, à la retraite, à la lecture, et dans lesquelles s'étalaient de petites collections; le cabinet des médailles, ceux des estampes, des laques du Japon, des porcelaines de Sèvres, sont venus de là, et ont pu conserver leur nom en changeant de local et de destination, parce que la nature même des objets s'associe à l'idée exiguë de cabinet; ainsi s'explique cette expression si souvent employée dans les correspondances des agents de Colbert : « Tel tableau est digne de figurer dans les cabi« nets de Sa Majesté; » ainsi doit se comprendre ce passage d'une lettre de Mazarin à Colbert : « Je vous prie de prendre « garde que la folle (la reine Christine) n'entre pas dans mes « cabinets, car on pourroit prendre de mes petits tableaux. » L'usage, cet insidieux corrupteur de la langue, a transformé les tableaux des cabinets du roi en tableaux du cabinet du roi, sans songer que près de trois mille cadres, disséminés commodément dans les mille cabinets des résidences royales, auraient été mal à l'aise dans un seul cabinet; mais l'usage a été plus fort que la raison. Revenons, après ce détour pédantesque, à l'ouverture publique de la collection royale. Sept salles du Louvre, dans le corps de bâtiment du bord de l'eau, et quatre autres salles dans l'hôtel de Grammont avoisinant furent disposées magnifiquement pour recevoir environ deux mille cinq cents tableaux, dont dix de Léonard de Vinci, seize de Raphaël, cinq de Jules Romain, huit du Giorgione, vingt-trois du Titien, dix-huit de Paul Véronèse, dix-sept de Poussin, et le reste à l'avenant. Telle était en effet la collection royale que, sans y être obligé par les parlements, sans y mettre de parade fastueuse ou de recherche de popularité, Louis XIV mit à la disposition des amateurs et des artistes. Il se réservait le droit d'y puiser les tableaux qu'il voulait avoir sous les yeux dans ses appartements, mais il n'en abusa pas, et, en réalité, c'était bien un musée désormais public. Qu'on ne se méprenne pas toutefois, c'était une publicité réservée. Ni les bonnes d'enfants du xviie siècle, ni les soldats de la garnison de Paris, pas même les gardes françaises, n'auraient tiré la moindre utilité de la vue de ces tableaux accrochés les uns à côté des autres. Le peuple d'alors avait l'amour des arts et les sentait mieux qu'on ne fait de nos jours, parce que son goût n'avait pas été faussé par les mauvais pastiches qu'on a déroulés sous ses yeux depuis cinquante ans; il les comprenait aussi autrement : l'objet d'art isolé, œuvre abstraite, sujet d'étude et de discussion, lui aurait fait l'effet de ces momies qu'on rapporte d'Égypte, qu'il regarde avec curiosité et qu'il oublie quand sa curiosité est satisfaite; l'art, pour lui, consistait dans une application monumentale de ses beautés et de ses splendeurs; il ne savait pas encore distraire la beauté de l'utilité, de la convenance et de l'à-propos. Un groupe d'amateurs et un petit nombre d'artistes avaient étendu plus loin le goût des arts; les uns voulaient disserter sur les écoles et les maîtres, les autres étudier les procédés et les manières de leurs devanciers : aussi la réunion dans un seul local de la collection royale, désormais livrée à l'étude, ajoutait immensément aux facilités que les propriétaires de riches galeries accordaient déjà à leurs protégés et complétait l'ensemble des mesures prises pour développer les progrès des arts.

Une seule chose a manqué à cette forte et habile organisation, ce quelque chose qui est la lumière dans le phare, le ressort au milieu des rouages, et qui dans les arts s'appelle la liberté, cette part d'indépendance qui crée l'originalité, qui permet la variété dans la règle et encourage l'inattendu dans le conventionnel : aussi que regrette-t-on dans les productions de ce grand règne? un certain jeu de physionomie; on y voit la majesté et ses attributs, la grandeur, la richesse, l'ampleur, on y désirerait un peu de relâche, et sinon le déshabillé, le négligé, ce serait trop, au moins la petite tenue, le naturel et l'aisance, quelque chose enfin de ce que nos voisins des Pays-Bas avaient en surabondance. En effet, je regrette des deux côtés, ici trop d'autorité et de règle, là trop peu. Rubens et Vandyck en Flandre, Rembrandt et Van der Helst en Hollande, ouvrent deux écoles qui produisent en cinquante années (1625-1675) un prodigieux concours de talents dans tous les genres secondaires. Est-ce à la liberté qu'on doit cet essor? est-ce à l'absence de protection royale qu'on peut attribuer l'abaissement, l'avilissement de tant et de si précieuses qualités? On varie d'opinion, la mienne n'est pas douteuse : ma conviction est que les Pays-Bas, gouvernés par un Médicis, un François Ier ou même un Louis XIV (en supposant quelque relâche à son despotisme), n'auraient étouffé aucune des rares qualités de cette génération surprenante de peintres de talent, et les auraient dirigées toutes dans des voies aussi supérieures à celles qu'ils ont suivies qu'il y a de distance du cabaret au ciel ou à l'Olympe.

Ceci nous conduit à l'examen de deux questions importantes : 1° Dans quelle position était l'enseignement de l'art lorsque Louis XIV reconstitua l'académie de peinture? 2° Dans quelle situation était l'industrie lorsqu'il fonda la grande manufacture de meubles? J'évite les considérations générales, qui sont très-commodes, mais médiocrement concluantes; je laisse aussi de côté les influences secondaires, je m'en tiens autant que possible aux impulsions décisives. Les corporations, renouvelées de temps à autre, suivant l'esprit du temps, étaient dans leur force entière au commencement du dix-septième siècle. Nul ne pouvait peindre, sculpter, ni bâtir, s'il n'appartenait à une corporation, s'il n'en acceptait les charges, n'en suivait les statuts et ne reconnaissait les obligations de la camaraderie, qui confondaient ensemble tous les genres de peinture et de sculpture, depuis les plus infimes ouvrages jusqu'aux productions les plus éclatantes, depuis les doreurs, étoffeurs, marbriers, etc., jusqu'aux premiers peintres et sculpteurs. Rien cependant dans ces obligations et dans cette confusion, il faut le reconnaître, n'eût été contraire à l'exercice des arts, si l'habitude de s'y soustraire, si l'ambition de se créer une situation exceptionnelle n'avaient été encouragées de longue date par nos rois et la noblesse. Ce fut dans l'origine, comme nous l'avons vu, une protection accordée au vrai talent; c'était devenu une faveur arrachée par l'intrigue, et tellement multipliée, qu'elle cessait d'avoir du prix. Le roi avait douze ou quinze peintres en titre d'office, la reine autant, et non pas des meilleurs : aussi, tandis que ces gens de peu de valeur affichaient leur titre, le véritable artiste, qui lui aussi pouvait désirer secouer les entraves de la corporation, se sentant humilié de solliciter une exception qui n'était plus accordée au talent, que la médiocrité briguait, que l'intrigue obtenait, restait dans la condition inférieure imposée par les statuts.

Cette situation était pénible. Les exceptions créées arbitrairement lésaient autant les intérêts de l'art que ceux de la corporation des peintres, qui continuait à être reconnue. Cette association avait conservé la bonne habitude d'animer d'un même esprit de dévouement aux arts les artistes d'un talent supérieur et les ouvriers les plus ordinaires : ainsi comme dans une armée bien organisée un même esprit militaire conduit au feu officiers et soldats, ceux-là partis d'en bas et parvenus aux plus hauts grades, ceux-ci enflammés du désir de parvenir, car le plus jeune conscrit sait qu'il porte dans sa giberne le bâton de maréchal; mais l'association avait le tort de laisser avilir l'enseignement à un degré d'infériorité qui faisait tache au milieu des progrès obtenus partout, elle se contentait de tenir la main à l'observation des règlements, et de n'autoriser l'exercice de l'art par les jeunes gens qu'après avoir exigé d'eux des épreuves salutaires. Il est évident qu'on aurait pu dès lors diviser la corporation en deux sections et introduire en faveur de la section supérieure des améliorations dans l'enseignement, une plus grande liberté dans l'exercice de l'art, en un mot, ouvrir une large voie aux progrès. De sages esprits, tels que Mignard, étaient de cet avis;

des esprits avides de domination, tels que Lebrun, poussèrent à la formation d'un nouveau corps, à la création de l'académie. Le roi, ou en son nom la reine régente et le cardinal, n'avaient encore rien décidé lorsque la corporation des peintres et sculpteurs porta sa plainte au parlement. Elle demandait fort modestement qu'il fût ordonné que le nombre des peintres dits de la maison du roi fût réduit à quatre ou à six tout au plus, et que ce même nombre ne pût être excédé par ceux qui se qualifiaient peintres de la reine, enfin que ses statuts fussent observés. Le parlement, dans sa séance du mois d'août 1646, lui donna gain de cause, et n'excepta pas même les peintres logés dans les galeries du Louvre. Au reste, tout ce désordre dans l'organisation des arts se ressentait du désordre qui régnait alors dans la société. Un gouvernement fort aurait reconstitué la corporation des peintres; Anne d'Autriche, conduite par Mazarin, qui connaissait mieux l'organisation des académies de Rome et de Florence que l'esprit des corporations françaises, se décida, en janvier 1648, pour la création de l'académie de peinture et de sculpture, en faisant au nom du roi « très-« expresses inhibitions et défenses aux maîtres et jurés, peintres « et sculpteurs, de donner aucun trouble et empêchement aux « peintres et sculpteurs de l'académie, soit par visites, saisie « de leurs ouvrages, confiscations, soit en les voulant obliger « à se faire passer maîtres, ni autrement, en quelque sorte « et manière que ce pourroit être, à peine de deux mille livres « d'amende. Et afin que les arts de peinture et de sculpture « pussent être exercés plus noblement, Sa Majesté ordonnoit « que tous peintres et sculpteurs, tant françois qu'étrangers, « comme aussi ceux qui, ayant été reçus maîtres, s'étoient « volontairement départis ou se voudroient à l'avenir séquestrer « dudit corps de métier, seroient admis à ladite académie sans « aucuns frais, s'ils en étoient jugés capables par les douze « anciens d'icelle. » Et, par un trait de justice distributive qui devait servir à montrer l'exacte équité du législateur, même arrêt fait réciproquement défense, « sous semblables peines, « aux peintres et sculpteurs de l'académie de donner aucun

« trouble ni empêchement aux maîtres et jurés peintres et
« sculpteurs. »

Treize articles composaient la charte de constitution de
la nouvelle académie, et les douze artistes que je vais citer,
ses membres fondateurs : MM. Lebrun, Errard, Bourdon,
de la Hire, Sarrazin, Corneille, Perrier, Beaubrun, Lesueur,
Juste d'Egmont, Van Opsal et Guillain.

L'Académie française, établie par Richelieu en 1634,
avait pour ancêtres et pour précédents d'autres réunions littéraires auxquelles avait manqué, pour durer, ce titre d'institution de l'État et une assistance pécuniaire qui lui donnèrent dès
l'abord son caractère officiel et une garantie d'existence. Il
manqua la seconde de ces conditions à l'académie de peinture et de sculpture, car, tandis qu'elle était combattue par la
corporation des peintres, qui introduisait dans ses statuts et
dans son enseignement toutes les améliorations qu'elle prétendait innover, l'argent lui manquait pour satisfaire à ses
premières nécessités, pour payer un petit logement, et pour
rétribuer deux modèles qui faisaient alternativement les fonctions d'Antinoüs et de portier. Elle avait bien dans son sein
des artistes supérieurs, mais il s'en rencontrait dans la corporation d'aussi distingués, et quoi qu'elle fît pour humilier son
adversaire, comme de décider que « tout membre du corps
« académique, sous peine d'en être exclu, s'abstiendroit de
« tenir boutique ouverte pour y étaler ses ouvrages, de les
« exposer aux fenêtres ou autres endroits extérieurs du lieu de
« sa demeure, ou d'y apposer aucune enseigne ni inscription
« pour en indiquer la vente, et de ne rien faire enfin qui pût
« donner lieu à confondre l'état honorable d'académicien avec
« l'état mécanique et mercenaire des maîtres de la commu-
« nauté »; cependant l'enseignement d'après le modèle, les
leçons de perspective, d'anatomie et de géométrie, s'organisaient dans l'institution rivale, aussi bien et avec plus de solidité pécuniaire que dans la sienne; on y établit même un
prix d'honneur, et bientôt, tandis que l'école de la corporation prospérait, celle de l'académie était déserte.

Ce malaise et ces tiraillements rendirent évident pour tous, et pour l'académie elle-même, ce qu'on eût dû prévoir dès l'abord, la nécessité d'une fusion, d'une entente de l'ancienne corporation ou maîtrise avec la nouvelle corporation ou académie. Cette fusion eut lieu au mois de juin 1651, et un vaste local, la maison Sainte-Catherine, logea les deux associations, réunies désormais d'après les mêmes statuts, comme leur enseignement se poursuivait dans une même salle et dans un même concours. On doit attribuer à cette résistance de la corporation, à la force de ces vieilles habitudes, l'esprit de liberté et de facile camaraderie qui entra dès l'origine dans la nouvelle institution et lui donna la forme et les allures des anciennes corporations, bien plutôt que la constitution d'une académie comme celle qui siége aujourd'hui à l'Institut. Le nombre des membres n'avait pas de limites; le témoignage de deux académiciens et l'envoi d'un ouvrage suffisaient pour se présenter à l'académie, qui accordait, au scrutin secret, ou refusait le titre d'agréé : c'était le premier degré d'admission. Pour concéder le degré suivant, elle donnait à l'agréé le sujet d'un tableau ou d'une figure sculptée qu'il exécutait en présence d'une commission de deux membres. L'œuvre achevée, souvenir du chef-d'œuvre des maîtrises, elle était soumise à l'académie, qui votait l'admission ou le rejet de l'agréé. On n'était reconnu peintre ou sculpteur indépendant, c'est-à-dire affranchi des obligations imposées par le corps de métiers aux artistes moins habiles, qu'après avoir été nommé de l'académie. Les enfants des membres avaient droit d'étudier dans la classe de dessin d'après le modèle, et ils jouissaient de quelques autres prérogatives qui les acheminaient à une facile réception; c'était en un mot l'ancienne corporation, quant à la constitution, mais c'était une institution nouvelle en ce qu'elle scindait, sans grande utilité, les artistes dévoués à l'art proprement dit et les artistes qui l'appliquaient. Je dis qu'elle les scindait, je parlerais plus exactement en disant qu'elle tendait à les scinder, car, de même que les statuts de l'ancienne corporation étaient entrés dans la constitution de la nouvelle académie, comme les assiégeants entrent dans la place ennemie, de même aussi son esprit s'y était introduit et couvrait encore d'une efficace protection ce mélange salutaire de l'art et de l'industrie. Ainsi les artistes peintres et sculpteurs qui n'étaient pas de l'académie s'en approchaient suivant le degré de leur talent, tous travaillant avec ardeur pour parvenir à se faire agréer et recevoir, tous associés dans les mêmes travaux avec leurs camarades les académiciens nouvellement élus, et n'en étant réellement distincts que par le droit d'exposer au Louvre. Les académiciens s'étaient réservé leur local ; les peintres du corps des métiers n'avaient à leur disposition que la devanture de leur boutique et la place Dauphine, où ils exposaient, à l'octave de la Fête-Dieu, en plein vent, et pendant deux heures seulement.

D'excellentes choses, qui ne se seraient faites qu'avec le temps par la corporation, furent mises en pratique immédiatement par l'académie, surtout à partir du moment où, placée sous le protectorat du cardinal Mazarin, en 1655, elle fut installée dans les bâtiments du Louvre. Aux classes de dessin à différents degrés on joignit des leçons de perspective et d'anatomie. Dans les séances de l'académie, on ouvrit, sur des sujets dignes d'intérêt, des discussions qui étendirent l'intelligence et la portée d'esprit de ses membres. Louis XIV, par un arrêt enregistré au parlement en 1662, accorda une indemnité fixe de 120 livres aux académiciens qui remplissaient des charges d'officiers, c'est-à-dire au directeur, au chancelier, aux quatre recteurs, aux douze professeurs en titre et aux huit professeurs adjoints, une somme de 600 livres pour les modèles de l'école, et un fonds de 400 livres réservé pour être distribué en prix aux élèves. Le premier prix, dit prix annuel ou royal, pouvait être disputé par les académiciens ; le second prix était réservé aux jeunes artistes qui ne faisaient pas encore partie du corps. Sous l'influence de cette nouvelle académie fut fondée aussi une institution marquée au cachet de l'intelligence des besoins présents et de l'avenir : c'est l'école de Rome. Mazarin en avait eu l'idée pendant son ministère ;

il la légua à Colbert, qui, après avoir accordé déjà plusieurs fois à des jeunes gens de talent, comme l'avaient fait avant lui Richelieu, de Noyers et Séguier, les moyens d'aller étudier à Rome les plus beaux chefs-d'œuvre dans les meilleures conditions de tranquillité studieuse et sous un climat inspirateur, engagea le roi à fonder un établissement stable, où l'académie pourrait placer les jeunes gens dont elle aurait éprouvé le talent et qui mériteraient d'être encouragés dans leurs études. Le roi approuva ces idées si sages, et Charles Errard, le premier directeur, partit pour Rome le 6 mars 1666 et alla s'établir au palais Capranica avec les douze élèves que l'académie avait désignés au roi comme étant *en état de profiter en l'étude des arts en Italie.* Enfin, en 1670, on organisa la première exposition, exclusivement réservée aux ouvrages des membres de l'académie; et qu'on ne s'étonne pas de cette restriction, elle ne frappait que des gens dépourvus de tout mérite : l'académie comprenait alors tous les peintres et sculpteurs, ceux même d'une capacité médiocre, et un arrêt du roi, du 8 février 1663, avait même enjoint à une trentaine d'artistes de talent d'entrer dans le corps académique, quelque répugnance qu'ils eussent à s'y incorporer. C'était donc un bien que cette organisation, née des traditions du pays, et qui satisfaisait aux besoins du temps, qui formait un centre de doctrine et un privilége d'enseignement d'après les meilleures méthodes; mais c'était en même temps un bouleversement dans toutes les industries qui confinaient aux arts, et le gouvernement de la France ne pouvait fermer les yeux sur un intérêt aussi grave.

Colbert n'était pas homme à mener le char de l'État une roue dans le bon chemin et l'autre dans l'ornière; né dans l'industrie, il pénétra d'un œil sûr la lacune que venait d'y produire la création de l'académie. Il voulut à son tour relever l'industrie et compenser, par tous les moyens dont disposait alors l'État, le grand coup que lui portait une scission qu'il eût fallu empêcher. La faute était commise : l'esprit du temps en était aussi coupable que la débonnaireté de la royauté ; restait à trouver le moyen, sinon de confondre comme autrefois, au moins de rapprocher dans une action collective diverses capacités concourant au même but. Nous avons vu que nos rois avaient compris dans une même protection les arts et l'industrie, en ne faisant aucune distinction entre les choses, entre les hommes; accordant les mêmes faveurs aux peintres, lorsqu'ils peignaient leurs portraits et leurs tapisseries, les murs de leurs chapelles et les dossiers de leurs fauteuils, les miniatures de leurs heures et les patrons de leurs costumes; aux sculpteurs et aux orfèvres, lorsqu'ils produisaient les statues des saints pour l'église et les pièces d'orfévrerie pour leurs dressoirs; aux brodeurs, aux tapissiers, aux armuriers, qui portaient les mêmes titres et recevaient les mêmes appointements que les peintres et les sculpteurs. Toute cette troupe ingénieuse composait, dans le palais du roi, l'atelier le plus complet de l'art appliqué aux besoins de luxe et de bien-être du plus riche comme du plus élégant seigneur du royaume. En cela Colbert n'innova pas, c'est son mérite; il organisa seulement, sur un grand pied et avec un ordre parfait, ce qui s'était fait irrégulièrement, par boutades, suivant les caprices et les nécessités du moment. Il proposa au roi de réunir dans un même local, sous sa surintendance administrative, mais sous la direction de l'artiste le plus éminent, les peintres, les sculpteurs, les tapissiers, les orfèvres et tous les gens de talent que le roi faisait travailler pour l'embellissement de ses résidences, et qui étaient disséminés au Louvre et dans le jardin des Tuileries, au faubourg Saint-Germain et aux Gobelins. Le lieu choisi pour concentrer cette grande manufacture des meubles de la couronne fut l'hôtel des Gobelins, qui s'étendait, avec ses jardins, prés et dépendances, le long de la Bièvre. Le domaine avait été acheté dans ce but en 1662, et depuis lors on y avait organisé petit à petit tous les services. En 1667, l'établissement formait déjà un ensemble compliqué auquel il manquait une constitution et des règlements. Ils lui furent donnés, et j'en extrairai quelques passages pour faire connaître l'esprit général qui présidait à cette fondation : « Le roy

« Henry le Grand, notre ayeul, se voyant au milieu de la paix,
« estima n'en pouvoir mieux faire gouster les fruits à ses peuples
« qu'en rétablissant le commerce et les manufactures, que les
« guerres étrangères et civiles avoient presque abolis dans le
« royaume, et pour l'exécution de son dessein, il auroit, par
« son édit du mois de janvier 1607, établi la manufacture de
« toutes sortes de tapisseries, tant dans notre bonne ville de
« Paris qu'en toutes les autres villes qui s'y trouveroient pro-
« pres, et préposé à l'établissement et direction d'icelle les
« sieurs de Comans et de la Planche, ausquels, par le même
« édit, l'on auroit accordé plusieurs priviléges et avantages.
« Mais comme ces projets se dissipent promptement s'ils ne
« sont entretenus avec beaucoup de soin et d'application et
« soutenus avec dépense, aussi les premiers établissements
« qui furent faits ayant été négligés et interrompus pendant
« la licence d'une longue guerre, l'affection que nous avons
« pour rendre le commerce et les manufactures florissantes
« dans nostre royaume nous a fait donner nos premiers soins,
« après la conclusion de la paix générale, pour les rétablir et
« pour rendre les établissements plus immuables en leur
« fixant un lieu commode et certain, nous aurions fait ac-
« quérir de nos deniers l'hostel des Gobelins et plusieurs mai-
« sons adjacentes, fait rechercher les peintres de la plus grande
« réputation, des tapissiers, des sculpteurs, orphèvres, ébé-
« nistes et autres ouvriers plus habiles en toutes sortes d'arts
« et métiers, que nous y aurions logés, donné des apparte-
« mens à chacun d'eux et accordé des priviléges et advantages;
« mais d'autant que ces ouvriers augmentent chaque jour, que
« les ouvriers les plus excellens dans toutes sortes de manu-
« factures, conviés par les graces que nous leur faisons, y vien-
« nent donner des marques de leur industrie, et que les ou-
« vrages qui s'y font surpassent notablement en art et en beauté
« ce qui vient de plus exquis des pays étrangers, aussi nous
« avons estimé qu'il estoit nécessaire, pour l'affermissement
« de ces établissemens, de leur donner une forme constante
« et perpétuelle et les pourvoir d'un règlement convenable à

« cet effet. A CES CAUSES et autres considérations à ce nous
« mouvans, de l'advis de nostre conseil d'État, qui a vu l'édit
« du mois de janvier 1607 et autres déclarations et règle-
« mens rendus en conséquence et de nostre certaine science,
« pleine puissance et authorité royale, nous avons dict, statué
« et ordonné, disons, statuons et ordonnons ainsi qu'il en
« suit :

« 1.° C'est à sçavoir que la manufacture des tapisseries et
« autres ouvrages demeurera establie dans l'hostel appelé des
« Gobelins, maisons et lieux et deppendances à nous appar-
« tenant, sur la principale porte duquel hostel sera posé un
« marbre au-dessus de nos armes dans lequel sera inscript :
« *Manufacture royale des meubles de la couronne.*

« 2° Seront les manufactures et deppendances d'icelles ré-
« gies et administrées par les ordres de nostre amé et féal con-
« seiller ordinaire en nos conseils, le sieur Colbert, surinten-
« dant de nos bastimens, arts et manufactures de France et
« ses successeurs en ladite charge.

« 3° La conduite particulière des manufactures appartiendra
« au sieur Lebrun, nostre premier peintre, soubs le titre de
« directeur, suivant les lettres que nous luy avons accordées le
« 8 mars 1663.

« 4° Le surintendant de nos bastimens et le directeur soubs
« luy tiendront la manufacture remplie de bons peintres, mais-
« tres tapissiers de haute lisse, orphèvres, fondeurs, graveurs,
« lapidaires, menuisiers en ébène et en bois, teinturiers et
« autres bons ouvriers, en toutes sortes d'arts et mestiers qui
« sont établis et que le surintendant de nos bastimens tiendra
« nécessaire d'y establir.

« Données à Paris, au mois de novembre 1667 et de nostre
« règne le vingt-cinq.

« *(Signé)* LOUIS. »

Ce qui frappe dans ces statuts, c'est la marche prévoyante,
l'esprit libéral et le sentiment de devoir royal qui président

à cette fondation : le roi veut relever l'industrie ; il ne pense pas qu'un autre puisse le faire, car il sait les sacrifices qu'il s'impose, il sait aussi le degré de perfection que ces ouvriers peuvent atteindre, lorsqu'ils sont choisis parmi les meilleurs et dirigés par les artistes les plus habiles : c'est donc dans l'intérêt du pays, et pour servir aussi au lustre de sa couronne, qu'il établit sur de si vastes bases la manufacture royale des meubles.

Qu'entendait-on alors par meubles? On s'en tenait à la signification primitive du mot. Meuble s'appliquait à tout ce qui sert à l'ornementation et à la garniture intérieure de l'immeuble qui est l'habitation : pour les murs, les tapisseries à personnages, connues depuis lors sous le nom de tapisseries des Gobelins, et les boiseries sculptées avec les peintures qui s'y encastraient ; pour les parquets, les grands tapis velus, dits *sarrasinois* ou *de Turquie*, qu'on exécutait à la Savonnerie, sur le bord de la Seine (cet établissement dépendit désormais des Gobelins); pour l'éclairage, les lustres et candélabres en bronze doré, avec additions de cristal de roche ; pour la table, la riche argenterie avec ses surtouts magnifiques ; pour l'ameublement, les fauteuils et chaises en bois sculpté et doré, recouverts de charmantes tapisseries ou d'étoffes richement brodées, les cabinets d'ébène, d'écaille ou de bois précieux ornés d'incrustations, les torchères magnifiques, les tables de riches matières rehaussées de pierres dures incrustées.

Quand vous avez récapitulé tout ce qui se faisait dans cette manufacture royale, vous êtes bien près de vous demander ce qui ne s'y faisait pas, surtout lorsque vous savez que le directeur Lebrun, avec une fécondité merveilleuse, donnait des dessins et des projets pour tout ; que trente peintres, soumis à ses ordres et pliés à ses volontés, exécutaient chacun avec son talent particulier, mais en se soumettant à la pensée dominante, la partie qui leur était confiée, car le directeur de la manufacture, suivant en cela les vieilles traditions, ne considérait les individualités que comme les parties d'un tout, et n'acceptait le concours qu'à la condition d'une abnégation complète, éten-

dant ses exigences jusqu'aux statues qui décoraient l'architecture extérieure et les jardins, statues dont il donnait les compositions. C'est ainsi qu'il ne reculait pas devant l'association de cinq et six peintres pour mettre des animaux, des figures, des fleurs et de l'architecture dans un patron de tapisserie; c'est ainsi que l'artiste qui avait conçu la forme d'un meuble, d'un candélabre ou d'une pièce d'argenterie, devenait à ses yeux l'homme le plus capable d'en suivre l'exécution et de diriger les ouvriers jusqu'au parfait achèvement. Sachant soumettre les prétentions, utiliser les aptitudes et associer les efforts, il est coupable d'avoir opprimé l'originalité; on lui reproche sa tyrannie, et cependant, quand on examine d'un côté l'ensemble de Versailles, et que l'on considère de l'autre côté le dépenaillement de nos créations modernes, on sent que ces vieilles traditions sont les bonnes, et qu'elles profitent autant aux monuments qu'elles créent tout d'une pièce, aux palais qu'elles meublent avec ensemble, qu'aux jeunes artistes qui s'y forment, en faisant momentanément abnégation de leur initiative. Mais laissons parler un témoin, le *Mercure de France* de cette époque : « On ne doit pas regarder M. Ch. Lebrun, en
« cette occasion, comme peintre seulement : il avoit un génie
« vaste et propre à tout; il étoit inventif; il savoit beaucoup, et
« son goût étant général, ainsi que son savoir, il tailloit en une
« heure de temps de la besogne à un nombre infini de différents
« ouvriers. Il donnoit des desseins à tous les sculpteurs du roy.
« Tous les orfèvres en recevoient de lui : ces candélabres, ces
« torchères, ces lustres et ces grands bassins ornés de bas-reliefs
« qui représentoient l'histoire du roy, n'estoient que sur ses
« desseins et sur les modèles qu'il en faisoit faire; il donnoit
« en un mesme temps des desseins pour tendre des apparte-
« ments entiers. Pendant que tant d'ouvriers travailloient sur
« ses desseins, il y en avoit une infinité qui n'estoient occupés
« que par ceux qu'il avoit donnés pour des tapisseries; il a fait
« ceux de la bataille et du triomphe de Constantin, ceux de
« l'histoire du roy et de celle d'Alexandre, des maisons royales,
« des saisons, des éléments et plusieurs autres; enfin l'on peut

« dire qu'il faisoit tous les jours remuer des milliers de bras,
« et que son génie estoit universel. Quoique je vous aye
« nommé beaucoup de ses ouvrages, j'ai oublié de vous parler
« de ces grands et superbes cabinets qui se faisoient aux Go-
« belins, sur ses desseins et sous sa conduite; il sembloit que
« tous les arts y eussent mis chacun leur morceau. On en a vu
« beaucoup dans la galerie des Tuileries et entre autres le ca-
« binet d'Apollon, car tous ces cabinets ont leur nom et sont
« historiés. Enfin M. Lebrun estoit si universel que tous les arts
« travailloient sous luy, et qu'il donnoit jusques aux desseins
« de serrurerie. J'en puis rendre témoignage, puisque j'ai vu
« regarder par de très-habiles estrangers des serrures et des
« verroux de portes et de fenêtres de Versailles et de la galerie
« d'Apollon, au Louvre, comme des chefs-d'œuvre dont ils ne
« pouvoient se lasser d'admirer la beauté. »

Ces milliers de bras si bien employés par Ch. Lebrun étaient représentés d'abord par les peintres et sculpteurs qui, aux Gobelins, exécutaient tous les modèles. Je ne les citerai pas : autant vaudrait mentionner les hommes les plus habiles de ce règne, chacun étant appelé successivement à fournir des idées et des modèles. Toutefois, on doit considérer comme plus particulièrement attachés à l'établissement, avec appointements fixes, Van der Meulen, pour les chevaux, costumes et batailles; Baptiste Monnoyer, pour les fleurs; Nicasius Bernaert, pour les animaux. L'orfévrerie réunissait les talents de Claude de Villers et de ses fils, qui étaient venus de Londres s'établir aux Gobelins, d'Alexis Loir et de Dutel. La magnifique vaisselle plate du roi fut exécutée par eux aux Gobelins même, et tous les genres de travaux qui comprennent la fonte, la ciselure, le repoussé et l'estampé étaient pratiqués dans ces ateliers avec une supériorité sans égale. Les meubles avaient pour dessinateurs Lebrun et d'autres artistes sous sa direction ; pour modeleur et sculpteur, Philippe Caffieri; pour ébéniste et sculpteur, un artiste romain, Domenico Cucci, qui s'entendait le mieux du monde à travailler l'ébène et à lui appliquer les ornements de bronze et les incrustations de lapis associé aux autres pierres précieuses; en outre, André-Charles Boulle, un grand artiste, qui ne voulut être que le premier ébéniste de son temps et qui tira un parti heureux de la marqueterie dans ses développements les plus ingénieux. Quatre mosaïstes de Florence, les nommés Horace et Ferdinand Megliorini, Branchi et Gachetti, travaillaient à de magnifiques tables de *pietra dura* qui égalaient, quant au soin habile de l'exécution, ce qui se faisait de mieux en Italie, et qui avaient l'avantage d'être copiées sur de meilleurs dessins. La broderie, dans cette résurrection de toutes les bonnes traditions, devait trouver place à la manufacture royale : on sait ses prodiges pendant le moyen âge et au xvie siècle ; on la vit renaître aux Gobelins sur gros de Tours et de Naples, sur moire et toile d'argent, d'après les patrons soigneusement peints par Bailly, Bonnemer, Testelin et Boulongne le jeune. Pour les grandes tapisseries à personnages, tous les artistes y concourent, depuis Lebrun, qui fournit ses grandes batailles, jusqu'aux peintres de fleurs et d'animaux. Les ouvriers étaient tous venus de Flandre avec les bonnes traditions d'un pays qui avait été, pendant les xve et xvie siècles, l'atelier le plus actif de cette belle industrie. Quelles étaient ces traditions? de considérer la destination de la tapisserie, ses moyens d'exécution et l'altération que le temps inflige aux couleurs de la laine, et de se régler là-dessus pour faire une traduction qui est *la peinture de tapisserie*, pour éviter surtout de chercher à atteindre une pénible imitation de peintures achevées, sottement tendues sur châssis et clouées à poste fixe dans un cadre pour mieux recueillir la poussière, les araignées et les vers qui bientôt en ont raison ; trompe-l'œil insensé qui, au premier rayon du soleil, a perdu cette fidélité si péniblement obtenue, et l'a perdue non pas tant par un affaiblissement général des tons qui conserverait leur harmonie que par l'altération partielle de certaines nuances qui font des vides et des taches. Ces tapisseries des Gobelins furent donc encore, pendant tout le siècle de Louis XIV, ce qu'elles n'auraient pas dû cesser d'être, des peintures conventionnelles d'un certain éclat, dans une gamme propre à la laine, et telles qu'il convenait à des décorations qu'on accrochait aux murs, qu'on tendait tout à coup et à toutes occasions pour dissimuler la nudité des parois. Lebrun exigea seulement des maîtres tapissiers une plus grande exactitude dans le trait du dessin et un meilleur rendu du modelé.

Ces vastes et actifs ateliers de la manufacture royale des meubles de la couronne recevaient gratuitement soixante et jusqu'à cent apprentis qui venaient se former aux diverses industries. Ces jeunes ouvriers, en même temps qu'ils s'initiaient aux difficiles pratiques du métier, qu'ils en suivaient manuellement tous les procédés, se réunissaient, à de certaines heures de la journée, pour dessiner, d'après l'antique et le modèle vivant, sous la direction de quatre membres de l'académie : c'étaient, en 1691, les sculpteurs Tuby et Coysevox, les peintres Le Clerc et Verdier, c'est-à-dire des hommes maîtres dans leur art.

Il fallait entrer dans ces détails pour donner l'explication de l'impression harmonieuse dont est saisi le promeneur, à Versailles et aux Tuileries, à la vue de tout ce qui provient de cette époque, depuis le plafond peint jusqu'à l'espagnolette de la fenêtre et jusqu'au verrou de la porte; pour donner aussi une idée du rayonnement d'influences heureuses qui partait de cette grande école de l'art appliqué à l'industrie sous la direction d'artistes habiles et de praticiens consommés dans leur métier. Ce qu'il y a de bon goût, de distinction appropriée, d'innovations bien entendues, dans tout ce qui émane de ce foyer actif ne se comprend que lorsqu'on voit les noms des artistes les plus renommés au bas des dessins charmants et des maquettes spirituelles qui ont servi de modèles, architectes, peintres et sculpteurs attachés à la maison même, y demeurant, y vivant et ne donnant essor à leur imagination qu'après avoir étudié les exigences et les ressources de chaque métier. Dès 1607, Henri IV avait étendu aux ouvriers établis par lui dans son palais du Louvre tous les droits de la maîtrise, et le Parlement, l'année suivante, enregistra les lettres patentes

par lesquelles il leur était permis « de travailler pour le public,
« en quelque lieu que ce fut, et aux apprentis qui auraient fait
« leur apprentissage sous lesdits maistres pendant le temps
« requis, autorisation de tenir boutique, tant en la ville de
« Paris qu'en toute autre ville du royaume, tout ainsi que s'ils
« eussent fait leur apprentissage sous les maistres desdites
« villes. » Louis XIV confirma, comme nous venons de le voir,
et étendit encore cette utile intervention de la manufacture
royale, qui déversait chaque année dans les corporations son
trop-plein de progrès et d'innovations. Les jeunes ouvriers
devenus des artistes dans chacune de leurs parties spéciales,
après six années d'apprentissage et quatre années de service,
étaient reçus maîtres tant pour Paris que pour le royaume,
sans avoir besoin de produire le chef-d'œuvre; et ils allaient
dans toute la France répandre les notions les plus élevées de
l'art acquises dans l'étude de la nature et des grands modèles,
faire connaître les procédés les plus perfectionnés dont ils
avaient conquis la pratique en exécutant toutes les pièces
de l'ameublement splendide des palais royaux, initier enfin
la ville et la province aux principes du bon goût qui, comme
une atmosphère, les avaient enveloppés pendant un séjour
de dix ans dans la grande manufacture royale. Si l'on n'insistait pas sur des faits de cette nature, si, à l'exemple de tant
d'esprits étroits, on s'attachait à montrer les inconvénients
des maîtrises sans chercher à découvrir ce qui tempérait les
défauts de leur organisation et venait s'associer à leurs incontestables mérites, il serait impossible de comprendre comment
l'industrie française a pu conquérir au moyen âge et conserver
pendant les xviie et xviiie siècles la suprématie sur l'industrie
de l'Europe entière. Il y avait certainement dans cette organisation un principe de force et de vitalité puissant, et il serait
inutile de chercher ailleurs la cause de cette unité, de cette
noble tenue et de cet ensemble complet. L'influence personnelle du souverain y comptait pour beaucoup sans doute;
mais, en l'absence de direction générale, c'est aux architectes,
peintres, sculpteurs, musiciens, industriels, en un mot, aux

hommes spéciaux chargés de chaque service, qu'il faut attribuer cet heureux résultat.

Si les goûts distingués de Sublet de Noyers et le choix des hommes dont il sut s'entourer donnèrent, sous un roi indolent, plus d'importance à la charge de surintendant des bâtiments, le premier architecte du roi et son premier peintre n'en restèrent pas moins les directeurs des travaux, les hommes compétents, les influences dirigeantes. Sans doute quand un homme de goût avait la charge de surintendant, il l'exerçait avec une autorité que ne pouvait avoir un homme de cour, qui était alors un simple intermédiaire entre le souverain et les artistes : aussi doit-on regretter que M. de Chantelou n'ait pas accepté ces fonctions, qui lui furent offertes par la reine mère en 1643; mais on comprend un refus : son protecteur, M. de Noyers, n'était attaché à la cour que par ce faible lien; le briser c'était lui ôter dans sa retraite de Dangu, je dirai presque dans son exil, l'illusion qu'il tenait encore à la cour et pouvait, un jour ou l'autre, y être rappelé. En 1645, l'ancien ministre de Richelieu et de Louis XIII mourut, et la surintendance des bâtiments fut donnée à M. Ratabon, qui ne trouva ni en lui, ni dans quinze années de troubles, les moyens de marquer dans sa charge. Il est bien question de la reprise des travaux du Louvre en 1659, et à cette occasion Loret, le gazetier, chante les louanges du surintendant; mais, annulé par Mazarin autant qu'annihilé par les événements, il n'aurait pu se signaler qu'au moment où Louis XIV, prenant les rênes du gouvernement, se jeta dans les constructions et se déclara le protecteur des arts et des lettres; mais alors c'est Colbert qui lui succède. L'ancien intendant de Mazarin était déjà le secrétaire d'État le plus important, le plus en faveur, lorsqu'il réunit à ses autres fonctions la charge de « surintendant et ordonnateur général des maisons royales, jardins et tapisseries de Sa Majesté, arts et manufactures de France. » Tels sont les titres inscrits dans les États de la France, où l'on énumère aussi dans le service de la surintendance : quatre intendants, trois contrôleurs, trois trésoriers et le premier architecte du

roi, alors Le Veau. Qu'apporta Colbert dans sa charge? rien de ce qu'y avait introduit M. de Noyers, beaucoup de ce que Sully y avait mis: j'entends l'esprit de hiérarchie, d'ordre, de contrôle rigoureux, et en outre une intelligence qui s'étendait à tout et un sentiment de la grandeur de la France qui s'était emparé de tous ceux qui approchaient Louis XIV. Avec ces qualités il n'eut aucune initiative, mais il fut un intermédiaire éclairé, facile, obligeant, entre les goûts du souverain et l'autorité des chefs de service, et ce rôle du surintendant resta le même pendant toute la durée de la monarchie; il ne changea même pas lorsqu'un artiste, par exception, en fut chargé. Au moment de l'organisation des arts sur la vaste base que leur donnait Louis XIV, au moment de la création de tant d'institutions utiles et de l'entreprise de si vastes travaux, il importait que la surintendance des bâtiments fût dans la main du secrétaire d'État des finances. En 1677, Colbert obtint la survivance de sa charge pour son fils, et j'ignore pourquoi le marquis de Blainville donna sa démission à la mort de son père, en 1683; mais, à la suite sans doute de quelque arrangement, le marquis de Louvois, ministre de la guerre, l'homme déjà tout-puissant, lui succède. Ce choix prouve assez le peu de soin qu'on avait de la compétence de l'homme; mais l'affaire si connue de la fenêtre du Grand-Trianon prouva surabondamment le danger d'associer les bâtiments à la guerre. Le 8 août 1686, M. Colbert, seigneur de Villacerf, parent de Louvois, est « commis pendant trois ans pour, en
« l'absence de M. le marquis de Louvois, et sous son autorité
« en sa présence, avoir une inspection générale sur tout ce qui
« se fera dans les bâtiments et en recevoir les ordres du roy. »
C'était une sorte de survivance, et en effet, après la mort du ministre, son cousin germain lui succède sans autre titre que la faveur. Cette dernière raison fut aussi celle qui motiva le choix de son successeur, lorsque les désordres de sa gestion obligèrent M. Colbert de Villacerf à se démettre de cette charge. « Le roi, dit le duc de Saint-Simon, donna les bâti-
« ments à Mansart, son premier architecte, qui était neveu

« du fameux architecte Mansart, mais d'une autre famille. Il
« s'appelait Hardouin, et pour s'illustrer dans son métier, où
« il n'était pas habile, il prit le nom de son oncle et fut meil-
« leur et plus habile et heureux courtisan que le vieux Man-
« sart n'avait été architecte. » Je renvoie aux célèbres Mémoires
ceux qui veulent connaître non pas la vérité sur Mansart, mais
comment l'admirable écrivain arrange ceux qui n'ont pas le
bonheur de lui plaire. Jules Hardouin, dit Mansart, était
courtisan, et il est resté fort au-dessous de François Mansart,
cela est bien connu; mais il n'y a pas de rancune qui puisse
empêcher l'auteur de la chapelle de Versailles et du dôme des
Invalides d'être un grand architecte. Voilà donc encore une
fois, et comme au XVI° siècle, sous François Ier, le premier architecte revêtu de la charge de surintendant des bâtiments
royaux. Était-ce un bien, était-ce un mal? En toute branche
d'administration, le bien et le mal dépendent du choix des
hommes; mais dans cette circonstance, comme je l'ai expliqué, le choix ne faisait rien. Si Mansart, étranger aux travaux entrepris par le roi, fût devenu tout d'un coup surintendant, il eût porté dans sa charge ses goûts, le fruit de ses
études, son initiative et son autorité; mais Mansart avait déjà
mis tout cela dans ses fonctions de premier architecte du roi,
qu'il exerçait avec une puissance d'autant plus absolue qu'il
était le favori de son maître, et que Louvois ou Villacerf,
les surintendants, n'avaient aucune connaissance spéciale dans
les arts. A la vérité, si nous apprécions l'architecte et le surintendant, désormais représentés par une seule personne, nous
dirons que J. Hardouin n'avait pas la distinction de style et la
facilité d'invention qu'aurait exigées la mission de l'homme
chargé de présider à cette grande unité qui dominait dans le
gouvernement de Louis XIV et qui en fait le caractère. Il fallait, par une originalité de bon aloi, trancher sur la monotonie qui s'emparait de tout; il fallait aussi soutenir une certaine grandeur empruntée et fastueuse par l'élévation et la
pureté du style. Jules Hardouin Mansart n'avait pas ces dons
rares et précieux; De Cotte, qu'il fit nommer premier archi-

tecte, ne les possédait pas davantage. Or, cette pénurie dans l'invention marquait d'autant plus gravement, que le surintendant était chargé de la construction de tous les bâtiments royaux, et qu'on le consultait pour les constructions municipales de la généralité de Paris ; bien plus, afin de plaire au roi, tous les courtisans s'adressaient à lui pour la construction des nouveaux hôtels et châteaux. « Le roi, dit Saint-Simon, qui
« trouvoit fort mauvais que les courtisans malades ne s'adres-
« sassent pas à Fagon et ne se soumissent pas en tout à lui,
« avoit la même foiblesse pour Mansart, et c'eût été un démé-
« rite dangereux à qui faisoit des bâtiments et des jardins
« de ne s'abandonner pas à Mansart, qui aussi s'y donnoit
« tout entier, mais il n'étoit point habile. » La conséquence la plus nette, résultat singulier de la nomination d'un artiste à la place si importante de surintendant des bâtiments, qui était alors la direction générale des arts, fut d'en accroître l'importance comme charge de cour : aussi, à la mort de Jules Hardouin, fut-elle disputée par tous les grands seigneurs et revendiquée pour leurs favoris par toutes les influences, madame de Maintenon et les bâtards compris. Il ne fut pas question un moment des connaissances spéciales que cette charge exigeait, et les compétiteurs ne l'ambitionnaient ni en raison de la nature des occupations, ni à cause des 50,000 écus de rente qu'elle donnait ; toute son importance résidait dans les petites entrées à Versailles et la facilité d'approcher le roi en toutes occasions. Pardaillan de Gondrin, fils légitime de madame de Montespan, et qui fut plus tard duc d'Antin, l'obtint à la sollicitation du duc de Bourgogne et avec l'appui de madame de Maintenon. Du long et habile portrait que fait de lui Saint-Simon, je ne citerai que ce passage : « Beau
« comme le jour étant jeune, il en conserva de grands restes
« jusqu'à la fin de sa vie, mais une beauté mâle et une phy-
« sionomie d'esprit. Personne n'avoit plus d'agrément, de mé-
« moire, de lumière, de connaissance des hommes et de cha-
« cun, d'art et de ménagements pour savoir les prendre,
« plaire, s'insinuer et parler toutes sortes de langages ; beau-

« coup de connoissances et des talents sans nombre qui le
« rendirent propre à tout, avec quelque lecture. » Le duc
d'Orléans le confirma dans sa charge, qu'il conserva jusqu'à
sa mort, en 1736. Ses qualités convenaient à la surintendance des bâtiments telle que nous l'avons définie; il suffisait
qu'un esprit juste comprît tout ce qu'il devait laisser à l'initiative du premier architecte, du premier peintre et de tous
les hommes spéciaux placés à la tête des différents services.

De cette solide organisation des arts et de l'industrie, de ce
grand goût imposé à tous par la cour de Louis XIV, et qui
dominait la mode et les caprices, résulta pour les artistes et
les industriels un temps d'arrêt, de réflexion et de repos, assez
semblable à celui dont ils jouirent aux XIIIe et XVIe siècles ; c'est-
à-dire une fixité qui leur permit d'épurer les formes en perfectionnant les procédés d'exécution, qui leur permit aussi
d'exercer de nouveau sur l'Europe entière une domination incontestée. On s'en est plaint, et on continuera à s'en plaindre
tant qu'on attribuera à la source pure les impuretés que les
affluents ont mêlées à son cours. On nous demandait de tous
côtés des architectes, nous en envoyâmes partout. Était-ce les
meilleurs? On voulait des modèles nouveaux pour tout ce qui
complète l'architecture par l'ameublement, et au lieu de les
demander à nos premiers artistes, on les accepta de faiseurs
téméraires. Qu'on passe en revue les 1,500 estampes de Jean
Le Pautre, on se convaincra que la bizarrerie était son plus
grand moyen de succès. Il trouvait, à défaut d'un goût sévère
et d'études solides, des ressources abondantes dans une imagination infatigable. Où ses projets fantastiques furent-ils mis
à exécution? uniquement à l'étranger. C'étaient, comme ces
produits frelatés de nos fabriques qu'on destine à l'exportation,
des projets dont pas un seul n'a été accepté en France, tandis
que je signalerais dans vingt résidences ou hôtels de Paris
les modèles sensés, posés, raisonnables, que Le Pautre a copiés
et dont il a exagéré les beautés, comme les défauts, jusqu'à
l'absurde, pour en rajeunir la nouveauté et pour mieux dé-
guiser ses emprunts. Qu'on cesse donc de se plaindre de notre

influence sur la province et à l'étranger; à la cour de France, la direction était excellente, même dans sa voie un peu étroite et absolue.

Une semblable domination ne s'exerce pas pendant une longue série d'années sur l'Europe sans que chaque nation fasse des efforts dans une direction ou dans l'autre pour s'y soustraire. Les souverains, ou leur gouvernement, nous imitèrent dans la marche que nous avions suivie à l'égard de l'Italie et des Flandres; à leur tour ils appelèrent chez eux nos artistes et fondèrent des fabriques subventionnées, dites fabriques royales : la révocation de l'édit de Nantes leur facilita cette concurrence en exilant de France d'honorables industriels qu'ils n'auraient pu conquérir qu'avec des sacrifices. Je ne prétends pas défendre l'acte, en tant que mesure politique; je voudrais seulement qu'on n'exagérât pas le tort dont il a été la cause. Il y a dans beaucoup d'esprits une disposition niaise à lui attribuer toutes les difficultés que la concurrence industrielle et commerciale, dans sa marche naturelle, vint susciter à la France. Sans l'expulsion des protestants nous aurions eu à l'étranger des rivaux dans les arts et dans l'industrie; avec leur assistance cette rivalité a été plus redoutable, et nous avons eu plus de gloire à sortir victorieux de la lutte.

Un grand changement dans les mœurs entraîne un changement notable dans les arts. A la mort de Louis XIV, la France entière sembla respirer; ce n'était pas que la joie l'animât, mais elle se sentait renaître à la liberté. La réaction, favorisée par la régence, passa sans transition de la règle au dévergondage; par haine du style qui prétend au grandiose, on se jeta à corps perdu dans le genre qui vise au naturel, le naturel des salons, et qui conduisait du gracieux au sans-gêne et au voluptueux. Cette réaction eût été vaine et passagère, si elle n'avait pas été d'accord avec les mœurs; mais, en conformité avec elles, son invasion tendait à s'emparer de tout.

Trois obstacles, trois barrières, arrêtèrent cependant ce désordre et lui opposèrent au moins une résistance qui permit aux talents consciencieux et à l'art sérieux de défendre la position et de faire une retraite honorable : pour les tableaux religieux, l'église; pour la grande peinture et la sculpture, l'académie; pour tous les arts ensemble dans leur coopération à l'ameublement et à la vie privée, le corps des architectes. Le clergé était débonnaire comme un vieux souverain qui croit son trône à l'abri des orages; mais il était trop éclairé sur ses devoirs, trop respectueux des convenances, pour tolérer dans l'église un art qui ne se serait pas respecté lui-même. On a jugé le clergé sur la conduite de quelques abbés de salon qui n'étaient pas dans les ordres; il n'avait rien de commun avec ces messieurs : le clergé sut maintenir sa dignité au milieu d'une société qui s'abandonnait, et, quant au point qui nous occupe, non-seulement il n'introduisit dans les formes extérieures du culte aucune innovation choquante, mais encore il lutta sur certains points contre le principe, admis à toutes les époques, d'une rénovation de toutes choses dans le style régnant; il voulut que dans le mobilier de l'église on remontât le courant plutôt que de le suivre; mais là s'arrêtèrent en effet ses exigences; il accepta d'ailleurs pour ses églises, comme l'État pour ses monuments, comme les particuliers pour leurs habitations, le style en usage. S'agit-il de terminer le couronnement de la flèche de la cathédrale de Bayeux, de décorer les stalles de Notre-Dame de Paris, de placer une grille au chœur de vingt églises, les artistes suivent en toute liberté le style qui est le résultat tout à la fois de leurs études, de leur conviction et de la manière de voir et de sentir de leur époque. Comme au XIIIe siècle, comme au XVIe, avec tout autant de résolution, quoiqu'avec moins de droits, l'art adopta un style qui fit loi partout aux XVIIe et XVIIIe siècles, et, si l'on diffère d'opinion sur l'excellence de ce style, on conviendra unanimement qu'il est impossible de mieux ajuster une décoration neuve à une partie d'architecture ancienne, d'asseoir plus habilement le couronnement moderne d'une tour gothique, en un mot de s'incorporer avec plus de talent, de souplesse, d'à-propos et de grâce dans l'œuvre d'autrui, tout en restant original. Si le clergé sut résister dans son domaine, l'académie de peinture et de sculpture ne transigea pas sur le sien. Elle faisait sans doute bien des concessions aux goûts du temps, en acceptant pour collègues des gens qui sacrifiaient aux entraînements de la mode; mais on a vu que les réceptions dans ce corps n'avaient ni le caractère ni la signification qu'elles ont eus depuis soixante ans. Son enseignement ne maintenait pas moins dans l'esprit des élèves les bons principes, les règles immuables, et dans le sein de l'Académie les talents les plus fidèles aux saines traditions étaient toujours ceux qui jouissaient de la plus grande autorité. Enfin le corps des architectes avait continué de se recruter d'une manière admirable : qu'on me permette de m'appesantir sur ce point, car c'est une des gloires de la France.

Dans le tableau de ces grandes transformations de l'art et de l'industrie, il faut s'attacher à quelques jalons qui marquent la voie; autrement on se perd dans les détails et on court risque de porter dans l'histoire de l'art français et sur son influence à l'étranger les jugements les plus faux. Chacun sait, sans qu'il soit besoin d'en rappeler les causes, sous quelle influence délétère marchaient, de concert, le roi Louis XV régnant, la peinture, la sculpture et les industries qui concourent avec elles au costume, à l'ameublement et à l'ensemble des usages de la vie privée. Il est évident que la domination du grand roi, cette majesté qui tenait tout en respect, avait fait place à un affaiblissement entier d'autorité, à une absence complète de dignité et à une fantaisie sans limite, d'autant plus funestes que, dans cette voie corrompue, des talents charmants formés par les excellentes traditions de l'Académie allaient se perdant. Transportons-nous à l'époque la plus florissante du nouveau règne, à l'époque peut-être la plus heureuse de la monarchie française, à l'année 1757, alors que la ville de Paris votait à *Louis le Bien-aimé* une statue équestre colossale sur une place disposée magnifiquement. Si vous écoutez la routine, elle vous dira que l'art était alors perdu et le goût corrompu ; les étrangers vous montreront les meubles ridicules qu'on leur expédiait de Paris, l'orfévrerie et la bijouterie extravagantes qu'ils fabriquaient à Augsbourg, soi-disant à l'imitation de la France; enfin, à Dresde, on vous signalera ce monument d'importation française qu'on nomme le Zwinger et qui semble le composé complet des idées les plus baroques. Quand vous aurez bien vu tout cela, et avant de vous humilier sous une grêle de reproches du même genre, revenez à Paris, et, sans disperser votre attention, concentrez-la sur un livre et sur un monument : le livre, c'est l'*Architecture françoise* de J.-F. Blondel; le monument, c'est la façade des deux édifices qui bordent au nord la place Louis XV. Blondel publia le dernier de ses quatre volumes in-folio en 1756, et compléta ainsi un corps de doctrine qui ne se ressent en aucune façon de la corruption du goût. Son ouvrage est inspiré par l'étude des plus beaux modèles qu'offrait alors l'Italie, et il présente sous une forme pratique les applications les mieux raisonnées des données architecturales des anciens aux besoins de l'architecture moderne. Pendant trente ans Blondel professa cette sage théorie à l'école royale d'architecture de Paris, et donna ainsi la vie à son livre. Gabriel termina en 1770 la décoration de la place Louis XV et les deux bâtiments qui la bordent au nord. Je ne passe pas de fois sur cette place sans m'arrêter saisi d'admiration, sans considérer attentivement ces édifices, sans être charmé de ce bel ensemble proportionné à l'espace, proportionné aux besoins, donnant raison à toutes les règles du goût comme à toutes les exigences de la vie, formant en un mot l'architecture française, c'est-à-dire l'architecture moderne habilement déduite de l'architecture antique. Certes, rien n'est plus facile que de signaler des défauts, rien n'est plus évident que la possibilité de faire mieux avec les modèles de l'antiquité grecque que nos architectes ne connaissaient pas encore; mais rien aussi n'est plus certain que l'influence exercée sur les arts et l'industrie par cette admirable tenue du plus important comme du plus difficile de tous les arts. Si l'on voulait d'autres preuves, je conseillerais d'étudier avec soin, et sans parti pris à l'avance, un petit monument qui est entaché par tout ce qu'on a dit de honteux sur cette époque plus désastreuse pour la royauté que pour les arts : j'entends parler du pavillon du Petit-Trianon. C'est le plus chaste, le plus pur, le plus charmant des pavillons, le mieux proportionné à l'extérieur, le mieux distribué à l'intérieur. Gabriel le construisit pour Louis XV en 1770, la deuxième année du règne de Mme Dubarry. Enfin, si on désire connaître la souplesse de ce talent et savoir comment il comprenait la décoration, il faut voir la salle de spectacle de Versailles éclairée par les mille lumières de ses lustres, animée par les parures et la toilette des femmes, par les uniformes des hommes. Inutile de s'étendre sur les mérites de cette ornementation, sur son heureuse appropriation à nos besoins et à nos goûts.

Tout en accordant à l'architecte Gabriel un talent hors ligne, on continuera à douter de l'importance attachée aux questions d'art dans cette époque qu'on se plaît à placer en toutes choses sous l'empire de la frivolité. Je ne saurais mieux faire pour rectifier les idées sur ce point que de rappeler les hésitations respectables, les discussions passionnées, les études patientes auxquelles donna lieu le troisième ordre de la cour du Louvre. Il s'agissait de réparer l'erreur de Perrault qui avait trop élevé la colonnade, il fallait harmoniser les trois côtés de cette cour avec l'attique primitif de Pierre Lescot. Cette difficulté, qui serait tranchée aujourd'hui en un quart d'heure et d'un trait de plume par un chef de bureau, le sourire sur les lèvres, tint longtemps en émoi l'Académie d'architecture, tous les architectes du temps, et le plus illustre d'entre eux, ce même Gabriel, qui fut considéré comme le plus capable de résoudre le délicat problème.

Je vais au-devant d'une objection. Que faites-vous du style rocaille et du genre rococo? me dira-t-on; est-ce de l'architecture? c'était l'architecture du règne de Louis XV. C'est là l'erreur. La cour donnait la direction des bâtiments et des manufactures royales aux hommes qui, comme Gabriel, conservaient intactes les bonnes traditions d'une architecture noble sans roideur, pure sans exagération de sévérité. Ces architectes, après avoir satisfait dans l'ordonnance extérieure et dans les vestibules intérieurs aux conditions les plus sérieuses de l'art, comprenant que l'aménagement d'une habitation devait se conformer aux besoins de l'époque, et sa décoration se mettre en harmonie avec les matières employées, avec les meubles qui l'occupent et les costumes qui s'y agitent, ces architectes créèrent une décoration assouplie, en supprimant autant que possible les angles et les saillies abruptes, en caressant la vue par l'élasticité des lignes et leur gracieuse ondulation, en n'offrant au toucher que des contours arrondis. L'harmonie des couleurs et la répartition judicieuse de l'or se mariaient aux formes avec bonheur. Tant que des hommes comme Jules Hardouin Mansart, Robert de Cotte, Lassurance, Boffrand, Cottard, Louis, complétèrent eux-mêmes leur architecture extérieure par cette décoration intérieure, l'architecture française fut digne de respect, et les œuvres qu'elle a laissées méritent encore aujourd'hui une sérieuse attention; mais, au milieu de l'active rénovation des appartements que le luxe sollicitait de toutes parts, il se créa une spécialité d'architectes décorateurs qui, n'étant plus liés par les mêmes études sérieuses, par le même esprit d'observation, exagérèrent ces excellents principes. Oppenord, élève de J. H. Mansart et qui avait pris dans l'atelier d'ébénisterie de son père de mauvaises habitudes d'ornemaniste, fut un des premiers à fausser le goût et à faire école. Tant que le style de ces décorateurs resta circonscrit dans l'intérieur des appartements, le désordre fut tolérable; mais, lorsqu'à la fin du règne de Louis XV seigneurs et financiers leur demandèrent de construire leurs hôtels, alors ce style s'étala au dehors, prit consistance dans la pierre et porta dans l'architecture la confusion la plus fâcheuse. Accuser de ces torts les véritables architectes, c'est une injustice; croire que l'ivraie ait étouffé le bon grain, c'est une erreur. Par l'étude du livre de Blondel et des monuments élevés par Gabriel, vous acquérez la conviction que l'architecture française fut et resta le véritable boulevard du bon goût, et vous vous expliquez aussi son influence au dehors. Il y a longtemps qu'un trait particulier du génie français a frappé les étrangers, j'entends parmi eux les hommes qui étudient et réfléchissent: c'est que la France, avec sa vieille réputation de mobilité, est de tous les peuples artistes celui qui a le mieux approfondi les styles et les procédés qu'il a adoptés. Tandis que les Allemands et les Anglais, ces esprits réfléchis, acceptaient des influences et des styles tout faits, n'en prenant que la superficie et souvent que les défauts, la France ajoutait à ses emprunts les qualités qui lui sont propres, s'assimilait ses importations étrangères, se passionnait pour ses conquêtes et ne les trahissait qu'après les avoir savourées, après leur avoir fait rendre tout ce qu'il y avait en elles de bon, de noble et de fécond. Ce bonheur d'assimilation et d'appropriation tenait alors à sa fidélité aux principes enseignés par les maîtres et à sa ténacité aux anciens procédés. Elle a dû cette vertu à l'organisation de ses écoles et de ses maîtrises, et, tandis que l'Angleterre essayait de chaque innovation dans l'art, de chaque production nouvelle, jetant tout pêle-mêle dans son immense laboratoire, la France allait sagement et lentement, éprouvant avant d'adopter, épuisant avant d'abandonner, et se complaisant dans une routine qui a été sa sauvegarde. La tête folle n'était donc pas française, la tête réfléchie n'était ni allemande ni anglaise.

Cette fixité de doctrine, en dépit du laisser-aller de toute la société du xviiie siècle, n'est explicable que par la fixité, au sein de l'aristocratie, d'un bon ton exquis, de manières élégantes et de distinction; rares qualités persistant au milieu du désordre des mœurs, de l'immoralité administrative et du détraquement de la machine monarchique. Le monde d'élite, qui avait influence sur la direction des arts, les respectait plus qu'il ne se respectait lui-même. Les vieilles et bonnes traditions luttaient encore contre les nouvelles et mauvaises tendances. Mariette écrivait, il est vrai, en 1765, à son ami Bottari, le custode érudit de la Vaticane : « Vous avez « bien raison de dire qu'on montre ici et dans les Pays-

« Bas trop d'engouement pour les œuvres des peintres fla-
« mands. Vous serez étonné de l'argent qui a été dépensé
« à une vente de dessins, presque tous flamands, dont un
« amateur a voulu se défaire. Il s'y trouvoit un beau des-
« sin de Raphaël qui a été payé quinze cents francs; mais
« quelle différence d'un tel dessin avec des dessins d'ivrognes,
« de bouviers, d'arbres, qui se sont vendus de huit à neuf cents
« francs pièce ! Je les ai laissés tranquillement aller. Il est vrai
« que, comme dédommagement, il m'est venu un rouleau de
« dessins italiens, dans lequel j'ai trouvé beaucoup mieux
« mon compte. » Mais ce même Mariette n'est-il pas le successeur naturel de tant d'amateurs distingués du XVIIe siècle et le
modèle de l'amateur ? Il s'était formé près du grand collectionneur Crozat, et par reconnaissance, quoiqu'à grand regret, il dirigea, en 1744, la vente des merveilleuses collections de tableaux, statues antiques, pierres gravées, dessins
et gravures que le riche et généreux amateur avait léguées aux
pauvres. Son catalogue des 19,000 dessins de Crozat est ré-
digé avec une judicieuse critique, qui semble superflue dans
les ventes de nos jours, mais qui était de mise alors, et conserve à ce catalogue le mérite et la valeur d'un ouvrage d'érudition.

Mariette, libraire, marchand de vieilles gravures et de dessins anciens, continua ses études et ses relations étendues pendant de longues années. En 1750, il publia son traité des
pierres gravées, qui, sur plus d'un point, fait encore autorité,
et il ne cessa pas de scruter l'histoire des arts dans des voies
nouvelles. S'il était supérieur à ses collègues du commerce
de livres et d'estampes par l'érudition autant que par le caractère, il n'était cependant pas isolé dans sa classe, et l'on
pourrait citer à côté de lui plus d'un libraire homme de
lettres et homme de goût. Cette distinction eût été de trop
chez des négociants, si elle n'avait pas répondu aux exigences
d'une clientèle également distinguée. On ignore communé-
ment que le goût des arts ne fut à aucune époque aussi général dans les hautes classes, et ce n'était pas seulement ce

goût vague, indécis, qui se repaît d'un luxe d'étalage, mais un goût cultivé et entretenu par l'étude des monuments, par la comparaison des chefs-d'œuvre de l'art et même par la pratique du dessin et de la gravure qui forcent la passion de l'amateur à accepter l'observation approfondie et patiente. Je n'ai pas le droit de m'étendre. Je citerai un exemple seulement. Je prends le comte de Caylus. C'était un grand seigneur par la naissance et par le bien de ses pères. Il avait commencé sa carrière à l'armée comme tout gentilhomme, défendant son pays, servant son roi; puis son goût pour les arts l'avait entraîné : il était devenu peintre dans l'atelier de Watteau, graveur, surtout sous la direction de Cochin, archéologue avec Mariette, érudit avec l'abbé Barthélemy et toute l'académie des inscriptions, dont il fut l'âme. Il entremêlait, il est vrai, ces occupations d'élite et ces travaux graves de facéties, appelées œuvres badines, comme *Léandre et Nanette*, *Mademoiselle Cronel, dite Frétillon*, et autres farces qu'on serait disposé à lui reprocher si on voulait voir dans ce contraste autre chose que la tournure d'esprit du temps. Faudra-t-il juger M. de Caylus autrement que Montesquieu, Voltaire et vingt autres grands esprits contemporains? Non certes, car il n'était pas indifférent qu'un seigneur de la cour, voire même un ex-mousquetaire, montrât qu'on pouvait associer l'esprit léger avec l'esprit sérieux, les travaux les plus sévères de l'érudition avec la culture passionnée des arts.

Le comte de Caylus avait rapporté de ses voyages en Italie, en Grèce et en Orient, un choix d'antiquités des plus précieux; il pensa qu'il serait utile d'en publier des représentations exactes, accompagnées d'un commentaire instructif. En 1752 parut le premier volume de cet ouvrage curieux, orné de vignettes spirituelles et rempli de planches intéressantes; le texte écrit par lui, les gravures exécutées de sa main. « Les « monuments antiques, dit-il dans un avertissement dont la « modestie est le moindre mérite, sont propres à étendre les « connoissances. Ils expliquent les usages singuliers, ils éclair- « cissent les faits obscurs ou mal détaillés dans les auteurs, ils

« mettent les progrès des arts sous nos yeux et servent de mo-
« dèle à ceux qui les cultivent; mais il faut convenir que les
« antiquaires ne les ont presque jamais envisagés sous ce der-
« nier point de vue. » Or, c'était justement sous ce rapport
artiste et pratique que l'antiquité était mise pour la première
fois en évidence. « Ces richesses ne périssent pas toujours
« dans les mains de ceux qui les possèdent, ajoute-t-il plus loin,
« la gravure les rend communes à tous les peuples qui cultivent
« les lettres; les copies multipliées, quoique destituées de cette
« vie et de cette âme qu'on admire dans les originaux, ne
« laissent pas de répandre au loin le goût de l'antique, et, en
« se réunissant de différents côtés dans les cabinets des cu-
« rieux, elles y forment en quelque façon un corps de lumière
« dont toutes les parties s'éclairent mutuellement. J'ai eu d'a-
« bord en vue l'homme de lettres, qui ne cherche dans les
« monuments que les rapports qu'ils ont avec les témoignages
« des anciens. J'ai saisi ces rapports quand ils se sont présen-
« tés naturellement, et qu'ils m'ont paru clairs et sensibles;
« mais n'étant ni assez savant ni assez patient pour employer
« toujours cette méthode, je lui en ai souvent préféré une
« autre qui intéressera peut-être ceux qui aiment les arts : elle
« consiste à étudier fidèlement l'esprit et la main de l'artiste,
« à se pénétrer de ses vues, à le suivre dans l'exécution; en
« un mot, à regarder ces monuments comme la preuve et
« l'expression du goût qui régnoit dans un siècle et dans un
« pays. En un mot, les arts sont en quelque façon l'objet prin-
« cipal de cet ouvrage; la forme, le trait et les détails de chaque
« monument sont devenus mes règles en plusieurs occasions,
« et je n'ai pas eu lieu de m'en repentir. Quoique jusqu'ici
« on ait peu suivi cette manière d'écrire sur les antiquités, je
« la crois cependant très-utile; elle est du moins très-propre à
« donner aux artistes quelques idées des belles formes et à
« leur faire sentir la nécessité d'une précision dont le prétendu
« goût d'aujourd'hui et le faux brillant de la touche ne les
« écartent que trop souvent. » Tel était l'esprit de cet ouvrage,
qui n'eut pas moins de sept gros volumes in-4°, et dont les

800 planches représentent plus de 4,000 sujets d'antiquité. Les demi-savants l'ont quelquefois critiqué; les vrais savants l'ont toujours loué, par reconnaissance pour les secours de toutes sortes qu'ils lui doivent, en dépit de la marche du temps et du progrès des découvertes.

M. de Caylus ne connaissait pas de bornes à ses recherches ; sa spécialité s'étendait au domaine entier des arts. Il se passionna pour les antiquités de l'Orient, de la Grèce, de Rome et de la France; en même temps les arts, dans les plus belles créations de la Renaissance, eurent en lui un admirateur enthousiaste ; mais ce qui le distingue de tant d'amateurs illustres, c'est que, pressentant les tendances de son époque et les besoins de l'avenir, il eut en vue principalement la propagation par la gravure de tous les matériaux d'étude. Sa grande fortune et une activité infatigable furent consacrées à cette œuvre. Successivement, et quelquefois en même temps, il donna au public les gravures du recueil d'antiquités égyptiennes, étrusques, grecques et romaines, celles qu'il fit d'après des copies de peintures antiques exécutées à Rome par Bartoli, les gravures des antiquités romaines de la France, dessinées par l'architecte Mignard, enfin les *fac-simile* des plus beaux dessins des maîtres de toutes les écoles reproduits par mille procédés ingénieux; œuvre immense qui comptait, dans le recueil formé par Mariette, 3,200 gravures.

Sa vie était consacrée aux arts, ses revenus employés à ses publications ou à celles de ses savants amis l'abbé Barthélemy, Pellerin et d'autres, sa bourse ouverte à tous les artistes, sa maison un musée qui déversait périodiquement son trop-plein dans les galeries du Louvre, dont il enrichissait généreusement les collections. « L'entrée de sa maison, » disait Le Beau, secrétaire perpétuel de l'académie des inscriptions, « annonçoit l'ancienne Égypte; on y étoit reçu par une belle
« statue égyptienne. L'escalier étoit tapissé de médaillons et
« de curiosités de la Chine et de l'Amérique. Dans l'apparte-
« ment des antiquités, on se voyoit environné de dieux, de
« prêtres, de magistrats égyptiens, étrusques, grecs, romains,

« entre lesquels quelques figures gauloises sembloient hon-
« teuses de se montrer. Lorsque l'espace lui manquoit, il en-
« voyoit toute sa colonie au dépôt des antiques de Sa Majesté;
« et bientôt la place étoit remplie par de nouveaux habitans
« qui s'y rendoient en foule de toutes les contrées. Cette peu-
« plade s'est renouvelée deux fois pendant sa vie, et la troisième
« collection, au milieu de laquelle il a fini ses jours, a été
« par son ordre transportée après sa mort dans le même dé-
« pôt. »

Le comte de Caylus termina sa belle vie dans ces doux labeurs et ce noble entourage; le groupe d'amateurs et d'artistes qui, réuni autour de lui, savait se défendre de la futilité et du mauvais goût de ce temps, eut son influence en France et hors de France. Les Bottari de Rome, Zanetti de Venise, Zanotti de Bologne, Gaburri de Florence, Horace Walpole de Londres, baron de Stosch de la Haye, Winckelmann de Dresde, étaient en correspondance avec eux sur tous les sujets d'érudition, en échange de dessins, gravures et objets d'art, en communication continuelle dans le cercle de leur passion mutuelle, si bien qu'à la mort du comte de Caylus l'aristocratie, fière d'être ainsi représentée, eut à cœur de remplir dignement la place. L'illustre artiste mourait en 1764, le comte de Choiseul-Gouffier partait pour la Grèce en 1776. Mêmes goûts, même dévouement aux arts, aux lettres, à l'érudition, même protection généreuse accordée aux savants et aux artistes; encore des voyages en Grèce et en Orient, encore des collections de fragments antiques, modèles précieux, encore de magnifiques et coûteuses publications, et cela au profit du goût des arts et des études qui chaque jour s'étendait davantage à tout et à tous.

Je ne puis mettre en évidence les mille manifestations du même genre concourant au même but d'extension du goût et des connaissances; qu'il suffise de rappeler, parmi tant de publications qui portaient les esprits à un sage retour vers l'antique, les premières gravures des monuments de Rome de J.-B. Piranesi. Si nous jugeons ces décorations avec nos exigences actuelles, nous pouvons les critiquer; si nous nous reportons à leur première apparition en 1761, nous ne pouvons leur refuser une influence grande et utile sur le goût général. C'est de ce moment seulement que le public sédentaire de l'Europe crut connaître les monuments de Rome sans les avoir vus, et puisa dans ces belles planches le sentiment d'une certaine grandeur magistrale que Piranesi exagérait pour la faire mieux sentir, et qu'en tous cas il savait rendre séduisante.

Je n'aurais pas voulu passer sous silence cette influence des amateurs artistes et lettrés qui préparaient résolûment, dès 1750, le retour du goût vers les plus sages principes de l'antiquité. On est toujours trop disposé à n'accepter les faits que dans leur réalisation complète; il est plus juste d'en attribuer le principal mérite aux premiers initiateurs, aux Christophe-Colomb de ces renaissances auxquelles les Améric Vespuce viennent imposer leur nom.

Parmi bon nombre de mesures prises sous le règne de Louis XV pour répondre à l'extension générale du goût et au progrès des études, les unes partant de l'initiative de l'Administration, les autres concédées à l'opinion publique, qui trouvait des organes distingués, comme La Font de Saint-Yenne, pour exprimer de justes désirs, je citerai particulièrement l'ouverture publique de la collection des tableaux du roi au Louvre et au Luxembourg, à jours et heures fixes, à partir du 14 octobre 1750, et la création en 1765 d'une école gratuite de dessin pour les artisans, qui fut autorisée par lettres patentes du roi en 1766. A la libéralité du souverain était due la première de ces innovations; à la libéralité d'un simple particulier, du peintre de fleurs J.-J. Bachelier, la seconde. L'une venait en aide aux artistes dans la haute sphère de leurs études; l'autre portait un secours du même genre aux artisans, dans les limites et selon les exigences de leurs travaux. Il ne s'agissait pas de dessin industriel, d'école industrielle; il s'agissait d'un enseignement du dessin meilleur que ne le donnaient les maîtres ou patrons, et d'un enseignement gratuit : excellente mesure, puisqu'elle relevait la corporation par le talent des apprentis, et répondait à l'extension tous les jours plus évidente des goûts de luxe et à l'augmentation de la population ouvrière destinée à les satisfaire. Les corps de métiers en comprirent toute l'utilité et s'imposèrent une taxe pour payer à Bachelier une subvention. Il en avait besoin pour fonder son œuvre, car, quoiqu'il y eût consacré une somme considérable pour le temps, 60,000 francs, considérable surtout pour lui, puisque c'était tout son avoir, il ne serait pas parvenu à combler la dépense de son institution avec ses seules ressources; d'autres souscriptions volontaires s'associèrent en outre à ses efforts, et cette école de dessin gratuite, la première établie à Paris (J.-B. Descamps en avait donné, je crois, le modèle à Rouen cinq ou six ans plus tôt), a si bien porté ses fruits, qu'elle fut bientôt adoptée par le Gouvernement, et qu'elle est encore la première et la meilleure école de Paris.

La direction des arts était donc, sous ce règne, plus réelle que méthodiquement organisée; elle se montre mieux dans les faits et dans les résultats que dans sa hiérarchie administrative et officielle. Ainsi s'explique avec quelle facilité, quelle aisance, sous le règne suivant, l'industrie, c'est-à-dire tous les arts appliqués aux usages de la vie, balaya le mauvais goût et accepta un retour franc et sévère vers l'art antique.

Si Paris avait seul profité des institutions favorables aux arts, c'eût été, dans la constitution provinciale de la France et avant la centralisation de tous les services dans la capitale, une organisation très-défectueuse; mais, à l'imitation de l'Académie royale, il se forma dans les chefs-lieux de provinces, à la fin du xviie siècle, des académies qui, parce qu'elles comptaient un moins grand nombre de membres, et des membres moins ambitieux, tournèrent en écoles pratiques des arts.

Elles se généralisèrent dans toute la France avec plus ou moins de succès, selon que d'anciennes traditions d'art et de haute protection avaient mieux préparé les populations à les accueillir : à Dijon, les souvenirs des ducs de Bourgogne avaient été entretenus par la libéralité intelligente des États; à Aix, les traditions du conseiller au parlement Peiresc et du procureur général Boger d'Aiguilles, l'un grand amateur, l'autre artiste distingué, restaient présentes à la mémoire des habitants; à Lyon et dans les villes industrielles, de libérales chambres de commerce avaient toujours favorisé les études du dessin. Ainsi Toulouse, Nancy, Rouen, Marseille, Amiens, Bordeaux, Dijon, Aix, etc., ouvrirent successivement leurs écoles, adoptant les mêmes règlements, distribuant des prix, envoyant à leurs frais les meilleurs élèves terminer à Rome leur éducation, et ce zèle pour la création des écoles de dessin se répandit si bien en France, qu'on peut affirmer que jamais on n'offrit à une nation tout entière des éléments meilleurs d'une éducation artiste que de 1765 à 1790.

Louis XVI monte sur le trône, et aussitôt on sent comme un souffle d'aspirations libérales et honnêtes, un besoin de communications universelles, d'associations fraternelles. L'abolition des maîtrises et jurandes, décrétée avec des ménagements prudents par l'édit de février 1776, ouvre une ère de liberté et de nouvelles voies industrielles. Ce grand acte du roi Louis XVI doit rester l'honneur de son règne. Si, après la disgrâce de Turgot, les édits d'août 1776, de janvier et d'avril 1777, tentèrent de parer à quelques-uns de ces abus qui naissent des concessions trop rapides de la liberté, ils ne rendirent aux maîtrises aucun de leurs droits abusifs, et la popularité que le décret du 13 février 1791 valut à la Constituante revient en bonne justice à l'édit du roi de 1776. Peu importe, au reste : l'industrie était en bonne voie ; les rapports des peuples devenus plus faciles activent les échanges ; un rapprochement semble s'opérer sous l'influence de sentiments égalitaires entre les artistes et les industriels ; on comprend mieux leur action réciproque, et le roi assure aux fabricants la jouissance de leurs dessins, « Sa Majesté ayant reconnu, » est-il dit dans l'édit royal de 1787, « que la supériorité qu'ont acquise

« les manufactures de son royaume est principalement due à
« l'invention, à la correction et au bon goût des dessins. »

On voit, en effet, à cette époque, pénétrer partout une
tendance d'épuration du goût et un retour décidé vers l'antique. D'où partait l'influence? de plusieurs points à la fois ;
mais l'impulsion la plus forte, au milieu de nous, vint de
nos architectes, qui propagèrent les nouveaux principes du
style de leurs constructions dans toutes les industries dont ils
sollicitaient le concours.

Les manufactures royales, placées depuis Mignard, qui succéda à Lebrun, sous la direction de l'architecte du roi, et, au
temps qui nous occupe, sous la direction immédiate de l'habile Gabriel, s'étaient mieux défendues contre les entraînements de la mode que l'industrie, qui était obligée d'y
obéir, et il s'y manifeste dès lors une renaissance de bon
goût dont l'apparition subite ne s'expliquerait pas sans le
maintien des études sérieuses que je viens de signaler. Il
y a des pendules, des vases et autres meubles, décorés de
bronzes, composés, ciselés et dorés par Gouttières avec une
perfection, une connaissance de l'antique et une judicieuse
application de ses beautés qui contredisent les appréciations
injustes portées sur la direction des arts au xviiie siècle. Il
est évident que l'école de l'Académie et l'apprentissage dans
la manufacture royale formaient pour l'industrie des artistes
de premier ordre. Examinons l'œuvre des Balin, des Germain, des Roitiers. Ne trahit-elle pas partout une éducation
artiste complète et des plus fortes? Roitiers, l'orfévre de
Louis XV, se vantait d'avoir remporté des prix à l'école, et,
quand il composait ses grands services, quand il ciselait pour
Mme du Barry sur des cuillers en or pur des amours supportant un écusson, on sentait, comme au xvie siècle, l'artiste
sous l'orfévre, et, comme à toutes les époques, l'influence
d'une cour élégante sur les dispositions de l'artiste. On n'a
pas assez réfléchi à la puissance qu'a exercée la cour sur la
mobilité naturelle de nos goûts. Depuis l'origine de la monarchie française jusqu'en 1793, ce centre d'élégance perma-

nent luttait facilement contre les impulsions pernicieuses du dehors. L'installation définitive de la cour à Versailles n'altéra ni son influence sur Paris, ni l'influence de Paris sur l'Europe. Il y eut bien deux camps différents, mais ils reconnaissaient un seul chef. On frondait Versailles à Paris, on s'arrachait dans la capitale quelques productions mises à l'index à Versailles, on sifflait un acteur qui avait eu du succès à la cour : légères querelles d'amants, pures bouderies de coquettes; hostile quand il s'agissait des intérêts de l'État, frondeur et menaçant quand il rêvait des libertés publiques, Paris s'unissait à Versailles, l'aristocratie donnait la main à la cour dans toutes les grandes occasions, j'entends chaque fois qu'il s'agissait de chiffons et de mode.

A plusieurs reprises, et particulièrement au milieu du xve siècle, au commencement et vers la fin du xviie, enfin dans les dix dernières années du règne de Louis XV, l'influence malfaisante du luxe des hommes d'argent se fit sentir dans les arts. A cet égard, j'ai exposé assez franchement ma confiance dans l'action salutaire du bien-être des masses, du luxe des marchands, des raffinements de la finance, pour avoir le droit d'y mettre une restriction; car il me paraît essentiel de bien marquer comment cette alliance de l'art et de l'industrie, comment cette soumission des beaux-arts à tous les caprices de nos besoins, entraînent avec elles une déviation fatale aux vrais principes, quand l'art remplace son public d'élite par une foule sans choix, les conseils éclairés, les encouragements raisonnés, par des applaudissements banals et des encouragements aveugles, les uns et les autres distribués sans discernement, sans réflexion, sans cœur. Quel a donc été le refuge, le protecteur, la planche de salut des artistes, à ces moments critiques de l'envahissement de la finance? La cour, qui servait de guide et de continuel moniteur aux uns et aux autres. Sans doute, la cour, au déclin du règne de Louis XV, n'était plus ce qu'elle avait été sous les Valois et sous Louis XIV; mais c'était encore la cour, un centre fixe des traditions de l'élégance. Les maîtresses de nos rois, tant qu'elles sortirent du sein de leur cour, en étaient une émanation, altérée sans doute au point de vue moral, mais très-distinguée sous le rapport de l'élégance; et quand le souverain ou les princes du sang portèrent leurs faveurs dans les coulisses de théâtre, dans la rue même, la seule ambition de ces filles perdues fut d'imiter et de suivre les manières et les modes de la reine, des princesses et des grandes dames de la cour. Mme de Pompadour, toute parvenue qu'elle était, avait trop d'adresse pour ne pas mettre ses manières au niveau de ses titres; d'ailleurs femme de goût, artiste même, elle se servit de ses heureuses dispositions dans les arts pour exercer sa séduction la plus durable sur l'esprit du roi. Pendant vingt ans de domination, son influence ne fut pas nuisible au progrès des arts, et son goût pour le luxe élégant, pour la magnificence dans des limites que la distinction accepte, et plus particulièrement sa prédilection pour une certaine perfection, poursuivie en toutes choses, furent très-utiles au développement de l'industrie. Je ne citerai à son honneur que deux faits, me réservant un jour de caractériser l'influence de cette femme, pour mieux prouver que les princes et leurs entours n'ont besoin que de sentir les arts pour les faire fleurir, et qu'un peu de goût lutte victorieusement, comme il l'a fait sous Louis XV, contre la dépravation des mœurs, le désordre administratif et les malheurs de la guerre. Ces deux faits, favorables à la marquise, et qui la défendront toujours contre ses détracteurs, ce n'est rien de bien supérieur; mais c'est quelque chose qui lui appartient en propre, sans mélange de vanité personnelle, de besoin de popularité ou de souci de sa position particulière : c'est d'avoir ranimé le bel art de la gravure en pierres fines, et d'avoir donné le jour, l'essor et le caractère le plus charmant à la nouvelle manufacture de porcelaines de Sèvres. Il lui était même réservé de comprendre que l'homme chargé de diriger les beaux-arts devait, avant d'entrer en charge, faire un apprentissage sérieux de cette délicate matière. Mme de Pompadour avait fait nommer à la place de directeur général des bâtiments du roi, qui était une véritable direction des beaux-arts, l'oncle de son mari, M. Lenormant de Tournehem, en attendant que son propre frère, Anne-François Poisson, marquis de Marigny, pût l'occuper; mais elle exigea que celui-ci, qui n'avait alors que vingt-cinq ans, allât, pour se préparer à entrer dans cette charge, faire un voyage en Italie avec l'architecte de talent Soufflot, ancien pensionnaire de l'Académie à Rome, avec Cochin le graveur, homme d'esprit, et l'abbé Leblanc, connu par son goût, son érudition et son maintien convenable. Ce n'était certes pas remplir toutes les conditions de l'emploi; mais, à la façon dont on choisissait les titulaires, on doit lui savoir gré de ce soin. M. de Marigny revint à Paris en septembre 1751, et entra immédiatement dans sa charge, devenue naturellement vacante par la mort de M. de Tournehem. Il dirigea les beaux-arts pendant plus de vingt ans, avec une certaine sagacité, et il exerça une bonne influence dans des temps difficiles et au milieu de tiraillements infinis. Son successeur, qui ne fit heureusement que passer, fut, en 1773, l'abbé Joseph-Marie Terray; il ne fut pas plus ridicule dans cette charge qu'à la tête du ministère de la marine, et il y fit moins de mal qu'au ministère des finances, parce qu'il s'en déchargea plus tôt. Il était tout simple que les arts fussent dirigés par un pareil faquin, quand la cour était dominée par une drôlesse de l'espèce de Mme du Barry; mais, dès l'avénement de Louis XVI, nous le voyons remplacé par le comte Charles-Claude La Billarderie d'Angiviller. Le nouvel intendant des bâtiments avait moins vu, dans le but de s'instruire, que M. de Marigny, moins étudié dans l'intention de remplir sa chargé; mais il était homme d'esprit, et, aidé par sa femme, qui joignait la grâce d'une intelligence vive au charme des manières, il eut sur les artistes non pas l'autorité, mais l'influence que la distinction exerce involontairement, et dans les arts une initiative souvent heureuse. Ne doit-on voir qu'une flatterie, peut-on trouver l'expression d'un sentiment public dans le sujet que l'Académie donna à J.-B. Suvée pour son tableau de réception en 1780 : *La liberté rendue aux arts sous le règne de Louis XVI, par les soins du comte d'Angiviller?*

Ce maintien des bonnes traditions dans l'architecture française, cette influence salutaire de la cour sur la mode, et ce réveil du bon goût dans un public qui animait par ses achats les arts et l'industrie, coïncident avec deux événements qui prennent une place imposante dans cet historique des variations du goût : la découverte fortuite d'Herculanum, en 1713, et surtout la découverte cherchée, tant on en avait besoin, de Pompeï, en 1755. Cette résurrection vivante et palpable de l'antiquité fut suivie d'un mouvement littéraire et archéologique dont l'influence a été d'autant plus grande qu'il se propagea presque instantanément dans le monde civilisé. L'Italie fut bien le théâtre de ce changement des goûts et des tendances de l'Europe entière, mais le théâtre seulement; la pièce se jouait à Rome et à Naples par des acteurs étrangers, et le véritable auditoire était de ce côté des Alpes.

Il est difficile d'établir les droits de chacun dans la victoire, quand tout le monde a bien fait dans la bataille. Semblable à un chef d'armée, j'indiquerai seulement dans ce bulletin les plus braves parmi les braves. La littérature, comme dans toutes les grandes transformations sociales, a ouvert le feu. Les hommes de cœur sentaient le besoin de secouer l'affadissement causé par ces voluptés mythologiques et ces amours poudrés. Montesquieu, J.-J. Rousseau, l'abbé Vertot, Mably, réveillèrent l'esprit public. L'archéologie, c'est-à-dire la littérature et l'érudition appliquées aux arts, fit écho : en Allemagne, Lessing et Heine, dans des ouvrages qui comptent encore; en France, le comte de Caylus, l'abbé Barthélemy et leurs collègues de l'Académie des inscriptions; en Italie, en Allemagne et même en Espagne, Raphaël Mengs, peintre érudit qui professait mieux qu'il ne peignait, enfin son ami Winckelmann, inventeur d'une méthode d'investigation aussi judicieuse que féconde. Les arts avaient été étudiés par des hommes d'imagination et décrits par des poëtes; cette fois, un historien, un géographe, un esprit systématique les juge, indique les caractéristiques particulières à chaque école, les manières propres à chaque artiste, classe les unes, groupe les autres. Winckelmann attend aujourd'hui son complément, un collaborateur instruit par les nouvelles découvertes à être moins absolu, et par la pratique des arts à se passionner davantage; mais alors c'était un monde nouveau découvert par la méthode. Ses émules étaient, à Rome, Seroux d'Agincourt et le père des Visconti; à Naples, W. Hamilton, le grand collecteur des vases peints et des antiquités de toute nature. Mais tout aussitôt on franchit les limites de l'Italie, on dédaigne cet art grec corrompu, mélangé, rendu incertain; on va à la source. Dès 1754, l'architecte français David Le Roy, historiographe de l'Académie d'architecture et professeur de son école royale, allait à Athènes étudier les monuments du siècle de Périclès, et publiait, dès son retour, le résultat de ses intéressantes recherches, en même temps qu'il en faisait le programme de son cours. On se tromperait si l'on appréciait son enseignement d'après les gravures de son ouvrage; il comprenait mieux l'art grec qu'il n'avait su le reproduire. Comme ces chants qui résonnent complets dans la tête et que la voix rend incomplétement, ainsi Le Roy, incapable de dessiner les monuments de l'Attique avec la pureté rigide qu'ils exigeaient, avait compris le vrai caractère de leur beauté et l'enseignait à ses élèves. D'ailleurs, suivi bientôt à Athènes par les architectes anglais Stuart et Rewet, et la bande d'artistes distingués qu'emmène avec lui le comte de Choiseul-Gouffier, il put se servir des belles planches de leurs ouvrages et offrir à ses élèves l'exemple à côté de la leçon. Les jeunes architectes s'enthousiasmèrent à sa parole et n'admirent plus d'autre modèle que l'art grec; ils prétendirent même corriger ce qu'il y avait d'indécis dans ses dessins et de trop pittoresque dans sa manière de comprendre l'antique, et ils substituèrent à une souplesse peut-être trop grande, à une ampleur un peu large, une précision qui touche à la sécheresse et à la maigreur. L'architecte Peyre était déjà atteint de ce défaut.

L'Académie de peinture et de sculpture ne pouvait rester et

ne resta pas insensible à cette impulsion générale de rénovation du goût, à cette tendance bien caractérisée d'un retour décidé vers l'antique. Vien obtenait en 1743 le grand prix de peinture et partait pour Rome; on sait quelle a été sa voie, sa direction, son influence. Ses élèves les plus célèbres furent Vincent, Regnault et David. Ils montrèrent de bonne heure quelles étaient les nouvelles tendances de l'Académie, et le dernier d'entre eux trahit seul les déviations qu'elle avait à craindre, et sur lesquelles était dirigée son attention vigilante. Lisez les conseils donnés au jeune David par les académiciens Chardin, Joseph Vernet, de la Tour, Lagrenée et Cochin : quelle prévision sage des dispositions heureuses et des travers menaçants de cette nature révolutionnaire et servile! Alors il était encore à la recherche des qualités du peintre, qui l'avaient fait choisir, avant son départ, par mademoiselle Guimard pour terminer dans sa demeure un plafond que Fragonard n'avait pu achever : il cherchait avec quelque bonheur à associer la couleur et la grâce de ses maîtres, la vérité de la nature et l'étude des grands modèles de l'antiquité; mais il était porté à négliger, à renier les modernes, à exagérer l'imitation de l'antique, et les académiciens l'avertissaient sagement des fausses tendances qui furent ses grands défauts.

C'est en s'associant à cette même régénération que Louis XVI décida, en 1775, qu'un crédit serait consacré à la commande de tableaux d'histoire. Pour bien apprécier cette mesure, qui était une innovation, il faut examiner dans quelles circonstances elle fut prise. L'aristocratie de naissance avait renoncé, en même temps que la cour, à représenter et à tenir son rang. Depuis que le roi vivait dans les petits appartements de Versailles avec ses maîtresses, les seigneurs de la cour s'étaient fait construire de petites maisons où ils ne voyaient pas meilleure compagnie. Aux salons avaient succédé les boudoirs, et comme, faute de vastes galeries, on ne commandait plus de grande peinture, les artistes en étaient réduits à faire des dessus de porte et des statuettes de candélabres. L'aristocratie financière n'était pas plus favorable aux arts ; trop amoureuse de ses aises, et pas assez préoccupée des obligations de toute aristocratie, elle adoptait comme une loi de la mode et du bon ton ce que la cour avait fait naître par insouciance de ses devoirs, et c'est ainsi que l'abandon du style, autorisé par les uns, fut poussé jusqu'au dévergondage de la licence par les autres. Toutes les hautes aspirations de l'artiste étaient répudiées ; plus on négligeait l'étude sérieuse de la nature, plus on affectait d'étaler des nudités dans leurs grâces de convention et dans leurs types affectés. Ce fut une déviation fâcheuse ; on ne pourrait y voir une décadence sans ressources, car les qualités les plus délicates, les plus rares, de l'école française se retrouvaient dans ces œuvres de boudoir. Et pour sentir qu'il y avait dans ces tableaux une habileté de pinceau, une fraîcheur de coloris, des conditions de vie, des ressources d'arrangement et de grâce, une puissance de naturel qui ne se rencontrent que chez les peintres les mieux doués, il faut examiner attentivement un Boucher, quand le peintre a le temps d'être lui-même, comme dans les Baigneuses du Louvre ; un Fragonard, avant que la mode l'ait entraîné ; un Hubert Robert, quand il est obligé de peindre la nature ressemblante ; un Greuze enfin, quand, renonçant au pathétique, il consent à être naturel à sa manière.

Louis XVI, en introduisant à Versailles la dignité et la morale, voulut montrer à sa cour dans quel sens elle devait influencer les arts ; il espérait donner aux artistes une ambition plus haute, une direction plus noble. Dans ce but, il institua, comme je viens de le dire, les commandes de tableaux et de statues. Déjà, sous Louis XV, M. de Marigny, pressentant les effets d'un abaissement du goût assez général, avait cherché un contre-poids dans des commandes faites aux artistes. Je ne parle pas de la suite des ports de France peints par Joseph Vernet, de 1753 à 1763 : c'était une heureuse pensée qui ne pouvait avoir d'influence sur l'école ; mais il s'agissait d'obvier aux petites tendances de la noblesse et de la finance, de faire renaître les anciennes habitudes de l'aristocratie, qui chargeait les peintres les plus habiles de couvrir ses habitations de ville et de campagne de nobles compositions tirées de la mythologie et de l'histoire ancienne, surtout de faire rentrer les artistes dans les voies élevées de la grande peinture. Dans ce but, l'intendant général des bâtiments commanda une suite d'immenses tableaux qui, faute d'emploi, après avoir servi de modèle aux ouvriers des Gobelins, s'en allèrent en rouleaux garnir les greniers de la manufacture. La mauvaise tendance de l'école était une recherche vaine de la facilité en toutes choses, la destination de ces commandes eut le tort de l'encourager; Louis XVI eut en vue le même but, mais il s'y prit autrement pour l'atteindre. Désirant ramener les peintres aux études sévères, à la peinture sérieuse, il commanda des tableaux de moyenne dimension destinés à la décoration des édifices publics, et il chercha lui-même dans l'histoire les sujets les plus propres à chasser des ateliers de peinture la mythologie poudrée et la galanterie éhontée : à Vincent il commanda de peindre le président Molé résistant à l'émeute; à Rigault, l'éducation d'Achille; à David, le serment des Horaces. Une somme de 6,000 francs était allouée pour chacun de ces tableaux. Y avait-il alors un meilleur moyen de tirer l'école française de l'ornière où elle était tombée? Suffit-il de démontrer l'influence fâcheuse du système de protection par les commandes pour condamner la mesure prise par Louis XVI? Je crois qu'il y aurait justice à reconnaître que l'intention était excellente, et que le moyen eût été efficace, s'il avait pu être sagement développé et toujours surveillé par l'ensemble des institutions et par les influences qui dirigeaient alors les arts. Ce moyen, d'ailleurs, devait être passager et disparaître après avoir donné l'exemple et l'avertissement.

En même temps qu'on offrait aux travaux des artistes un but plus élevé, on pensa qu'il était urgent de ramener le goût des bonnes traditions en renouvelant les modèles des maîtres offerts à l'attention du public et à l'étude des élèves. On se rappelle que Louis XIV avait rendu publique sa collection de tableaux, en se réservant le droit d'en placer un certain nombre, à tour de rôle, dans ses appartements. Il n'avait pas abusé de cette réserve; mais son petit-fils s'était montré moins scrupuleux, car, après l'entrée gratuite accordée aux artistes en 1750, les plus beaux tableaux exposés au Louvre avaient peu à peu émigré à Versailles. Tel est l'abus que Louis XVI détruisit, en ordonnant de recomposer la collection royale et de l'ouvrir au public dans les salles du Louvre, sous le titre de Muséum. A lire les éloges que le surintendant d'Angiviller recueillit à la seule annonce de cette sage mesure, on peut comprendre combien elle était nécessaire, tant la culture et le goût des arts avaient pris d'extension. En effet, l'initiation du grand nombre à l'instruction, aux sciences et aux arts était entrée déjà dans cette voie progressive dont le développement se continue de nos jours. L'Encyclopédie circulait dans toutes les mains; Lavoisier, Berthollet, Guyton, Vauquelin, Fourcroy, ne faisaient plus de la science un arcane; les découvertes des laboratoires, les procédés de l'industrie, l'histoire des sciences et les monuments des arts étaient mis à la portée de tous dans le *Portefeuille de l'Enfance*, publié en 1783 par Duchesne, et dans d'autres ouvrages élémentaires : il était donc nécessaire de mettre l'enseignement des arts dans cette voie populaire, tout en dirigeant les artistes dans les voies supérieures.

C'était aux élèves de Vien, devenus membres de l'Académie, qu'étaient échues les premières commandes du roi, et on peut juger par leurs œuvres de la direction que ce corps donnait dès lors aux arts. Le tableau de Vincent, exposé en 1779, est une grande page historique qui réunit des qualités rares d'habile composition, de vie palpitante, de couleur et d'effet; l'*Éducation d'Achille* est un tableau du style le plus élevé, puisqu'il suppose chez Regnault, en 1783, un fond solide d'études classiques les plus sérieuses, en même temps qu'une originalité puissante et toutes les qualités d'un grand peintre; enfin le *Serment des Horaces*, exposé au salon de 1784, a de grandes qualités de dessin et de composition. Ce dernier tableau fit beaucoup parler, non pas parce que David répudiait les manières de Boucher, son parent, et de Vien, son maître, qu'il avait suivies à ses débuts, non pas parce qu'il était conforme au mouvement imprimé par l'Académie elle-même, mais parce qu'il exagérait cette tendance par son côté théâtral, par l'imitation stérile du bas-relief, par une réaction brusque dépassant le but, au lieu et place de cette pente insensible qui permet aux principes nouveaux d'entrer et de se fondre dans l'originalité individuelle. Pour graver ces tableaux selon l'esprit de leurs auteurs, l'Académie formait le jeune Bervic. Elle en faisait d'abord un dessinateur consommé, puis un peintre, et, avec ces qualités indispensables à l'art de la gravure, un excellent buriniste, qui lui présentait, en 1784, *la Demande acceptée,* d'après Sylvestre, et, peu d'années après, le portrait en pied de Louis XVI, dans lequel la majesté royale est magnifiquement rendue par la majesté du burin.

L'enseignement du dessin dans les écoles avait besoin de se régénérer. Il lui manquait de bons modèles. Le peintre du roi, Le Barbier l'aîné, élève de Pierre, premier peintre du roi, en donna de nouveaux qui étaient remarquables par une fermeté inusitée, par un accent vrai de l'étude du modèle et par l'habileté des procédés de gravure à la roulette qui reproduisait parfaitement l'allure aisée du crayon. En comparant aujourd'hui ces vieux modèles à ceux que Jullien, Coignet et d'autres habiles dessinateurs donnent aux élèves, on les trouve inférieurs sous quelque rapport, mais on comprend quelle fut leur utilité et quel a été alors le mérite de l'académicien Le Barbier en ouvrant cette voie de progrès.

La sculpture avait plus souffert que la peinture de l'abandon de ses protecteurs naturels. La sculpture est un art sévère; quand elle sourit, c'est avec gravité : son rire est une grimace. Pour entrer dans les boudoirs, pour décorer les temples de l'Amour, pour réussir dans la céramique à Sèvres ou dans les bronzes chez les fondeurs, la plupart de nos sculpteurs avaient adopté les types à la mode, la nature conventionnelle qui seule était comprise, et les sujets galants qui seuls avaient la vogue. Que de grâce ainsi perdue, que de charme galvaudé, que de facilité, d'abondance et de souplesse mal employées! Bouchardon, Pajou, Clodion, et tant d'autres talents, que vous m'inspirez de regrets! La sculpture, heureusement, trouve dans ses blocs de marbre, dans ses rudes outils, dans la nature même de ses artistes, une résistance aux entraînements de la mode, qui permit à des hommes comme Pigalle de résister au courant du dévergondage de 1750. Le charmant Mercure, qui attache ses talonnières, dont nous n'avons qu'un moule en plomb dans les jardins du Luxembourg, est marqué de l'année 1748 sur le marbre du musée royal de Berlin. Ces conditions de la sculpture permirent aussi à des hommes comme Houdon de suivre le mouvement vers l'antique imprimé par l'Académie, sans sacrifier les bonnes traditions de l'école et l'originalité propre à l'artiste. Quand on examine le Voltaire assis, statue exposée par Houdon en 1779, on sent que la réforme de l'art est là tout entière dans son retour décidé à la noblesse du style, par l'étude attentive de la nature associée aux réminiscences heureuses des beaux modèles de l'antiquité. Le roi avait décidé qu'il commanderait tous les deux ans quatre statues des grands hommes qui font la gloire de la France, et que ces statues seraient destinées à la décoration des monuments et des places publiques. Cette résolution, toute nouvelle, fit beaucoup parler à cette époque. Les artistes se préoccupèrent du choix des sculpteurs, les gens de lettres du choix des personnages. La correspondance de Voltaire, de La Harpe et de plusieurs autres, en conserve la trace. En 1775, on demanda la figure de Descartes à Pajou, celle de Fénelon à Lecomte, celle de Sully à Mouchy et celle du chancelier de l'Hospital à Gois. Ces quatre statues étaient terminées en marbre, plus grandes que nature, et exposées en 1777. Dans les années suivantes le roi commanda à Pajou le Bossuet et le Turenne, à Jullien le La Fontaine et le Poussin, à Houdon le Voltaire et le Tourville, à Dejoux Catinat, à

Roland Condé, à Caffiery Corneille. Je n'ai pas d'espace pour apprécier tous ces ouvrages des anciens académiciens, mais je dois dire que, toutes les fois que je les trouve sur mon passage, ils m'imposent cette question importune : Nos sculpteurs feraient-ils mieux aujourd'hui, j'entends d'une noblesse plus vivante et d'une vie plus noble? L'Académie et son école avaient-elles donc tant besoin de la réforme du peintre David, et celle-ci lui a-t-elle bien profité? Je le demande au plus prévenu.

Sous l'ancienne monarchie, à l'époque dont nous parlons, l'Académie, ou plutôt le corps des peintres de Paris, n'exerçait pas une influence exclusive et ne représentait pas à lui seul toute l'école française; la province avait son initiative, et, comme Paris, elle poursuivait une réforme sage dans l'enseignement de la jeunesse et dans toutes les manifestations du goût. Je ne suivrai pas ces auxiliaires utiles de la capitale; il me suffira de citer comme exemple Constantin, le peintre habile, directeur de l'école gratuite de dessin d'Aix en Provence, qui forma Granet, le simple fils d'un maçon, et François Devosges, le directeur de l'école de dessin de Dijon, qui s'était appliqué à chercher dans l'étude de l'antique et dans l'imitation de la nature les éléments de l'art, en conservant la grâce et le naturel, en rehaussant son dessin de tout le charme d'un coloris vrai, instinctif et pris sur le fait. Bien des élèves sortirent puissants déjà de cet enseignement, et étant restés eux-mêmes : Ramey, Rude, Naigeon et Prud'hon sont du nombre. Quand Devosges sentit qu'il avait appris à Prud'hon tout ce qu'il savait lui-même, il l'envoya sur le grand théâtre, à Paris, en 1778. On sait bien peu de la vie de Prud'hon, mais il y avait alors dans la capitale vingt peintres chez lesquels il pouvait recueillir, comme chez Devosges, les vieilles traditions de notre bonne école française : traditions d'arrangement facile dans la composition, de coloris peut-être trop léger, mais singulièrement vif, frais et transparent; traditions surtout de charme et de distinction, l'essence du talent de Prud'hon, mais qui l'auraient laissé dans cette foule qui prodiguait tant de talent dans les vignettes des livres, dans les plafonds, les dessus de porte et les panneaux de voiture, si les institutions provinciales, favorables aux arts, n'avaient pas veillé sur les jeunes talents, pour leur fournir les moyens de développer leurs facultés naturelles dans les conditions les plus propices. Les États de Bourgogne envoyaient en Italie les meilleurs élèves de leur école de dessin, Prud'hon fut choisi et partit en 1780 pour passer cinq ans au milieu des chefs-d'œuvre de l'art, sous un ciel et dans un pays enchanteurs. Le nouveau pensionnaire travailla peu de ses mains, mais il ne cessa de travailler de sa tête. Au lieu de s'enfermer pour copier les maîtres, il visitait les monuments, parcourait les collections, entrait dans les églises, vivait en plein air, se servant de l'observation comme d'un maillet qui enfonçait dans son cœur toutes ces beautés d'un art ancien qui a tant produit, toutes ces beautés d'une race vivante qui semble, par son type, ses attitudes, sa noblesse et sa grâce, avoir juré à l'antiquité de transmettre aux races futures, avec les œuvres de ses artistes, des traditions analogues de distinction et de beauté.

J'aime à me figurer ce mouvement naturel de rénovation s'opérant au sein même de l'Académie et de la monarchie, sans pression violente, sans intervention tyrannique, par concessions mutuelles, de telle sorte qu'on adopte un style nouveau sans perdre aucune des qualités anciennes. Si, à ce moment de jonction toujours scabreux, la critique des archéologues et la facilité des voyages avaient permis de reconnaître dans l'art romain une fausse et froide imitation de l'art grec, avait permis aussi de rechercher et de prendre pour unique modèle les délicieuses productions de l'Attique, depuis l'école d'Égine jusqu'au développement de l'art sous l'influence de Praxitèle, on ne sait vraiment ce qu'eût produit la peinture légère si distinguée des Chardin, Drouais, Restout, Van Loo, Boucher, Natoire, Lagrenée, Robert, Lepicié, Fragonard, Greuze, fondue avec ces nobles réminiscences et ramenée par l'étude plus vraie de la nature à la recherche de ce style élégant; on tressaille involontairement en pensant à l'accord heureux qui pouvait s'établir entre les mille qualités abondantes, et même naturelles dans le style maniéré à la mode, de nos sculpteurs, tels que Guill. Coustou, Lemoyne, Pigalle, Bouchardon, Allegrain, Falconet, Houdon, Pajou, et les séduisantes sculptures de l'Attique, sévères et gracieuses dans l'école d'Égine, gracieuses et sublimes dans l'école d'Athènes sous Phidias, gracieuses et encore belles dans l'école de Praxitèle; car c'est là l'idée nouvelle et souverainement juste qu'il faut se faire de la souplesse de l'art grec, gracieux jusqu'au maniérisme, coquet jusqu'à l'affectation, mais toujours noble et sachant n'être sévère que lorsque le lieu ou la destination l'exige. Je n'hésite pas à l'affirmer : l'antiquité grecque, la véritable antiquité ainsi comprise, assurait aux dernières années du xviii° siècle une renaissance des arts qui eût dépassé les grandes renaissances antérieures.

Quoi de plus naturel! On ne crée pas une ère nouvelle dans les arts, on suit la grande marche de l'humanité ; on la fait dévier quelque peu, on l'accélère ou on l'entrave. La réaction révolutionnaire de 93, à laquelle David a attaché son nom, se serait faite sans lui, et la réaction romantique qui l'a suivie en aurait été sans lui la conséquence inévitable; seulement, sans la révolution qui lui donna une autorité terrible, David, d'accord avec l'Académie, modérait son action et mettait en œuvre ses principes avec toutes les concessions de sentiment et de séduction qu'ils comportaient. Il aurait été comme le Poussin, et comme M. Ingres de nos jours, une protestation féconde en faveur des règles immuables du grand art, laissant à la multitude l'exagération qu'il a prise maladroitement à son compte.

La révolution éclata au milieu de ce mouvement salutaire de réforme sage, de régénération prudente et patiente. Comme la faux de la mort qui passe, aux jours des grandes épidémies, sur une population consternée, la révolution renversa tout sur son passage, les institutions du pays et les associations de l'industrie ; elle effaça les souvenirs historiques en dévastant les églises, ces musées du peuple, et les monuments, ces modèles de l'art, en saccageant les archives de l'État et des familles, les bibliothèques publiques et particulières ; elle rompit toutes les traditions, celles des élèves en fermant les écoles, celles des maîtres en supprimant les académies, celles des ouvriers en fermant les manufactures royales, en désorganisant la famille industrielle, et, pour comble de dérision, elle proclama l'indépendance de l'art et de l'industrie, qui n'étaient pas esclaves, au moment même où elle anéantissait, par l'échafaud et par l'exil, la société distinguée qui en avait été la généreuse et intelligente protectrice.

Je ne peindrai pas inutilement le tableau de cette vaste destruction ordonnée par les décrets, encouragée par des ministres, organisée par les autorités locales, louée, comme un acte du plus beau civisme, par le chef de l'école lui-même, qui demande qu'on enchâsse dans le monument de Lille les débris de marbre des effigies de rois et qu'on frappe avec le bronze de leurs statues des médailles patriotiques. Était-il besoin de tant d'encouragements et de recommandations pour animer la verve destructive des masses ?

Au milieu de cette tourmente, l'Académie de peinture et de sculpture semblait devoir être épargnée ; elle avait, dès l'avénement de Louis XVI, introduit dans ses statuts et dans son enseignement de sages réformes, et, quoiqu'elle eût résisté aux réformes insensées, elle n'avait pas encouru la haine populaire, qui passait par-dessus sa tête pour atteindre la monarchie ; cependant elle succomba comme la royauté. Pressentant peut-être ce sort fatal, elle avait fait, en 1791, une sorte d'exposition rétrospective, dans laquelle les ouvrages exécutés depuis 1789, date de la dernière exposition, se rencontraient avec des œuvres déjà antérieurement exposées. La compagnie, comme à la veille d'un combat ou d'un départ, semblait vouloir se compter. Si près de sa condamnation, elle recueille des témoignages qui peuvent parler en faveur de sa sage direction de l'enseignement et du goût.

Il existe sur cette phase de désordres des documents nombreux, des renseignements complets : on a beaucoup parlé, et le *Moniteur* a tout enregistré ; on a beaucoup écrit, et rapports, mémoires, appels, ont été imprimés. A la lecture de toutes ces déclamations, un esprit candide peut croire que jamais la France n'a été plus exclusivement occupée des arts, plus dévouée à leur culte, plus attentive à conserver les grands modèles, plus ingénieuse à solliciter le sage progrès ; un esprit quelque peu perspicace découvre bien vite le vide sous cet échafaudage de projets mal conçus et mal digérés ; il estime à leur valeur tant d'idées vulgaires, tant de conceptions dépourvues de toute sanction de l'expérience ; il entend des phrases sonores, mais il voit le néant de ces emphatiques programmes, escortés de la spoliation brutale, de la dilapidation sauvage, de la destruction sans motif comme sans pitié. Toutefois, de même que l'athéisme est un hommage rendu à Dieu, de même aussi cette montagne artiste, qui fait tant de bruit de son prochain enfantement, est la reconnaissance des généreux efforts de la monarchie et des résultats obtenus par dix siècles de sollicitude éclairée. Il fallait, en effet, qu'elle eût mis les arts en grand honneur, qu'elle eût fait de la France une nation bien décidément artiste, pour qu'au milieu de si épouvantables bouleversements cet intérêt fût resté aussi vivace, fût devenu une obligation, un devoir pour tout Gouvernement, même pour celui de Robespierre.

Dans cette tourmente, les cerveaux exaltés enfantaient projets sur projets ; un seul fut réalisé, c'est le monument expiatoire de Marat sur la place du Carrousel. Des témoins m'ont dit que c'était une honteuse turpitude ; parmi les programmes, j'en citerai un qui me paraît résumer l'extravagance de ces imaginations :

« 27 brumaire an II de la République.

« La Convention nationale décrète ce qui suit :

« Art. 1er. Le peuple a triomphé de la tyrannie et de la
« superstition : un monument en consacrera le souvenir.

« Art. 2. Ce monument sera colossal.

« Art. 3. Le Peuple y sera représenté debout par une statue.

« Art. 4. La victoire fournira le bronze.

« Art. 5. Il portera d'une main les figures de la Liberté et de
« l'Égalité, il s'appuiera de l'autre sur sa massue. Sur son front
« on lira *lumière*; sur sa poitrine, *nature*; sur ses bras, *force*;
« sur ses mains, *travail*.

« Art. 6. La statue aura 15 mètres.

« Art. 7. Elle sera élevée sur les débris amoncelés des idoles
« de la tyrannie et de la superstition.

« Art. 8. Le monument sera placé à la place occidentale de
« l'île de Paris.

« Signé : Bouchotte et Danton. »

Les artistes étaient dispersés, les uns en émigration, les autres à l'armée ; il n'y avait dans les assemblées que des hommes de lettres, et quelles lettres ! aussi ces programmes sont-ils tous entachés des mêmes défauts, dont le moindre est d'être impraticables. Dans tous, les dimensions sont colossales, c'est la beauté du vulgaire ; dans tous, la disposition et la forme pittoresque manquent, les inscriptions doivent y suppléer ; mais pourquoi s'attacher à prouver que les troubles politiques sont incompatibles avec le développement des arts? Qu'il suffise de savoir qu'une exposition des beaux-arts et un grand concours eurent lieu en 1793. Tous ceux qui se présentèrent furent admis à cette exposition, qui excita le même dégoût, les mêmes rires que l'exposition de 1848. Cent huit prix furent distribués aux plus méritants : c'était une aumône, et rien n'est resté de ce concours. Le muséum que préparait M. d'Angiviller par ordre de Louis XVI n'était pas encore ouvert. Des obstacles de toute nature s'opposaient, sous la monarchie, au déplacement des objets d'art qui décoraient les résidences : ici c'était le gouverneur qui se mettait en travers, là un personnage puissant qui obtenait un ajournement ; et comme personne à la cour ne doutait de l'éternité de la monarchie, on ne se pressait pas, même pour les réformes les plus désirées. Le gouvernement républicain ne connaissait pas ces difficultés, et la Convention décréta, le 27 juillet 1793, que *le muséum de la République serait ouvert le 10 août dans la galerie qui joint le Louvre au Palais National.* Cela fut fait à la hâte. On avait amassé dans les grands dépôts des jésuites, des capucins et des cordeliers ce qui avait été sauvé du pillage des résidences royales et ce qu'avaient produit les confiscations opérées dans les demeures des émigrés et des victimes. Une commission, dite des savants, sous la présidence de l'excellent duc de La Rochefoucauld-Liancourt, présidait à la conservation de ces dépôts; mais, en dépit de cette apparence d'ordre, la ruine, la rapine et l'ignorance plus barbare encore passèrent par là, si bien que des tableaux comme la délicieuse halte de chasse de Carle Vanloo, du musée du Louvre (n° 329), furent mis au nombre de ceux *qui n'avaient pas été trouvés assez beaux pour être conservés,* et combien d'autres non moins précieux sont perdus sans retour! A l'ouverture du musée, 537 tableaux et quelques objets d'art représentèrent la fortune publique; on se rappelle les 2,500 tableaux mis à la disposition des artistes par Louis XIV : le progrès n'était pas grand.

Revenons à l'Académie. Cette institution inoffensive et utile, élastique par sa constitution même et accessible à tous les artistes par les suffrages entre pairs, pouvait très-facilement s'harmoniser avec les institutions républicaines et continuer d'être pour les arts un centre d'action, qui aurait été salutaire et dont on avait grand besoin. Aussi personne, parmi les représentants du peuple, ne songeait à la détruire. David, à lui seul, fut sa convention et son bourreau. Ses collègues lui écrivent pour le prier de remplir ses fonctions de professeur adjoint; il répond laconiquement et avec emphase : *Je fus autrefois de l'Académie,* et en même temps le confrère ingrat fait un 10 août, dans la salle du Louvre, contre cette institution sans défense; il prononce de son chef une dissolution que les assemblées n'avaient pas voulu décréter. De ce moment, le souvenir même de l'Académie fut impopulaire : elle fut honnie dans le passé, et si bien mise hors la loi que les jeunes artistes, aux expositions de 1793, 94 et 95, ajoutaient sérieusement à leurs noms, au lieu d'indication d'école et de maître : « un tel, élève de la nature et de la méditation. »

David désormais prend la haute direction. N'oublions pas qu'en 1791 déjà, lorsqu'on déposa le corps de Voltaire au Panthéon, la révolution était aussi complète dans les arts que dans la politique. Le cortége était tout à l'antique, et les costumes de la vieille Rome circulaient déjà dans les rues avec la réserve imposée par l'ordre établi, mais avec un succès qui n'attendait pour donner l'essor aux réformes les plus radicales que la rupture de toutes les barrières et l'abandon des traditions. David arrivait donc au moment dangereux où une idée saine, admise généralement et poussée dans une voie de progrès, ne peut plus éveiller l'attention que par son exagération; il arrivait à une époque surtout où l'esprit du changement favorisait les tentatives les plus absolues et les plus absurdes. Artiste habile à saisir ce qu'il voit, esprit systématique qui ne voit pas plus loin que les limites fixées par son système, politique fanatique, ambitieux sans conviction, caractère faible, David avait vu un moyen de succès et de popularité dans une opposition tranchée à la marche lente de l'Académie; il ne comptait pas faire autre chose que ce qu'elle voulait faire modérément : il le fit brutalement, et, tout en condamnant les principes de ses anciens confrères, il en prôna l'exagération. Si son autorité s'était appuyée seulement sur ses formidables amitiés, elle eût eu leur sort; mais elle résidait dans sa nature même. David avait le don de la domination sur les élèves, et il l'exerça sans conteste pendant quinze ans. Quelle a été son influence? Bonne et mauvaise. Du milieu du désordre faire entendre un cri de ralliement, de l'abandon de toute doctrine faire surgir une doctrine, au sein de la dispersion de l'enseignement créer un centre d'études sérieuses auquel vînt se rattacher une partie de la jeunesse artiste de l'Europe, c'est là un mérite que rien ne peut détruire, ne fût-ce que le mérite de l'homme qui sauve ses compagnons de la fureur des flots après avoir, par son impéritie, causé leur naufrage.

Telle est la bonne part de son influence; voici la mauvaise : une réaction violente, mesquine, contre tout ce qui venait de l'ancienne Académie, une exagération absurde de la réforme qu'elle avait entreprise elle-même, réforme de logicien sans âme qui consista bientôt à répudier les qualités les plus éminentes de notre école, la couleur, l'effet, l'arrangement souple et facile de la composition, pour leur substituer comme étude l'imitation servile de la statuaire romaine, comme exécution la froideur de simples grisailles et les lignes du bas-relief. Chacun des tableaux de David semble une scène finale sur laquelle la toile du théâtre tarde à tomber. Cela est arrangé d'après des règles, posé suivant des conventions, et si bien disposé en éventail, qu'il semble qu'un public jaloux de ses prérogatives se soit fait entendre à l'artiste en criant face au parterre. Une seule fois il a peint avec son cœur, c'est en représentant Marat baigné dans son sang; une seule fois il a rencontré un sujet qui convenait à l'exagération de son système, c'est lorsqu'il fit le tableau de la cérémonie du couronnement de l'empereur. Quand on met le pied dans le faux, il vous saisit comme un engrenage : le corps, le cœur et la tête y passent. David avait nié les grâces naturelles, l'art puisé dans un mélange de modèle antique et de vie réelle; il dédaignait la couleur, il repoussait la touche, il niait l'effet, c'est-à-dire toutes les qualités natives du peintre et toutes les habiletés acquises par le métier; la peinture dans son école, plus encore que dans ses tableaux, se polit comme de la porcelaine, se lave comme un verre d'auberge fraîchement rincé, la vie s'échappe des êtres animés, la sève des arbres, le soleil de toute la nature; et de grandes statues, moins que cela, des figures de bas-relief, se promènent comme des ombres dans un paysage d'opéra fait de toile et de carton peint. La réforme était donc mauvaise, car c'était l'exagération d'une doctrine excellente. L'influence fut pernicieuse; mais ce serait faire trop d'honneur à un homme que d'attribuer à son initiative la puissance de bouleverser toute une école : David avait pour auxiliaire l'esprit révolutionnaire, cet esprit qui tue la poésie avant de tuer le poëte. Le chef de l'école poussa dans cette carrière fatale tous ses élèves, dont il avait conquis la docilité aux dépens de leur initiative; lui seul se permit, de temps à autre, de se souvenir des leçons de ses maîtres, les *détestables académiciens;* et il est facile de retrouver dans ses tableaux les qualités charmantes qui émanent de son éducation ou de l'ancienne école française et les prétentions de style qui appartiennent à sa doctrine. La sculpture adopta les préceptes du maître et se réduisit à la froide imitation des monuments romains; l'architecture, sans vie, sans idées, sans souci des besoins, s'en alla, copiant l'antique sans intelligence, promenant partout les maigres reproductions de ses piètres décalques; l'industrie enfin, enfant délaissé, cherchant inutilement les traditions perdues de ses procédés, en même temps qu'une direction, ne reçut en fait de modèles que quelques tessons dont elle copia les peintures, pour donner à une société avide de jouissances des meubles de formes incommodes, de profils maigres et anguleux, pauvrement relevés par de petits et chétifs ornements plaqués de loin en loin sur l'acajou. L'ingénieux peintre Moreau se prêta, je ne dirai pas aux fantaisies de David, David n'avait pas de fantaisies, mais à son système absolu; il perdit à ce jeu puéril d'imitation archéologique, comme tous ceux qui entrèrent dans ce lit de Procuste, les qualités gracieuses dont il avait donné tant de preuves dans les 2,000 gravures dues à son burin, dans les dessins, plus nombreux encore, échappés de son imagination. L'excellent ébéniste Jacob ne fut pas plus heureux en composant, sur ces indications, l'ameublement de l'atelier de David, composé de chaises et fauteuils en acajou recouverts en étoffe de laine rouge, ornée de palmettes noires. Cet ameublement, reproduit par le peintre des Horaces dans le tableau où les frères alignent leur serment, devint le modèle à la mode et donna l'impulsion aux imitations du même genre, en rompant l'heureux compromis qui s'était établi entre l'art antique et nos besoins. L'architecte Percier, associé avec Fontaine, fit l'ameublement de la Convention sous cette délétère influence, et traduisit, avec une pureté et une délicatesse qui étaient des réminiscences de son séjour en Italie, toute cette pauvreté d'imagination, toute cette sécheresse du cœur.

Marquons bien l'influence dominante de David et de son temps. A la place de la plus gracieuse souplesse, de la plus charmante fantaisie dans l'arrangement de toutes choses, art et industrie, le pastiche de l'antiquité devient une loi appliquée, sans discernement et les yeux fermés, au domaine de l'art. Comment expliquer qu'une société entière, que les découvertes de la chimie et de la physique jettent dans un courant d'innovations, de nouveautés, de bouleversements à tourner la tête, à rendre fou, au lieu de demander aux arts les innovations les plus excentriques, au lieu de repousser ce qui sent le vieux, la copie, la redite, ne se plaise que dans l'imitation la plus servile de tous les styles usés par les siècles? Comment l'expliquer, sinon par un affaissement de l'esprit, par un abaissement moral, ou bien par une préoccupation tellement exclusive des intérêts et des progrès matériels, que le sens qui s'adressait aux arts s'est complétement émoussé? ou bien encore, et c'est peut-être la meilleure explication, par ce besoin de contraste qui fait que la littérature chante les bergeries au milieu de la Terreur et raconte les crimes les plus atroces sous un règne de vertus bourgeoises? Quoi qu'il en soit de la cause, nous subissons durement depuis soixante ans cette domination d'eunuques tyranniques. De cette influence délétère date la manie imitative, l'ambition de patients copistes, la gloire de contrefacteurs qui depuis lors s'est emparée des artistes et a fait le tour du monde. Il sembla de ce moment qu'il n'y eut plus désormais d'art possible, que toute imagination était éteinte, que le bon Dieu avait prohibé la sortie du génie aux portes de son ciel. Tout ce qu'on a remué de vieilles choses, d'oripeaux, de bric-à-brac; tout ce qu'il a été dépensé d'études, de temps, de talent, pour cette œuvre ingrate de sotte reproduction d'anciennes œuvres d'un mérite contestable, ne peut se dire ni se comprendre. Nous avons vu des hommes de goût et d'imagination courber leur génie sous ce joug humiliant, et consentir à travailler dans le vieux, à ressemeler des idées usées, au lieu de créer à neuf ce que Dieu, la nature et leur pensée leur inspiraient de jeune, de frais et de souriant; mais on ne voulait que des vieilleries, et il fallait vivre : on a donc fait des pastiches de toutes sortes, et les plus ridicules ont eu le plus de succès.

Les temps étaient devenus plus calmes. On sortait de la Terreur. Comme après le naufrage, quand, jeté à la côte, on rassemble pièce à pièce les débris roulés sur le rivage par les vagues furieuses, ainsi la France procéda à sa réorganisation après la grande tempête, et les arts eurent leur part dans la sollicitude des hommes habiles qui succédaient aux inhabiles. Même à l'armée, le général Bonaparte ne les oubliait pas, et chaque traité stipulait la cession d'un certain nombre de chefs-d'œuvre au lieu et place d'une province ou d'une contribution de guerre.

Dans l'antiquité, la victoire avait habitué les peuples à ces procédés violents, et les Vénitiens perpétuèrent la tradition; sous la république française, c'était une imitation de Rome antique, et ces trophées eurent dans Paris des entrées triomphales qui enthousiasmaient la population. Mais, pendant que la foule applaudissait, glorieuse de posséder le plus beau, le seul musée du monde, les hommes sensés voyaient avec peine ces déplacements d'objets d'art. Les artistes forment dans le monde une république fraternelle qui n'a point de centre et qui se fortifie des efforts de chacun, quel que soit le lieu d'où ils partent. Les moyens d'instruction, et de tous le plus puissant, la vue des grands modèles, ne sauraient donc être trop répandus, trop disséminés; comme le feu du ciel qui éclate partout, il faut que l'étincelle du génie puisse s'allumer en tous lieux. Thorwaldsen serait-il devenu un grand sculpteur, s'il n'avait pas rencontré à Copenhague un musée d'étude? Flaxman aurait-il rêvé l'antique, s'il n'en avait pas vu des modèles à Londres? Ce disséminement ne doit pas être excessif : chaque pays aura son musée, assez voisin pour qu'on puisse le visiter, assez complet pour que la suite et l'enchaînement des écoles s'y montrent clairement. Il y a d'ailleurs dans le déplacement d'autres inconvénients. Si ces monuments sont arrachés de la place pour laquelle ils ont été composés, ou de l'édifice qui a été construit pour eux, ils perdent leur signification, leur valeur : si ce sont des objets déjà enlevés soit à la Grèce, soit à des monuments qui n'existent plus ; si ce sont des tableaux qui n'ont plus de destination, la réunion de ces objets d'art dépendant des exploits d'un peuple, l'encombrement en est la conséquence, et ce dont on prive les autres ne profite plus à soi-même. C'est ce que comprirent les artistes français eux-mêmes, lorsqu'ils adressèrent au Directoire exécutif la réclamation suivante :

« Citoyens directeurs,

« L'amour des arts, le désir de conserver leurs chefs-d'œuvre
« à l'admiration de tous les peuples, un intérêt commun à
« cette grande famille d'artistes répandus sur tous les points
« du globe, sont les motifs de notre démarche auprès de vous.
« Nous craignons que cet enthousiasme qui nous passionne
« pour les productions du génie n'égare sur leurs véritables
« intérêts même leurs amis les plus ardents; et nous venons
« vous prier de peser avec maturité cette importante question,
« de savoir s'il est utile à la France, s'il est avantageux aux
« arts et aux artistes en général, de déplacer de Rome les mo-
« numents d'antiquité et les chefs-d'œuvre de peinture et de
« sculpture qui composent les galeries et musées de cette capi-
« tale des arts.

« Nous ne nous permettrons aucune réflexion à ce sujet,
« déjà soumis à l'opinion publique par de savantes discussions;
« nous nous bornerons à demander, citoyens directeurs, qu'a-
« vant de rien déplacer de Rome une commission formée par
« un certain nombre d'artistes et de gens de lettres nommés
« par l'Institut national, en partie dans son sein et partie au
« dehors, soit chargée de vous faire un rapport général sur
« cet objet.

« C'est d'après ce rapport, où toutes les considérations seront

« discutées et pesées avec cette masse de réflexions et de lu-
« mières indispensables au développement d'un sujet si grand
« et si digne de vous, que vous prononcerez sur le sort des
« beaux-arts dans les générations futures.

« Oui, l'arrêté que vous prendrez va fixer à jamais leur
« destin, n'en doutez point; et c'est ainsi que, pour former les
« couronnes destinées à nos légions triomphantes, vous saurez
« unir les lauriers d'Apollon aux palmes de la victoire et aux
« rameaux si désirables de l'arbre de la paix.

> « P. Valenciennes, peintre; L. Dufourny, architecte; Lorta, sculp-
> « teur; Le Barbier l'aîné; P. L. F. Casas; P. Legrand, A. Gi-
> « raud, P. Quatremère de Quincy, Fontaine, A. Percier, A. Per-
> « rin; P. Levasseur, graveur; Tassy, P. Lethière, P. Moreau
> « jeune; L. Moreau, dessinateur; Bataille, A. Lesueur, S. Pajou,
> « S. David, P. Suvée, P. Berruer, S. Peyron, P. Desoria, P. Co-
> « las, A. Vien, P. Denon, G. et D. Lange, S. Fortin, S. Molinos,
> « A. Girodet, P. Gizors, A. Dumont, S. Meynier, P. Boizot,
> « P. Michallon, P. Bence, P. Chancourtois, P. Lempereur,
> « G. Soufflot, A. Masson, S. Julien, S. Aubourg, Vincent,
> « P. Roland, S. Lemonnier, P. Desroches, P. Espercieux, S. De-
> « joux, S. Clérisseau, P. et A. »

Quatremère de Quincy, l'un des signataires, avait inspiré cette réclamation aux anciens élèves de Rome. Dans une suite de lettres qui parurent en 1796, il avait combattu le déplacement des objets d'art; seulement il l'avait fait avec les arguments les plus faux. A son avis, Rome est le musée naturel des artistes, et on doit désirer que tous les modèles de l'art y soient réunis. Singulière manière de combattre le projet de former à Paris le plus grand musée du monde, en demandant qu'on établisse à Rome, au détriment de tous les peuples, cette gigantesque collection! Le groupe antique de Castor et Pollux a été porté de Rome en Espagne : abomination! *Croit-on que les Espagnols ne l'étudieroient pas plus et mieux à Rome que chez eux?* les cartons de Raphaël à Londres : désolation! *Les artistes anglois eux-mêmes déplorent l'expatriation de ces chefs-d'œuvre et regrettent de n'avoir pu les étudier à Rome en présence de la chapelle Sixtine et des salles du Vatican;* Raphaël n'a peint que dix-neuf tableaux *épars dans les cabinets de toutes les grandes villes de l'Europe. Si toutes les villes renvoyoient à Rome, dans une galerie commune à tous leurs élèves, le tableau unique qu'elles possèdent, chacune redonneroit à ses élèves les dix-neuf tableaux qu'elle n'a pas.* Et la conclusion de Quatremère est formelle. *Excepté Rome, il n'est point de ville dans l'Europe qui puisse présenter à ces chefs-d'œuvre un hospice digne d'eux ni un temple propre au recueillement qu'exige leur étude : on n'étudie pas les arts au milieu des brouillards et des fumées de Londres, des pluies et des boues de Paris, des glaces et des neiges de Saint-Pétersbourg.*

Ce point de vue est étroit : il prouve suffisamment combien, en 1796, on était encore loin de cette grande fraternité qui accepte les efforts de tous et tend à chacun une main secourable. J. Van Eyck, Le Sueur, Murillo, se sont formés dans leur patrie, et combien n'en citerais-je pas encore, pour réclamer contre ce fétichisme qui parque dans Rome toute source d'inspiration? Mais, s'il fallait choisir un musée et une école pour le monde entier, est-il bien sûr que nous élirions la ville éternelle? Pour mon compte, je dirais aux artistes : « Évitez ce grand pandémonium, cet immense gouffre du bric-à-brac de vingt-cinq siècles; allez à Athènes, et, quand vous aurez étudié l'art le plus pur, sans être distrait par les mille médiocrités que l'habitude fait admirer à Rome, allez en Orient observer la nature la plus belle, dont les besoins de la civilisation n'ont pas altéré le grandiose, et les types les plus purs, que n'ont pas encore fait poser et grimacer les touristes de tous pays. » Voilà les vrais musées de l'artiste, ou plutôt ils sont et doivent être partout, les uns pour sourire aux premiers vagissements du génie qui s'éveille, les autres pour offrir à son ardente jeunesse, puis à son âge mûr, les modèles qui iront à son cœur. Ainsi, le voyageur cueille dans chaque contrée les plantes qu'elle produit, et il conserve précieusement celles qui sourient à sa vue ou lui rappellent un de ces souvenirs qui vont à l'âme.

Toute réserve ainsi faite pour le principe, il n'est pas douteux que le musée du Louvre, devenu bientôt musée impérial, ne fût d'une grande ressource pour l'école naissante ou renaissante. C'était le voyage de l'Italie, de l'Allemagne et des Pays-Bas fait sans déplacement, et mis à la portée de tout le monde, dans des conditions défavorables sans doute, mais, pour dix mille individus contre un privilégié, dans les seules conditions où ils pouvaient l'entreprendre. Or, comme la diffusion de l'instruction et du goût des arts étendait déjà singulièrement son domaine, on doit attribuer à cet admirable musée une bonne part dans la formation de cette jeunesse dont les talents firent explosion sous la Restauration et le Gouvernement du roi Louis-Philippe. Le trop plein du musée impérial fut déversé dans les musées de province, et la France entière profita en même temps des conquêtes de la victoire. L'inconstante réclama tous ces trophées en 1815, et la page suivante, détachée d'un rapport lu à cette époque devant l'Académie des beaux-arts, interprète avec convenance le sentiment que doivent inspirer le souvenir de ces richesses et les retours de la fortune :

« Nos pertes sont irréparables, et ne pas les déplorer ici serait d'une insensibilité honteuse ou une lâcheté. C'est maintenant à l'histoire qu'il appartient de prononcer sur la justice ou l'injustice qui les produit, de juger les formes qui les ont accompagnées. Mais nous sommes déjà fondés à croire qu'elle ne dira point que notre nation, qui s'était enrichie de leurs chefs-d'œuvre, se soit montrée indigne de les posséder. Ennoblissons du moins un de nos malheurs par la persuasion qu'il ne fut pas mérité.

« Avant que la victoire abusât du droit de la force, ce qu'elle ne tarde jamais de faire, elle obtint pour la France un choix de monuments de l'art statuaire antique et des plus beaux ouvrages de la peinture moderne : elle se borna aux objets stipulés, et les groupes inappréciables de Monte-Cavallo, ainsi que beaucoup d'autres statues et bas-reliefs d'un transport plus facile, ne furent point enlevés. On laissa au souverain le temps de prendre des images identiques de tous les originaux qu'il perdait, procédé honorable et délicat qu'on n'a point pour nous qui en avions donné l'exemple. Ne veut-on nous imiter que dans le mal? Une réunion d'hommes estimables, sous le double rapport des talents et de la moralité, fut envoyée de Paris moins pour ravir à Rome des monuments cédés et dont la possession n'était pas douteuse que pour veiller à leur conservation dans le déplacement et le voyage. Aussi l'on a peine à concevoir, surtout aujourd'hui, le succès de cette étonnante opération. Arrivés ici sans aucun accident, par le prodige de cette surveillance religieuse et de tous les instants, pendant le cours d'environ une année, les sociétés savantes de tous les genres, les corps enseignants avec tous leurs élèves, accompagnèrent leurs chars, que tous les arts avaient concouru à décorer, et les présentèrent au Gouvernement, aux autorités constituées et à la population de la capitale, réunis au Champ-de-Mars pour les recevoir et célébrer en quelque sorte leur apothéose. Qu'aurait fait de plus Athènes au temps de Périclès? Ce que je rappelle, vous l'avez vu pour la plupart, et l'Europe entière a lu les relations de cette fête mémorable. C'était déjà se montrer digne d'un si grand bienfait et se rapprocher autant que possible des dieux qui venaient nous honorer de leur présence.

« On ne dira pas aussi que la France ait manqué de magnificence pour leur ériger un temple, ni de générosité pour en faciliter l'accès à tous les étrangers, amis ou ennemis : il semblait ne plus exister, dans son auguste enceinte, de haines ni de rivalités nationales. Nous jouissions peut-être davantage parce que nous faisions jouir les autres. Mais personne n'osera nier que Paris n'ait paru retenir ces chefs-d'œuvre qu'à titre de dépôt, pour le plus grand avantage de l'Europe et non pour l'orgueil d'une propriété exclusive. »

Pendant qu'un général d'armée enrichissait nos musées, une assemblée renouvelée dans son esprit cherchait les moyens de mettre dans l'administration de la France quelque chose à la place du néant. L'organisation provinciale avait fait place à une centralisation systématique et absolue; il ne devait plus

se faire rien aux extrémités sans que le centre en fût informé, donnât ses conseils, sa direction, son visa et son autorisation. La construction des bâtiments publics de la France exige une dépense annuelle d'environ 200 millions. Sous l'ancienne monarchie, chaque province, à cet égard, s'administrait elle-même, appréciait ses besoins, votait ses dépenses, discutait ses projets, et, sans consulter le roi, choisissait, parmi les artistes formés dans ses propres écoles et dans le séjour à Rome, dont elle avait payé les frais, l'architecte le plus capable de répondre à ses vues. C'est à cette initiative locale qu'est due la physionomie originale de plusieurs de nos grandes villes; nous allons voir ce qu'on doit à la centralisation. La loi du 27 avril 1791 avait placé dans les attributions du ministère de l'intérieur la direction des travaux pour la confection des routes, ponts et autres ouvrages publics, et en même temps les bâtiments et les édifices publics, tels que églises et presbytères, maisons d'arrêt et de justice, prisons, hôpitaux, établissements de charité. On s'aperçut bientôt que, si les provinces avaient perdu sur ces matières toute autorité et cet intérêt paternel qui en est l'âme, le gouvernement central n'en avait pas hérité. Les fonds votés par l'Assemblée ne parvenaient pas à leur vraie destination, ou ils étaient mal employés, faute de direction. Barrère, dans son rapport à la Convention, du 21 ventôse an II (11 mars 1793), rejette tous les torts sur le fédéralisme; c'était alors le fantôme en usage. Voici quel était le remède : « Ce n'est qu'en centralisant d'une
« manière large et opulente le travail du peuple français, l'érec-
« tion de ses monuments, le perfectionnement de toute com-
« munication du commerce et de l'agriculture, que vous par-
« viendrez à avoir les plus belles routes de terre et d'eau, les
« plus beaux ports, les plus grands chantiers, à orner chaque
« cité de théâtres nationaux et de grandes arènes pour le
« peuple; ce n'est que par ce moyen qu'après avoir réparé
« les inconvénients attachés au mouvement de la révolution
« et au fléau de la guerre, le peuple verra le gouvernement
« républicain s'occuper de lui dans ses besoins comme dans

« ses plaisirs, dans ses pertes comme dans ses jouissances, dans
« les trottoirs des rues comme dans les avenues des villes, dans
« les chemins vicinaux comme dans les grands chemins, dans
« les théâtres comme dans les bains publics : voilà ce qui dis-
« tingue les républiques des monarchies. Dans les premières,
« le peuple est tout; dans les secondes, il n'est rien. Dans la
« république tout doit être fait, construit et ordonné pour le
« bien de tous, pour la santé publique et pour la sûreté des
« citoyens; et dans les monarchies, tout est fait pour quelques
« privilégiés. »

A ces phrases succédait une proposition plus sérieuse, la création *d'une commission de travaux publics chargée de l'examen de tous les projets qui lui seront adressés par les administrations.* Elle se composait d'abord de trois membres, assistés d'un secrétaire et de plusieurs inspecteurs chargés de faire les rapports. Elle fonctionnait comme un ministère. Le Directoire, en rétablissant les départements ministériels, fit rentrer les travaux publics dans le ministère de l'intérieur. La commission des travaux publics se transforma dès lors en conseil des bâtiments civils, et donna son avis sur toutes les constructions faites avec les fonds de l'État, qu'ils sortissent des caisses publiques, départementales ou municipales. On conçoit sans peine quelle perturbation profonde ce mécanisme uniforme apporta dans l'architecture française; c'était le nivellement le plus monotone imposé à l'activité artistique de trente millions d'hommes sur l'entière surface d'une immense contrée. Plus d'initiative locale, plus d'originalité individuelle, l'esprit hiératique de l'Égypte transformé en omnipotence bureaucratique. Par suite de cette organisation, et quoique les hommes fussent meilleurs que les institutions, quoique la force des traditions fût plus puissante que la force de centralisation, il a passé sur la France pendant un demi-siècle un niveau de données banales, de compositions insipides, de médiocrités estimables. Chaque architecte, depuis Perpignan jusqu'à Dunkerque, sans avoir reçu de programme bien défini, d'instructions bien précises, savait à quelle hauteur de style il pouvait s'élever, savait dans quelle étendue de nouveauté il pouvait se mouvoir, pour que ses projets fussent goûtés et acceptés, et il ne faisait faute de s'y conformer.

L'établissement de l'Empire créa, avec une nouvelle cour, des besoins de magnificence et de représentation qui durent s'exprimer dans l'architecture par de majestueuses entreprises; on décida de terminer le Louvre, de restaurer et d'agrandir les résidences impériales, d'élever des arcs de triomphe et des colonnes commémoratives. A cette grande activité il fallait une direction et un contrôle; l'Empereur, en cela comme en toutes choses, sut prendre dans les institutions monarchiques ce qu'elles avaient de bon : il établit une intendance des bâtiments de la couronne, et comme, dans ce nouvel ordre de choses, Paris reprenait aussi son rang et donnait une impulsion nouvelle aux magnifiques embellissements réclamés par ses habitants, Napoléon retira les travaux de Paris de l'ensemble des travaux publics et en forma une direction dans les attributions du ministère de l'intérieur. C'était d'un sage administrateur, car Paris à lui seul est devenu un État, et cet État, qui a ses finances, ne peut et ne doit pas suffire seul à ses embellissements. Paris représente la France : il a droit de réclamer d'elle les moyens de la représenter dignement. Or, ce mélange, ce concours du budget municipal et du budget de l'État donne au Gouvernement le droit, au moins le prétexte, de diriger d'une main ferme l'exécution des monuments publics en harmonie avec les monuments qu'il érige seul ou ceux dont se charge le souverain sur sa liste civile. Abandonner ce soin à une municipalité élective, c'est livrer les arts et la dignité de la capitale aux caprices les plus fantasques.

Les architectes de l'Empereur, Percier et Fontaine, dominaient dans cette organisation. Ils se firent assister par tout ce qui restait de l'ancienne Académie d'architecture, par leurs maîtres, Peyre et Chalgrin, et les élèves de ces deux architectes distingués, qui étaient leurs camarades. J'apprécierai plus loin leur influence; je m'occupe ici d'organisation administrative. La Restauration respecta ce service des bâtiments; seulement elle plaça, en 1824, dans les attributions du ministre des cultes les travaux des édifices diocésains. Le Gouvernement du roi Louis-Philippe forma, dans le ministère de l'intérieur, une direction des arts, qui comprenait tous les travaux d'art, et, par analogie, les travaux de restauration des monuments historiques. Une commission particulière, qui eut son inspecteur et ses architectes, fut chargée de ce dernier service, auquel on eut tort de ne pas rattacher les édifices diocésains. Ceux-ci restaient dans les attributions du ministère des cultes, et ils n'ont rien gagné à leur isolement; la restauration de Saint-Denis l'a prouvé. Le budget de la commission des monuments historiques a été en moyenne de 800,000 fr., les crédits extraordinaires de 200,000, et, comme elle n'accorde, en général, que la moitié de la dépense, les localités étant obligées de s'imposer le reste, on peut admettre qu'elle a employé, depuis vingt ans, 40 millions à la restauration bien nécessaire de nos anciens monuments. Ces travaux avaient pour premier motif la consolidation des beaux édifices qui font la gloire et sont l'ornement de la France; ils ont eu pour principal résultat de répandre dans tout le pays les notions d'art les meilleures. La commission a envoyé de tous côtés des architectes, des contre-maîtres, des tailleurs de pierre choisis parmi les plus habiles. Ils communiquaient avec leurs confrères des départements, leur montraient d'après quels principes de religieuse fidélité il fallait étudier ces vieilles constructions, traiter leur dangereux état, reproduire scrupuleusement leur style, et toutes les fois qu'ils rencontraient un homme de talent, ils lui laissaient, avec leurs instructions, tout le soin des travaux. Ces chantiers devinrent des écoles où les ouvriers des localités les plus étrangères aux arts se sont formés à la pratique des travaux délicats d'un appareil rigoureux, d'une taille précise, d'une sculpture d'ornement souple et rigide à la fois. La France n'a pas toujours dépensé aussi judicieusement 40 millions en vingt ans. Elle obtiendra les mêmes résultats toutes les fois que des hommes vraiment compétents seront chargés de la direction de ses entreprises d'art.

Cette commission archéologique resta seule indépendante de la surveillance du conseil des bâtiments civils, qui conservait le droit de prendre connaissance de tous les projets, d'étudier tous les travaux de construction. Il aurait succombé à la tâche, autant que son influence serait devenue pernicieuse, si la force des choses n'avait allégé le poids et donné peu à peu quelque liberté à l'initiative locale. Dans l'origine, tout ce qui dépassait un maximum de dépense de mille francs devait lui être soumis, autant dire tous les travaux sérieux ; et qu'on se fasse une idée de cette immensité, en songeant qu'outre la France le conseil eut pendant plusieurs années la Belgique et l'Italie dans ses attributions. En 1821, on allégea son service de tous les projets qui ne dépassaient pas vingt mille francs de dépense. Les constructions neuves comportant quelque beauté architecturale restaient encore de son ressort, et ne pouvaient être exécutées sans avoir été vues et approuvées. Dans ces limites, c'était toujours, par an, près de six cents affaires qui lui passaient sous les yeux, supposant une dépense d'environ cinquante millions. En 1837, la loi communale affranchit l'initiative locale jusqu'au chiffre de trente mille francs, et la loi départementale de la même époque abandonna aux préfets, et aux conseils des bâtiments qu'ils avaient institués près d'eux, l'examen de toutes les constructions exécutées avec les fonds départementaux pour une dépense moindre de 50,000 francs; mais en même temps la prospérité de la paix activait si bien les travaux, que le nombre des affaires soumises au conseil s'éleva à près de mille par an et dépassait cent millions de dépenses. Qu'on veuille bien se rendre compte de la part de temps que pouvaient donner à cette masse d'affaires une douzaine d'architectes, très-occupés de leurs propres entreprises; quels moyens d'investigation s'offraient à eux pour juger mille questions de convenance dans l'aménagement intérieur, pour critiquer des proportions, des dispositions générales et de goût dans l'extérieur, sans connaître l'emplacement, l'entourage, le pays et les matériaux? Aussi leur examen était-il devenu une formalité, un visa, et pour les architectes une entrave ou du moins la cause de fâcheuses lenteurs. La loi dite de décentralisation a affranchi définitivement les départements de cette tutelle; elle n'a réservé au conseil des bâtiments civils de Paris que les prisons, les hôpitaux et les plans d'alignement. C'était dépasser la limite de l'à-propos : trop de liberté dans les arts est aussi nuisible que trop de dépendance. La moitié des préfets ne trouvent pas autour d'eux les éléments d'un conseil des bâtiments, et si la monotonie de l'architecture départementale nous offusque depuis cinquante ans, ses étrangetés pourraient bien maintenant nous choquer plus encore. Depuis quelque temps, il a été élevé en province des constructions qui n'ont d'original que leur barbarie, et il est nécessaire de prévenir les abus de cette liberté de tout faire, qui compromettrait la réputation de la France. La responsabilité du mauvais goût dans l'architecture doit peser sur les préfets et sur les municipalités du même poids que la mauvaise gestion des deniers publics. Que l'on sache donc généralement en France qu'il existe à Paris un conseil des bâtiments civils, composé des architectes les plus habiles, qui ne s'impose à personne, mais qui s'offre à chacun pour étudier gratuitement et rapidement les affaires qu'on lui soumettra, pour en étudier les dispositions artistiques, sans s'immiscer dans les moyens d'exécution; un véritable conseil de famille toujours prêt à proposer d'heureuses modifications aux erreurs qu'il signale, et je ne doute pas que l'initiative départementale n'aille d'elle-même, dans les cas difficiles ou seulement douteux, au-devant des conseils sages et bienveillants de ces maîtres de la science.

Dans Paris, l'action du conseil des bâtiments civils remplaçait l'intervention de l'architecte du roi, qui, sous l'autorité du surintendant des bâtiments, donnait anciennement une impulsion raisonnée à tous les travaux; il la remplaçait comme obstacle, non comme influence, car, si les projets de monuments à élever dans la capitale lui étaient encore déférés, c'était pour la forme; l'autorité ne lui appartenait plus : elle lui échappait, non pas au profit d'un corps ou d'un homme, mais à l'avantage du droit que s'arrogent les moins compétents de décider dans ces questions. Cette autorité, cette direction, dont les arts, et l'architecture plus que tous les autres, ont tant besoin, était donc disséminée un peu partout. Une part revenait au souverain, l'autre à l'architecte de la liste civile, le directeur des beaux-arts au ministère de l'intérieur réclamait la sienne, et il fallait compter avec la classe des beaux-arts de l'Institut. Ce n'est pas tout. Chaque ministre consentait à soumettre au conseil des bâtiments civils les projets de constructions qui dépendaient de son département; mais quel égard avait-il pour ses avis, quand les projets, exécutés par des architectes de son choix, avaient été conçus sur des indications venues de ses caprices ! Ajoutez à ce dédale d'influences croisées l'omnipotence que l'Hôtel de ville s'était peu à peu arrogée sur tous les travaux auxquels son budget contribuait. L'administration municipale avait ses architectes, une commission des beaux-arts et des inspecteurs; vous eussiez dû voir le cas qu'elle faisait des observations du conseil des bâtiments civils et des injonctions du ministre de l'intérieur. Comprenez maintenant comment l'architecture a pu résister à une décadence complète, ainsi tiraillée par des influences diverses et contraires, maintenue d'un côté par l'Académie des beaux-arts dans la sage voie des principes sensés qui resteront éternellement les bons, poussée d'un autre côté dans les voies insensées de l'engouement quotidien d'assemblées et d'hommes étrangers à toute notion sérieuse de l'art.

Si j'ai pu faire adopter mon opinion sur l'importance du rôle de l'architecture dans le mouvement général des arts, on n'aura pas lu sans intérêt ces détails sur la transformation de l'ancienne surintendance des bâtiments royaux et des services particuliers des bâtiments dans toutes nos provinces en une action unique et centrale dirigée par un conseil des bâtiments. Ces développements nous ont éloignés du triste tableau des arts au sortir de la Terreur; mais en y revenant je n'ai pas l'intention de rechercher ce qu'il a été fait d'utile pour eux dans la réorganisation de tous les services administratifs. Les intentions ont été excellentes, la sollicitude témoignée en leur faveur mérite notre reconnaissance; mais les arts, comme un parterre de fleurs qu'une cavale échappée aurait foulé aux pieds, étaient à terre et flétris; des décrets intelligents, des institutions utiles, telles que le Conservatoire des arts et métiers, les écoles de dessin, l'École centrale des travaux publics, ne pouvaient que bien préparer le sol; le temps exigeait qu'on l'attendît pour obtenir des résultats.

A ce triste moment, c'en était fait de l'art français, et il fallait qu'il fût bien malade, puisque son seul représentant, Prud'hon, mourait de faim. Cependant l'Empire ne désespéra de rien. Il trouvait partout des ruines, il les releva : c'est là son mérite. En dépit de la guerre, il rétablit l'Académie, forma vingt-deux musées de province, reconstitua les écoles de dessin et l'Académie de Rome; il rouvrit les églises, qu'il meubla, et le musée du Louvre, qu'il enrichit; il organisa sur des bases nouvelles les écoles des arts et métiers et les manufactures impériales, enfin il créa la Société d'encouragement. L'Empereur eut même la main heureuse en choisissant pour directeur des arts Denon, amateur de talent qui ne prétendait pas être artiste, homme d'esprit quoique savant.

Par infortune, le fil des traditions avait été rompu dans la tourmente révolutionnaire et dans les guerres qui lui faisaient cortége. Ces grandes calamités laissent encore, après dix ans, leur empreinte sur la vigueur du bétail, après vingt ans sur la taille des hommes, après plus longtemps encore sur les arts et les lettres, matière plus délicate qu'elles impressionnent plus profondément. Il s'agissait de renouer ces fils épars et mêlés : cela demandait du temps, de judicieux et persévérants efforts. Les études de l'architecture, suivies avant la révolution, dans une si bonne direction, avaient été brusquement interrompues. J'indiquerai en peu de mots comment elles furent rétablies. On se rappelle que j'ai fait à Gabriel l'honneur du maintien des saines doctrines de l'architecture, à l'époque où on croit généralement qu'elle était dans la décadence la plus complète. Il eut deux contemporains, l'un plus âgé que lui, l'autre plus jeune, qui tous deux, par leur influence et leurs élèves, appartiennent à la catégorie de nos bons architectes : le premier est Servandoni, le second Louis. Servandoni était un Italien, de la race des Peruzzi, qui exerçait l'art difficile et compliqué de l'architecture en maître, c'est-à-dire par tous les moyens à la fois. Comme un prédicateur enthousiaste qui descend de la chaire pour monter sur la borne, il peignit de l'architecture en décorations de théâtre, il en fit en brillantes illuminations; il construisit des arcs de triomphe et des temples en charpente et en toile peinte; et enfin, quand on lui demanda la façade de Saint-Sulpice, il éleva, en belles et bonnes pierres de taille, un vaste et grandiose portique, qui eut par-dessus tout le mérite de nous débarrasser du portail pyramidal, qui n'avait plus de raison d'être depuis l'abandon du gothique. L'architecte Louis tient de Gabriel pour le style, le goût des arrangements et le bonheur des appropriations aux localités, aux besoins et aux exigences financières. En 1777, il construisit le théâtre de Bordeaux; en 1781, l'enceinte du jardin qui s'étendait au nord du Palais-Royal; enfin, en 1784, la Comédie-Française. Pour le premier de ces monuments, on lui donnait un grand terrain sur une magnifique place; il est grandiose dans les conditions de la plus noble architecture. Pour le second, on lui demandait de construire un bazar qui ne déparât pas le jardin du duc d'Orléans, et il comprit la spéculation d'une façon monumentale comme je n'en trouve aucun exemple, même de nos jours, où l'on croit être si hardi dans l'architecture de spéculation. Donner à cette ruche de commerçants, à cette population tout entière des abords faciles, une exposition commode, de l'air et du jour pour habiter, et toutes les conditions essentielles de l'existence parisienne, et, après avoir suffi à ces difficiles exigences, conserver encore les moyens de frapper les yeux par une belle ordonnance qui dissimule sous sa majesté la vulgarité de la destination, c'est d'un grand artiste.

Enfin, si vous entrez dans le Théâtre-Français, ne critiquez ni la faible hauteur du vestibule, ni l'exiguïté du foyer, car ce théâtre est le tour de force de l'architecture. Le plus petit hôtel n'entrerait pas dans l'espace qu'on donna à Louis, et il a trouvé son vestibule sous le parterre, au-dessus des passants de la rue son foyer, et le moyen de s'élever en combinant un comble en fer avec des murs et des piliers en pierre, comme on se vanterait de le pouvoir faire aujourd'hui même. C'était donc un artiste vraiment complet que l'architecte Louis.

Chalgrin, né en 1739, et grand prix de l'Académie, fut l'élève le plus habile de Servandoni ; mais il travailla aussi chez Boulle et Moreau, c'est-à-dire qu'à l'ampleur de l'un il associa l'étude sévère et le goût d'arrangement des autres. Après la mort de Servandoni, il construisit (en 1777) la tour méridionale de Saint-Sulpice, qui montre un goût plus pur, plus français que le reste de l'édifice, et une parenté étroite avec Gabriel et Louis. Mais déjà une certaine maigreur dans les profils, une recherche de simplicité dans les vides et de pureté dans la décoration sculptée, indiquent l'influence archéologique. Les monuments de l'antiquité sont désormais plus connus sans être mieux compris ; on commence à ne plus interpréter leurs beautés, à ne plus saisir leurs ressources ; on les copie, on les pille pièce à pièce, qu'on rapporte tant bien que mal. Chalgrin résistait à cette tendance mieux que Soufflot à Sainte-Geneviève, qu'Antoine à la Monnaie, que Gondoin à l'École de médecine ; il n'avait garde de tomber dans les pastiches de Legrand et Molinos, qui demandaient à l'Égypte le piédestal du monument de Desaix, qui appelaient les temples de Pestum à leur aide pour élever un théâtre d'opéra-comique ; il évitait les pastiches de Ledoux, qui convoque pour ses barrières de Paris tous les styles connus et des styles connus de lui seul.

Un autre architecte de talent, Peyre, qui avait le même âge que Chalgrin, mais qui n'obtint le grand prix d'architecture que cinq années après lui, sut résister aussi à l'invasion archéologique, ne lui sacrifiant que les grâces de l'arrangement et l'ampleur des profils, ce qui était déjà beaucoup trop.

Quand la révolution eut tout balayé sur son passage, en 1795, ces deux hommes de talent étaient encore dans la verdeur de l'âge; ils ouvrirent une école et furent la providence de l'architecture française. De leur enseignement sortirent les Baltard, Durand, Heurtier, Vaudoyer, Rondelet, Dufourny et enfin Percier, de tous le plus illustre par la position qu'il occupa, le plus éminent aussi par le talent. On a beaucoup attaqué cette école, on a violemment critiqué les monuments qu'elle a produits, on a méconnu son mérite, qui consiste à avoir résolûment abordé le plus difficile programme et tenté courageusement la conciliation des principes de l'art des anciens avec les besoins des modernes, et on lui a refusé, ce qui sera sa gloire, d'avoir reconquis au profit des études tous les éléments de la science.

Bien qu'appelé par son adroit camarade et ami Fontaine à prendre avec lui la direction des travaux les plus importants de l'Empire et de la Restauration, Percier n'en resta pas moins, par nature, un homme d'étude, un artiste méditatif et un professeur dévoué instinctivement à son enseignement. Dans son école s'est formée la génération actuelle. Il avait trouvé chez son maître Chalgrin, comme ses camarades chez Peyre, le retentissement des exagérations de la réforme qui se poursuivait au dehors; mais déjà lui-même il s'était appliqué à assouplir la rigidité des lignes, à meubler la pauvreté des surfaces, à nourrir la maigreur des profils, à animer ce qu'ils tendaient à dépouiller de vie. Il a laissé à ses élèves ces heureuses tendances, en les enrichissant d'une science assez sûre d'elle-même pour négliger de se montrer, pour s'oublier même.

Cet enseignement eût été incomplet, si l'envoi des jeunes gens à l'École de Rome n'avait pas ouvert à leurs yeux des perspectives plus étendues. On sait que le 25 novembre 1792, sous l'inspiration de David, la place de directeur de l'École de Rome, et par conséquent l'École elle-même, avait été supprimée. Le 1ᵉʳ juillet 1793, la Convention remplaça l'étude en commun, telle qu'elle avait été suivie en Italie pendant un siècle et demi, sous une direction qui était en même temps une surveillance, par des pensions de 2,400 livres qui laissaient aux élèves, avec l'indépendance la plus complète, la liberté de voyager où et comme ils l'entendaient. Pour obtenir cette pension, un concours avait été établi, et pour donner les prix, on avait nommé cinquante juges, choisis parmi les personnes les plus étrangères aux arts. C'était une manière de faire pièce à l'ancienne Académie. Le sujet du premier concours, pour la sculpture et la peinture réunies, fut la mort de Brutus; le programme des architectes, une caserne. C'était encore une façon de faire pièce à feu les académiciens, qui cherchaient des sujets poétiques et des programmes féconds. Toutefois, ce premier concours n'eût pas été suivi d'un second si, dès 1796, on ne fût revenu à la saine raison. Ce retour nous était bien dû, nous l'avions payé assez cher. L'École de Paris et celle de Rome furent rétablies sur l'ancien pied; toutefois, Suvée ne put partir avec ses douze élèves qu'en 1801. Il trouva le palais Mancini ou de Nevers de la via del Corso, qui depuis 1725 abritait l'École, entièrement dévasté et si mal approprié, qu'il demanda un nouveau local; et comme la France a eu du bonheur dans tout ce qui se rattache à cette intelligente création, elle trouva à acheter une villa qui, par sa position, domine la ville éternelle et semble l'observatoire de ses grandeurs passées et de ses misères présentes; une villa qui, par son architecture, ses fragments antiques incrustés dans les murs, ses fontaines, ses jardins de myrtes et de lauriers, rappelle tout ce que la belle renaissance du xvıᵉ siècle a de gracieux, de noble et de distingué; une villa enfin qui, par son nom, reste sous le patronage des Médicis de Florence, de Rome et de Paris; car, quand il s'agit d'art, qu'ils fussent au comptoir, dans la chaire de Saint-Pierre ou sur le trône de France, les Médicis étaient des artistes.

Cette magnifique résidence, échangée avec l'Espagne, le 18 mai 1803, contre le palais Mancini, fut appropriée à son nouvel usage au moyen d'une dépense d'aménagement de 40,000 francs. A cette époque, la peinture, la sculpture et l'architecture concouraient seules pour les prix qui conduisaient les élèves à Rome : la peinture et la sculpture depuis la fondation, l'architecture à partir de 1720. Napoléon écouta les réclamations que suscitèrent successivement les progrès des études, et il fonda en 1803 un prix pour la musique, en 1805 un prix pour les pierres fines gravées, en 1809 un autre prix pour la gravure en médaille, et il aurait à lui seul composé l'Académie telle qu'elle est aujourd'hui, s'il avait donné place au paysage. Il laissa ce soin à la Restauration, qui fonda en 1817 le prix du paysage historique.

La peinture et la sculpture profitèrent également de cette réorganisation générale des moyens d'étude. Elles en avaient bien besoin, la peinture surtout. David avait si résolûment enseigné autour de lui le mépris du métier dans l'art, qu'on ne savait plus peindre. Les étoffes, les broderies et le feuillage des arbres, la chair même, toute la nature enfin, se montraient comme lavés et étendus sous je ne sais quelle couverte vitreuse, flasque, transparente et vide. Heureusement deux ateliers purent lutter contre cette influence déplorable dès 1796, aussitôt qu'un peu de sécurité fut dans l'État, un peu de repos dans les esprits. Vincent et Regnault apparurent comme les dépositaires des traditions de l'ancienne Académie, comme une protestation énergique et distinguée du naturel, du modelé énergique, de la couleur claire, harmonieuse et pleine de vigueur, contre le pastiche. Leur atelier se remplit de jeunes gens convaincus et assez courageux pour lutter contre le courant des idées, contre la domination de l'homme et la séduction des faveurs que sa position assurait à ses élèves. Ils étaient tous attachés à leur maître, et M. Heim m'a souvent raconté, les larmes aux yeux, ce temps de jeunesse, où, fier de son maître Vincent, convaincu de la bonté de sa doctrine, enthousiaste aussi du maître et de son enseignement, il voyait avec dépit David obtenir tous les travaux. Guérin, que je trouvai en 1825 et

1828 à la villa Médicis, ne parlait pas autrement de son maître Regnault, qui fut aussi heureux, en 1799, du succès du Marcus Sextus que s'il l'avait obtenu avec un de ses tableaux, aussi fier des beaux portraits de Robert Lefèvre que s'il les avait peints lui-même.

L'influence fut bonne, et elle fut si grande, que Vincent, avant de mourir, en 1816, avait pu compter parmi ses élèves tous les grands prix de Rome, le directeur compris; que Regnault, qui mourut en 1829, put voir dans sa descendance la portion vivace et traditionnelle de l'école française. Pierre Guérin, je l'ai dit, fut formé par lui. Cet artiste éminent a trahi dans ses élèves plus complétement que dans ses propres œuvres ses qualités de composition facile, d'arrangement gracieux, de coloris brillant; mais, dans les uns comme dans les autres, il marque la chaîne traditionnelle des vraies qualités nationales. Étranger à l'enseignement de David, hostile à ses principes politiques, il expose, en 1799, son tableau du *Retour de l'exil,* baptisé du nom imaginaire de Marcus Sextus, comme une protestation contre l'ami de Robespierre et contre le rival de son maître. Plus tard il groupe autour de lui une jeunesse ardente qu'il sait enthousiasmer dans cette même direction et dont il suffit de citer les noms pour comprendre les tendances : Géricault, Cogniet, Eugène Delacroix, Henriquel Dupont, Champmartin, Scheffer, Sigalon. Qui oserait, même en discutant ces tendances, nier l'influence qu'ont exercée et exercent encore ces hommes de talent sur l'école moderne, nier aussi qu'ils sont les vifs et énergiques interprètes de la vieille école française dans ce qu'elle a de meilleur?

Deux hommes de talent, deux représentants de l'ancienne Académie, protestaient en dehors des ateliers de Vincent et de Regnault contre le stérile enseignement de David: c'était Greuze, qui continuait à peindre avec un charme persistant de naturel et de coloris, mais qu'on traitait avec une bienveillance qui tenait beaucoup du peu de cas qu'on faisait de sa peinture familière et bourgeoise; c'était aussi Prud'hon, rentré à Paris depuis 1789. Celui-ci s'était mis au travail avec la lenteur d'un homme chez lequel la verve productive n'est pas encore éveillée; il allait cependant produire, et certainement tout d'abord marquer, lorsque la Révolution lui enleva ses protecteurs naturels, tandis que le courant des idées entraînait dans l'atelier de David tous les amateurs qui se respectaient. Réduit à dessiner des vignettes pour les livres de Didot et à vivre misérablement, il eut le courage de résister à la singerie froide, vide et maladroite de l'antiquité, de rester lui-même, avec le fonds des traditions françaises qu'il avait reçu de ses maîtres.

David aurait à peine ressenti ces atteintes, tant il était, par la faveur, l'éclat du succès et sa grande autorité, au-dessus de ses rivaux, si du sein de son école, de son atelier même, n'avait surgi dans son élève Gros une protestation puissante en faveur de la nature, de la couleur, de la vie dans l'art. Par quelle mystérieuse chaîne ce jeune homme, si bien doué, tenait-il aux traditions de l'école française? En premier lieu, par son organisation et la nature de son talent; en second lieu, par ses premières études, qui commencèrent avec ses premières années, tant il fut précoce, et qui développèrent ses tendances instinctives dans l'atelier paternel. Gros le père n'était pas un grand peintre, mais, ce qui valait mieux pour former un élève, il était homme de goût et possédait une admirable collection de tableaux anciens. L'enfant s'épanouit dans cette douce atmosphère; le jeune homme vivait dans un commerce familier avec les maîtres quand il commença à regarder et à voir, et son passage dans l'atelier de David lui fut un enseignement d'autant plus salutaire qu'il ne se prolongea pas. En effet, déjà en 1793, à l'âge de vingt et un ans, abandonné à lui-même et livré tout entier à la fougue de son talent naturel, le jeune Gros eut le bonheur de gagner la faveur du général Bonaparte, qui lui donna l'occasion d'exercer sa verve sous le soleil vivifiant de l'Italie, dans cette contrée inspiratrice, au milieu de l'enthousiasme de nos bataillons victorieux; inspiration franche, couleur vivante, art fougueux, tout en lui se ressent de la nature de l'homme et de l'influence des circonstances, rien n'émane de l'atelier compassé et stérile de David.

Les tableaux des *Pestiférés de Jaffa* et de la *Bataille d'Aboukir* eurent un immense succès en 1802, et produisirent, dans les ateliers désormais rivaux de David et de Gros, une profonde jalousie déguisée néanmoins sous les ménagements les plus diplomatiques. Dans l'atelier de Gros, on n'a jamais dit que le maître fût encroûté dans la plus détestable routine; dans l'atelier de David, on n'a pas accusé l'élève dissident d'introduire dans l'art les plus fâcheux éléments de perdition, la couleur et la vie; mais, tout en le pensant, on ne tarissait pas d'éloges les uns sur le compte des autres. Les ménagements ont leur temps, et le cercle de la réaction s'agrandissant chaque jour, David, qui avait renversé l'Académie après l'avoir honnie dans son atelier, devint, pour sa punition, le type de l'académicien vide et ennuyeux; son style, la marque caractéristique et le stigmate de ce qu'il y a de plus pauvre dans l'art, le style académique.

Une réaction, analogue à celle qu'il avait provoquée, se produisit d'elle-même en Allemagne. C'était une réaction archéologique. Une fois admis le système des pastiches, il était naturel, il était du moins très-loisible de passer de l'imitation de l'antique à l'imitation des peintres primitifs de la Renaissance, de la fresque de Pompéï aux maîtres du Cinque cento qui précédèrent et formèrent Raphaël. Il ne s'agissait pas de repousser l'erreur de David, qui consistait à copier l'antique au lieu de s'inspirer de son esprit et de ses beautés; il s'agissait pour les Allemands de copier autre chose, c'est-à-dire de commettre une erreur, qui, pour être différente, n'en était pas moins funeste. Raphaël, disaient-ils, n'a produit des œuvres dignes de servir de modèles qu'autant qu'il est resté fidèle à ses maîtres; dès qu'il les a abandonnés, il est tombé dans l'impiété et dans le paganisme. Masaccio, les peintres du Campo-Santo, Pérugin, tous les maîtres du xve siècle, sont les bons, les seuls modèles, et comme les Allemands ne se dérangent pas de leur immobilité pour s'arrêter en chemin, ils se persuadèrent

que, pour comprendre le sentiment pieux qui régnait chez ces peintres, il fallait être pieux comme eux et à leur manière, c'est-à-dire avoir la même foi et la même croyance : ils abjurèrent le protestantisme et se firent catholiques. Qu'est-il resté de ces généreux efforts? Des pastiches, c'est-à-dire absolument rien ; et si des hommes comme Overbeck ont surnagé dans le naufrage, il faut estimer leur puissance à la force et au courage qu'ils ont puisés dans la lutte. Déjà, en 1808, l'Académie des beaux-arts donnait un avertissement sévère aux élèves de Paris et de Rome : « De jeunes peintres, disait le rap-
« porteur, ne se contentant pas de suivre les routes honorable-
« ment parcourues par leurs maîtres, bien plus glorieusement
« frayées par Raphaël, Michel-Ange, le Dominiquin, le Poussin,
« Lesueur, et par Lebrun, trop dédaigné, comme peintre, par
« ces élèves, ont essayé d'introduire une manière de dessiner
« mesquine et froide par l'affectation de ce qu'on nomme *le*
« *fini,* un style plein de roideur et de prétention à l'origina-
« lité, mais qui touchait à la bizarrerie : en voulant mettre de
« la naïveté dans leur façon de peindre, ils reculaient vers
« l'enfance de l'art; enfin ils croyaient se distinguer par des
« progrès nouveaux, et ils n'arrivaient qu'à se singulariser.
« Mais, comme nous l'avons dit en commençant, c'est alors que
« l'art est en péril. Ces craintes se sont heureusement dissi-
« pées : il paraît, par les dernières expositions publiques et par
« la marche des écoles, qu'on revient de cette erreur d'ambi-
« tion; et l'Académie de Rome, dont nous surveillons avec sol-
« licitude les travaux, a été paternellement avertie du danger
« qu'elle pouvait courir. »

L'Académie avait raison de protester contre un système étroit et mesquin. L'antique mal compris, le moyen âge servilement copié, doivent être mis dos à dos et chassés de l'école; mais il y eut en France, dans le contre-coup qu'elle reçut de cette réaction, quelque chose de sérieux et de plus respectable : c'était l'inspiration chrétienne, cherchée dans des tableaux peints à une époque et par des peintres remplis de piété, le retour à toutes les ressources de l'imitation vraie de la nature par toutes les ressources du métier, par la couleur et l'effet.

Comme dans toute réaction, il y eut un parti sage et un parti violent, exagéré. M. Ingres appartient au premier, avec Gérard, Heim, Forestier, Schnetz, Léopold Robert, Horace Vernet, Paul Delaroche et leurs élèves à la suite, les Flandrin, Orsel, et toute la portion sérieuse de la jeune génération; c'est la sagesse unie à la grandeur, l'élévation de la pensée poursuivant un idéal qu'elle préfère à la réalité vulgaire, la puissance du dessin et de la couleur mise au service de l'étude de la nature dans ses types les plus nobles, dans ses formes les plus belles. Je dis le dessin, ce qui ne sera contesté par personne; je dis le choix des sujets, dont une certaine école leur fait un tort; j'ajoute les ressources de la couleur, parce que je ne connais pas de coloristes capables de donner plus d'harmonie, de vigueur et de vérité à leurs tableaux que n'en mirent M. Ingres dans sa *Chapelle Sixtine* et son *Vœu de Louis XIII,* Gérard dans le portrait de Mlle Brongniart, M. Heim dans son *Martyre de saint Cyr,* M. Schnetz dans son *Vœu à la Madone,* Léopold Robert dans ses *Moissonneurs,* M. Horace Vernet lui-même dans son frère Philippe, qui rappelle si bien les excellents portraits de la vieille école française, dont il est un descendant naturel par sa mère, fille unique de Moreau le jeune; Paul Delaroche enfin, dans sa *Mort du duc de Guise.* La couleur joue dans ces tableaux le rôle qui lui appartient; elle donne à la scène l'harmonie générale, le repos et les transitions. Si l'on veut plus, s'il faut, pour être coloriste, éclabousser au hasard des vessies de couleur sur la toile au détriment de toutes les conditions de l'art, alors ces peintres, ainsi que le Pérugin, Raphaël, Jules Romain, Fra-Bartholomeo, Andréa del Sarto, ne sont pas coloristes. Dans le parti violent des esprits insoumis, avides de succès et pressés de jouir, se rangeaient, plus par nature que par influence du maître, les élèves de Guérin, et à leur suite ce qu'on a appelé l'école romantique, qui forme dans ses ramifications multiples le gros de l'école moderne. Si l'on ne considère que l'œuvre des hommes de talent qui sortirent de l'atelier de Guérin, on se console de rencontrer quelques défauts à côté de grandes qualités; mais si l'on examine les tendances, on les juge plus sévèrement, car toutes les défaillances de l'école moderne et toutes ses exagérations sont en germe dans leur initiative : l'imitation de la nature sans choix, avec une préférence marquée pour le laid, l'à peu près du dessin, l'à peu près du modelé, tous les à peu près que doivent compenser la couleur et l'effet, un ensemble brillant, chatoyant, quelquefois vigoureux, qui saute aux yeux et ne pénètre ni au cœur ni à l'âme; des qualités précieuses qui s'épuisent en pure perte, qui s'amoindrissent en s'isolant.

On aurait dû croire que la sculpture souffrirait moins de l'influence de David que la peinture ; le système du réformateur étant de ramener l'école française à l'imitation et au culte de l'antique, ses tableaux avaient la disposition et un peu la couleur de bas-relief. Comment ce qui appauvrissait la peinture n'était-il pas de nature à enrichir la sculpture? Quand la sécheresse envahit une contrée, elle attaque d'abord les plus petites plantes; elle gagne ensuite les plus grandes, atteint les arbres et s'étend à tout: ainsi la pauvreté de ce système de copie servile de l'antiquité paralysa la sculpture française, comme elle avait affaibli la peinture. Nous avons pris le *Mercure* de Pigalle et le *Voltaire assis* de Houdon comme exemples de ce que la sculpture produisait encore après Nicolas Coustou, pendant le règne de Louis XV; nous avons cité les statues exécutées à la demande de Louis XVI, et qui décorent nos monuments publics; si nous comparons avec ces ouvrages les sculptures qui émanent de l'école révolutionnaire, nous cherchons vainement la même ampleur facile, cette souplesse gracieuse, ce charme d'idéal et de vie. Et par quelles qualités nouvelles remplaça-t-on ces brillants mérites? Je les cherche, et partout je me sens repoussé par une froideur théâtrale qui me glace. Cependant des hommes comme Chaudet avaient certainement en eux toutes les conditions sérieuses de savoir et d'étude qu'exige l'art sévère de la sculpture; c'est le système de l'enseignement qui était erroné, l'interprétation des modèles antiques et de la nature elle-même qui était fausse.

On put espérer un instant qu'il était réservé à Canova de régénérer notre école. Appelé d'Italie par le premier consul, il était à Paris en 1802. Ce grand artiste avait, au commencement de sa carrière, élevé haut ses prétentions : son *Icare*, son *Thésée*, visaient à la grande sculpture; mais, en homme d'esprit, il se détourna de ce but : il avait compris, mieux que ceux dont il bravait la critique, que sa mission n'était pas là. Par nature, par instinct, plus encore que par l'étude, il avait pressenti dans l'antiquité autre chose que la sévérité, le grave, le sublime; il devina la grâce, l'appliqua à ses compositions et lui dut son immense renommée. Malheureusement il y avait dans sa nature, comme dans son talent, quelque chose d'efféminé qui lui donnait plus de goût pour une certaine coquetterie d'arrangement que pour les grâces naturelles, pour l'élégance que pour la vraie noblesse : de là un type fluet, maigrelet, pointu, qui eut sa vogue comme les figures d'un journal de mode, et qui a passé comme elles. Installé à Paris, Canova fut chargé de grands travaux, et il exerça par son esprit, par ses ouvrages et plus encore par la faveur dont le pouvoir l'entoura, une influence sensible et malheureuse sur nos artistes et sur nos fabricants dans toutes les industries qui se rattachent aux arts par la sculpture.

L'industrie avait perdu les traditions de ses procédés et les ouvriers rompus à leurs métiers; elle ne trouvait plus son guide naturel, une cour élégante pour diriger son goût, et des artistes sortis de son sein qui pussent venir en aide à ses efforts, en comprenant ses difficultés et ses obligations. A la place de ses anciens appuis, l'avénement d'un public nouveau, élément inconnu jusqu'alors dans la sphère des arts et des industries alliées aux arts; ce public, c'est tout le monde, car la révolution, en détruisant les distinctions de classes et de rangs, a mis les jouissances les plus délicates à la portée du premier venu qui peut les payer. Il ne s'agit plus, pour avoir le goût des arts et le droit de les protéger, pour s'ériger en Mécène et imposer aux artistes une direction, de s'être préparé à ces jouissances et à ce rôle par une éducation distinguée, par les voyages qui étendent les points de vue, et surtout par l'habitude de voir dans la maison paternelle les chefs-d'œuvre de l'art amassés de père en fils et les riches ameublements des bonnes époques; il s'agit d'avoir de l'argent. Or, si nous avons trouvé au dix-huitième siècle déjà, en dehors de la cour, du clergé et de la noblesse, l'active et assez fâcheuse intervention de la magistrature et de la finance, qui toutefois se faisaient un point d'honneur de prendre la cour pour modèle, il faut, au point où nous sommes arrivés, ajouter les parvenus de toutes sortes et de tous étages. De ce moment, en présence d'une cour nouvelle qui n'avait point les vieilles traditions de l'élégance et dont l'autorité était contestée par la haute société, se manifestent l'instabilité des goûts et les changements incessants du style; les arts et l'industrie deviennent le jouet de tous, et flottent à la merci des caprices d'une mode qui tend chaque jour à prendre plus bas son point de départ. Ce fut d'abord l'invasion des modes anglaises qui battit en brèche l'élégance française : on vit le sans-gêne faire irruption, le commode, *le confortable* dominer toute autre règle, et, une fois ce goût introduit dans la place, des élégants comme Garat, Trénis et autres *incroyables*, n'étaient pas de force à l'en faire sortir. Vint ensuite l'influence dominante des étrangers de tous pays, avides de plaisirs et accourus à Paris d'où la Révolution les avait éloignés si longtemps. Tandis qu'ils s'étaient mis jusqu'alors au pas des modes françaises, on les vit, en l'absence d'une cour formant centre d'action, donner le ton. Les Palfi, les Pignatelli, des comtes polonais, des princes russes, et le corps diplomatique tout entier, jetèrent pêle-mêle leurs goûts dans la mode.

A ce grave désavantage ajoutez-en un autre. Les artistes font dès lors défaut à l'industrie. Avec la suppression des corporations avait disparu ce fond d'anciennes familles industrielles dans lesquelles se trouvaient les artistes de chaque spécialité. Désormais un jeune homme, né dans un métier, a t-il quelques dispositions, il se croit du talent et il quitte son industrie; il la dédaigne pour transporter ses espérances et ses travaux dans une sphère qu'il croit plus élevée. L'industrie est livrée à des praticiens sans initiative, sans idées, et si elle demande des modèles aux artistes, ils les lui donnent, mais sans avoir la conscience de la destination des objets et des procédés employés à leur fabrication. Le créateur est d'un côté, le metteur en œuvre de l'autre, et il s'élève des réclamations également justes des deux parts : les artistes sont mécontents de voir leurs modèles mal exécutés, les fabricants ou leurs ouvriers déclarent ces modèles inexécutables. Cette absence d'entente produisit une scission déplorable et un dédain réciproque. Quelques exceptions, dues aux compositions de Lafitte, qui se ressentaient de l'excellent enseignement de son maître Vincent, aux dessins corrects et délicats de Percier, aux compositions gracieuses de Prud'hon, ne purent prévaloir contre l'ensemble de cette défaillance générale.

Auguste, orfévre en titre du roi Louis XVI, tenta, après la révolution, de reconquérir les vieilles traditions de son métier : il ouvrit un atelier, il réorganisa des travaux; mais il ne put retrouver ni des artistes inspirateurs, ni des ouvriers intelligents, et avec le même esprit, la même aptitude et la même main, il n'a rien laissé qui approche de ce qu'il produisait avant cette fatale époque. Toutefois, il recevait, à l'Exposition de 1802, la médaille d'or. Odiot, né dans la maison d'orfévrerie de sa mère, pouvait, comme Auguste, servir de lien entre l'industrie de l'ancienne monarchie et celle de l'Empire. Nommé orfévre de l'empereur, il eut, comme l'ancien orfévre du roi, beaucoup de succès, et, comme lui, il obtint, dès 1802, la médaille d'or. Thomire et Biennais, à leur tour, représentèrent, en 1806, l'art dans son union avec l'industrie. Qu'il suffise de ces noms pour caractériser l'industrie de cette époque; je dis l'industrie tout entière, car elle est représentée par ces hommes dans son goût général, dans ses meilleures qualités, comme dans ses tristes défauts. Quand on retrouve aujourd'hui sur son chemin leur orfévrerie et leurs bronzes, on passe, on ne peut s'habituer à considérer comme des objets d'art cette pauvreté de conception, cette sécheresse d'ajustement. L'absence d'à-propos et le défaut de proportion de toutes ces pièces de rapport les fait jurer ensemble : si le dessin de la composition est bon, l'exécution est fautive. On sent que la vieille organisation de l'industrie n'est pas venue au secours de l'art, et tout ce qu'on a fait pour pallier ce défaut dans l'organisation ouvrière n'a servi qu'à le mettre mieux en évidence. Conseil des prud'hommes, chambre consultative des arts et métiers, conservatoire des arts et métiers, société d'encouragement, brevets d'invention et de perfectionnement, que sais-je encore, combien d'assemblées, de corps et d'états-majors pour remplacer ces corporations modestes qui fonctionnaient d'elles-mêmes et qui ne demandaient qu'à s'amender!

Ce moment malheureux de transition impuissante compromit la meilleure des causes, le retour vers les traditions de l'antiquité. On avait fait de l'antique sans l'étudier, ou plutôt sans le comprendre, et, au moment où on allait se rendre maître de ses secrets, le public dégoûté ne voulut plus entendre parler de grec et de romain: il lisait *le Génie du Christianisme* de Châteaubriand, les romans de Walter Scott, les poésies de lord Byron; en sortant du musée des monuments français, il venait de *découvrir* les églises gothiques de la France, et il s'éprit du style gothique.

Je ne poursuivrai pas ce triste tableau de nos variations, qui me mettrait en présence de mes contemporains et dans l'obligation de faire porter mes critiques sur deux gouvernements que j'ai servis. Ce que j'ai à dire sur les causes d'une décadence qui me paraît aujourd'hui imminente trouvera mieux sa place là où les réformes que je propose m'amèneront naturellement à discuter d'anciennes mesures et de vieilles routines. Je résumerai cependant ici mon opinion. Il y a, dans la situation périlleuse où nous nous trouvons, deux coupables: d'un côté, les souverains, par le choix des hommes qu'ils ont employés depuis cinquante ans; de l'autre, le public, par l'instabilité de ses idées et de ses goûts. La Restauration, qui appela sur les marches du trône une princesse italienne dont le goût se signalait par une protection judicieuse accordée aux artistes éminents et par des commandes qui faisaient de l'admission dans sa galerie un titre d'honneur envié de tous, la Restauration, préoccupée d'autres soins, a confié la direction des arts, pendant quinze ans, à quelques seigneurs qui se faisaient pardonner leur incompétence par d'excellentes manières et les meilleures intentions; le Gouvernement de juillet, qui comptait au nombre de ses artistes la fille du roi, la princesse Marie, auteur de *Jeanne d'Arc*, et parmi les amateurs les mieux inspirés, le duc d'Orléans, dont la collection, fermée à la vulgarité, résumait en elle toute l'activité distinguée de l'époque, ce Gouvernement a livré les arts et l'industrie à quelques fonctionnaires subalternes qui rejetaient la faute de leur pitoyable administration sur les nécessités du système parlementaire. Depuis la chute de la royauté, la direction des arts a voyagé d'un ministère à l'autre, et on se demande où elle siégera définitivement, quels seront ses principes, quelle garantie d'études et d'expérience elle offrira au pays; en un mot, comment elle répondra à l'immensité de sa tâche.

Et cependant, au milieu de ce malaise, une confiance insensée nous aveugle. Nous nous étourdissons dans le bruit d'une satisfaction qui, pour être inébranlable, n'en est pas mieux fondée. Parce que nous ne regardons pas hors de notre petit cercle, nous croyons qu'il ne se fait rien au delà des limites de Paris et de la France; nous sommes convaincus qu'on acceptera toujours nos arts, notre industrie et nos modes les yeux fermés, et quelles que soient les excentricités que nous nous permettrons. C'est une grave erreur. Sans doute, de cette continuelle sollicitude de nos rois pendant dix siècles, de cette persévérante protection de leurs gouvernements, il est résulté non pas seulement des monuments et des chefs-d'œuvre dans toutes les branches de l'art, comme chaque peuple peut se vanter d'en avoir enfanté; mais cette influence des élégances de la cour et de la distinction permanente des goûts de nos souverains, partagée par leur noblesse, a produit en outre un phénomène qui ne s'était pas vu depuis les beaux temps de la Grèce, une nation artiste : oui, une nation artiste, chez laquelle un bon goût inné se traduit en toutes choses, depuis le bonnet coquet d'une fille de ses campagnes jusqu'aux frontons imposants des monuments de ses villes, depuis les produits variés de son industrie jusqu'à la manière séduisante de les exposer sous les yeux des passants ; une nation artiste, qui place la culture des arts au nombre de ses institutions les plus chères, à tel point, que tout gouvernement nouveau, acclamé, légitime ou républicain, cherchant la plus habile combinaison pour se rendre populaire, n'en trouve pas de meilleure que de lui donner, au lieu de pain et de spectacles, des rues nouvelles et magnifiques, comme celles de Rivoli et de Rambuteau ; des façades de palais, comme le Louvre sur le bord de l'eau ; des salles de musée et des galeries de tableaux, comme au Louvre et à Versailles ; des collections de monuments transportés, à grands frais, de toutes les parties du monde, de la Grèce, de l'Égypte, de Babylone et de Ninive, ou de la Thèbes américaine. Mais, parce que dix siècles de généreux efforts ont ainsi formé la France, croit-on qu'un demi-siècle d'abandon, ou, ce qui est plus fatal, de mauvaise direction, n'a pas été capable de fausser ce goût et de compromettre au dehors une suprématie qui n'est acceptée, dans les arts et l'industrie, par les nations étrangères, qu'à la condition que nous mettrons nos progrès incessamment hors de la portée des progrès qu'elles s'efforcent de faire? Or, pour qui vit au milieu des artistes et de l'industrie, pour qui observe depuis trente ans la marche des progrès et leurs temps d'arrêt, je le répète, les symptômes les plus graves d'une décadence se manifestent partout.

L'architecture, qui s'était relevée dans son enseignement, et qui prouvait déjà, dans des monuments comme l'école des beaux-arts, la bibliothèque Sainte-Geneviève et plusieurs autres, qu'elle se tirait de la profonde inertie où elle était plongée, l'architecture est maintenant aux prises avec le corps des ingénieurs et l'association des entrepreneurs. Tandis que ceux-là s'emparent, sous la protection du Gouvernement, d'une partie des constructions de l'État, ceux-ci accaparent toutes les affaires, et au lieu de se laisser diriger par des architectes d'un talent reconnu et d'une réputation fondée sur des œuvres éminentes, ils vont demander projets et dessins à des élèves, jeunes gens sans expérience, qui ne savent résister à aucun entraînement, et font de l'architecture comme on fait de la passementerie, selon la mode du jour et les caprices de chacun. Battus ainsi, et dans les monuments et dans les constructions particulières, par le sans-gêne des exigences utilitaires et par la fatigue des paperasses de comptable, ici par des innovations de gens étrangers aux principes de l'art, là par d'absurdes règlements de voirie, les architectes sérieux, ceux qui pourraient régénérer l'architecture par l'étude nouvelle de l'art grec, si fécond en ressources et en beautés, si peu connu, si mal appliqué en France, s'arrêtent abasourdis, tout consternés de voir le public et l'État lui-même trouver que tout est pour le mieux quand l'édifice, quel qu'en soit le style, s'élève et se termine comme par enchantement, quand les dépenses répondent aux devis.

Dans la peinture et la sculpture, nous vivons sur cette école qui, à l'imitation de Gros et de Géricault, secouant les pauvretés des doctrines de David, se rattacha aux errements des saines traditions françaises; qui voulait associer toutes les qualités de la peinture, le dessin et la couleur, la composition et l'effet, le style et la vie. Mais les maîtres de cette brillante école sont aujourd'hui des vieillards; quelques-uns, pleins de vie, Dieu merci, sont encore l'honneur de la France, ils n'en sont plus l'espérance. Si, quittant le passé, vous cherchez l'avenir, comment s'annonce-t-il depuis dix ans? Citez un artiste qui indique une haute tendance avec un talent puissant, un artiste nouveau et hors ligne, un seul. Non, vous verrez que le champ s'est appauvri, la moisson amaigrie; vous sentirez qu'il souffle comme un vent contagieux d'aspirations banales et terre à terre; l'épi ne lève plus, la plante est rabougrie; au lieu d'un rêve de poésie, réalisé par toutes les beautés de la nature, par toutes les perfections de l'art, c'est un petit genre anecdotique et bourgeois, qui va partout, promenant sur la toile les pauvretés de la vie réelle. Là n'est pas tout le mal. Le plus grave symptôme de l'abaissement de notre école est dans l'esprit de la jeunesse : plus d'autorité chez les maîtres, plus de docilité chez les jeunes gens; partant, plus d'enseignement. Tous les ateliers qui faisaient école sont fermés; là où vous aviez des chefs et une armée, vous ne rencontrez plus qu'une foule sans lien, sans conviction, sans but, une foule dans laquelle on se forme soi-même, d'où l'on sort peintre et sculpteur, comme on veut, quand on veut, et même avec des commandes, lorsqu'on sait se faire appuyer dans les bureaux.

Signalons encore, à côté de ces fâcheux symptômes, l'intervention malfaisante d'un public, désormais innombrable, qui porte dans les arts l'inexpérience du goût et tous les mauvais instincts de la spéculation. Ce public n'est pas tout le monde. Au prix où sont montés les objets d'art, il se compose exclusivement des hommes de la finance. Mais la fortune distribue ses faveurs capricieuses à des gens de tout étage, de toute origine, et quand le parvenu enrichi songe à mettre son luxe de niveau avec son avoir, n'ayant rien vu, rien étudié, se défiant de lui et des autres, il n'a d'autre préoccupation que de réunir des objets d'art qui gagneront en valeur; il achète donc de petits tableaux de genre, soit hollandais, soit flamands, soit de leurs imitateurs français, belges ou anglais, parce que les beautés de ces tableaux sont à la portée de toutes les intelligences et hors de la portée des copistes les plus habiles. Par suite de ces tendances, le nombre des collections qui, faites sans esprit de spéculation, ont demandé aux écoles italienne, espagnole et française, leurs plus belles inspirations, se réduisent à trois ou quatre; et, si vous questionnez les gens habiles, ils vous diront que ces amateurs sont des maladroits qui perdront 80 p. o/o sur le prix de leurs acquisitions, parce que tous ces tableaux sont répétés ou faciles à copier: en effet, la poésie d'un sujet, la sainteté d'une madone, le sentiment d'une composition, n'ajoutent rien à la valeur matérielle d'un tableau, tandis qu'on peut établir, à un petit écu près, ce que gagnent chaque année en valeur et ce que se vendront plus tard les tableaux hollandais et flamands, les Decamps, Meissonnier, Rousseau, et autres œuvres modernes que s'arrachent les connaisseurs. Sur ce marché de la peinture, une haute pensée traitée largement, une inspiration poétique qui n'est qu'indiquée, n'ont pas cours; il faut de la peinture de genre, et on la paye chèrement, afin de la revendre plus cher encore. Telle est la direction que nos nouveaux Mécènes donnent à l'art et à l'école.

A cet abaissement du goût par l'esprit mercantile, ajoutez l'espèce de fièvre dont se sent travaillée une génération entière qui semble vouloir mettre toutes choses, les arts et la littérature, les sciences et l'industrie, au pas redoublé de ses chemins de fer et de ses télégraphes électriques. Poésie, romans et histoire, tableaux, statues et architecture, livres de science et produits exceptionnels de l'industrie, œuvres délicates que le recueillement, la réflexion et l'étude couvaient autrefois sous leurs ailes patientes, ne sont applaudis aujourd'hui que suivant le nombre de mois, de jours ou d'heures qu'on a employés à les produire.

L'industrie a toujours subi le contre-coup des désordres de l'art. Privée de cette haute direction que la cour de France donnait à toutes choses, n'étant plus protégée par le maintien des mêmes modes, des mêmes goûts, du même style, pendant un grand nombre d'années, l'industrie s'est vue abandonnée à elle-même et contrainte de demander sur la place publique où était le goût dominant, la mode souveraine, le style de facile défaite. La difficulté était de découvrir qui dispensait le goût, qui faisait la mode, qui choisissait le style: le souverain et sa cour, depuis la chute de la royauté en 1793, n'y étaient plus pour rien; les artistes, n'ayant eux-mêmes aucun principe arrêté, attendaient, comme l'industrie, l'impulsion au lieu de la donner, et alors, comme une foule qui prend certaine direction sans savoir pourquoi et sans qu'on puisse l'arrêter, on suivit des courants littéraires, des dessinateurs-archéologues, des amateurs d'antiquités qui exhumaient du passé les styles et les modes autrefois maîtres de la vogue, et à leur suite successivement on s'éprit de misérables redites et des plus sottes contrefaçons. Cinquante années d'abdication de toute initiative! Un demi-siècle d'impuissant labeur de copiste, de ridicules grimaces de singes qui contrefont le bon et le mauvais sans discernement, tel a été le sort de l'industrie depuis la Révolution. On ne voulait plus des froides copies de Pompeï, et comme le fabricant demandait, avec soumission, quel style on préférait : « le gothique, lui répondit-on en 1814, c'est le style national, l'expression vraie d'une société croyante; nous voulons du gothique. » L'industrie mit du gothique partout. Il était mal étudié, faussement compris, c'était du détestable gothique; mais on allait en faire de meilleur, quand toute une jeunesse enthousiaste demanda le style de la Renaissance : ce nouveau mouvement, ce retour à l'antique, bien que par une voie détournée, avait pour lui la raison, notre organisation tout entière et jusqu'à notre vaste mobilier; mieux encore, il avait pour lui l'ensemble de nos idées, qui découlent de l'antiquité en sautant à pieds joints par-dessus le moyen âge. Dans la vie nouvelle de tranquillité pacifique et de liberté inaccoutumée que la Restauration et le Gouvernement de juillet apportèrent à la France, tous les esprits s'épanouirent, comme ces fleurs qui surgissent aux premiers rayons d'un soleil de printemps et émaillent la nature entière. Malheureusement, l'explosion fut exubérante : à la simplicité monotone de la ligne droite, à l'imitation un peu froide de l'antique, telle que l'avait conçue l'école de Percier, on substitua la ligne brisée; à la maigreur des ornements succédèrent des ornements à tout propos et hors de propos. De toutes les causes qui provoquèrent cette réaction, voici la plus puissante. Depuis David, les arts étaient entachés d'archéologie, mais depuis qu'il avait pris en main leur réforme, les arts n'étaient plus le privilége de la cour, de l'aristocratie, du clergé et des gens enrichis; ils étaient tombés dans le domaine public. Nos musées, ouverts à tous, offraient un aliment continuel à la curiosité banale des uns, aux études sérieuses des autres, à chacun selon ses facultés et en les développant. Cette initiation avait été subite, cet enseignement trop rapide; le public admira tout sans se rendre compte de rien; les artistes copièrent à leur tour les productions des divers âges, sans étudier l'époque où parurent ces modèles, les conditions dans lesquelles ils furent créés, la destination spéciale qu'ils avaient. Le cabinet des estampes de la Bibliothèque impériale fournit des créations nouvelles, j'entends des vieilleries oubliées, à tout un monde d'artistes employés par l'industrie. M. Duchesne aîné, avec une sage prévision des besoins de son temps, réunit dans de grands volumes toutes les estampes qui avaient servi aux fabricants des xvie, xviie et xviiie siècles. Outre les œuvres complètes des Marot, Lepautre, Berrain, Meissonnier, Fordrin, et autres faiseurs de leur temps, qui donnaient les modèles de meubles, cheminées, grilles et boiseries, il offrit aux artistes 7 volumes pour l'orfévrerie, 7 pour la bijouterie, 1 pour la joaillerie, 3 pour la serrurerie, 2 pour l'arquebuserie, 2 pour les passements, 1 pour la broderie. Ces 3,000 planches contenant environ 12,000 modèles variés, les uns inventés par ces graveurs, le plus grand nombre arrangés par eux d'après les beaux meubles et les objets de toilette qu'ils avaient sous les yeux, ont défrayé nos industriels depuis quarante ans de modèles et d'idées, et les défrayeront encore tant qu'il s'agira de tourner dans cette roue d'écureuil sans issue, de suivre cette voie battue et sans but. C'est avec ces faciles et abondantes ressources que l'on contrefit le vieux à tort et à travers. On amplifia, on réduisit les œuvres anciennes selon les nouvelles applications, sans se rendre compte des conditions primitives du modèle; on associa sans scrupule, on appliqua sans discernement, et de cette misérable cuisine ne purent sortir que les mélanges du plus mauvais goût.

Un homme d'une rare facilité et d'une application exemplaire se livra avec ardeur à ce travail d'amalgame désordonné. Chenavard était un médiocre artiste; il avait cet instinct du frelon qui sait trouver dans chaque fleur le suc qu'elle contient, mais qui ignore le secret de l'abeille pour en former du miel. Fureteur infatigable, il avait feuilleté les livres, calqué les gravures, copié les manuscrits, dessiné les monuments, et de tout cela il n'avait pas su se former une originalité propre, un style individuel. En dépit d'une exécution des plus habiles, malgré des détails très-bien rendus, on aurait dû lui reprocher l'abus de toutes choses, la disproportion dominant partout, l'absence complète de calme, de pondération et de simplicité. On eût dit que cet homme jetait ses idées par-dessus les ponts, en masse et pêle-mêle, et qu'il se faisait un plaisir d'entasser dans un seul groupe assez de figures, dans une composition assez d'ornements, pour former dix groupes et autant de compositions. Mais qu'aurait obtenu un avertissement sensé au milieu de l'engouement? Chenavard avait séduit quelques hommes de lettres qui faisaient alors les réputations, et il était devenu l'artiste populaire, le prophète et l'homme-dieu d'une religion qu'on croyait nouvelle, de l'art appliqué à l'industrie. Dès 1834, il fait plus que dessiner; il ne se contente pas d'avoir envahi la manufacture de Sèvres et de s'en servir comme d'une tribune du haut de laquelle il professe ses principes; il prend la plume et il écrit des factums pour demander la création d'un *musée industriel* pour les *artistes industriels*, et pour tous ceux qui veulent étudier *l'art industriel*. Il eut de nombreux élèves, hélas! il eut même des concurrents qui, pour l'effacer, exagérèrent encore les abus que nous signalions dans sa manière. Tout ce désordre, qui ressemblait fort à une orgie, marqua, dans l'art et l'industrie de la France, d'une manière déplorable, et ses conséquences auraient été graves au dehors si l'exportation des objets produits sous cette influence avait rencontré des esprits sages, des jugements éclairés, des gens parfaitement maîtres de leur raison. Par bonheur l'engouement était devenu européen, et ce style pitoyable, dit de la Renaissance, reçut des étrangers le meilleur accueil.

Tandis qu'on donnait ainsi la main à un faiseur sans talent, on repoussait deux artistes que la bonne fortune de la France avait fait naître au sein même de l'industrie : l'un est Morel, l'autre Vechte. Tous les deux sont nés dans l'apprentissage de l'orfévrerie, et sont devenus artistes comme on le devenait dans l'antiquité, au XIIIe siècle et au XVIe, le marteau à la main. Morel a traversé tous les degrés de l'apprentissage, il a pratiqué tous les procédés connus, il en a retrouvé plusieurs qui étaient perdus et très-regrettés, et il est devenu le plus habile orfévre-bijoutier-joaillier que la France ait jamais possédé. Ce qui le distingue surtout, c'est un sentiment d'élégance et une passion pour la perfection qui domine sa nature. Si, au lieu de dessiner dans sa jeunesse, aux rares moments qu'il pouvait arracher à l'apprentissage et à la besogne quotidienne, il eût pu se former par de fortes études, nul doute que Morel aurait surpassé ce que le passé offre de plus digne d'admiration.

Vechte est un artiste autrement puissant; mais, comme Morel, il s'est fait lui seul dans le sein même de son industrie. Vers 1835 on vit paraître, dans les boutiques de marchands de curiosités, des pièces d'orfévrerie repoussées qui paraissaient trop belles pour être modernes, qui, comme œuvre de la Renaissance, avaient un style si large, si plein, si vivant, qu'il était difficile de l'associer à des maîtres connus; d'un autre côté, on ne s'expliquait pas l'apparition subite de pièces aussi importantes et tout à fait inconnues : il aurait fallu la découverte d'un Pompéï du XVIe siècle pour l'expliquer. Vechte se chargea lui-même d'éclaircir ce mystère en signant dorénavant ses œuvres et en les composant pour les amateurs, au lieu de les faire passer sous le couvert suspect de brocanteurs d'objets d'art. A la fois homme d'imagination, artiste habile, ouvrier incomparable, Vechte est à Morel ce que Michel-Ange est à Benvenuto Cellini, toutes proportions gardées d'un Michel-Ange orfévre à un Benvenuto Cellini bijoutier.

Je ne détaillerai pas leurs œuvres : tous ces beaux vases,

ces coupes délicieuses, sont autant de productions complètes, comme on n'en a vu que dans l'antiquité, et passagèrement à Florence, sous les Médicis, et à l'hôtel de Nesle, sous François Ier. L'œuvre tout entière, conçue et fabriquée sous une même impulsion, sortait du cerveau comme d'un moule, l'artiste-ouvrier ayant les traditions du métier dans la main, les enseignements de l'art et les inspirations du génie dans la tête.

Qu'a-t-on fait pour ces deux hommes, qui avaient dans leurs mains suppliantes l'avenir de l'art associé à l'industrie? On les a laissés végéter, s'épuiser dans une lutte commerciale qui tue le génie et avilit le goût, et enfin porter à Londres leur talent avec toutes les bonnes traditions de ce premier des métiers. Est-ce faute d'avoir été averti? non, ni l'un ni l'autre de ces artistes n'a caché ses ouvrages: c'est au grand jour des expositions qu'ils les présentaient aux suffrages du public et du jury; mais ils devaient être repoussés par toutes les administrations pour servir de protestation vivante contre l'organisation des beaux-arts.

C'étaient pourtant les véritables maîtres de cette Renaissance tant goûtée; mais on ne les négligea peut-être que parce que l'engouement abandonnait cette ornementation légère, délicate, élégante; parce que la mode allait déjà chercher l'ampleur et la magnificence du style de Louis XIV, sans y être sollicitée ni par l'architecture ni par le costume, ces deux réformateurs extrêmes du goût. En effet, l'industrie fit alors volte-face; elle avait mis de la Renaissance partout, d'abord faussement amalgamée avec toutes les déviations qu'elle a subies, puis étudiée dans ses vrais modèles, s'épurant chaque jour et redevenant digne de son nom. Mais alors on n'en voulait plus: le ministre qui s'était engoué du style de la Renaissance avait quitté le pouvoir; un autre ministre, épris des splendeurs du siècle de Louis XIV, lui avait succédé. En transformant Versailles en musée historique et national, le roi Louis-Philippe avait fait reprendre la route de l'ancienne résidence royale, si complétement abandonnée, et les artistes, les amateurs, toute la foule à leur suite, avaient trouvé avec bonheur dans les anciens appartements, dans la salle de spectacle, dans les abords, dans tout l'ensemble enfin, cet art du xvii⁰ siècle avec sa splendeur, son abondance et ses belles proportions.

Le style de Louis XIV domina dès ce moment. On racheta partout les vieux meubles, et, confondant ensemble le grand roi et son petit-fils, les meubles du xvii⁰ siècle avec les meubles du xviii⁰, on associa l'ampleur de l'un avec le tourmenté de l'autre, et Dieu sait ce qu'il fut fait de meubles en bois sculpté et doré, de bronzes et d'orfévrerie en imitation de tout ce bric-à-brac. Nos maisons en sont pleines ; mais on s'en est vite fatigué, et aujourd'hui on passe au style Louis XVI, que l'on considère avec raison comme un retour vers un meilleur goût, sans prendre l'engagement toutefois de s'y tenir bien longtemps. L'industrie, esclave toujours soumise, obéit et passe au style de Louis XVI ; mais ce n'est pas sans inquiétude qu'elle se demande où la conduit cette course au clocher à travers tous les styles et toutes les imitations : car, si elle prend son parti de ces brusques changements quand il s'agit de gazes imprimées, de tulles brodés, de toiles damassées ou de papiers peints, il n'en est pas de même quand elle voit ses meubles, ses porcelaines, ses bronzes, son orfévrerie et sa bijouterie ne plus faire qu'une saison, quand elle se trouve obligée tous les ans de renouveler des modèles coûteux et des magasins de grande valeur. Cette situation lui devient intolérable, car la mobilité du goût ne ruine pas seulement l'industrie française, elle menace aussi d'altérer la préférence que l'étranger accorde encore à nos produits. En pareille perplexité, nos industriels, comprenant toute l'importance des arts, non pas au point de vue élevé de leur essence, mais sous le rapport très-matériel de leur utilité commerciale, cherchent quel directeur général, quel ministre spécial est chargé de pourvoir aux besoins de l'enseignement des arts, aux institutions capables de fixer le goût du public, de diriger les études des artistes et les efforts des fabriques ; ils cherchent, et ils trouvent au fond d'un bureau sans importance quelques employés sans initiative qui vont au jour le jour, alignant des commandes en regard d'un budget toujours dépassé. Cette absence de direction s'est fait moins sentir tant que les vieilles traditions de l'Administration des arts ont subsisté ; elles servaient comme de digue à l'envahissement. Malheureusement, après avoir tenu tête au romantisme, aux mille engouements du caprice, aux tendances positives du Gouvernement de juillet et à l'influence d'un réalisme brutal qui en est né, ces traditions semblent à bout de voie et paraissent avoir abdiqué ; cependant, en face de ce désordre, s'élève menaçante la concurrence étrangère, qui grandit partout et se fortifie chez chaque peuple, en satisfaisant les goûts nationaux et en faisant ressortir le danger d'acquisition d'objets d'art français qui n'ont aucune garantie de maintien de leur valeur, le goût éphémère qui les a mis à la mode devant se tourner contre eux en moins de temps qu'il n'en faudra pour les exporter.

Telle était la situation des arts et des industries qui se rattachent aux arts, en 1851, lorsque l'Angleterre annonça qu'elle allait faire une Exposition universelle à laquelle tous les peuples étaient conviés. Avant d'examiner comment les arts et l'industrie de la France se présentèrent dans ce grand tournoi, voyons comment l'Angleterre trouva dans nos expositions antérieures tous les précédents de la sienne.

DES EXPOSITIONS DE TABLEAUX, STATUES ET GRAVURES, DEPUIS L'AVÉNEMENT DE LOUIS XIV, ET DES EXPOSITIONS DE L'INDUSTRIE DEPUIS 1798, EN FRANCE, JUSQU'À L'EXPOSITION UNIVERSELLE DES ARTS ET DE L'INDUSTRIE À LONDRES, EN 1851.

Déjà, en 1648, lorsque l'Académie de peinture et de sculpture fut fondée, il était convenu qu'elle ferait exposer chaque année en public les tableaux et les statues sortant des ateliers de tous ses membres : un article du règlement de 1663 est formel sur ce point. Toutefois, par suite de diverses difficultés, dont la plus grande était l'absence d'un local, les premières expositions se firent seulement à partir de 1673, et en plein air, dans la cour du Palais-Royal ; plus tard, on exposa les tableaux dans la galerie du Palais-Royal; enfin Mansard obtint de Louis XIV, en 1699, que l'exposition eût lieu dans la grande galerie du Louvre, et, de ce moment, elles se sont suivies régulièrement et avec le plus grand succès.

Il existe de cette première exposition un catalogue officiel imprimé, indiquant tous les tableaux, statues et bas-reliefs, dessins et estampes offerts à la curiosité publique, et aucune exposition n'eut lieu sans livret. En 1699, outre le livret, on eut sur les almanachs des vues qui représentent les tableaux dans leur arrangement, et Florent-le-Comte en fit une appréciation. Depuis lors, divers comptes rendus parurent à chaque exposition; celui de La Tour de Saint-Yenne, en 1746, contient déjà des vues d'avenir sur les arts en France. L'Exposition de 1769 donna lieu à une critique acerbe, faite avec esprit dans un ton plaisant. L'Académie s'en offensa et fit saisir cette brochure, qu'elle appelait un pamphlet, et que Daudet de Jossan, sans se nommer, avait intitulée : « Lettres sur les « peintures, gravures et sculptures qui sont exposées cette « année au Louvre, par M. Raphaël, peintre de l'Académie de « S. Luc, entrepreneur général des enseignes de la ville, fau- « bourgs et banlieue de Paris, à M. Jérosme, son ami, râpeur « de tabac et riboteur. » Le public avait pris parti pour cette attaque, qu'il attribuait aux grands critiques du temps, à Diderot, à Marmontel ou à d'Alembert; mais, comme la force n'est pas une bonne raison, Cochin, secrétaire de l'Académie, en chercha de meilleures dans une réponse qui eut un entier succès, et qui acceptait la plaisanterie jusque dans son titre : « Réponse de M. Jérosme, râpeur de tabac, à M. Ra- « phaël. »

De cette époque datent les trois *Salons* de Diderot, adressés sous forme de lettres à Grimm et répandus dans toutes les cours de l'Europe par ce colporteur si original du bel esprit français. Il ne faut pas placer trop haut ces délassements de l'esprit de Diderot : cet écrivain distingué n'était nullement préparé à ce genre d'appréciation, et si on doit lui accorder l'honneur d'avoir fait renaître la critique littéraire appliquée aux arts, il faut aussi le rendre en quelque sorte responsable de cette critique aveugle qui fait le désespoir des artistes, dont elle décourage les bonnes et fécondes inspirations, et qui fait en même temps les délices du public, dont elle caresse les engouements et les préjugés. Mais ce n'est pas le moment d'apprécier cette littérature légère; j'ai voulu seulement, en rappelant ces comptes rendus et ces pamphlets qui pullulaient à chaque exposition, en vers et en prose, sous une forme sérieuse ou bouffonne, et dont plusieurs sont restés, montrer à quel point ce concours annuel soumis par l'Académie au public était entré dans nos mœurs, et forma, pendant tout le xviii° siècle, une des préoccupations de l'esprit public.

On se demandera pourquoi l'industrie ne fut pas dès lors convoquée à pareille fête : il serait difficile de répondre avec précision, s'il s'agissait de rechercher toutes les raisons qui plaçaient si loin sur le second plan des intérêts aussi sérieux; mais je m'en tiendrai à une seule, que je considère comme dominante : c'est que l'Académie, qui faisait exposer les œuvres de ses peintres et de ses sculpteurs, formait une corporation, et que cette corporation s'était interdit de tenir boutique. Rien n'eût été plus facile que de demander à la corporation des merciers ou à celle des orfévres de faire aussi une exposition de leurs œuvres, bien que ces honorables industriels, groupés ensemble dans le même quartier et faisant dans leurs rues une exposition permanente de leurs produits, n'eussent pas bien compris l'utilité de ces expositions périodiques. Si, étendant cette idée, on avait annoncé que toutes les corporations des merciers de la France ou toutes celles des orfévres devaient exposer en concurrence et dans le même local, il eût fallu d'abord obtenir l'assentiment de tous les corps de métiers et consentir à leur accorder le droit de choisir parmi eux les exposants et les objets à exposer. Admettons que de sages règlements fussent parvenus à concilier dans une même industrie toutes les rivalités de localités, toutes les prétentions individuelles : que pense-t-on des difficultés qu'on aurait eu à surmonter, lorsqu'il se serait agi de faire appel à l'ensemble des corporations de la France, à l'industrie tout entière? On n'aurait pu rien concilier. Les usages reçus, les habitudes prises, les droits consacrés et tant de règlements exclusifs les uns des autres se seraient heurtés. On serait tombé dans un véritable chaos. Ajoutez à cela l'impossibilité matérielle de faire affluer des divers points de la France vers un centre commun toute une classe de gens d'humeur casanière, pour qui un voyage et le transport d'objets de prix devenaient, vu le mauvais état des routes et leur sécurité précaire, les moyens insuffisants de transport et les mauvais gîtes, une entreprise des plus graves.

Cette idée d'un appel général fait à l'industrie ne pouvait donc, à cette époque, être conçue, car elle était impraticable; mais le Gouvernement se préoccupait des moyens de stimuler, dans l'intérêt général, le zèle et l'activité de cette grande armée industrielle trop morcelée. Le 28 décembre 1777, Louis XVI signait l'édit suivant :

« Le Roi, dans le compte qui lui a été rendu de ses finances,
« a approuvé les dispositions qui lui ont été présentées pour
« assurer des secours pécuniaires aux nouveaux établissements
« de commerce et de manufacture qui méritent ces encoura-
« gements; et S. M., désirant entretenir encore l'émulation
« par des motifs de gloire et d'honneur, a jugé à propos de
« fonder un prix annuel en faveur de toutes les personnes
« qui, en frayant de nouvelles routes à l'industrie nationale
« ou en la perfectionnant essentiellement, auront servi l'État
« et mérité une marque publique de l'approbation de S. M.
« Le prix honorable que son amour pour les travaux utiles
« l'engage à instituer consistera dans une médaille d'or du
« poids de douze onces. Cette médaille sera décernée dans les
« premiers mois de chaque année, à commencer en mars 1779,
« pour l'année 1778, et ainsi de suite, au jugement d'une
« assemblée extraordinaire composée du ministre des finances,
« de trois conseillers d'État, des intendants du commerce, et
« à laquelle seront appelés les députés et les inspecteurs géné-

« raux du commerce. S. M. approuve même que l'assemblée
« nommée pour juge puisse demander la permission de décer-
« ner un second prix, s'il arrivait que deux citoyens eussent
« des droits à peu près égaux à cette marque de distinction.
« Enfin l'intention du Roi est que ces médailles deviennent
« dans les familles une preuve subsistante d'un service rendu
« à l'État et un titre à la protection particulière de Sa
« Majesté. » Parler en ces termes de l'industrie, c'était l'honorer; mettre ce prix à ses efforts, c'était une manière ingénieuse de porter au domicile de chacun un concours qu'il
n'était pas encore possible de réaliser autrement.

La suppression de l'Académie n'avait pas arrêté le cours
des expositions annuelles de tableaux, de statues et de gravures; seulement le livret de 1793 porte que l'Exposition a
lieu *par les artistes composant la commune générale des arts*. En
1795, 1796 et 1797, le public put donc continuer à se distraire des graves préoccupations du temps par l'examen de ce
que les artistes avaient encore le courage de produire.

L'année suivante, en 1798, il s'agissait de fêter le sixième
anniversaire de la République; et, pour répondre au retour
d'un peu de tranquillité et de quelques rayons de confiance,
le Directoire chercha ce qu'il pouvait donner en pâture à la
curiosité publique. Les fêtes païennes de la Révolution étaient
usées; on avait fouillé le carton de la corne d'Abondance, et
on savait qu'il était vide; on avait regardé de près tout
l'Olympe, et l'illusion s'était dissipée en voyant les déesses
sortir du cabaret dans un état que les dieux seuls, et des
dieux de même origine, pouvaient tolérer. Ces solennités
renouvelées des Grecs, ces processions dans lesquelles figu-
raient les produits de la terre, sous la protection de Cérès,
avaient donc fait leur temps. Il fallait autre chose, et, on doit
le dire, depuis que la déesse Raison était cassée aux gages,
la raison prosaïque, la vraie raison avait fait de sérieux progrès. François de Neufchâteau, alors ministre de l'intérieur,
était un homme instruit, nourri d'idées pratiques et doué
d'une remarquable intelligence. Il avait vu le vide pro-

duit dans toute la machine industrielle par la suppression des corporations, et l'immense désordre qui avait pris la place de cette organisation protectrice; il comprenait la nécessité de rattacher les uns aux autres les différents membres d'une même industrie et toutes les industries ensemble. Un concours périodique, c'est-à-dire une exposition des produits de nos fabriques, faite à l'instar de ce qui se pratiquait depuis près d'un siècle et demi pour les productions de l'art, lui parut propre à rapprocher les différents métiers qui n'avaient plus aucun lien entre eux, aucune responsabilité vis-à-vis de l'autorité, aucun moyen de se connaître et de s'entendre dans un but commun de perfectionnement et de progrès. La nouveauté de cette mesure, autant que les circonstances au milieu desquelles on en faisait l'essai, empêcha un grand nombre d'industriels d'y prendre part. Cent dix exposants seulement, presque tous des départements qui forment la ceinture de Paris, répondirent à l'appel du Directoire et exposèrent leurs produits pendant les cinq jours complémentaires de l'an VI et jusqu'au 10 vendémiaire de l'an VII. Douze récompenses furent accordées : je citerai parmi les lauréats Didot et Herhan, libraires-imprimeurs et fondeurs; Dilh et Guérard, pour leurs tableaux peints sur porcelaine; Conté, pour ses crayons à dessiner. C'était, dès l'origine, l'introduction des arts dans l'exposition de l'industrie. Bien que le Directoire n'ait eu qu'à se féliciter d'avoir ouvert cette voie de progrès pacifique à une époque de guerre et de troubles, toutefois, rien n'indique qu'on ait pressenti, dès la pose de cette première pierre, quel monument colossal on venait de fonder.

Le Gouvernement avait l'intention de renouveler ces expositions à des époques très-rapprochées ; mais les fureurs de la guerre obligèrent d'ajourner la seconde aux cinq jours complémentaires de l'an IX. Ce concours dépassa, en grandeur et en résultats utiles, son aîné sous tous les rapports. Il eut lieu dans le palais des sciences et des arts : on appelait ainsi le Louvre. Les sciences et les arts ouvrirent les portes à deux battants pour accueillir l'enfant de leur union légitime, l'industrie. « Nul art ne devait être excepté, dit le programme; « des statues se dresseront à côté des socs de charrue, des « tableaux seront suspendus près des étoffes. » L'Exposition de l'an ix eut donc ce caractère d'universalité et montra cette tendance de fusion qui est dans la raison des faits, dans l'ordre des choses, et qui, en marquant au début de cette institution, présageait son avenir. Les visiteurs passèrent sans transition étudiée, et sans être choqués de ces rapprochements, des galeries de tableaux anciens dans les galeries de tableaux modernes, des cours où l'industrie montrait avec orgueil ses produits dans les salles où les plus beaux morceaux de la sculpture antique s'offraient à l'admiration des connaisseurs.

Ce caractère particulier de l'Exposition de 1801 devait être mis ici en évidence; il en est un autre que je veux signaler : c'est l'excitation particulière que ces solennités donnèrent à l'amour-propre des producteurs, à l'ambition de gloire des fabricants. Depuis deux cents ans ce sentiment sommeillait dans l'industrie; la création de l'Académie de peinture et sculpture l'avait, je ne dirai pas tué, car il réside au fond du cœur humain, mais elle l'avait endormi, étouffé. Nos rois cherchèrent vainement à le ranimer par des titres, des logements au Louvre et des distinctions personnelles. L'industrie avait besoin de sortir de l'état d'infériorité où on l'avait placée vis-à-vis des beaux-arts. Le stimulant des expositions publiques et les récompenses distribuées à la suite vinrent à propos réveiller son amour-propre et relever son moral.

Ainsi donc les résultats de ces premières expositions peuvent déjà être ainsi caractérisés : tendance des arts et de l'industrie à se rapprocher, réveil du sentiment de l'amour-propre chez l'industriel, conscience d'une valeur égale à toute autre. Mais n'espérons pas trop de ces premières tentatives. Bien des obstacles s'opposaient encore au retour de l'heureuse fusion qui s'était montrée si féconde dans l'antiquité et au moyen âge. Le mouvement, il est vrai, était donné par ces expositions, qui plaçaient désormais dans les mêmes conditions l'artiste et l'industriel, jugés l'un et l'autre par les hommes les plus éminents d'après leur œuvre et nominativement; mais l'antagonisme subsistait, et il se produit de nouveau à la troisième exposition : les arts se détachent de l'industrie et exposent à part.

Je suis obligé, par cette raison, de suivre l'une après l'autre ces deux branches du même fleuve, courant parallèlement, s'alimentant aux mêmes sources, arrosant les mêmes contrées, et ne pouvant se joindre, séparés par cette langue de terre très-étroite qu'habitent les préjugés, la vanité et l'ignorance. Toutefois, j'indiquerai les heureux symptômes de rapprochement que signalent à l'horizon mille faits précurseurs, en conservant la confiance que cette fusion s'opérera bientôt et en y travaillant de tout cœur.

J'ai dit que les expositions des beaux-arts avaient repris leur cours annuel aussitôt après la suppression de l'Académie. Le grand salon carré du Louvre fut consacré à ces solennités. Voici le tableau de ces expositions, avec leur date précise, le nombre des exposants admis et l'indication du local qui fut affecté à leurs œuvres. J'aurais voulu placer en regard du chiffre des exposants admis le chiffre des artistes qui envoyèrent leurs ouvrages au Jury, avec l'espérance de les exposer. Je n'ai pu me le procurer avec les garanties d'exactitude nécessaires, et cependant il est évident que l'admission, se réglant sur les instructions données par le directeur du Musée et sur les dimensions du local, n'avait aucune signification, tandis que la comparaison entre les deux chiffres pouvait donner une idée de l'accroissement continu du nombre des artistes et de l'extension de la faveur accordée aux arts.

Les Expositions de 1847 et 1848 mises en regard, 2,321 exposants en face de 5,180, remplaceront, jusqu'à un certain point, le renseignement qui nous manque.

EXPOSITIONS DES BEAUX-ARTS.

ORDRE.	DATE.	NOMBRE des EXPOSANTS.	LOCAL.
1.	1793 (an II de la République française).	929	Salon du Louvre.
2.	1795 (vendémiaire an IV)	687	Salon du Muséum, au Louvre.
3.	1796 (vendémiaire an V)	871	Salon du Musée central des arts.
4.	1797 (1er thermidor an VI)	191	Idem.
5.	1798 (1er fructidor an VII)	736	Idem.
6.	1799 (15 fructidor an VII)	1,001	Idem.
7.	1800 (15 fructidor an VIII)	651	Idem.
8.	1801 (15 fructidor an IX)	720	Idem.
9.	1802 (15 fructidor an X)	854	Idem.
10.	1804 (1er jour compl. an XII de la Rép.).	930	Musée Napoléon. (Louvre.)
11.	1806 (15 septembre)	705	Idem.
12.	1808 (14 octobre)	834	Idem.
13.	1810 (5 novembre)	1,210	Idem.
14.	1812 (1er novembre)	1,353	Idem.
15.	1814 (1er novembre)	1,442	Musée roy. des Arts. (Louvre.)
16.	1817 (24 avril)	1,064	Idem.
17.	1819 (25 août)	1,072	Idem.
18.	1822 (24 avril)	1,802	Idem.
19.	1824 (25 août)	2,371	Idem.
20.	1827 (4 novembre)	1,834	Idem.
21.	1831 (1er mai)	3,182	Musée royal. (Louvre.)
22.	1833 (1er mars)	3,318	Idem.
23.	1834 (1er mars)	2,314	Idem.
24.	1835 (1er mars)	2,336	Idem.
25.	1836 (1er mars)	2,122	Idem.
26.	1837 (1er mars)	2,130	Idem.
27.	1838 (1er mars)	2,031	Idem.
28.	1839 (1er mars)	2,404	Idem.
29.	1840 (15 mars)	1,647	Idem.
30.	1841 (15 mars)	2,280	Idem.
31.	1842 (15 mars)	2,121	Idem.
32.	1843 (15 mars)	1,597	Idem.
33.	1844 (15 mars)	2,423	Idem.
34.	1845 (15 mars)	2,332	Idem.
35.	1846 (16 mars)	2,412	Idem.
36.	1847 (16 mars)	2,321	Idem.
37.	1848 (15 mai)	5,180	Musée national du Louvre.
38.	1849 (15 juin)	2,586	Palais des Tuileries.
39.	1850 (30 décembre)	3,923	Palais National (Palais-Royal).

Jusqu'à l'Exposition de 1849, les tableaux modernes furent fixés à un échafaudage de poutres, recouvert de toile verte, qu'on montait devant les tableaux anciens, et pendant six mois le musée des vieux maîtres, le musée des jeunes élèves, était envahi par le tohu-bohu de la production moderne, au grand détriment des études, au grand regret des visiteurs de la province et de l'étranger. Mais, comme un flot d'inondation monte du lit du fleuve, passe sur les prairies et gagne l'habitation, ainsi la rumeur de l'indignation monta avec l'invasion des échafaudages, qui d'abord ne couvrirent que les grands tableaux du salon carré, puis s'introduisirent dans la grande galerie, cachèrent les tableaux des écoles primitives, et, chaque année empiétant davantage, s'étendirent sur les chefs-d'œuvre des maîtres italiens, qu'on avait placés à l'extrémité de la galerie, à l'entrée des Tuileries, à proximité des visites du souverain. Le roi Louis-Philippe resta sourd à ces plaintes; elles ne lui déplaisaient pas. Dans son désir de terminer le Louvre, il voyait avec plaisir tout ce qui contribuait à faire sentir la nécessité de ce grand achèvement. La République tendit aux arts une main secourable, sans y mettre de si difficiles conditions. Elle établit en principe que les études seraient respectées, que ni la jeunesse studieuse ni le public ne seraient privés des modèles qui font la science de l'une et le goût de l'autre; et quant à l'exposition moderne, qu'on se mettrait en quête d'un autre local. Le château des Tuileries fut choisi, d'abord parce qu'il était vide, et quoique ses distributions ne convinssent nullement au bon éclairage des tableaux; on essaya ensuite du Palais-Royal, avec adjonction d'un bâtiment provisoire : dispositions meilleures, quoique bien insuffisantes pour des expositions que la complaisance d'un jury débonnaire rendait colossales. Peu importe le local nouveau : ce ne fut plus la galerie des anciens maîtres, et c'était là un grand bien.

Suivons maintenant les destinées des expositions de l'industrie et leur développement matériel, et nous examinerons ensuite leurs conséquences sur le progrès des arts et de l'industrie. Voici un tableau qui résume, en quelques chiffres exacts, la marche et le progrès de ces expositions :

EXPOSITIONS DE L'INDUSTRIE.

ORDRE.	DATE.	NOMBRE DES EXPOSANTS			NOMBRE des RÉCOMPENSES décernées par le jury central.	LOCAL ET SA SUPERFICIE.
		examinés par le jury du département de la Seine.	admis par le jury du département de la Seine.	admis par les jurys de la France entière, y compris le jury de la Seine.		
1.	1798	"	"	110	23	Cour du Louvre.
2.	1801 (du 19 au 24 sept.)	56	46	220	80	Idem.
3.	1802 (du 18 au 24 sept.)	158	116	540	254	Idem.
4.	1806 (du 25 s. au 19 oct.)	349	316	1,422	610	Esplanade des Invalides.
5.	1819 (25 août)......	585	503	1,662	869	Cour et salles du Louvre.
6.	1823 (25 août)......	905	845	1,648	1,091	Idem.
7.	1827 (1er août)......	1,115	1,110	1,795	1,254	Idem.
8.	1834 (1er mai)	1,595	1,400	2,447	1,785	Place Louis XV, sur 14,288 mètr. carrés, dont 10,452 utilisés.
9.	1839 (1er mai)......	2,437	2,027	3,381	2,305	Carré des Champs-Élysées, sur 16,500 mètr. carrés, dont 12,800 utilisés.
10.	1844..............	2,886	2,203	3,963	3,253	Carré des Champs-Élysées, sur 17,760 mètr. carrés, dont 17,356 utilisés.
11.	1849..............	3,276	2,883	4,532	3,741	Carré des Champs-Élysées, sur 27,040 mètr. carrés, dont 24,422 utilisés.

Le nombre des exposants, qui n'avait été que de 110 en 1798 et s'était élevé à 4,532 en 1849, concordait avec la durée de l'exposition, qui de deux jours s'étendit à six mois, et avec l'espace mis à la disposition des industriels, qui avait remplacé la cour de l'ancien Louvre par le Grand-Carré, aux Champs-Élysées (24,422 mètres carrés). Je n'ai pu trouver le chiffre des industriels qui demandèrent à exposer dans toute la France; je donne seulement ce chiffre pour Paris : il eût été intéressant de l'avoir complet, car le nombre des exposants admis n'exprime pas les tendances de l'industrie, il rend compte des nécessités du local que les jurys d'admission subissaient. En effet, le Gouvernement exerça, dans le cours de ces cinquante années, deux actions contraires. Jusqu'en 1823, il stimula les industriels, il sollicita leur concours; mais, à partir de 1827, il fut obligé de modérer l'affluence suivant les proportions de l'espace donné par un local qu'on croyait suffisant au moment où on l'ordonnait, parce qu'il dépassait de quelque 500 mètres carrés le bâtiment de l'exposition précédente, mais qui se trouvait toujours trop restreint. La sévérité du jury était en outre sollicitée dans le but d'éloigner de cet honorable concours l'esprit mercantile et les manœuvres de la charlatanerie, qui ne tendaient que trop à l'envahir.

Si le but de ces grandes solennités avait été dès l'abord sainement compris, l'architecture aurait été appelée avant tout à y concourir. Ce premier des arts, cet art qui les comprend tous, n'avait pas d'autre manière d'exposer qu'en construisant le bâtiment et l'enveloppe de l'exposition; provisoires même, comme elles l'étaient, ces galeries d'expositions devaient montrer à chaque solennité le goût et les tendances de l'architecture. On négligea ce grand intérêt. Construits à la hâte, économiquement et sans autre souci que de mettre les marchandises et les visiteurs à l'abri, les bâtiments qui s'élevèrent en 1806 sur l'esplanade des Invalides, en 1834 sur la place Louis XV, en 1839, 44 et 49 sur le Grand-Carré, dans les Champs-Élysées, ne présentèrent pas même ce qu'il était possible de faire avec des moellons, des planches et de la toile peinte, et l'architecture entra piteusement dans ces constructions éphémères pour montrer quelques matériaux de construction entassés et sans signification.

Je ne veux pas faire l'histoire de ces précieuses solennités; expositions des arts, expositions de l'industrie ont eu, dans leur surprenante progression et dans leur succès populaire, le sort des institutions humaines. Elles ont parcouru le cercle de leur influence utile; elles ont produit le bien, elles se sont usées dans cette action continue d'un demi-siècle, et elles demandent aujourd'hui l'une et l'autre à renaître dans une fusion des mêmes intérêts, des mêmes efforts; fusion, rapprochement qui se traduira en expositions vraiment universelles, et dans lesquelles l'art donnera la main à l'industrie, non pas comme à une esclave qu'on relève de sa déchéance, mais comme à l'épouse qu'on est fier d'asseoir à ses côtés.

L'exposition des tableaux, statues et gravures remplaçant celle des académiciens, dut se soumettre à des conditions nouvelles pour répondre à un but entièrement différent. Ce n'étaient plus les œuvres d'un petit nombre d'artistes dont le mérite était constaté par leur position même, et qui consentaient à montrer à un public restreint des tableaux commandés à l'avance pour une destination spéciale; c'était le concours où tous venaient faire leurs preuves et tenter la fortune du succès et de la célébrité, sans autre droit que le talent, sans autre juge qu'une foule d'amateurs désormais immense. Ne perdons pas de vue le changement radical introduit dans la société par la révolution, et dans les arts par l'absence d'organisation. D'un côté, un public chaque jour plus nombreux voulant participer aux jouissances du luxe, et au luxe par excellence, qui est le culte des arts; de l'autre côté, une foule de jeunes gens se jetant avec ardeur dans une carrière devenue lucrative et produisant, bon an mal an, tableaux et statues par milliers. Une direction habile aurait pu sans doute faire tourner cette disposition générale du public et ce flux de talents au profit de l'art appliqué, soit en peintures murales, soit en sculpture associée à l'architecture dans les édifices publics et les demeures particulières; mais, laissés à eux-mêmes et n'ayant de débouchés à leur activité que dans les expositions publiques, les artistes se formèrent une manière mesquine et un goût de petit genre qui permettent de produire, sans préoccupation de la destination, des œuvres faciles et de petites dimensions, qui conviennent à tous les appartements, à toutes les fortunes, à tous les goûts. De ce moment, l'artiste envoya des productions banales au Louvre, comme au marché, et les vendit au plus offrant; puis, sans s'apitoyer sur le sort de ces enfants abandonnés au tour de l'exposition, il recommença d'autres tableaux et d'autres statues pour l'exposition suivante. Le Gouvernement ne tarda pas à se préoccuper de cette situation nouvelle, et, pour que ces concours ne devinssent pas un bazar, il institua un jury chargé de repousser la médiocrité et de n'admettre que des œuvres d'un mérite supérieur. En même temps, pour donner aux artistes le loisir de mener à bien des conceptions mûrement élaborées, il décida que les expositions n'auraient lieu que tous les deux ans. Avec ces garanties, on espérait que les expositions exerceraient une influence favorable sur l'artiste et sur le public, qu'elles éclaireraient l'un par l'autre; mais leur retour périodique, même à deux années de distance, apprit aux artistes qu'il n'était pas de meilleure occasion pour se mettre en vogue et vendre ses tableaux, qu'il fallait en deux mots travailler pour l'exposition. Quand cette malheureuse tendance fut devenue presque générale, le besoin d'un bazar se fit sentir; on demanda l'exposition annuelle, on s'ameuta pour l'obtenir, et, le roi ayant été assez faible, en 1838, pour l'accorder, les exposants n'eurent plus d'autre but, d'autre ambition que de solliciter le riche amateur et le marchand de tableaux. Depuis lors, l'influence de ces foires annuelles de tableaux, aquarelles et gravures, fut nulle, quand elle ne fut pas pernicieuse. Ceux qui conservaient la noble ambition de parvenir à une réputation de bon aloi par des travaux consciencieux renoncèrent à se commettre dans la foule, ou, s'ils continuèrent à y figurer, on peut d'autant mieux croire qu'ils auraient eu sans les expositions ce même sentiment de leur haute mission. Mais le nombre des artistes que ces concours publics entraînèrent à la recherche des succès éphémères obtenus par le charlatanisme des moyens, ici par les dimensions des toiles, là par la couleur et l'effet, un jour par cette mode, un autre jour par la réaction contraire, ce nombre fut d'autant plus grand que cette fièvre mercantile, devenue plus lucrative, venait chaque année, à jour fixe, s'emparer des esprits. De ce moment, l'invasion de l'industrie dans l'art était un fait accompli et un malheur; nous allons examiner comment, par un chemin différent, mais aussi par le développement des expositions, l'art fit irruption dans l'industrie, par la fausse porte il est vrai, en se facilitant pour des temps rapprochés une entrée plus légitime.

Les expositions de l'industrie étaient indispensables après la dispersion des corps de métiers; elles ont remplacé le contrôle qu'ils exerçaient sur chaque industrie, et elles ont permis de nouveau d'établir entre les produits une comparaison qui se faisait naturellement autrefois dans chaque quartier industriel. Au stimulant de la réputation conquise parmi ses pairs elles ajoutaient l'honneur d'être remarqué par un grand concours de visiteurs, d'être examiné et récompensé par les hommes éminents de la science, d'être proclamé au nombre des plus dignes par le chef de l'État au milieu d'un appareil solennel. L'influence des expositions de l'industrie fut donc bonne; quelle cause pouvait en compromettre les heureux résultats? L'esprit mercantile, qui trouvait dans ces concours des appâts de toutes sortes. Inutile d'exposer en détail ce mauvais et ce petit côté d'une grande institution. Il a suffi de composer l'administration de gens intègres, et le jury d'hommes supérieurs, désignés au respect de tous par leurs travaux, pour lutter contre les tendances mauvaises et pour maintenir aux expositions de l'industrie le caractère élevé d'une lutte d'honneur.

Le Gouvernement, en effet, avait reconnu qu'il devait rester maître de ces grands concours, afin de leur assurer toutes les conditions de franchise, d'impartialité et de loyauté qui appartiennent aux institutions publiques. Pour exposer les produits de l'industrie, il choisit, comme pour les arts, le plus beau des palais, et, quand le Louvre fut trop petit, il construisit, aux frais de tous, un local suffisant, où tous purent entrer sans rien payer, considérant avec raison que cette lourde dépense était largement compensée par l'instruction et le bon goût que tous les visiteurs, depuis le plus haut placé sur l'échelle sociale jusqu'à celui qui reste au dernier échelon, viendraient y puiser chaque jour gratuitement et librement. Non content de placer l'administration dans les mains les plus désintéressées, il institua deux jurys composés des savants les plus compétents. L'un, le jury d'admission, formé, dans la capitale et dans tous les chefs-lieux de départements, des hommes pratiques qui connaissent le mieux la position des industriels, afin d'éloigner du concours les débitants et les amateurs, les gens mal famés ou ceux dont la situation financière pourrait être compromise; formé aussi d'hommes de goût qui savent faire pencher la balance en faveur d'intermédiaires utiles, d'artistes hors ligne qui se vouent à l'industrie, d'inventeurs enfin qui n'ont pour patente et pour raison sociale que leur génie. Quand ces jurés ont terminé leur pénible et ingrate mission, sans en tirer d'autre récompense que le sentiment d'un devoir de justice accompli, les objets admis sont disposés dans le Palais de l'Industrie par l'Administration, avec l'intègre impartialité qui est le droit de chacun et avec le goût qui ajoute au mérite des objets. Alors le second jury, celui qui juge et qui récompense, entre en fonctions. Onze fois déjà ces jurys ont exercé leur magistrature, et, si l'on étudie leur composition, on s'explique comment une enquête qui a porté sur d'innombrables objets exposés par plus de quatre mille industriels a pu être terminée en trois mois et provoquer jusqu'à 1,500 jugements motivés, non sans froisser bien des amours-propres, mais sans susciter la moindre réclamation. Les plus hautes sommités de la science, des artistes aimés du public, des hommes de goût voués par caractère à tous les perfectionnements, ont donné leur réputation, leur savoir, leur désintéressement, en garantie de leurs décisions dans cette action solennelle de la justice.

Comme membre du jury d'admission du département de la Seine et du jury des récompenses, j'ai suivi depuis vingt-cinq ans les progrès de ces expositions; je laisserai cependant à un autre le soin de les raconter. Je veux faire ressortir uniquement la place modeste que les arts, sans avoir conscience de leur valeur, y occupèrent à l'origine, le rang plus élevé qu'ils s'attribuèrent à chaque exposition, l'importance prédominante et supérieure qu'ils y ont acquise de nos jours. Cet envahissement bienfaisant, cette condition obligée de tout succès, cette marque caractéristique d'une fabrication de premier ordre, mieux appréciée par les exposants, à mesure que le Jury y attachait la plus grande part de ses récompenses, conduisit les juges, de conséquence en conséquence, à rechercher, dans l'examen du mérite des fabricants, la part qui revenait, non plus au chef de l'établissement, à l'homme d'affaires, au capitaliste, mais à l'artiste qui fournissait ses modèles, au contre-maître habile qui dirigeait ses ateliers, à l'ouvrier intelligent qui perfectionnait lui-même, dans la pratique de chaque jour, les moyens d'exécution.

Dès l'Exposition de 1819, le ministre de l'intérieur appelait l'attention des préfets sur ces mérites trop longtemps tenus à l'écart et dans l'ombre : « Faites-vous rendre compte, leur « écrivait-il, des découvertes qui pourraient avoir amené, « depuis dix ans, une amélioration notable dans une branche « quelconque de l'industrie manufacturière de votre départe- « ment, et signalez-moi les savants, les artistes, les ouvriers « auxquels on en est redevable. Un mécanicien, un simple « contre-maître, ou même un ouvrier doué d'un esprit obser- « vateur, ont quelquefois, par d'heureuses découvertes, élevé « tout à coup des manufactures au plus haut degré de prospé- « rité. Ces hommes industrieux cherchent rarement la for- « tune; ils s'oublient eux-mêmes et ne songent qu'aux progrès « de l'industrie. Le plus modique salaire est, pour l'ordinaire, « tout le prix qu'ils recueillent de leurs importants travaux. « Ce sont ces artistes que le roi a voulu honorer par son ordon- « nance du 9 avril dernier. »

Cette ordonnance instituait, dans chaque chef-lieu de département industriel, un jury composé de fabricants chargés de connaître des droits de chacun et de faire parvenir au jury central des récompenses un rapport capable de l'éclairer.

La date de ces recommandations et de cette sollicitude explique la recherche de popularité qui animait le gouvernement de la Restauration à cette époque de l'établissement libéral de la légitimité; il faut dire aussi qu'elles étaient dictées par les meilleurs sentiments d'humanité et de justice. On ne peut lui faire un tort d'avoir soulevé la difficulté la plus grande, une difficulté jusqu'à présent insoluble, et dont le Jury ne s'est jamais bien tiré, car c'est une de ces nécessités qui s'avancent d'elles-mêmes quand on ne sait pas marcher résolûment à leur rencontre.

Je traiterai cette question plus loin et j'en exposerai en même temps la solution. Je ne veux ici qu'en indiquer les embarras pour expliquer et excuser les hésitations du jury chargé de distribuer les récompenses. Les arts, en ajoutant à presque toutes les industries quelque chose de leur charme séducteur, donnèrent chaque jour aux artistes une place plus importante dans la fabrique. C'était le début d'un retour heureux vers cette ancienne association naturelle dont j'ai signalé dans les temps passés, et chez tous les peuples bien doués, les heureux résultats. Des fabricants, quoi qu'il leur en coûtât, non-seulement en gros appointements, mais en soumissions de toutes sortes, pour complaire à des caractères fantasques et difficiles, attachèrent des artistes de talent à leur établissement; mais ils pensaient que, supportant tous les frais, tous les risques de l'entreprise, ayant la charge de la direction et la responsabilité d'une expérience difficile à acquérir pour louvoyer au milieu des caprices de la mode et des fluctuations commerciales, ils avaient le droit, non pas de s'approprier des dessins qu'ils n'avaient pas faits, mais de comprendre dans leurs titres de bons fabricants le mérite d'avoir fait faire ces dessins, le mérite plus grand de les avoir appropriés à leur fabrication, enfin, et comme dernier titre, le mérite d'avoir établi, d'après ces dessins, de bonne marchandise qui, rivalisant avec la concurrence étrangère, enrichissait en même temps la France et leur famille. Cette opinion était partagée par la grande majorité des membres du jury, et elle repose, il faut le dire, sur les idées les plus saines de la justice, et sur la nécessité de protéger les droits et l'autorité du chef qui, de même que le pavillon du haut du mât couvre la marchandise, du haut de sa responsabilité domine l'entreprise entière.

La circulaire de 1819 vint bouleverser cette manière de voir, avant qu'il fût bien urgent d'en adopter une autre. Vous récompensez les produits de l'établissement dans son chef; si vous allez plus loin, si vous faites dans le succès la part de l'artiste, du contre-maître, de l'ouvrier, qui empêchera le souffleur de la forge, ou le portier qui tire complaisamment le cordon, de réclamer leur part de récompense? Voyez quel désordre dans la hiérarchie, quelle atteinte à la subordination, quel appât jeté à toutes les prétentions. Où trouver un jury qui se croira assez éclairé sur les mérites, en quelque sorte secrets, de la fabrication, pour procéder à cette répartition? Vous en remettrez-vous au chef de l'établissement? Dans quelle position le placez-vous vis-à-vis de ses ouvriers? La famille industrielle est-elle donc déjà si unie, qu'une nouvelle cause de discorde, jetée au milieu d'elle, soit bien utile? Voilà tout ce qui se disait avec raison en 1819, tout ce qu'on répéta moins bruyamment en 1824 et 1829; mais l'intervention de l'art dans l'industrie prit alors des proportions telles, et on comprit si bien l'intérêt qu'elle avait à recevoir l'aide des artistes de talent, que tous les esprits pratiques convinrent que, dans une certaine mesure et dans des cas exceptionnels, l'artiste avait sa valeur propre et son mérite à part, dignes d'être récompensés à côté et en dehors du fabricant qui, selon lui, l'exploitait. Quand l'armurier Lepage donnait à Vechte un lingot d'argent, et que, sans aucune intervention de sa part, cet excellent ouvrier, cet habile artiste, lui rendait un bouclier qu'il avait laminé et repoussé en composition énergique, en ornements ravissants, Lepage, l'industriel, ne pouvait être récompensé seul sans une souveraine injustice; Vechte, l'ouvrier artiste, avait des droits égaux : l'un, comme le chef de l'établissement, acceptant le projet, tentant l'entreprise, engageant ses capitaux ; l'autre, comme l'ouvrier habile qui exécute et crée. J'en dirai autant des tableaux composés pour les papiers peints des maisons Zuber et Delicourt, des ornements modelés par Lienard pour les pâtes de Cruchet, des modèles fournis par Barye, Lechesne, Moreau et tous les artistes pour les bronzes de Susse et de ses confrères.

Ajoutez à ces droits, compliqués des droits de l'industriel, ceux que les artistes réclamèrent en leurs noms propres, quand les fabricants, dégoûtés d'entretenir à grands frais des peintres capricieux, trouvèrent plus commode et aussi avantageux de prendre de côté et d'autre, et de toutes mains, les idées qui leur étaient proposées par les artistes. De ce moment le fabricant lui-même reconnaissait la nécessité, la convenance d'un partage; car cette composition, qu'il n'avait ni inspirée ni dirigée, dont la propriété commerciale seule lui appartenait, l'artiste venait l'exposer sous la rubrique de dessin industriel et en son nom. Dès lors l'artiste, admis comme exposant, tranchait toute difficulté; le jury dut examiner ses œuvres, et des dessinateurs d'une grande habileté, des sculpteurs de talent, furent récompensés d'une manière toute libérale.

Ainsi donc deux tendances, contraires en apparence, mais en réalité parfaitement concordantes, sont en présence : l'art porté, par l'accroissement du nombre des artistes et des acquéreurs d'objets de luxe, à se faire industriel; l'industrie poussée, par les goûts du public et le progrès de la fabrication, à se faire artiste : les expositions secourables à ces deux tendances et l'exposition universelle attendue par les esprits clairvoyants comme le lien naturel et la fusion obligée de l'art et de l'industrie. L'État, ou ce qui le représente dans les rouages administratifs, la direction des beaux-arts, ne comprit pas la puissance de ce mouvement et s'y opposa, au lieu de s'y associer. Épousant tous les préjugés de l'Académie des beaux-arts, ces vieux préjugés qui entourèrent son berceau et semblent inhérents à cette compagnie, l'État ne vit qu'un côté de l'art, au lieu d'en embrasser de haut tous les intérêts. Aux artistes il défendit de se faire industriels, aux industriels il ne sut aucun gré de se faire artistes, et, pataugeant dans cette contradiction, tandis que le jury de l'industrie marchait dans la voie du progrès en ouvrant les bras aux artistes, lui et le jury des beaux-arts, son interprète, acceptant les limites créées par des vanités aveugles, proscrivaient impitoyablement les artistes qui avaient eu le malheur de passer, pour un jour, pour une œuvre seulement, dans le camp de l'industrie. Une fois cette limite franchie, l'artiste était marqué d'une tache indélébile, c'était un artiste industriel, et l'entrée du salon du Louvre, des galeries du Luxembourg, aussi bien que du bureau des commandes faites par l'État, lui était à tout jamais interdite. La plupart des artistes, élevés par leurs maîtres dans ces idées mesquines, partageaient eux-mêmes et partagent encore cette manière de voir. Réduits par l'enseignement de l'école à des œuvres sans signification, ils marchent dans la voie étroite qu'on leur a tracée, et, sentant leur impuissance, ils la cachent sous les grands mots de la dignité de l'art, de l'indépendance du génie et autres misères dont je n'irai pas grossir ces pages.

Comme dans tout déplacement des idées, comme dans tout déclassement des individus, il est une phase pénible à passer : nous subissons aujourd'hui la peine de cette transformation. J'examinerai plus loin quelles mesures devront être prises, quelles institutions fondées, quelle direction générale donnée aux esprits pour lutter contre des préjugés aussi tenaces. Dans ces mesures seront comprises des adjonctions nouvelles à la liste des jurys de l'industrie, afin que l'art appliqué ait ainsi des juges compétents, non pas parmi les grands artistes, qui dédaignent cette tendance de l'art et n'en comprennent ni le mérite ni les difficultés, non pas parmi les fabricants, dont le goût n'a pu se former que sous les influences de la mode, mais parmi les hommes qui font de l'art et de son histoire l'affaire de leur vie entière, et qui ont exercé leur jugement à rechercher dans les œuvres du passé ce qui peut convenir et à nos arts et à notre industrie.

L'Exposition de 1849 eut lieu au sortir d'une révolution et sous un gouvernement précaire ; cependant la marche ascendante des progrès ne s'était arrêtée ni devant le désordre des idées ni devant le désordre de la rue, et peu s'en fallut même qu'en dépit de circonstances si défavorables, le développement naturel, obligé, de cette institution, ne fût proclamé à cette époque par un ministre intelligent. Il n'y a pas à en douter, M. Thouret agita très-sérieusement la question d'une exposition étendue aux produits de tous les genres et de toutes les nations; il avait la pensée de faire une exposition universelle des arts et de l'industrie. Mais le Gouvernement de Février, sorti de l'émeute, et qui eût dû en avoir assez l'habitude pour ne pas la redouter, recula devant celle des cotons, des tapis, des faïences et des glaces. Creil et Baccarat, Mulhouse et Saint-Gobain firent retentir des plaintes exagérées; les plus grandes maisons industrielles déclarèrent que, si l'Angleterre, la Suisse et la Belgique exposaient en France, c'en était fait de leur industrie, et qu'elles n'exposeraient pas. Le Gouvernement, au lieu de faire attention à cette levée de boucliers, à ce soulèvement d'intérêts mal entendus et coalisés pour la défense de leurs priviléges, au lieu de prêter l'oreille à ces cris du découragement et de la peur, eût dû consulter les artistes et les belles industries qui font la richesse de la France. On lui eût dit unanimement : « Ouvrez vos portes au monde entier, il est notre tributaire depuis des siècles : ce qu'il fait venir à grands frais, il le trouvera ici; s'il nous apporte quelque produit que nous ne fabriquions pas, nous nous instruirons, et, si cela en vaut la peine, avant la fin de l'Exposition, nous le ferons mieux que lui. » Au lieu de consulter les vrais créateurs de l'industrie, le Gouvernement accepta l'avis de ceux qui l'exploitent.

Par cette opposition, aveuglément intéressée, la France, qui avait fondé et conduit, assise par assise, les expositions des arts et de l'industrie à cet immense progrès, se vit privée de l'honneur de les amener à leur complet développement. Le 3 janvier 1850 parut à Londres une ordonnance de la reine Victoria, qui annonçait au monde entier qu'une commission royale était formée, sous la présidence du prince

Albert, pour organiser une exposition universelle destinée à réunir, au 1ᵉʳ mai 1851, dans la capitale des trois royaumes unis, les produits des arts et de l'industrie. Le Gouvernement français ne pouvait manquer de répondre à cet appel, et il chargea une commission, formée des présidents du jury de l'industrie de 1849, de préparer notre contingent dans la grande armée pacifique. La première réunion eut lieu le 16 mars 1850 [1].

TRAVAUX DE LA COMMISSION FRANÇAISE
À PARIS ET À LONDRES.

L'Angleterre, copiste hardie, nous avait enlevé l'initiative d'une Exposition universelle; il n'y avait qu'un moyen de répondre dignement à son appel loyal et confiant, c'était de la battre sur son propre terrain. Avec quelles armes? avec toutes, mais surtout avec celle qui, la plus faible en apparence, est en réalité la plus forte dans nos mains : avec le bon goût, cette expression de l'art. Cependant une difficulté se présentait. Peuple pratique, les Anglais avaient ouvert aux produits des beaux-arts l'entrée du palais de l'Industrie, en même temps qu'à tous les autres produits de l'industrie humaine; mais, comme une innovation n'obtient le droit de circuler qu'après avoir fait signer son passe-port par la routine, ils reculèrent devant l'immensité de la conséquence, et la commission royale eut la singulière idée d'admettre la sculpture, l'architecture, la gravure, et de repousser la peinture. Voici d'après quels principes : « La sculpture, disait-elle, fournit ses artistes à l'industrie pour décorer une pendule, pour sculpter un meuble; l'architecture se

---

[1] La commission, nommée par M. Dumas le 28 février 1850, n'était composée que des douze présidents des commissions du jury de 1849 : j'en faisais partie à ce titre; mais, par un second arrêté, du 11 mars de la même année, elle fut augmentée de diverses adjonctions. Dans la séance du 16 mars, elle comptait vingt-trois membres et se divisa en six commissions. La sixième, celle des beaux-arts, dans laquelle on m'avait placé, était composée de MM. Fontaine, architecte; Armand Seguier, Ebelmen, de Lavenay et Delambre.

combine avec l'industrie du potier, du fondeur, et elle donne les profils et les dessins de toutes sortes de décorations; la gravure s'exécute sur du cuivre et s'imprime avec une presse : ces arts sont industriels. Tout au contraire, la peinture transmet sur la toile un ordre d'études, de sujets, de passions, qui sont étrangers à l'industrie : donc elle sera exclue. » On pouvait répondre que la peinture, qui puise ses inspirations dans la nature, vient autant en aide à l'industrie que la sculpture, dans les compositions qu'elle fournit aux fabricants de papiers peints, dans les études harmonieuses de couleurs qu'elle donne aux tissus, dans les combinaisons infinies qu'elle imagine pour tous les genres de broderie. On semble avoir compris la force et la valeur de ces objections; mais, n'osant pas aborder franchement la grande pensée de l'union des arts et de l'industrie, on maintint l'exclusion de la peinture d'histoire en décidant, par un compromis, que les dessins, les miniatures, n'étant pas de la peinture, seraient admis, ainsi que toute composition, même peinte, destinée à l'industrie.

La décision de la commission royale de Londres étant souveraine, nous devions nous y soumettre, et dans ces limites, aussi arbitraires que mal fondées, faire nos efforts pour établir aux yeux du monde notre supériorité. Malheureusement nos artistes prenaient en grande indifférence l'appel qui leur était fait. Ce n'était ni le trouble apporté dans les études par une révolution, ni le découragement, conséquence de l'interruption des travaux et des commandes, ni la crainte de faire courir les risques d'un long voyage à des œuvres délicates et précieuses, qui les détournaient de ce concours : c'était une cause plus futile et plus grave à la fois; elle doit être franchement déclarée. J'avais sollicité et obtenu de la commission préparatoire française la mission de parcourir nos ateliers et de stimuler le zèle. J'allai partout, je ne trouvai de sympathie nulle part. « L'art n'est pas de l'industrie, me répondirent nos artistes; qu'irons-nous faire dans un bazar? » Porté par l'ensemble de mes études à n'admettre aucune distinction entre l'art et l'industrie, trouvant les esprits les plus éminents rebelles à cette idée, je me creusai la tête pour parvenir à préciser la distinction qu'ils prétendaient établir et pour amener le rapprochement qui me paraissait si désirable. Je disais à chacun : « L'artiste est l'homme heureusement doué, qui sait trouver dans toute la nature ce qui s'associe le mieux à sa pensée, à son sentiment, à ses passions, et qui parvient, avec les ressources matérielles mises à sa disposition, à donner une forme saisissable pour tous à sa pensée, à son sentiment, à sa passion; èt cette forme, qui est sa création, n'est cependant que la reproduction de ce qu'il y a de plus beau dans la nature. L'industriel qui est artiste, ou l'artiste qui s'est fait industriel, n'est pas autre chose. Ah! s'il était un art qui ne demandât pas d'étude, un art naturel, il est évident qu'il serait supérieur à l'industrie, qui doit compter et grandement compter avec les moyens matériels qu'elle met en œuvre; mais le sculpteur n'est-il pas obligé de se préoccuper des conditions de son marbre, de la grandeur qui est fixée, de l'emplacement qui est destiné à sa statue; le peintre a toute une éducation à faire pour devenir maître des mille petits moyens avec lesquels on produit cette illusion conventionnelle qui s'appelle la peinture; le musicien a des difficultés et des limites d'exécution; le poëte et l'orateur eux-mêmes ont les exigences d'une langue parlée dont ils doivent suivre les règles, dont il leur est défendu de franchir les bornes définies. Bref, musicien, poëte, artiste, industriel, ont un égal labeur, partant un égal esclavage. Faudra-t-il chercher la distinction dans la destination de l'œuvre, comme on tenta de le faire au moyen âge? Ce qui est religieux et destiné à Dieu sera de l'art, le reste du métier; qui voudrait de cette séparation subtile et déraisonnable? Est-ce la matière qui fait l'art? Un tableau, dès qu'il est peint sur toile, et une statue, parce qu'elle est sculptée en marbre, appartiendront-ils de droit à l'art? et si je peins ce tableau en émail sur plaques de fer ou sur morceaux de lave de 3 mètres carrés, ou si je repousse le bas-relief et la statue dans le cuivre, l'argent ou l'or, n'aurai-je fait qu'une œuvre industrielle? Quelle est donc cette limite si profonde qu'on la

dépasse sans s'en apercevoir, si grande qu'on ne parvient pas à la distinguer? Convenons qu'elle n'existe que dans les prétentions malheureuses des artistes et dans les habitudes routinières du public. » J'eus beau dire, j'eus beau prendre en exemple les plus grands artistes de l'antiquité et de la Renaissance, rien n'y fit. C'était un préjugé enraciné, et qu'y a-t-il de plus fort qu'un préjugé? L'opinion de l'Académie peut-être? Je le pensais alors, et je fis porter la question devant la classe des beaux-arts de l'Institut, espérant qu'un appel éclairé, venant de si haut, effacerait ces lignes de démarcation que le temps et les progrès, la marche des idées et la fusion des classes ont balayées depuis longtemps. Je m'étais trompé : la vieille querelle de l'art et des métiers se réchauffa comme au premier jour de la création de l'Académie de peinture et de sculpture. L'illustre corps décida que ses membres et les artistes seraient engagés à ne pas se commettre à Londres avec l'industrie. Messieurs les membres de l'Institut voulaient être conséquents avec eux-mêmes; ne s'exprimaient-ils pas ainsi, en 1842, par l'organe de M. Raoul-Rochette, leur secrétaire perpétuel, au sujet de quelques reproductions excellentes et populaires de la statuaire moderne : « Que le propriétaire d'une statue la
« fasse mouler pour en distribuer les épreuves entre ses amis,
« cela se voit tous les jours; puis qu'une de ces épreuves, par
« vente, par échange ou de toute autre manière, vienne à
« tomber dans les mains d'un de ces spéculateurs qui ont à
« leur disposition la machine Collas ou toute autre machine
« analogue, c'est ce qui ne peut manquer d'arriver souvent :
« voilà tout d'un coup la statue reproduite de toute dimension,
« la voilà mise à la portée des goûts les plus frivoles, rabaissée
« au niveau des usages les plus vulgaires, et voilà l'art tout en-
« tier dégradé dans un de ses chefs-d'œuvre. Ce n'est pas une
« simple supposition qu'on se permet ici, c'est un fait qu'on
« exprime et qui tend à s'établir en habitude. N'avons-nous
« pas vu le *Spartacus* de M. Foyatier et l'*Eurydice* de M. Nan-
« teuil réduits en figurines et convertis en modèles de pen-
« dules? » Voyez-vous ce grand malheur et cette abomination

dans la désolation! Parce qu'une statue est placée sur un dressoir, cesse-t-elle d'être conçue dans toutes les données de l'art? Parce qu'un tableau entre dans la composition d'un meuble qui lui sert d'encadrement, cesse-t-il d'être une production de la pensée exprimée par les ressources de l'art? Qu'une fleur soit imitée par l'habileté du sculpteur en bois, par l'adresse des combinaisons artificielles, par les ressources non moins artificielles du pinceau de Saint-Jean, n'est-ce pas toujours le miroir de la nature, et cette imitation parfaite, quelle que soit la matière employée, le mode de fabrication et l'application qu'elle reçoit, n'est-elle pas du domaine de l'art, qui est l'industrie humaine? Benvenuto Cellini faisait des meubles, et Raphaël des peintures pour les tapisseries; l'un et l'autre auraient demandé à exposer, si Léon X avait ouvert les salles du Vatican aux produits de l'industrie.

Les hommes isolés ont heureusement des idées plus libérales que les corps auxquels ils appartiennent: les académiciens Pradier et Lemaire cédèrent à mes instances, et fort de ces exemples j'entraînai quelques artistes. J'avais besoin de donner ces détails pour expliquer la part proportionnelle des récompenses accordées à la France, et les difficultés que j'ai dû surmonter pour nous maintenir dans cette proportion, tandis que nous aurions eu une supériorité incontestée, si un plus grand nombre de nos artistes avaient voulu exposer.

Les opérations du Jury d'admission terminées à Paris[1], la commission française du Jury international se rendit à Londres[2] et tint sa première réunion générale le 13 mai 1851, dans l'hôtel du commissariat français. Il ne m'appartient pas de vanter les sentiments qui animaient ces trente Français dési-

---

[1] Le jury central de l'Exposition de 1849 reçut cette mission pénible. Nous fonctionnâmes à la gare du chemin de fer du Nord du 1ᵉʳ février 1851 au 6 avril de la même année.

[2] La commission française du Jury international fut « chargée », par un arrêté de M. Buffet, ministre du commerce, en date du 7 avril 1851, « d'aller, sous la présidence de M. le baron Charles Dupin, étudier l'Expo- « sition, défendre les droits et les intérêts de nos exposants dans le sein

gnés par leurs travaux et choisis par le Gouvernement pour juger ce grand concours et y défendre les intérêts de la France; je ne parlerai que de la haute idée qu'ils se faisaient de leur mission et du consciencieux dévouement qu'ils portèrent tous dans son accomplissement. Je tairai aussi les souvenirs charmants de ces séances, où les grands intérêts confiés à notre patriotisme étaient discutés avec le même sérieux, avec un sens aussi positif que dans le Jury anglais, mais avec un entrain, une gaieté, un esprit qui n'avaient rien d'international. C'était encore, pour notre petite colonie, une manière de représenter la France.

Après une première entente sur la manière de procéder uniformément dans nos commissions particulières, nous allâmes chacun rejoindre les classes auxquelles nous appartenions, et nos travaux commencèrent.

TRAVAUX DU JURY INTERNATIONAL.

ÉTUDE GÉNÉRALE SUR LES BEAUX-ARTS À L'EXPOSITION DE LONDRES.

Le Jury des beaux-arts, formant le Ve groupe et la XXXe classe, était composé d'artistes distingués et d'hommes de goût venus des quatre coins de l'Europe. Les uns et les autres, accessibles à tout ce qui est original dans les créations modernes, avaient trop vu de choses, trop examiné de monuments et d'objets d'art, trop bien étudié les mille variations du goût et de la mode, depuis l'antiquité jusqu'à nos jours, pour se laisser prendre, pour s'émerveiller beaucoup à la vue des pastiches de toutes sortes que nous exposâmes à Londres comme des produits de nouvelle création française. Aussi les jurés de la classe des beaux-arts furent sévères dans leur

« des jurys mixtes de Londres comme dans le jury général des présidents,
« qui devait décerner les récompenses aux exposants; enfin, de rendre
« compte au Gouvernement français, dans un rapport d'ensemble délibéré
« par tous ses membres, des progrès de l'industrie des nations concurrentes
« attestés par l'Exposition, et aussi de présenter ses vues sur les moyens de
« perfectionnement suggérés par ce parallèle. »

appréciation, et, quelque soin que j'aie mis à dissimuler des défauts trop évidents, à vanter des qualités et des mérites que je savais très-contestables, ils discernèrent avec un juste coup d'œil le désordre général qui des idées avait passé dans l'exécution. Ils virent des imitations plus ou moins heureuses de la Renaissance, du style des règnes de Louis XIV, Louis XV et Louis XVI, ainsi que des amalgames malheureux de tous ces styles; pour de l'originalité, pour de la pureté de formes et d'ornementation, ils la cherchèrent partout dans notre exposition sans la trouver nulle part, et le résumé de leur opinion fut que la France devait incontestablement à la protection éclairée que ses souverains ont toujours accordée aux arts d'être une nation artiste, mais aussi que la France était dans une mauvaise voie et compromettait sa réputation au lieu de la soutenir.

Cette opinion était malheureusement juste et fondée, tant que la France était considérée à part, ou mise en parallèle, art et industrie, avec les grandes époques; mais, comme il s'agissait d'un concours et d'une distribution de récompenses, il fallut nous comparer avec nos concurrents, et, de ce moment, le triomphe de la France fut assuré.

Mais il est des victoires qui équivalent à des défaites, et celle que remporta la France à l'Exposition de Londres aurait ce caractère, si nous ne l'acceptions pas comme un sévère avertissement. En effet, le Jury des beaux-arts constata, et tous les visiteurs intelligents ont dû le reconnaître, que nous avions une supériorité générale qui tenait moins au génie de la nation, aux règles précises d'une esthétique supérieure, au choix heureux des modèles, qu'à un goût fin et distingué qui plane sur tout, qui fait excuser les plus fâcheux écarts, en faisant valoir les plus modestes inspirations et jusqu'aux moindres créations. Pour nous, la question est de savoir si ce goût sera longtemps notre monopole; si, au contraire, les nations étrangères, nos rivales, ne marchent pas rapidement à la conquête de cette toison d'or, sinon pour nous l'enlever, au moins pour la partager avec nous. Je m'efforçai de me rendre compte de ces positions respectives de l'art et des industries du monde en suivant la marche des travaux de la XXX° classe, qui se prêtaient très-bien à cet examen général.

En effet, la mission de cette classe, qui formait un groupe dans le Jury de Londres, ne se bornait pas à l'examen des productions qui se rangent naturellement dans les beaux-arts, comme l'architecture, la sculpture, la peinture et la gravure. La commission royale a divisé le Jury et a réparti les objets exposés en trente classes, formant six grandes divisions nommées groupes. Les beaux-arts comprennent la sixième division. Ils viennent les derniers, parce qu'ils donnent la dernière main aux productions de la terre, aux productions du ciel, aux productions des hommes, qu'ils sont la dernière perfection et comme le dernier mot de l'industrie humaine. Ils forment une division à part, mais ils sont mêlés à toutes les classes, et les instructions de la commission royale autorisaient le groupe des beaux-arts à récompenser le mérite artiste partout où il se rencontrerait. C'est donc moins une industrie particulière que nous étions appelés à juger, que toutes les industries dont nous avons apprécié les tendances et dont nous avons signalé les chefs-d'œuvre sous le rapport de l'art.

La marche de nos travaux fut modifiée suivant la nature de ces obligations. Les quinze membres de la XXX° classe examinèrent ensemble l'Exposition tout entière, et décidèrent quels étaient les objets qui rentraient dans leur examen, soit parce qu'ils y appartenaient suivant la classification établie par la commission royale, soit parce qu'ils ressortissaient à la classe des beaux-arts par l'excellence de l'exécution, et bien que déjà soumis à un point de vue différent à l'examen d'autres jurés.

Je résumerai en peu de mots l'opinion que je me suis faite sur les arts et l'industrie de toutes ces nations. J'ai appelé à mon aide les souvenirs de mes voyages et les collections que, en dehors de l'Exposition, Londres offrait à la curiosité des étrangers. De cette manière, je serai plus complet, et je signalerai avec quelque précision les progrès obtenus dans chaque pays et les points où leur concurrence nous menace.

LES NATIONS PRIMITIVES.

Je suis obligé de commencer par les pays de l'Orient, dont je fais une classe à part dans le grand tableau de la famille industrielle. D'un côté je place les nations primitives qui produisent des chefs-d'œuvre en dépit de leur ignorance, d'une inexpérience complète des progrès de la chimie et d'un éloignement instinctif pour les secours de la mécanique; de l'autre côté je range les nations industrielles plus ou moins artistes, mais qui toutes s'aident des machines et des progrès de la science pour fabriquer vite et à bon marché. Si l'on n'admettait qu'une seule catégorie, il faudrait placer l'Inde en tête de la liste, en ne considérant que la perfection de ses produits, et ce serait un contre-sens; ou bien, si l'on n'envisageait que le mérite de ses inventions ou le chiffre de ses affaires, on serait obligé de la ranger la dernière, et ce serait une injustice : il faut donc former une catégorie à part, et y faire entrer, avec l'Inde, la Perse, la Turquie, la Chine, le Japon, et les tribus de l'Amérique, de l'Océanie et de l'Afrique.

Cette division admise, quels sont, dans les arts et dans l'industrie, les caractères propres à une nation primitive, quels sont les sources de son originalité, les bornes probables de son développement, enfin les enseignements que l'Europe peut lui demander?

J'appelle une nation primitive celle qui n'a avec l'antiquité que des rapports traditionnels d'origine commune, sans aucun de ces retours factices dits renaissance, produits de l'archéologie et de la mode d'imitation; une nation vieille et jeune à la fois, qui a marché à travers les siècles, à travers les révolutions des empires et les alternatives de la prospérité et de la misère, emportant avec elle, défendant contre les autres et respectant pieusement les traditions qui enveloppent tout ce que Dieu a laissé de divin dans nos âmes, dans nos cœurs et dans notre esprit : la religion, l'art et la poésie. Les uns appellent ces nations barbares, les autres les estiment comme les plus civilisées du monde : les deux opinions sont fondées, car leur état social est barbare, tandis que leur art traditionnel est original et pur.

L'Exposition répondait également à ces deux opinions contradictoires. De médiocre étendue quant à l'espace, de mince importance sous le rapport commercial, l'industrie des nations primitives n'offre rien de nouveau ni dans les dessins ni dans la fabrication, et les gens positifs ou les statisticiens ont pu placer les Orientaux au dernier rang des peuples producteurs; mais, en les considérant à un point de vue plus élevé, en oubliant les chiffres, les procédés et les machines, en n'examinant que le résultat, en n'appréciant que l'impression produite sur la foule du peuple comme sur l'élite des connaisseurs, personne n'a pu hésiter à placer ces nations au sommet de la civilisation dont nous sommes si fiers.

Comment concilier cette contradiction de nations barbares, ignorantes et misérables, exposant dans le grand concours des peuples un art si perfectionné qu'il témoigne de notions réservées aux peuples les plus avancés dans la civilisation, un art si magnifique qu'il porte en toutes choses une splendeur royale? Comment rendre compte de ce contraste de styles passagers, de modes éphémères, de créations aussitôt vieillies que mises au jour par nos artistes, et de cet art vieux comme le monde, stable, immobile, se répétant à satiété et plein de jeunesse, de sève, de charme et de nouveauté?

C'est à ces questions très-embarrassantes, très-délicates, que je vais essayer de répondre; si j'y parviens, la conclusion sera facile à tirer.

Comme ces jeunes gens qui trahissent la noblesse de leur race jusque dans les excès de l'ivresse, les peuplades de l'Asie conservent le souvenir et des réminiscences de leur antique civilisation jusque dans l'extrême barbarie où elles sont plongées : quarante siècles donnés à une culture passionnée, constante, infatigable, des arts à la recherche de tous les procédés, à l'étude de toutes les sciences, à la pratique du bien-être et à la jouissance de toutes les délicatesses du luxe le plus effréné, ne s'effacent pas de la mémoire d'une nation, même après vingt siècles de décadence. Il en reste ce que nous trouvons encore dans l'Asie entière, un art complet, original, qui a traversé des siècles d'indifférence, et qui, semblable aux vers d'Homère, reste toujours jeune au milieu des civilisations qui vieillissent et qui passent. Il en reste dans ses reflets qui s'étendent au sud dans toute l'Afrique, en Grèce, en Sicile et en Espagne, au nord dans toutes les races slaves et jusque chez les nations du pôle, une tradition plus ou moins pure, plus ou moins effacée, mais toujours facilement reconnaissable à ce caractère inaltérable que l'homme de goût remarque avec surprise, que l'artiste recherche avec amour.

Je ferai tout à l'heure la part du soleil d'Orient, de cette lumière qui colore et anime toutes choses; mais je place en première ligne l'influence des traditions. Le soleil, à lui seul, dessèche la nature et la rend aride; il endort l'homme et le rend paresseux; la tradition, au contraire, transformée en habitude, devient une seconde nature.

Mais cet art oriental d'une si haute antiquité, d'une si longue persévérance, a été traversé par une antipathie que Mahomet érigea en principe religieux : l'antipathie de la figure humaine. Comment expliquer cette répulsion pour la créature la plus parfaite, dans le pays où le climat permet de l'observer dans tous les avantages de sa nudité, dans le pays où le tempérament des races rend les hommes plus sensibles que sous aucune autre latitude aux charmes de cette beauté? et surtout comment concilier la culture passionnée des arts et leur application à toutes choses avec la répulsion de leur auxiliaire le plus dévoué, le plus charmant : la nature dans sa création la plus belle? Je ne trouve qu'une explication. Ce qui n'est chez les races du Nord, chez les nations placées dans les zones tempérées, qu'un sujet d'admiration sans conséquence, qu'un excitant modéré et salutaire donné à une nature calme, devient chez les races de l'Orient un principe de corruption des mœurs, une pente fatale qui conduit par échelons insensibles, comme toute séduction, de l'étude pure de la beauté au culte effréné de la chair, aux associations les plus monstrueuses et à l'idolâtrie.

Déjà, dans les représentations figurées de la plus haute antiquité, dans les bas-reliefs de Babylone, Ninive et Persépolis, on sent que l'étude de la créature humaine a été comme entravée par une autorité supérieure, comme limitée par des lois hiératiques; elle n'est ni aussi avancée que celle des animaux, ni aussi bien rendue que l'imitation des plantes, des broderies, des cheveux bouclés et des ornements. Les draperies viennent partout en aide à l'artiste, qui semble avoir besoin de se retrancher derrière ces préceptes de pudeur et de retenue.

Je me suis demandé s'il pouvait exister une autre raison pour expliquer la profonde séparation qui existe entre l'art asiatique et l'art grec: d'un côté, une sorte d'appréhension pour la figure humaine; de l'autre, sa divinisation et son culte: dans les deux contrées, le nu s'offrant aux yeux avec la même facilité; dans les deux contrées, sculpteurs et peintres exerçant leur art avec une absence aussi complète d'études anatomiques. Je n'ai pas découvert d'autre cause, et je trouve dans les étranges licences de l'art moderne indien et chinois des raisons suffisantes pour m'en tenir à celle-là.

Ce qui fut un principe, conseillé par la prudence humaine et la politique du clergé, devint par le Coran de Mahomet un précepte religieux, qui eut son influence, même au delà du domaine déjà immense de l'islamisme. L'art dans tout l'Orient perdit son idéal et le but qui le faisait marcher en avant; il se replia sur lui-même et se réfugia dans une ornementation abstraite, aux formes conventionnelles. Tout ce que Dieu a depuis lors réparti dans ces deux parties du monde, l'Asie et l'Afrique, de facultés créatrices, de dons pittoresques, de sentiment du beau, d'harmonie de couleur, a été perdu pour l'art dans sa haute mission de la représentation de la beauté humaine et dans l'expression de nos passions, et s'est épuisé dans les combinaisons infinies et surprenantes d'un art purement décoratif. Au sentiment du beau dans toute son étendue, à l'étude de la nature dans sa grande liberté, l'artiste oriental a dû substituer la combinaison des lignes mathématiques, et il y a développé une grâce charmante et des ressources infinies. Il s'est développé en lui comme un huitième sens, le sens mathématique; mais, quelque talent qu'il porte dans ses élans et ses évolutions, c'est comme la grille de la prison où il a enfermé son génie. Semblable à ces couvents du moyen âge qui endormaient entre leurs murs l'excès de passion, de fougue et de sève de générations encore neuves, l'art oriental, bâillonné par l'islamisme, a coupé les ailes à l'imagination de ses Phidias et de ses Apelles, de ses Benvenuto Cellini et de ses Raphaël. Devant les mosquées de Konieh, de Tabriz, de Damas et du Caire, devant les palais de la Perse et les grandes pagodes de l'Inde, on reste partagé entre l'admiration qu'excite cette fécondité inépuisable et les regrets qu'inspire cet esclavage du génie.

Ainsi borné, ainsi limité, il paraîtrait surprenant que l'art oriental se fût maintenu depuis douze cents ans, si l'on n'en donnait l'explication. Ce qui en fait un style aussi nettement caractérisé qu'élégant et plein de séduction, ce sont les éléments qu'il a puisés dans la nature, source commune de toute beauté, la source même où l'art grec a trouvé son principe: l'harmonie dans la couleur, le sentiment des proportions en toutes choses, le maintien d'un équilibre judicieux dans la forme, la couleur et l'ornementation, et, par-dessus tout, une certaine grâce d'arrangement qui s'applique aux moindres conceptions comme aux plus importantes. Ce qui le distingue de l'art grec, et surtout des autres styles qui en sont dérivés chez les Romains et les nations modernes, c'est un défaut de nature, de climat et de race, défaut qu'ils ont rendu charmant, mais qui n'en est pas moins un défaut; j'entends parler de l'abus de l'ornement.

Cet abus tient à la nature même de l'Orient. La végétation

abuse de richesse, de couleur et d'éclat; le soleil abuse de splendeur, la nuit elle-même de clartés. Ce qu'il y a d'étoiles dans un ciel d'Orient, sans compter une lune qui vaut un soleil, ne saurait se dire, et on conçoit sans peine comment un art qui ne peut s'élever par la recherche de la beauté idéale, qui est poussé dans une voie de richesse exubérante, s'étend et se prodigue dans une recherche inépuisable, autant qu'elle est infatigable, d'ornementation luxuriante. Par caractère, l'habitant de l'Orient pousse aussi à cet abus. Il est doué d'une imagination vive, et comme il n'a pas dans la beauté humaine un idéal qui réponde à ses rêves de l'infini, il le demande à l'ornementation, qui n'est pas limitée de la même manière, et qui doit faire des efforts prodigieux pour le satisfaire. Mais cet excès est racheté par des qualités bien précieuses. L'artiste de l'Orient n'est pas exceptionnellement coloriste parmi les artistes, il l'est en même temps que ses confrères, en même temps que la population tout entière, qui vit librement en plein air, en compagnie avec le soleil, cet éternel coloriste, et avec la nature, qui reflète ses rayons lumineux. Les rochers et la végétation, les cieux et les eaux, les oiseaux au plumage resplendissant et les reptiles aux écailles dorées, les monuments neufs émaillés de faïences aux mille couleurs, et les monuments en ruine émaillés par le soleil d'été de teintes chaudes que ne sauraient refroidir des hivers indulgents; tout, en un mot, habitue l'œil aux couleurs les plus vives, aux tons les plus tranchés, rapprochés et comme confondus dans une harmonie délicieuse. L'homme d'Orient s'élevant, grandissant au milieu de ces splendeurs, devient si finement, si délicatement coloriste, que sa vue s'offense des moindres disparates dans les associations des couleurs et de leurs nuances, comme le nerf auditif du musicien s'ébranle péniblement aux moindres discordances de sons. Aussi ce n'est pas seulement l'architecte qui élève les grands palais de la Perse et les pagodes de l'Inde, pas seulement le peintre et le sculpteur qui les ornent, pas seulement le schah et sa cour, le radjah et sa suite, mais le plus infime montagnard, qui comprendra, sentira, sera capable de reproduire ces délicatesses. N'est-ce pas lui qui teint lui-même ses laines, et, avec le plus grossier métier, fait ces tapis délicieux que l'industrie européenne, avec ses savants chimistes, ses habiles artistes et ses machines intelligentes, n'imite qu'imparfaitement?

A défaut des représentations humaines et de l'habileté que donne cette étude, les combinaisons mathématiques, l'imitation des plantes et des animaux, et une fusion délicate de ces deux principes vivifiée par les nuances les plus harmonieuses, forment le fond de l'art oriental; mais ce qui domine dans l'application, c'est un système habile qui consiste dans la manière de comprendre la nature en l'appliquant à l'ornementation. On ne peut douter que les Grecs de Byzance du IIIe siècle au Xe, si habiles ouvriers en toutes choses, n'aient été capables d'imiter parfaitement les fleurs et les animaux, leur dessin exact, leur relief, leur vraie couleur et leur physionomie vivante; eh bien! ils n'ont jamais rendu ainsi la nature dans leurs ornements : ils l'ont toujours exprimée conventionnellement, c'est-à-dire dans une silhouette largement dessinée en traits caractéristiques, sans ombre qui arrondit les formes, sans ombres portées ni perspective qui accuse le relief et les plans, dans une disposition mathématique qui n'ôte rien à la perfection des détails, mais qui n'oblige pas l'œil à s'arrêter forcément sur telle ou telle place. Quand les Grecs procédaient ainsi, ils s'inspiraient des traditions que l'Indien de nos jours a conservées. Lui aussi aime la nature et la voit avec plaisir, mais il la traduit à la manière des Byzantins quand il la soumet aux exigences de la décoration. Il pourrait tout aussi bien, mieux que nous, représenter la fleur vraie, avec ses couleurs véritables, le bouquet ou la couronne avec ses saillies et ses creux, ses lumières et ses ombres: il ne le veut pas, il n'accepte pas la réalité dans la fiction; une fleur faisant l'illusion de la vérité lui semble un mensonge et un contre-sens sur un vêtement qui sera plié, froissé, taillé par la coupe et l'usage. Autant vaudrait, selon lui, tailler une robe dans un tableau de Van Huysum ou de saint Jean. De là cette transformation habituelle des plantes naturelles et des animaux vrais en plantes et en animaux décoratifs. Il ne fallait pas que l'œil fût arrêté, que l'attention fût détournée par une réalité saisissante, faisant tache au milieu de la fantaisie de l'ensemble ; la plante et l'animal ont dû se soumettre à la discipline pour se fondre dans la combinaison mathématique, sauf à conserver par la finesse de l'exécution autant de vérité naturelle que le permet leur position subalterne dépendante du plan général ; par la même raison, leur broderie ou leur ciselure, leurs marqueteries ou leur damasquinure ne tolèrent pas de masses qui font tache et qui arrêtent violemment la vue. Rien n'est brusquement interrompu, rien n'est défini sèchement. L'harmonie règne dans le dessin, en même temps que dans la couleur.

Cette subordination du détail à l'ensemble permet à l'artiste de soumettre aussi l'ensemble de son ornementation à l'objet qu'il orne. Que ce soit une surface plate ou un objet de ronde bosse, que ce soit un tapis ou la paroi d'un mur, l'ouvrier, n'obéissant ni à un modèle fait par un artiste étranger à la fabrication, ni à une machine impérieuse, proportionne sa décoration à ses dimensions, de même qu'il la modifie suivant la nature du tissu et de la matière, suivant l'emploi de chaque objet et sa destination. Sa fantaisie se joue dans ces limites avec trois genres d'ornementation caractéristiques, employés isolément ou associés : le semis, les bandes ou rubans, les entre-lacs et les palmes. Fidèle à ces règles, observateur scrupuleux de ces limites, l'artiste oriental satisfait à toutes les conditions de l'art appliqué.

Je ne fais donc pas honneur aux Indiens de nos jours, aux Persans, aux Arabes, d'avoir créé ce système d'ornementation si rationnel et si fécond en ressources de toutes sortes ; je leur fais un mérite de l'avoir conservé traditionnellement depuis une haute antiquité, et de nous l'avoir transmis religieusement. Si mon intention ou mon programme était de tracer une histoire méthodique des modifications de chaque style, je chercherais à suivre et à constater les influences diverses qui ont agi sur ces peuples, influences intérieures et extérieures, influences de religion, de guerres et de mœurs, influence des arts étrangers, soit par la séduction des objets importés, soit par la nécessité de conformer aux goûts de l'Occident les objets qui sont exportés; mais j'ai voulu seulement marquer le caractère et la physionomie d'une manière générale.

Toutefois il est bien entendu que je repousse entièrement l'art moderne qui, dans quelques centres industriels, a perdu toute originalité. Châles de l'Inde faits sur les dessins de Paris ou de Londres; poteries décorées de sculptures de Flaxman sur les bords du Gange; revolvers damasquinés en Turquie; secrétaires et commodes en laque du Japon; soupières en porcelaine de Chine, surmoulées sur des soupières de Sèvres et ornées de vues de Paris peintes par des Chinois, tout cela, et bien d'autres choses, n'a plus ni sens ni portée; mais, en dehors de cette fabrication de pacotille et de commis voyageurs, il reste la fabrication indigène et franchement nationale. C'est celle-là que je juge, c'est celle-là qui est digne de notre admiration, et dont le succès a été incontesté à l'Exposition de Londres, tandis que d'autres applaudissements, même ceux qu'on a accordés à la France, ont soulevé des discussions et provoqué des réserves. Je reviendrai sur cette impression.

La peinture et la sculpture, œuvres isolées, sont inconnues et ont toujours été inconnues dans l'Orient, comme elles l'ont été aux origines de l'art grec; la peinture et la sculpture sont toujours appliquées, dans ces contrées, soit à l'architecture, soit aux ustensiles de la vie privée, aux étoffes et aux ameublements, c'est-à-dire à l'industrie. C'est la meilleure explication et la vraie cause de la force, de la persistance et de la durée du style oriental. Je vais essayer de définir le caractère particulier de cet art usuel, ou appliqué aux usages. La civilisation orientale ressemble beaucoup à celle de l'Europe au moyen âge. J'en ai fait le parallèle autrefois, et il a frappé tout le monde. Il suffira de faire remarquer ici que l'existence de tous en Orient est quelque peu nomade, comme elle l'était chez nous au moyen âge ; qu'on y est toujours prêt à partir pour le faîte des grandeurs, pour l'exil ou l'autre monde ; qu'en conséquence aussi la richesse mobilière est toute la richesse, et qu'elle peut, au premier mot, être emballée dans des caisses qui, après avoir servi de bancs dans l'ameublement, se chargent sans difficulté sur les chameaux. On porte donc en Orient, comme en Europe au moyen âge, toute sa richesse sur soi, dans ses costumes et ses armures, dans ses châles et ses bijoux, et ce qu'on ne porte pas peut tout aussi facilement s'emporter : de là le caractère entièrement domestique et usuel des objets envoyés d'Orient à l'Exposition. Vous demandiez aux Orientaux les produits de leur art, ils vous ont présenté leur garde-robe au grand complet.

Cette observation s'applique à la forme et à l'usage ; je dois en faire une du même genre pour l'emploi des couleurs et le tissage des étoffes. La gamme de tout l'Orient est traditionnellement antique, c'est-à-dire qu'étant restée la même depuis des siècles, par le fait d'une habitude d'immobilité et d'un entretien continuel dans l'admiration des mêmes beautés de la nature, elle se retrouve à la fois aussi bien sur les objets encore en usage, sur les vêtements portés de nos jours, sur les murs des édifices modernes revêtus de faïences colorées, que sur les briques émaillées qu'on retire des ruines de Babylone et de Ninive, sur les parois des grands palais enfouis, sur les statues encore peintes et sur les divers fragments des ustensiles de l'ancienne vie privée. Dire ce que c'est que cette gamme exigerait une longue définition qui risquerait fort de n'être pas comprise sans la vue des objets eux-mêmes ou l'assistance de dessins coloriés. J'en résumerai le caractère en deux mots : le sentiment de l'harmonie. C'est sous l'influence de ce sentiment si rare en Occident, si général en Orient, que l'artiste ose associer les tons les plus violents et sait relever la réunion des nuances les plus fades. Prenant ses modèles dans la nature et n'étant jamais influencé par la mode, qui n'existe pas, il trouve, dans les fleurs des champs et dans la coloration du ciel, des tons d'une finesse qui est pour nous insaisissable, d'une délicatesse céleste qui nous est inconnue et nous transporte comme un rêve dans des mondes imaginaires. Vous le comprendrez, si vous avez vu en Orient le soleil se lever ou se coucher. Dix minutes avant le lever, dix minutes après le coucher, un prisme complet, mais un prisme adouci, voilé, fondu, s'étend sur le ciel, et suffit à lui seul pour créer l'artiste coloriste. Aussi, quand le paillon reluit sous l'émail brillant, quand la pierre précieuse chatoie dans l'écrin, il se dégage de cet éclat des tons étincelants de vivacité et de pureté, de transparence et de douceur, qui vous prouvent votre impuissance; l'artiste de l'Orient s'en est rendu maître : quand le saumon fait palpiter sur la grève son ventre rose et nacré, vous ne savez avec quelle couleur de la palette fixer ces tons de chair argentine; l'Indien appelle à son aide des métaux, des minéraux, des plantes, et ses étoffes se saumonent à faire pâlir le saumon lui-même : quand la rosée répand sur la flore entière son voile virginal, on découvre, au fond du calice de chaque fleur, des couleurs qu'on voit pendant un moment et qu'on ne reverra plus; ces couleurs passent sur la palette de l'artiste oriental et vont s'associer avec d'autres dans une douceur ardente, dans une mélodie calme ou dans un tumulte passionné, mais toujours harmonieux. L'or et l'argent jouent leur rôle dans cette ornementation délicate, en s'associant aux nuances qu'ils complètent le mieux ou qui les font valoir, l'argent sur le vert, l'or sur le rouge. L'art des transitions n'est pratiqué nulle part comme en Orient. L'artiste indien est amoureux de l'éclat et de la vivacité des couleurs, mais son œil est péniblement affecté par deux tons qui se heurtent: aussi, dès qu'ils entrent dans les combinaisons de son dessin, il crée un intermédiaire qui leur donne la main, et ce mince filet d'une nuance neutre ou moyenne fait l'effet d'un protocole habile qui, en s'interposant au milieu des combattants, met fin à une horrible guerre. Il en résulte comme une fusion de bon accord, comme une demi-teinte au milieu de l'éclat, comme un léger brouillard qui voilerait le soleil. D'autres fois, l'artiste oriental procédera par modulations, ira du fort au faible, et, par des retours habilement combinés, rappellera des tons éloignés et les ramènera dans la composition, comme Mozart et Beethoven procèdent avec leurs phrases musicales qui reviennent par des détours charmants. Couleur de l'Orient, musique de l'Occident, expressions d'un art sublime, vous agissez de même; que vous pénétriez par l'œil ou par l'oreille jusqu'au cerveau, c'est pour le bercer dans une douce harmonie qui a le charme d'un commencement d'ivresse ou d'évanouissement.

De ces nuances des étoffes passons à leur texture. Au point de vue de l'art, ce détail a plus d'importance qu'on ne le croit. Les étoffes d'Orient étant formées de matières premières récoltées dans le pays, leur préparation étant absolument la même que dans l'antiquité, le tissage, ainsi que les métiers sur lesquels il s'opère, n'ayant subi aucune altération, il est assez naturel que ces étoffes aient la même texture, qu'elles enveloppent les formes avec une souplesse semblable, et forment les mêmes plis qu'on remarque sur les sculptures de l'Asie, de l'Égypte et de la Grèce. Quelques-unes, sans doute, manquent à l'appel, le luxe ayant diminué; mais il serait facile d'identifier plusieurs fabrications modernes avec leurs analogues sur les sculptures antiques. Je n'en signalerai que deux : celles-là ont été vues par tous les voyageurs sur les robustes épaules des caïdjicks de Constantinople ou sur les tailles ondoyantes des danseuses turques et arabes. La première est une étoffe de soie, mi-crêpée, mi-lamée en longues bandes, accusant, quoique blanche, des dessins variés par l'opposition du mat et du brillant : cette étoffe, le bouroundjouk, qui se fabrique dans tout l'Orient, perd rapidement son apprêt et prend une souplesse légère, une ampleur soyeuse. L'autre étoffe est une gaze unie, mate et si légère qu'elle semble un souffle : c'est elle qui ondoie sur le torse des Parques de Phidias au fronton du Parthénon, et qui suit avec tendresse l'élasticité gracieuse des danseuses de l'Orient; car ces femmes, au milieu même de leur abjection, ont conservé la tradition de l'antique coquetterie qui fait deviner sans rien montrer.

Elles savent encore de nos jours, comme on savait bien anciennement, qu'il n'y a pas de perfection découverte brutalement qui vaille les beautés, même médiocres, que l'on voile, que les yeux devinent, que l'imagination se charge d'embellir.

Toutes ces étoffes étant fabriquées sans appareils dispendieux, sans machines compliquées, on conçoit qu'on les exécute partout où un peu de bien-être en assure le débit; on ne pourrait donc indiquer un centre manufacturier, et c'est encore là une ressemblance avec l'antiquité, car dans ce vieux temps la fabrication des étoffes et des vêtements était, comme aujourd'hui dans l'Orient, une part de l'occupation des femmes, une sorte de département de l'économie domestique.

Avant de passer en revue les divers genres d'industrie orientale qui pourraient nous servir de modèles, allons au-devant d'une objection. On dit : « Nous n'avons rien à prendre dans cette exposition; un tel luxe est hors de notre portée, et l'imitation de ces étoffes ruisselantes d'or et d'argent serait la ruine de notre industrie, qui doit avant tout viser au bon marché. » Les gens qui parlent ainsi me font l'effet de ces paysans que leur titre de maire de village appelle aux fêtes de la sous-préfecture; l'éclat des bougies leur donne dans les yeux, et, comme ceux-ci le disent naïvement, ils n'y voient que du feu. L'art oriental sait être riche à bon marché : c'est là le secret qu'il lui faut ravir, sans se laisser éblouir par le luxe exceptionnel qu'il déploie quand on le convie aux magnificences; il sait être à peu de frais brillant, somptueux, éclatant. Voyez ces faïences et l'effet qu'elles produisent avec trois tons; examinez ces toiles imprimées avec deux planches seulement, l'une bleue, l'autre jaune, et formant des combinaisons variées, gaies, vives, animées; étudiez ces tapis que le montagnard fabrique dans sa cahute, avec les laines qu'il teint lui-même et contre lesquels vous êtes obligés d'armer vos triples lignes de douanes, tant leur éclat harmonieux écrase vos moquettes criardes, tant leurs prix sont au-dessous des vôtres. Vous dites que c'est trop riche; mais voyez donc, c'est la simplicité même; l'art seul est riche, et c'est lui qui a tout fait.

Vous dites que ce peuple, courbé sous le bâton, travaille à vil prix; mais combien d'Indous représentent une seule de vos machines! Non, là n'est pas l'obstacle: abandonnez ce système de négation; reconnaissez qu'il y a en Orient un art supérieur au vôtre, un art qui découle d'une source féconde, et qu'un respect traditionnel défend contre la manie du changement. Étudiez cet art.

Examinons donc attentivement l'industrie orientale, de toutes les industries la moins connue dans son principe générateur, de toutes aussi la plus féconde en enseignements. Il faudrait d'abord étudier ses tissus et avant tout ses châles, que nous imitons depuis cinquante ans sans les égaler, sans les surpasser au moins; mais j'en ai dit assez sur les tissus. Essayons seulement d'un procédé bien simple pour juger de la supériorité de cette industrie orientale. Jetez une étoffe indienne au milieu de l'exposition du plus habile fabricant de Lyon ou du meilleur imprimeur de mousseline de Paris et de Mulhouse: vous avez pour vous le fracas des couleurs, les inventions toujours nouvelles du dessinateur, la régularité parfaite de l'exécution mécanique; l'Indien n'a pour lui que l'harmonie d'un vieux dessin répété depuis des siècles, qu'un pauvre métier mis en mouvement des pieds et des mains; l'étoffe indienne attirera les regards, reposera la vue, séduira le goût: elle fera l'effet d'une vieille amie qui n'a rien changé à ses sentiments; vous allez droit à elle, vous la préférez aux nouvelles connaissances.

Nous n'avons plus dans les modes occidentales que le genre écossais qui puisse nous montrer en action cette persistance d'un même dessin. On dit, il est vrai, qu'il date de l'invasion même des Gaulois, des Celtes et des Saxons dans les îles Britanniques, et il ne serait pas difficile alors, en adoptant cette origine, d'aller chercher son berceau jusque dans l'Inde. Quoi qu'il en soit, il persiste au milieu de toutes les créations d'un goût soi-disant plus distingué, dont on raffole dans la nouveauté, et qu'on dédaigne la saison suivante. Si donc les Orientaux persistent dans leurs traditions au lieu de courir après les idées nouvelles, comme nous le faisons, si on considère que tout leur luxe est dans l'habillement et qu'il les invite à le varier pour exciter davantage l'attention, si on réfléchit combien leur civilisation est plus ancienne que la nôtre, si on pense que ces modes sont contemporaines de notre barbarie et de nos premiers bégayements industriels, comment expliquer la fixité d'un style qui dure des siècles et des siècles, si ce n'est en admettant la supériorité de ces principes d'ornementation sur le désordre d'idées qui nous régit, et en reconnaissant que ces peuples *barbares* lui doivent un goût plus fin, plus délié et plus calme que le nôtre?

Dans la marqueterie, qui est une mosaïque en cubes d'ivoire et de bois colorés, les Orientaux font de délicieux ouvrages. Leurs coffrets de sandale, leurs échiquiers d'ébène et d'ivoire, toute la petite ébénisterie, en un mot, est décorée par un travail de marqueterie dont la foule croit découvrir la séduction dans le travail patient et habile de l'ouvrier indien, tandis qu'elle s'exerce uniquement par le charme du style de ses dessins, par l'harmonie de ses couleurs dans une gamme adoucie, par la distinction calme et reposée de tout l'ensemble.

La fonte des métaux, leur ciselure, damasquinure, niellure, ont été pratiquées avec succès dans tout l'Orient, et il s'est trouvé à Bombay et à Calcutta, comme à Mossoul et à Damas, des artistes ingénieux pour appliquer aux armes et à tous les ustensiles de la vie privée, avec un bonheur rare et un goût parfait, le système d'ornementation de l'Orient. Une panoplie orientale composée de fusils à mèche, d'arcs et de carquois, de cottes de mailles qu'enfonce la pointe de nos lattes de grosse cavalerie, de casques à visières et de boucliers que nos nouvelles carabines transpercent à 1,200 mètres de distance, sera médiocrement estimée dans notre dépôt d'artillerie; mais leurs formes originales, leur décoration élégante, l'éclat du métal délicatement tempéré par les nuances des émaux, de la damasquine, des nielles et des dorures, feront rêver l'artiste aux armes d'Énée forgées par Vulcain, aux armures de

Godefroy de Bouillon et de ses nobles compagnons, aux équipements de la cour de François Ier combattant à Pavie, à tout ce qui émane de l'art, à tout ce qui signifie beauté de la forme.

L'orfévrerie orientale a également conservé dans les procédés du filigrane et du repoussé, et plus encore dans la manière d'en user, des rapports précieux avec les plus charmants bijoux des Grecs et des Étrusques : ce n'est pas cette soufflure sans motifs, cette légèreté insignifiante dans laquelle est tombé le filigrane aux mains des orfévres génois et parisiens ; c'est la main de l'artiste qui a conduit le fil d'or comme le trait d'un pinceau sur le corps du bijou repoussé en formes élégantes, et y a dessiné dans une symétrie plus idéale que rigoureusement régulière des motifs aussi heureux d'invention que bien combinés. Placés dans les vitrines des bijoux antiques de la Bibliothèque impériale, des musées du Louvre, de Londres, du Vatican, de Naples, ou des collections Campana, Luynes, Pourtalès, Janzé, les bijoux orientaux feraient bonne contenance ; essayez d'y mettre la bijouterie moderne de l'Occident, la plus fine et la meilleure, vous verrez l'effet qu'elle produira. Le plus grossier paysan n'hésitera pas dans son choix. L'élégante Parisienne elle-même, qui se ruine en affreux bijoux à la mode et qui soupire après ce qu'elle ne peut acheter, préférera l'œuvre en apparence modeste du petit artiste oriental à tout le clinquant des grands fabricants de Paris et de Londres. La pureté de la forme, la distinction du goût, s'expriment en petit comme en grand ; le sentiment du coloriste se trahit dans un dessin monochrome et même dans un dessin en noir : il n'y a donc rien d'étonnant si l'on retrouve du style et la chaleur du coloriste dans la bijouterie et dans l'orfévrerie orientale. L'opposition des différents tons de l'or, l'association de l'or et de l'argent au bronze et au fer, offrent des ressources inattendues, quand elles sont sagement ménagées. L'émail aussi, qui a passé de la Gaule par Rome et Constantinople chez les Perses, Arabes, Indiens, Chinois et Japonais, s'est développé chez tous ces peuples en applications les plus heureuses et en procédés d'une habileté incomparable. Nous avons de larges plateaux, d'immenses aiguières, des vases et des services entiers d'assiettes, que sais-je, toute une dinanderie émaillée en dehors et en dedans par le système du cloisonnage, qui fait ressortir d'une manière admirable les dons coloristes des Orientaux et fait valoir, au moyen de cette matière inaltérable, leur système d'ornementation dans son développement le plus complet. L'émail appliqué à la céramique répond aux mêmes conditions dans un rôle plus monumental; mais, tandis que le métal émaillé fait usage de tous les tons de la palette et descend jusqu'aux minuties de l'exécution, la terre cuite procède brusquement et produit ses effets à peu de frais. Au moyen de deux tons de bleu, l'un turquoise, l'autre foncé, ou d'un vert associé à un violet, les azulejos et les grillages à jour de l'Orient transportent sur les monuments toute la gaieté, la vivacité, la jeunesse d'un parterre ou d'un bouquet de fleurs. On oublie, ou plutôt on ignore que la pâte de ces poteries est grossière, que le moulage est mal réussi, le dessin lâché, l'émail imparfait; on ne voit que l'effet, on est impressionné par le sentiment artiste.

La richesse de l'Orient en pierres précieuses, le goût national pour ce qui brille par son éclat et sa couleur, la passion pour ce qui est rare, devaient transformer plus d'un artiste en lapidaire, et c'est en effet une des applications les plus goûtées de l'industrie orientale. La monture a de la légèreté, la distribution des pierres de couleur est harmonieuse, leurs nuances sont associées et variées avec bonheur.

J'ai parlé de l'abus de l'ornementation; il est particulièrement sensible dans la sculpture. L'ouvrier découpe et fouille sa matière, bois, pierre ou ivoire, au point de faire d'un ouvrage d'art une œuvre de patience. Cet excès n'est pas général, et, quand il ne domine pas, on retrouve dans cette sculpture l'observation des meilleures règles. Les anciens Égyptiens, et, à leur exemple, toute l'Asie, étaient parvenus à faire jouer une infinité de plans dans un relief de quelques millimètres; ils avaient appris à tracer des combinaisons infinies sans avoir besoin, pour les exprimer, d'altérer le niveau d'une surface. Les Orientaux sont restés, de nos jours, fidèles à ces excellents principes de l'ornementation. Ce qui les distingue des artistes de l'Occident, c'est que, loin de chercher à faire de l'effet, à concentrer l'attention sur un point, à composer un centre et des extrémités, ils semblent effacer, atténuer, amoindrir tout ce qui arrête trop vivement les yeux, s'efforçant toujours de répartir la vue sur l'œuvre entière, comme un filet qu'on jetterait à la fois sur tout l'ensemble. Ainsi donc, ni relief exagéré, ni effet d'ombre et de lumière tranchée; ce ne sont ni des productions de la nature rendues à croire qu'elles sont véritables, ni des fleurs saillant hors du cadre par la puissance de la couleur et de l'effet, mais une demi-teinte harmonieuse répandue sur un dessin qui semble n'avoir ni commencement ni fin, qui n'exprime pas positivement quelque chose, dessin de convention et comme le rêve de la chose elle-même.

L'ancienne tradition byzantine, romane et gothique avait sagement observé ces règles de l'ornementation : c'est ce même plan général, cette même uniformité de premier aspect, ce relief plat et de même niveau qui n'a aucune saillie et ne fait prévaloir les détails que dans un accord parfait avec l'ensemble; c'est la même imagination féconde dans des limites étroites, les mêmes ressources inépuisables dans un système qui semble monotone. L'architecte, dans toute l'extension de sa mission, c'est-à-dire présidant à l'achèvement de son monument par l'intervention de tous les arts, trouve en Orient, de nos jours, comme il trouvait aux époques que caractérisent les styles que j'énumérais tout à l'heure, des aides puissants, des collaborateurs dévoués autant que désintéressés, dans les peintres et sculpteurs, qui sont devenus en Occident les tyrans, les embarras et les trouble-fêtes de nos architectes. Entrez dans Sainte-Sophie, dans toutes les églises grecques anciennes et modernes; entrez dans Saint-Marc de Venise ou dans la cathédrale de Palerme, dans l'église de Chartres ou dans la Sainte-Chapelle de Paris; que ce soient la peinture, la mosaïque ou les vitraux qui servent d'ornements, l'effet est aussi saisissant et découle du même excellent principe : un effet général qui absorbe le détail. Vous n'êtes pas salué à l'entrée par un cortége de bonshommes, plus ou moins respectables, qui sollicitent vos hommages; de vastes compositions historiques ne s'imposent pas avant toute chose à votre attention : votre vue est charmée par une harmonieuse splendeur, par un artifice d'éclat et de douceur qui fait flamboyer comme autant de pierres précieuses les émaux, les mosaïques et les vitraux de toutes les couleurs de l'arc-en-ciel, comme elles fondues dans une résille éclatante. A cette première impression en succède une autre, car l'harmonie serait vide si elle charmait sans faire penser : aussi les yeux pénètrent dans cet éclat et y découvrent d'abord la grande charpente architecturale, les membres constitutifs et caractéristiques de l'édifice; puis, avec plus d'attention, ils voient dans les peintures, les mosaïques ou les vitraux, naître, surgir et se mouvoir toute une histoire religieuse qui s'y déroule comme sur un second plan et sans empiéter sur aucun droit.

Je laisse de côté plusieurs procédés ingénieux employés par les Orientaux d'après ces mêmes principes, tels que la laque noire et autres branches d'industrie ne donnant pas lieu à de nouvelles observations. Il me suffit d'avoir exposé en quelques traits généraux comment une nation primitive a pu maintenir un style pur, un art élevé, au milieu de son apparente décadence; je ferai en outre remarquer que ce même peuple n'a sollicité l'aide d'aucune machine pour fabriquer ces tissus, ces armes et ces meubles que l'Europe admire : le métier le plus simple, l'établi le plus grossier, des outils tout primitifs ont suffi à ces mains de fées. Nos grands industriels traiteront avec un superbe dédain cette manière de procéder; nos marchands lui reprocheront l'absence de la régularité, de la précision, du fini, qu'ils trouvent dans les étoffes sorties des métiers à la Jacquart, dans les marqueteries débitées à la vapeur, dans les ornements de métal estampés par les moutons puissants. L'homme de goût est plus indulgent. Il n'a pas de dédain, il a de l'admiration pour le pauvre ouvrier qui puise son habileté dans son sentiment; il s'attache à un produit industriel qui pèche sans doute par son irrégularité, par une certaine hésitation dans l'exécution, mais dont une main artiste a su adroitement réparer les défauts; il s'y attache, parce qu'il sent qu'une pensée humaine a suivi l'œuvre depuis sa conception jusqu'à la dernière fibre de son achèvement. L'admiration n'est pas toute donnée à l'œuvre, elle se reporte sympathiquement sur l'auteur: l'homme pressent l'homme et s'identifie à son ouvrage; il compte ce qu'il a fallu de jours et d'années pour broder cette étoffe, pour tisser ce châle, pour sculpter ce bois et fouiller cet ivoire; il sait quel minime salaire, quelle rétribution dérisoire sont accordés à tant d'habileté, de goût et de patience; il admire et il plaint; il jouit de tant de beauté en souffrant de tant de misère. Quoi qu'en disent nos industriels, je crois que ce sentiment artiste et cette sympathie du cœur entrent pour quelque chose dans le succès de l'exposition orientale.

Cette revue bien sommaire expliquera ma pensée et motivera mon admiration; mais, après avoir envisagé le soleil radieux de l'art oriental, nous ne suivrons ni ses rayons ni leurs reflets. Ils s'étendent loin et un peu partout, s'affaiblissant et dégénérant à mesure que la civilisation occidentale intervient et prend plus d'empire. La Turquie, le Maroc, les Barbaresques, l'Égypte, Tunis, puis Alger, puis la Grèce, la Sicile, l'Espagne et l'Italie ont reçu cet art dans le développement particulier que les Arabes lui ont donné du VIIIe au XIIe siècle, et, après l'avoir pratiqué sous leur influence dans sa pureté, il leur en est resté instinctivement des traditions caractéristiques qu'on distingue facilement dans leur association intime avec l'originalité nationale et avec les nouvelles influences étrangères. Je laisserai l'artiste et l'amateur poursuivre, dans chacune de ces contrées, les traces les moins altérées de l'art oriental, associant mes regrets avec leurs plaintes quand ils gémissent sur les résultats fâcheux qu'a eus, sous ce rapport, notre domination dans l'Algérie. Tarare et Nîmes ont fait une razzia sur les métiers indigènes ; ils ont substitué à leurs productions imparfaites, mais charmantes, des contrefaçons orientales honteuses, mais qui s'écoulent à l'abri du bon marché et faussent le goût des générations nouvelles par la puissance de l'habitude. Était-il donc nécessaire de ruiner chez les Arabes toutes les saines notions de l'art pour mieux établir notre supériorité, et ne pouvions-nous pas développer le style national par des constructions du même style, par des primes accordées à l'industrie indigène, par un ensemble de protection intelligente qui nous aurait valu non-seulement la reconnaissance des habitants, mais un contre-coup d'excellente influence sur nos propres fabriques?

L'exposition de l'Algérie était attristante : on sentait que nos villes industrielles avaient passé sur les vieilles traditions du pays le niveau de leur envahissante vulgarité. Tunis et le Maroc, moins atteints par cette inondation, accusaient un caractère plus franc. Ce qui méritait quelque attention à l'exposition d'Alger avait été envoyé par les Arabes du désert et de la grande Kabylie, de ces lieux maintenus à l'abri de notre influence. Singulier spectacle, étonnante influence des anciennes traditions de l'Orient! De pauvres Arabes nomades sont des industriels supérieurs à ceux des villes algériennes; leurs tapis et les rares ouvrages exécutés sous la tente, qu'une alerte déplace et que les saisons poussent de vallées en vallées, sont plus distingués, plus séduisants, mieux appropriés aux besoins que tout ce que nous exportons de France à leur usage.

J'aurais pu comprendre la Chine parmi les nations primitives dont l'art découle de la source antique; mais ce qu'elle y a puisé est devenu dans ses mains quelque chose de si particulier, de si bizarre, qu'il est impossible de n'en pas parler à part. Elle conserve les qualités d'un peuple primitif, quoiqu'envahi par tous les vices et la corruption d'une nation décrépite. Il semblerait que son enfance soit une conséquence de son antiquité; elle n'a de jeune que son éternelle vieillesse; semblable à ses poussahs, qui sont incapables de marcher, elle reste immuable, complaisamment assise et les jambes croisées, balançant la tête et croyant avancer. Je n'émettrais aucune opinion sur l'art chinois s'il s'agissait de le juger dans son principe originaire et dans ses développements futurs, car je ne l'admire pas et j'ai des doutes sur son avenir; mais il est impossible, quand on se préoccupe des progrès de l'industrie, de détourner son attention d'un peuple qui invente tout et perfectionne chaque chose jusqu'à la limite qui convient à son caprice.

Il n'y a pas d'art en Chine, si l'on appelle art une recherche de l'idéal, une étude sérieuse de la forme; il n'y a pas même d'esprit d'observation, car la perspective dans les lignes ou dans l'air, dans le modelé par l'ombre, ou dans les plans par la proportion, n'a pas fait un pas depuis quelques milliers d'années que le Chinois copie la nature et prodigue ses copies en tous lieux. Et cependant il y a en Chine un sentiment de l'art qui a sa parenté avec l'art antique et oriental; ce sentiment est perverti sur plusieurs points, il est encore vif et séduisant sur d'autres. Ainsi la corruption est sensible dans ce qui touche à l'architecture, dans ce qui est faculté imitative soit de la forme humaine, soit de la beauté propre à toute créature; le sentiment antique semble au contraire s'être perpétué dans le don persistant de l'harmonie des couleurs, dans les combinaisons ingénieuses et le style parfois sévère des ornements, dans la création de plusieurs formes de vases dont le galbe, inconnu des anciens, est aussi pur que ce qu'ils ont inventé de plus pur, et par-dessus tout dans une fusion si heureuse de l'art et de l'industrie qu'il serait parfaitement impossible de distinguer l'une de l'autre et d'en faire le partage.

Il y a donc un art chinois, et dans cet art deux classes, deux divisions, l'une de décadence et d'abus, l'autre de pureté traditionnelle. Nous réservons notre admiration pour la seconde, tout en nous demandant si les artistes chinois sont blasés sur la beauté au point de ne s'inspirer que de la laideur, ou bien s'ils ne font des monstruosités que pour satisfaire les fantaisies d'un public qui n'a plus de goût pour le simple, le vrai, le naturel, dont les sens ne sont plus éveillés que par l'invraisemblable. Je m'arrête à cette dernière opinion, parce que je vois trop d'habileté de métier chez ces artistes, et dans leurs productions des qualités pittoresques trop distinguées, pour ne pas les croire capables d'un développement qui ne se fera plus longtemps attendre.

L'art appliqué à l'industrie est soumis à ces mêmes défauts et n'en brille pas moins par l'habileté des procédés et la perfection du travail. Il n'est pas besoin d'en faire ressortir les mérites bien connus; mais il y a lieu de rechercher si la facilité des rapports, la rapidité des communications, ne donneront pas une direction nouvelle et un tout autre essor à ce peuple industrieux, si dans ce cas ce sera en Europe qu'on se pliera au goût des Chinois, si c'est dans nos villes manufacturières qu'on parviendra à faire aussi bien qu'eux et aux mêmes prix, ou si les Chinois, plus souples, aussi habiles et toujours favorisés par le voisinage de matières premières que nous allons chercher chez eux, et par une modicité de salaire qui nous est inconnue, ne nous devanceront pas sur le marché européen, ne viendront pas lutter avec nos industries. Ce que je dis de la Chine s'applique également au Japon.

Dans le désordre de nos idées, dans l'absence de fixité de nos goûts, je crois que les étoffes, les meubles, toute l'industrie chinoise et japonaise auraient un grand succès en Europe, si ces produits pouvaient y arriver à prix égal et même à un prix un peu plus élevé. Un grand charme dans l'association des nuances, dans une gamme adoucie de tons habilement rompus, une grande finesse dans les tissus, des garanties offertes par l'excellence des matières premières et la perfection du travail, seraient des conditions de succès très-suffisantes, et ces produits auraient en outre pour eux l'étrangeté et la nouveauté. Déjà, il y a un siècle, mais dans des conditions très-défavorables, la mode fut toute chinoise : elle peut bien s'éprendre de nouveau pour cet art, elle a eu des engouements plus extravagants; mais, quand le goût du public français sera lui-même régénéré, nous n'aurons rien à craindre de l'invasion de ces laideurs, et, quant aux beautés, nous les aurons dépassées.

Dois-je, pour ne rien omettre, mentionner l'exposition des peuplades sauvages de l'Amérique, de l'Océanie et de l'Afrique? Je le ferai, ne serait-ce que pour louer le soin qu'on a apporté à réunir les productions de ces races primitives. Une autre raison m'y porte. Dieu a soumis toute la nature à l'influence des arts, et l'histoire d'Orphée a été, dans l'antiquité, l'expression figurée de cette vérité. Mais, si l'art agit sur les créatures, l'homme seul en comprend l'application. Le plus adroit des singes est moins avancé sur ce point que l'homme le plus abruti parmi les sauvages : se passer des anneaux dans le nez, dans les lèvres et dans les oreilles, se taillader la peau et se tatouer de la tête aux pieds, c'est un commencement de culture des arts, une tentative pour ajouter quelque chose à ce qui est, une aspiration vers l'idéal ou ce qui devrait être. Les Aztèques anthropophages, c'est-à-dire la race primitive du Mexique, avaient le don d'une certaine harmonie de couleurs dans une gamme excessive, et les broderies de plumes faites par les religieuses du pays en ont conservé quelque chose de vif et de très-original. Les Peaux rouges du Nouveau Monde, les Noirs du Soudan et les Cafres du Cap n'ont pas de modèles à nous offrir ni de concurrence à nous opposer; mais, dans leur industrie toute enfantine, ils apportent cependant une originalité d'ornementation, une juste appropriation des formes aux usages, une harmonie de couleur dans des tons dont la gamme diffère suivant les races, toutes particularités qui peuvent nous servir de leçon, autant que des sauvages peuvent en remontrer aux nations civilisées.

L'exposition des produits de toutes ces nations primitives était digne, sans aucun doute, d'une revue plus détaillée; mais le peu que j'en ai dit me conduit à cette conclusion, que l'art oriental, par le fait même de sa source commune avec l'art grec, de son développement parallèle avec lui depuis le ve siècle avant Jésus-Christ, de son application exclusive à l'architecture et à l'industrie, est un modèle précieux qu'on doit étudier dans toutes ses productions, et qu'on pourra imiter quand on aura le soin de suivre les modèles les plus vrais, les plus purs et les moins entachés de surcharge et d'excès. Les imiter, oui, je l'accorde, les imiter dans leur esprit, dans leur principe, et non pas d'après quelques échantillons coupés çà et là et maladroitement copiés. *La vieille Dame de Londres* (les Indiens nomment ainsi la Compagnie des Indes) avait tout intérêt à propager cette imitation en Angleterre, mais elle n'a pas compris qu'il y avait là aussi bien qu'à Athènes un art à étudier. Elle a encouragé des pastiches ridicules, et, si elle est parvenue à se faire pardonner des imitations grossières par le bon marché que les machines permettaient d'obtenir, l'esprit et l'âme de cet art oriental sont restés pour elle lettre close. C'est à nous de nous en emparer, et nous y parviendrons quand quelques-uns de nos artistes auront complété leur éducation par un long séjour aux Indes, en Perse et en Turquie; quand nos amateurs, nos populations elles-mêmes, se seront imbus de ces mêmes principes, se seront formés à ces mêmes règles. Alors aussi notre industrie luttera sur le marché oriental lui-même avec le fabricant de l'Orient, car c'est ce qui le menace. La main-d'œuvre est sans doute à bien bon marché en Asie; le lin, le coton, la soie tissés, sont complétés merveilleusement par les broderies faites à la main, les étoffes imprimées produisent des effets délicieux à bien peu de frais, les marqueteries, mosaïques, sculptures et ciselures défient, par leur patiente exécution, le travail des ouvriers de tout autre pays; mais la machine arrivée au degré d'adresse et d'intelligence où l'ont portée les progrès du constructeur, la machine qui ne sommeille que lorsque le charbon s'endort, la machine remplacera toute cette fabrication manuelle : nous irons chercher la laine de la vallée de Cachemire, le coton de la Perse, la soie de l'Asie mineure et de la Syrie, et nous porterons sur les marchés de Lahore, d'Ispahan et de Brousse, des châles de laine aussi moelleux, des cotonnades et des soieries qui rivaliseront de séduction avec les leurs par la beauté et par le bon marché.

Nous n'avons donc rien à craindre de l'Orient, nous avons tout à lui emprunter. Avant qu'une bonne administration pénètre dans ces vastes espaces et protége assez efficacement l'industrie manuelle pour que, assistée de grands capitaux, elle se transforme elle-même en fabrication mécanique; avant la réalisation de ce revirement industriel qui pourrait, étant opéré par la nation elle-même, conserver à l'industrie son caractère national et tous ses précieux avantages, il se passera des années, et, longtemps auparavant, la rapidité des communications, la facilité des rapports, auront jeté dans ces pays de telles masses de productions européennes, que le bas prix de nos marchandises rendra impossible toute concurrence, que l'abandon des métiers indigènes aura étouffé toute initiative originale, que la vue et l'usage de nos étoffes auront faussé entièrement l'excellent goût de ces populations. Déjà, depuis longtemps, ces nations orientales sont poussées à l'abandon de leur art national par nos commerçants, et cèdent, tout en croyant résister. Dans la vallée de Cachemire, nos commis voyageurs n'auraient pu faire accepter un dessin de Paris; mais les deux tiers de la fabrication des châles étant achetés par eux, et leur choix étant naturellement dirigé dans le sens de la mode française, il s'établit peu à peu dans toute la population industrielle un courant de style francisé, comme le plus favorable au débit de la marchandise. A Alep et à Brousse, nos négociants obtinrent facilement qu'on suivît leurs dessins, et ces étoffes bâtardes eurent un tel succès, qu'elles ont chassé le goût national et qu'on a pu établir et faire prospérer à la porte de Constantinople une fabrique quasi lyonnaise.

Je ne pénétrerai pas plus avant dans le détail. L'invasion occidentale est manifeste et l'abdication orientale chaque jour plus entière : comment en serait-il autrement, quand l'initiative des gouvernements prend les devants, en proscrivant partout le costume national et en favorisant l'introduction des modes étrangères? Il suffit de passer une journée à Constantinople, au Caire, à Téhéran ou à Bombay, pour comprendre que c'en est fait de l'art oriental. Là où des habits aussi ridicules, aussi ternes, aussi étriqués, ont remplacé des costumes aussi magnifiques, là où les souverains et les grands de la nation, abdiquant le goût de l'élégance, de la noblesse et de l'ampleur, acceptent, patronnent, encouragent l'adoption des modes les moins pittoresques, l'art national est perdu sans retour : l'Orient n'est plus l'Orient.

Pendant qu'il l'est encore, admirons-le. Recueillons pieusement le dépôt des secrets de l'art antique qu'il a religieusement conservé, formons des collections de tous ses produits pour nous en servir comme de modèles, pour les conserver à côté des restes magnifiques de tant de civilisations éteintes, de tant de peuples disparus. N'oublions pas que cette industrie orientale peut seule nous faire comprendre certains côtés importants de l'art antique, tels que l'application des couleurs, la nature et l'usage des tissus. Nos musées n'ont aucun élément de ces restaurations, nos savants archéologues n'en ont que des traditions littéraires; les tombeaux anciens, les édifices en ruines, les villes englouties et enfouies, nous ont bien montré ce que les anciens ont produit en ce genre; mais ces étoffes avaient perdu leurs couleurs : elles n'avaient pas plus de vie que le mort dont elles formaient l'enveloppe; elles étaient mortes aussi. A la couleur et à la souplesse des étoffes il faut ajouter le mouvement, l'usage, le *porté*, et tout cela se retrouve en Orient.

Ne laissons donc pas se perdre ces belles traditions; recueillons-les comme une part de ce grand héritage que nous revendiquons partout. Quand les convois de chemins de fer, chargés de marchandises européennes, iront à Brousse, à Damas, à Ispahan, à Bombay et à Lahore, les Orientaux viendront à Paris; il est bon qu'ils trouvent dans nos musées l'art que nous aurons tué dans leurs mains, et qui aura prospéré dans les nôtres.

NATIONS INDUSTRIELLES.

Quand on passe de ces nations primitives aux nations industrielles, il y a, sous le rapport du goût, un abîme, et les plus distinguées d'entre elles, les plus avancées, étalent dans leurs boutiques un ensemble de productions que je mets, sans hésiter, au-dessous des œuvres les plus ordinaires des peuplades les moins civilisées; chez les anthropophages de l'Amérique, chez les sauvages de l'Afrique, tout ce qui se fabrique pour les usages de la vie privée, pour les armures des hommes et les parures des femmes, tient à un goût déterminé, caractéristique, et va à son but avec un bonheur d'inspiration qui souvent étonne, tandis que l'ensemble des objets destinés aux peuples occidentaux ne répond à rien, pas même à l'usage, ne satisfait pas une pensée d'art, pas même un goût, et ne se distingue que par la fausse prétention de n'être pas ce que c'est réellement.

Il y a dans cette manière de voir quelque chose d'absolu et de paradoxal qui disparaîtra facilement dans les développements qui suivent. J'examinerai les différents pays, en commençant par ceux qui, soit par leur position excentrique, soit par le chiffre de leur population ou la faible portée de leurs moyens industriels, ne nous menacent d'aucune concurrence; je terminerai par la Suisse, l'Amérique, la Belgique et l'Angleterre, les quatre pays qui marchent avec le plus de succès sur nos traces, et Dieu veuille que des efforts intelligents de notre part les empêchent de nous dépasser!

Je désire, en exprimant ces craintes, préciser bien nettement ce que j'appelle un danger pour la France, ce que je considère comme une concurrence redoutable. En thèse générale, et sous l'heureuse inspiration de cette fraternité universelle qui fait irruption dans la nature entière et semble émaner de ses entrailles maternelles, le progrès, de quelque côté qu'il vienne, doit être salué par tous comme une conquête faite au profit de tous; mais, en descendant de ces hautes régions humanitaires, et considérant que le progrès se traduit en bien-être au profit du pays qui est le premier à l'accomplir, nous devons désirer voir la France se maintenir à la tête du progrès. Elle a aujourd'hui cette supériorité dans les arts et dans l'industrie, personne ne la lui conteste; voyons donc chez les différents peuples ce qu'ils font pour nous l'enlever, et tâchons de bien découvrir dans leurs efforts ce qui nous sert et ce qui nous menace.

Russie.

Quand les peuples du Nord, méconnaissant le charme de l'originalité, le mérite de la naïveté et du sentiment personnel, envoient leurs artistes étudier à Paris, à Rome et à Dusseldorf; quand, dédaigneux de leurs costumes nationaux, qui font l'admiration de nos artistes, de leurs fabrications indigènes, qui ne demandaient que les perfectionnements intelligents de la mécanique et de la science pour lutter avec les fabrications étrangères de charme et de nouveauté, ils attirent à Pétersbourg, à Copenhague et à Stockholm, nos fabricants, qui vont promener sur tout le pays le niveau monotone et banal de nos chapeaux ronds, de nos laids paletots, de nos porcelaines sans goût et de nos étoffes sans caractère, nous ne lançons pas le cri d'alarme, nous rions dans notre barbe, en pensant à ce servage aveugle qui nous assure indéfiniment les marchés du Nord, où nous porterons sans relâche, quels que soient les progrès de ces copistes, des productions rajeunies, renouvelées et toujours de quelque six mois en avance sur les leurs. Ces tentatives inintelligentes, ces dépenses inutiles, ne donnent aucun résultat, si ce n'est d'opérer pour notre compte le défrichement pénible de terres rebelles sur lesquelles on nous ménage des moissons aussi faciles qu'abondantes. Là n'est donc pas le danger.

Ce sera également en pure perte que Dieu aura donné aux contrées du Nord les plus belles matières, tant que l'intelligence de l'art, fruit d'une éducation bien dirigée, n'aura pas inspiré à la nation les vraies règles du goût, tant qu'elle n'aura pas prescrit l'usage qu'on doit faire du granit, du porphyre, de la malachite, des grès rouges et autres magnifiques matières. Des vasques immenses en granit, reposant sur des pieds grêles, des coupes d'un galbe fautif, des vases à panses trop larges, trahissent une ignorance déplorable des beautés de la forme et de leurs ressources. Des chaises en placages de malachite, des pianos en incrustations de porphyre, semblent des gracieusetés de narval ou des caresses d'ours blanc : on ne joue pas ainsi à contre-sens avec les pierres même les plus précieuses. L'Égypte, qui exécutait les ouvrages les plus délicats de broderie et de filigrane, quand elle s'attaquait au granit, savait lui conserver, par la manière de le traiter, la grandeur et la majesté qui conviennent à sa durée et à sa résistance; elle l'appliquait à ses monuments, à sa statuaire, et, guidée bien plus par le sentiment de l'art que par la difficulté du travail (rien n'était difficile pour ses ouvriers), elle procédait par larges masses, par plans bien accusés, à tel point qu'il est facile de dire d'après un moulage en plâtre, ou d'après une photographie, si l'original est en granit, en porphyre, en basalte ou en calcaire.

Les arts et l'industrie de la Russie peuvent se répartir en deux divisions : dans l'une, on mettra ce qui est du pays et d'origine nationale; dans l'autre, ce qui est d'importation étrangère. Le Gouvernement et les classes supérieures regardent la première comme un héritage de barbarie qu'on ne saurait trop négliger, la seconde comme la marque d'une haute civilisation pour laquelle tous les sacrifices doivent être faits. Depuis Pierre le Grand, ces idées n'ont pas perdu de leur empire, et la guerre contre toute tendance nationale se poursuit avec une ténacité qui étonne moins que la résistance qu'on lui oppose. S'il n'était pas d'autre voie pour atteindre le progrès que de fouler aux pieds tous les instincts nationaux, j'applaudirais à ce système; mais il est évident que l'avancement des arts est conciliable avec le maintien de l'originalité nationale; bien plus, il est certain que leur union est un des éléments du succès. Les visiteurs de l'Exposition de Londres partageaient cette manière de voir. La monotonie qui régnait dans ce concours universel donnait une soif d'originalité dont il eût fallu se méfier, car elle rendait injuste pour des productions très-parfaites qui n'avaient que le tort d'être des imitations de Sèvres ou de Florence, des redites de Flaxman et des copies des peintres allemands et français; mais que faire? on voulait à tout prix sortir du moule banal, et on se sentait invinciblement porté vers ces magnifiques étoffes fabriquées dans la vieille Russie, les unes pour le clergé grec, c'est-à-dire d'un usage général partout où le schisme s'est étendu; les autres pour les populations mi-slaves mi-orientales, qui ont conservé leurs anciens costumes; et en examinant ces étoffes si somptueuses, ces cuirs brodés si richement, en un mot tout ce qui appartient à la vieille industrie du pays, on se demandait si c'était bien là une trace de barbarie, si ce n'étaient pas, au contraire, les éléments persistants et encore vivaces de la renaissance future de ces peuples.

Évidemment le Gouvernement impérial fait fausse route. Au lieu de regarder d'où lui vient la lumière, il se tourne vers les brouillards de l'Occident; au lieu d'être à la tête de la civilisation asiatique, il se met à la queue des écoles et des fabriques de l'Europe, et cependant la nation russe, loin d'être rebelle à la culture des arts, y est portée par nature; mais ce ne sont pas ses facultés imitatives qui demandent protection, ce n'est pas au pastiche trop adroit des mauvaises productions occidentales qu'il faut la pousser, mais au développement de ses qualités nationales, de son originalité artiste, et d'une tendance bien marquée vers les traditions orientales, tendances fécondes, auxquelles déjà elle doit la curieuse architecture du Kremlin, sa belle orfévrerie, ses étoffes somptueuses, tout un ensemble qui demande à s'épurer, à se développer, à prendre essor.

Même en rentrant dans le bon chemin, la route sera longue et le progrès lent. La France peut donner généreusement ses conseils; elle est sympathique à tous les nobles élans et désintéressée dans la question, car elle n'a rien à redouter de ce côté.

Danemark.

Si le hasard a fait naître près du pôle le grand artiste Thorwaldsen afin qu'il devînt un sculpteur romain, l'exemple de ses succès et l'accueil patriotique fait à ses œuvres n'auront pas été sans utilité pour ses compatriotes; deux sculpteurs danois, J.-A. Jerichau et H.-W. Bissen, avaient placé dans le Palais de Cristal des statues qui respiraient cette vie dont la sculpture a besoin pour être un art. Il y a en Danemark une tendance de prédilection vers la sculpture, et une satisfaction étrange dans les qualités les plus décolorées, les plus froides de cet art. Quand je suis entré dans l'église que Thorwaldsen a décorée de son Christ et de ses Apôtres, j'ai été saisi d'une sorte de frisson glacial. L'étonnement produit par les grandes scènes des mers du Nord peut être comparé à l'admiration qu'on éprouve entre ces parois de pierres blanches, devant ces autels et ces statues de marbre blanc, sans la moindre teinte, sans le plus petit filet d'or, sans un ornement coloré qui tranche sur cette sévérité de glace. Cette disposition, qui ne peut être favorable au développement des arts, cédera devant quelques tentatives d'architecture polychrome que le Gouvernement devrait essayer; la brique émaillée et la faïence permettent de placer à l'extérieur, et dans les climats les plus humides, la décoration colorée la plus développée.

Les peintres danois n'avaient rien envoyé à Londres; mais, quand on a visité Copenhague et le Danemark, on sait que l'art y est dans une bonne voie. Sagement favorisé par le Gouvernement, sans être surexcité, maintenu dans les bons principes par les écoles de l'État, par les musées publics, par les bibliothèques, dont l'ordre exemplaire facilite l'usage, par les encouragements d'une aristocratie éclairée et très-patriotique, il se développe avec simplicité dans une originalité de bon aloi, prenant ses sujets dans la nature, ses types et ses costumes dans le pays, ses inspirations dans le caractère doux, calme et quelque peu méthodiste de ses habitants. La grande peinture n'a pas trouvé l'occasion de se développer : c'est par la peinture de genre et le portrait que l'art cherche son essor; mais des hommes comme MM. Exner, Gertner et Gronland sont préparés à élever leur style quand des circonstances plus favorables exigeront d'eux un art moins terre à terre.

Ce progrès dans les arts, dû à une tendance nationale qui ne dérive ni de l'influence hollandaise ni du voisinage de l'Allemagne, doit améliorer le goût général du pays et provoquer le perfectionnement de son industrie, l'un et l'autre à l'avantage de notre exportation et de notre influence, car le moment est encore éloigné, et il dépend de nous de ne pas le laisser arriver, où l'orfévrerie du Danemark, dont les progrès sont déjà sensibles, où la céramique, qui se perfectionne sous la protection d'une manufacture royale et dans ce caractère digne, calme et noble imprimé à ses produits par l'influence de Thorwaldsen, où les tissus du pays, déjà fort améliorés, formeront une barrière contre l'introduction de nos produits. Il est plus probable que le goût français épuré restera toujours en vogue, et nos produits des modèles, dans une contrée qui répudie chaque jour davantage ses traditions nationales, et n'aura jamais une exploitation industrielle dominante.

Suède.

Comme les Danois, les artistes de la Suède se sont appliqués avec talent à la reproduction des scènes nationales et des beautés naturelles du pays. MM. Höckert et Tidemand seraient partout des peintres de genre très-distingués : ils savent exprimer, dans les scènes les plus ordinaires, le sentiment vrai, profond, qu'elles contiennent et qu'elles leur ont fait éprouver; ils savent les rendre dans toutes les conditions du pittoresque; mais ce n'est là que le petit côté de l'art. On ne fonde pas sur ces bases une école, on n'ajoute rien à la gloire de son pays, on n'avance pas de l'épaisseur d'un cheveu le goût des arts parmi ses concitoyens; on a la valeur d'un daguerréotype intelligent. Peu d'artistes se contentent de cette faible part de leur mission; beaucoup, poussés vers un but plus noble, vont demander à l'Italie, à Paris, à Dusseldorf ou à Munich, les enseignements qui forment aux grandes conceptions. Mais, comme je l'ai dit, dans cette pénible marche, plus d'un artiste, qui aurait été un peintre de genre distingué, s'use et s'épuise à produire de froides et incomplètes imitations des maîtres. La Suède en est là : elle n'a pas encore fait surgir un homme supérieur qui, maître de toutes les ressources du métier, ait su dessiner une originalité native.

L'industrie suédoise n'a pas de caractère ; sa fabrication courante tient le milieu entre la banalité hâtive de l'Angleterre et la timidité d'invention de l'Allemagne. Elle n'a répondu sur aucun point au goût du luxe, aux dispositions élégantes de son aristocratie et des classes aisées. Il nous est réservé de les approvisionner, et nous conserverons cette vogue et cet important marché, si nous savons toujours légitimer la réputation de bon goût que nos pères nous ont faite en Suède.

Espagne.

Où est l'Espagne, cette grande Espagne? Où sont ses armées, où est sa marine, où flotte son pavillon ? Qu'a-t-elle fait de sa littérature et de ses arts? L'Exposition de Londres a prouvé qu'elle n'a pas même su conserver la couleur de ses ajulezos et le dessin de ses mantilles. Des mosaïques en bois, jeu de patience d'une admirable finesse, des damasquinures conçues par les Zuloaga dans un sentiment filial de réminiscences arabes et exécutées avec une sûreté de main conquise dans de bonnes et sérieuses études de l'art, voilà tout ce qu'on peut signaler à son avantage dans ce concours universel. Si, quittant Londres, on parcourt l'Espagne, si l'on demande où sont ses peintres, on vous répondra : « Dans les ateliers de Paris. » Où sont ses sculpteurs? on l'ignore, car de petites statuettes de contrebandiers et de picadores, miflamandes, mi-indiennes, ne représentent pas la statuaire, malgré le talent instinctif et naturel qu'elles supposent. Où sont ses architectes? Les nouveaux édifices élevés à Madrid portent la marque de leur médiocrité. Décadence, décadence, c'est-à-dire que ce peuple qui fut toujours à la remorque des autres, qui n'a jamais brillé par son initiative, mais qui a su, sous les Romains, sous les Arabes, et au XVIIe siècle, faire pénétrer son originalité nationale à travers les influences étrangères qui animaient sa verve, ce peuple est incapable aujourd'hui, non pas seulement de nouveautés, mais même de réminiscences. Et pourtant l'académie de San-Francisco, avec les Madrazzo père et fils à sa tête, les académies provinciales de Barcelone, Séville, Cadix, Saragosse, Bilbao, la Corogne, Grenade, Malaga, Oviédo, Palma, Santa-Cruz de Ténériffe, Valence et Valladolid, sont assez richement dotées; les corporations ont des professeurs, des écoles ouvertes et même des élèves; elles forment des artistes dans toutes les branches de l'art; on compte en Espagne cinq ou six cents peintres qui envoient leurs œuvres à Madrid, dans des expositions où le bon se coudoie avec le mauvais dans une atmosphère moyenne de médiocrité! Ce n'est ni le soleil, ni le doux climat, ni la beauté de la nature et de la race, ni le pittoresque des ruines et des costumes, qui manquent aux imaginations poétiques; ce n'est pas même le sentiment artiste et l'enthousiasme passionné qui font défaut dans le public. Que faudrait-il donc à l'Espagne? Du repos, un François Ier et un Colbert, c'est-à-dire l'impulsion intelligente donnée au milieu de circonstances favorables par un roi éclairé, par une cour élégante et libérale, et soutenue par une organisation habile et puissante. Il est vrai que, si l'Espagne jouissait de quelque relâche dans le roulis politique qui la ballotte depuis deux siècles, si elle avait ces deux hommes que je lui souhaite, elle demanderait d'abord un bon gouvernement.

De l'industrie espagnole que dire? Hélas! sur un fond original, sur un canevas encore riche, dans une matière pleine de ressources, une main malhabile, un esprit dépourvu d'invention, trace, brode et sculpte des œuvres sans valeur, pastiches imparfaits et dégénérés d'un passé grandiose. Et pourtant il y a dans cette généreuse contrée un germe qui ne demande qu'à être fécondé, un germe déposé par les puissantes civilisations romaine, arabe et nationale, qui déjà ont fait à l'Espagne une réputation dans les deux mondes. Prendre pour base ce passé, y asseoir les institutions et les encouragements, faire appel à la vieille Espagne pour donner une industrie à la nouvelle, tel devrait être le programme aussi facile à développer que la nature serait disposée à le suivre.

Tout ce que nous devons souhaiter, ce sont les progrès de l'Espagne; mieux elle sentira les arts, plus elle appréciera nos artistes et notre industrie. Dans la nouvelle ère que nous allons ouvrir, ses sympathies ne nous sont-elles pas assurées? Nous voulons retrouver les beautés de l'antiquité et de l'Orient: l'Espagne en a professé le culte comme colonie grecque et romaine pendant dix siècles, comme conquête des Arabes pendant huit autres siècles. En travaillant pour nous, nous travaillerons pour elle, et si même, dans le rapprochement qui s'opérera entre nous, elle se fait plus orientale par instinct de nature et par le voisinage des monuments de ce style, le beau mal! L'art espagnol qui rappellera l'Alhambra et Cordoue dans son architecture s'associera au style que nous renouvellerons du Parthénon d'Ictinus et du Louvre de Pierre Lescot. Les industries qui feront penser à l'ancienne élégance des Maures par le harnachement des mules et des chevaux, par la forme des selles aux arçons élevés, aux étriers volumineux, par les tons tranchés, et cependant harmonieux, de quelques étoffes, par la damasquinure des armes, par les broderies sans fin des costumes, par les faïences émaillées des revêtements, par mille détails charmants, cette industrie, qui semble étrangère, et qui est nationale, donnera la main à celle que nous formerons des beautés ressuscitées de l'antiquité et des beautés vivantes de l'Orient.

Grèce.

L'histoire de la Grèce, sa littérature et ses arts, l'influence que sa haute civilisation exerce encore sur l'éducation de nos enfants et sur la civilisation moderne, fournissent un arsenal où ses défenseurs trouveront toujours des armes. Je ne la défendrai pas. Qu'on s'engoue de la Grèce ou qu'on la dénigre, elle reste un pays enchanteur, habité par la nation la mieux douée. Quand on a vécu dans cette délicieuse contrée, quand on a étudié impartialement ce peuple incomparable, on s'étonne qu'après seize siècles d'esclavage il ait conservé sa piété si ferme, son patriotisme si fervent, un esprit fin, une élégance parfaite, un goût des arts exclusivement grec et une instruction plus généralement répandue que chez aucune autre nation; on s'étonne que dans ses limites, péniblement octroyées par l'Europe, il ait pu reconstituer une nationalité, accroître ses produits, décupler sa marine, étendre son commerce, et tout cela au milieu des rivalités d'intérêt, des antipathies de religion et des sourdes oppositions de ses voisins redoutables: la Turquie, l'Angleterre et l'Autriche. On s'étonne aussi, mais les amis de la Grèce ne partagent pas cette surprise, ses ennemis feignent de s'étonner que Phidias et Apelles n'aient pas à Athènes de successeurs dignes d'eux. Les arts n'ont-ils pas été chassés vingt fois de la Grèce par les Perses, qui renversaient tout sur le passage de leur inondation; par les Romains, qui lui enlevaient ses chefs-d'œuvre et ses meilleurs artistes; par les Turcs, qui se servaient d'une arme plus destructive que la torche et la hache des barbares, l'arme active d'une séculaire antipathie pour tous les arts; par les Anglais enfin, qui de nos jours lui ont ravi ce qui avait échappé à tant de causes de destruction? Et cependant il est impossible que les arts ne retournent pas à Athènes, comme on revient à un premier amour, ne serait-ce que par piété filiale et pour saluer leur berceau. Nous verrons, on verra du moins un jour, la Grèce donner de nouveau le ton à l'Orient, ses soies se détourner de Lyon, ses laines abandonner la voie de l'exportation et passer en Asie, transformées en étoffes précieuses dans le goût le plus propre à satisfaire les populations auxquelles des affinités de religion, de langue et d'origine lui permettent de s'associer plus intimement que nous ne pouvons le faire.

En attendant cette renaissance, Athènes envoyait à l'Exposition de Londres un bloc de marbre pentélique, de ce marbre dans lequel Phidias sculpta les statues, les métopes et la frise du Parthénon. C'était présenter le tableau douloureux à la fois et noble de sa décadence, car c'est encore le même peuple ingénieux, le même climat enchanteur, le même marbre parfait, mais c'est un bloc laissé inerte au lieu d'une statue animée par le génie.

Nous avons une école française, des peintres, des sculpteurs, des architectes; la Grèce n'a plus que ses ruines et ses souvenirs : la mépriserons-nous? Par représailles nous en aurions le droit, car il y a une vingtaine de siècles, deux cents ans après que le Parthénon resplendit au front de l'Acropole d'Athènes, si l'on eût parlé à un Grec des arts de la Gaule, il eût souri de pitié en pensant à cette barbarie sans ruines et sans souvenirs, à cette barbarie complète dont le tableau n'aurait d'équivalent aujourd'hui que dans les descriptions que les hardis voyageurs nous apportent du fond de l'Afrique. Mais usons avec modestie de la victoire, ne nous fions pas à ce sommeil. Il y a dans l'histoire des peuples des réveils de prospérité et de grandeur plus difficiles, plus inattendus que ne sera dans l'avenir une renaissance des arts en Grèce, et, quand la civilisation fêtera ce retour de l'enfant prodigue, les Grecs n'auront besoin de se mettre en frais ni de musées, ni d'école à la villa Médicis; ses musées se composeront de ses ruines sublimes, son école de Rome sera la Grèce elle-même. Quand je travaillais dans l'Acropole d'Athènes, je voyais arriver régulièrement tous les jeudis, à heure fixe, une trentaine de jeunes gens suivis de leur pédagogue. Ils circulaient au milieu des débris, puis ils s'arrêtaient devant les Propylées, le Parthénon ou l'Érechthée; le maître montait sur un fragment de marbre, et le cours d'archéologie commençait. Auditeurs des Beulé, des Gherard et des Welcker, que pensez-vous de cet enseignement au fond de vos petites salles sombres et enfumées? L'éloquence de vos dignes professeurs vaut-elle cet entourage inspirateur, ce ciel, cette nature et ces ruines remplies de souvenirs? Quand un peuple intelligent a de telles ressources d'études, et sous les yeux toujours d'aussi purs éléments du goût, il lui suffit, pour être artiste, d'avoir le loisir de le devenir, et, quand les Grecs en prendront la peine, attendez-vous de leur part à une sûreté de jugement, à une pureté de style, à une distinction en toutes choses, que vous ferez bien de puiser dans leur propre fond et avant eux.

Autour de ce bloc de marbre, représentant d'un art qui sommeille, s'était dressée dans l'Exposition de Londres l'industrie nationale, une industrie plus turque que grecque, mais qui, par les mille qualités distinguées de cette origine orientale, se rattache encore à l'antiquité.

Toute la Grèce était là. Que penserait Cicéron s'il revenait en ce monde, s'il s'était trouvé sans autre préambule à cette Exposition? Un flatteur vous dira qu'il se serait arrêté dans l'Exposition française, se croyant à Athènes; mais, pour qu'il commît cette méprise, il faudrait que dix-huit siècles de sommeil eussent terriblement appesanti ses paupières : non, son étonnement aurait été de voir à côté de nations ignorées comme l'Amérique, de nations barbares comme la Gaule, l'Angleterre et la Germanie, la Grèce réduite à exposer quelques broderies, des costumes, des étoffes. Au moins, dirait Cicéron, elle n'a pas mauvais goût; elle a subi toutes les dominations, excepté celle de la vulgarité. Là est encore votre influence, ô Périclès !

Hollande.

La Hollande donne, à qui veut réfléchir, l'avertissement le plus salutaire. Elle a retiré la protection qu'elle accordait aux arts, elle a supprimé ses académies et laissé vendre aux enchères l'admirable collection de tableaux que le feu roi avait formée pour conserver à ses sujets, comme un stimulant et un modèle, une de ses gloires les moins contestées; qu'en est-il arrivé? c'est que la Hollande figurait à l'Exposition comme une puissance déchue, et qu'en la plaçant entre la Grèce et l'Italie, je lui donne son vrai rang dans l'examen des pays qui nous menacent de leur concurrence. Art et industrie sont là en décadence, car ils sont privés de ce qui en fait l'âme, j'entends l'inspiration d'en haut, cette impulsion donnée par la cour, par le Gouvernement, et, à leur exemple, par les classes supérieures. Chercher à cet abaissement une autre cause serait superflu : les succès de la Belgique après une révolution, et dans les conditions défavorables qui lui ont été faites, en l'entourant d'une ceinture de douanes qui l'étouffe, en la privant des colonies et de la navigation hollandaise qui assuraient un écoulement à ses produits, les succès de la Belgique dans toute la carrière des arts, dans tout le domaine de l'industrie, sont là pour établir ce que peuvent un Gouvernement intelligent, une protection généreuse, des institutions libérales et un patriotisme qui, au lieu de bouder et de se croiser les bras, s'émeut, se compte et prend d'assaut la position.

Les arts, en Hollande, ont perdu toute distinction; comme un projectile qui va bondissant, roulant, se traînant par l'impulsion qu'il a reçue, mais sans direction et sans force, ainsi l'école hollandaise continue à avoir des peintres, à produire des tableaux, sans marquer, dans aucun des genres qu'elle a si bien traités, par le talent d'un homme supérieur. S'agit-il de statuaire, elle ne s'élève pas au-dessus de la médiocrité : elle fait des statues froides comme leur marbre, ou bien elle sculpte le bois comme les habitants de Carrare travaillent dans leurs carrières, traditionnellement et mécaniquement. Le sentiment est perdu et le savoir-faire excelle, il dépasse même le but : on coupe le bois comme de la dentelle, on sculpte le marbre en ornements boursouflés. La taille du diamant et des pierres fines, la fabrication des tapis, le goût des fleurs, quelques misères encore, sont-ce là des mérites dignes de la vieille réputation hollandaise? Que le roi et son ministre Thorbeek y songent : il y va de l'honneur du pays et de ses intérêts matériels les plus grands.

Italie.

Si j'avais été l'Italie, je me serais montré aussi réservé que la Grèce : j'aurais envoyé au concours universel, au lieu de faibles tableaux, la palette du Titien et les pinceaux de Raphaël; au lieu de médiocres statues, le ciseau et le maillet de Michel-Ange. Avec de tels noms, sous l'égide de telles gloires, il est permis de se taire et de s'effacer, il est défendu de bégayer et de montrer d'impuissants efforts.

L'Italie a agi autrement, et ses efforts, depuis vingt ans, lui en donnaient le droit; elle a exposé, et il m'a fallu reconnaître de l'autre côté de la Manche, comme je l'avais constaté de l'autre côté des Alpes, qu'une sorte de renaissance se fait jour dans ce pays. Les études architecturales et archéologiques ont puissamment contribué à ce mouvement. Aujourd'hui, si l'on examine les constructions nouvelles comme les grands théâtres de Naples et de Gênes et la passeggiata de la Porte du Peuple à Rome, vaste promenade monumentale, les restaurations aussi importantes que difficiles de Saint-Paul hors des murs, des cathédrales de Milan et de Pise, on reconnaît que l'architecture, de tous les arts le plus important, est ici dans une bonne direction. L'archéologie n'est pas encouragée d'une manière moins judicieuse. Tenue de longue date en éveil par les découvertes d'Herculanum et de Pompéi, par les fouilles pratiquées dans les hypogées de l'Étrurie et de la Campanie, par le déblayement des monuments antiques à Rome et dans d'autres villes, elle a été poussée d'autant plus loin qu'elle s'est appuyée dans ces derniers temps sur une saine critique. On a porté sur l'arrangement des collections publiques une attention particulière. Ce qui était disséminé a été réuni, ce qu'on ne voyait que par faveur est devenu public; une judicieuse étude a présidé à de nouveaux classements méthodiques, et une érudition de bon aloi a entrepris la rédaction de catalogues instructifs.

Les arts ont pris leur essor sous cette nouvelle impulsion, et déjà l'Exposition de Londres en montrait les heureux résultats. La statuaire est devenue, chose insolite, l'art prospère, l'art à la mode en Italie. Tout art naît, grandit et vit à la condition de produire. Les occasions ont manqué à la peinture, elle s'est éteinte, ou au moins endormie, tandis que le goût de posséder son buste, et même de se faire représenter en pied par la sculpture, est resté dans les habitudes italiennes et s'est communiqué aux voyageurs anglais, russes, américains, qui se chauffent au soleil du Midi. Ajoutez l'usage d'enterrer dans les églises et de consacrer un monument à la mémoire du défunt, et vous aurez la meilleure explication de la supériorité accidentelle et passagère de la sculpture sur la peinture. Cette supériorité relative n'empêche pas qu'il se trahisse dans la renaissance de cet art une certaine débilité, une défaillance précoce. Après deux siècles d'épuisement, conséquence de deux autres siècles de fécondité admirable, se sont levés Canova et Thorwaldsen, après Canova Bartolini, après Thorwaldsen Marchesi, après l'un et l'autre Tenerari, et autour de ces noms se groupent aujourd'hui vingt sculpteurs qui peuvent croire à leur talent, puisqu'il se trouve des amateurs pour acheter leurs ouvrages. Malheureusement le genre gracieux continue d'être en vogue. Canova, avec son type maigrelet et ses moyens d'exécution précieux, se mirerait dans ces marbres éclatants de blancheur; il s'y reconnaîtrait, bien que déformé, grimaçant et privé de vie. J'ignore s'il y a quelque ressource d'avenir dans cette école, mais elle paraît chétive dès le berceau. Ce n'est pas à l'absence d'encouragement du Gouvernement et à l'indifférence de l'aristocratie italienne qu'il faut attribuer cette défaillance ; ce n'est pas même l'oppression de toute liberté qu'on devra accuser, c'est le manque de bonne direction, ou plutôt la fausse direction donnée par le mauvais goût de ce public de touristes, la pire espèce des amateurs.

A l'Exposition de Londres, la salle de la sculpture italienne était disposée de manière à s'éclairer par un demi-jour qui aurait fait valoir le caractère, le style et les vraies qualités de toutes ces œuvres, si elles avaient eu une originalité quelconque ; mais, à moins de s'éprendre pour des figures voilées et de tenir l'imitation puérile de ces gazes collées sur la peau pour le *nec plus ultra* de l'art, on sortait de cette salle comme on y était entré, et on aurait pu s'écrier : « Dieux du Capitole, chefs-d'œuvre du Vatican, sont-ce là vos enfants ? » Évidemment, la statuaire italienne est dans une fausse voie ; une atmosphère débile plane sur l'école moderne : elle s'est laissé entraîner, par des praticiens d'une habileté surprenante, à des enfantillages. Ce sont les étoffes, les dentelles, le plumage des oiseaux, la fourrure des animaux, qui la préoccupent ; les mille puérilités de la surface la détournent des études sérieuses du fond. Il suffirait d'une habile direction pour redresser ces tendances fausses, car ce qu'il y a de facilité abondante, de talent de métier, d'habileté pratique dans cette jeune école, est surprenant ; c'est le sol le mieux préparé pour y faire germer et croître tout ce qu'on voudra. Apprenez à ces artistes que les grands modèles sont donnés par la nature, que la vraie manière de l'interpréter a été trouvée et démontrée par les Grecs dans les quelques chefs-d'œuvre qui nous sont parvenus ; dites-leur surtout que le fini de l'exécution perfectionne l'œuvre jusqu'au moment où il la dégrade, et que savoir s'arrêter dans son travail est déjà une preuve de talent. Quelques règles indiquées à propos suffiront donc pour redresser ces mauvaises tendances.

La peinture moderne étudiée dans les édifices publics, dans les collections particulières, dans les ateliers des artistes, ne satisfait pas ; on voudrait plus, tout en rendant justice aux intentions, tout en sentant l'essor nouveau. Après un long sommeil, l'Italie s'est réveillée ; mais, au lieu d'ouvrir les yeux pour étudier et reproduire les sites enchanteurs d'une contrée privilégiée, les types souvent si purs d'une race presque antique, les costumes pittoresques qui font honte à nos costumes, elle s'est laissé fasciner par ce courant de manie imitative qui, depuis Mengs et David, a traversé l'Europe, et elle aussi s'est embarrassée dans les pastiches : d'abord, dans la copie de notre école, qui a produit Sabatelli à Milan, Camuccini à Rome et Benvenuti à Florence, un fatras de peinture creuse couvrant d'immenses toiles qui restent vides; puis, on a quitté cette voie pour contrefaire matériellement à Venise le Titien et Paul Véronèse, à Parme le Corrége, et dans chaque ville son peintre en renom : misérable métier dont quelques collectionneurs étrangers ont été les dupes, dont leurs auteurs ont été les véritables victimes; car ce n'est pas impunément qu'on entre dans ce manége insipide : on en sort dépouillé d'originalité et d'initiative. La croisade des Allemands contre l'influence de David à la conquête de l'art du *cinque cento* entraîna à son tour les jeunes artistes italiens. La théorie de la régénération de l'art par les modèles qui ont formé les maîtres du xvie siècle avait une certaine séduction; la jeune école l'adopta, et se mit à copier aussi les peintres du *Campo Santo* et leurs successeurs, jusques et y compris le Pérugin. Qu'a produit, depuis vingt-cinq ans qu'il est en vogue, ce système bâtard ? Rien et quelque chose. Rien, si on considère les œuvres, pauvres redites, singeries sans valeur; quelque chose, si on examine l'influence que ces études ont eue sur la manière de comprendre l'art dans ses données les plus hautes et sur les pratiques indispensables du métier avec lesquelles la jeunesse artiste s'est de nouveau familiarisée.

L'Italie a déjà des peintres habiles; elle n'a pas encore un talent dominant : il peut naître au milieu des circonstances favorables qui ont donné le jour, dans d'autres parties de l'art, à des hommes hors ligne, tels, par exemple, que Gistrucci, dans la composition et la gravure des médailles, Toschi, Calamatta et Mercuri, dans la gravure en taille-douce. Un pays qui aurait renié les grandes traditions ne produirait pas des artistes de cette trempe, et l'on sent qu'il suffirait à l'Italie d'une impulsion vigoureuse dans le sens de l'étude des Grecs et de la nature pour renaître aux vraies conditions de l'art. Elle est toujours la mère de cette nation qui, formée dès le berceau par les beautés propres à cette latitude, par les monuments de tous les temps accumulés sur le sol, par les églises les plus splendides, par les musées les plus riches, respire l'atmosphère des arts par tous les pores, et se forme non-seulement au bon goût, mais au grand goût, sorte de sens à part qui rend apte à comprendre les chefs-d'œuvre et inspire un éloignement instinctif pour tout ce qui est petit, compliqué, maniéré et médiocre. Voyagez en Italie, non pas sur les deux routes suivies de tout temps par les touristes de tous les pays, en vous arrêtant dans quatre ou cinq villes qui sont depuis des siècles la splendide hôtellerie des étrangers; mais allez à droite ou à gauche, et comparez ses petites villes aux villes de France qui comptent comme elles quatre ou cinq mille habitants : trouverez-vous de ce côté des Alpes un clergé aussi instruit, des femmes aussi lettrées, des hommes ayant de l'archéologie, de l'histoire et des arts des notions aussi sûres? y trouverez-vous ces sociétés vraiment savantes, ces écoles de dessin, ces associations musicales, et par-dessus tout cette estime et cette prédilection pour les travaux de l'esprit et les goûts distingués? Dans les villes plus importantes, l'organisation des arts est forte et suffisante. Des académies bien constituées forment chaque année de nombreux élèves dans toutes les branches de l'art, tant à Milan qu'à Turin, Venise, Bergame, Bologne, Parme, Florence, Rome et Naples. Ces élèves ne trouvant pas d'encouragement passaient en pays étranger et se plaçaient, de premier bond, au niveau des artistes de tous les pays. Pour notre compte, n'avons-nous pas applaudi à la statue de Victor-Emmanuel par Marochetti, et aux œuvres des Raggi, Rollet et autres? Aujourd'hui les gouvernements italiens font des sacrifices pour donner à leurs artistes de talent les moyens de s'exercer; ils commandent de grandes décorations de musées et d'églises. Bientôt l'aristocratie, enrichie par l'accroissement de valeur que prend chaque jour la propriété, suivra pour ses palais la voie ouverte par les souverains pour les édifices publics, et les arts ainsi vivifiés étendront leur action sur l'industrie.

C'est ainsi que l'association des efforts de tous compensera le dénûment des souverains pontifes. Ce qu'ils faisaient seuls, en puisant dans la bourse du monde entier, ce qu'ils créaient à Rome au profit des études de toutes ces générations d'artistes qui vinrent successivement se former à cette grande école, l'Italie entière le fera d'elle-même, sans nous rendre ingrats toutefois pour le souvenir de cette noble protection qui donnait à l'Europe le décuple de ce qu'elle lui demandait.

Ce mouvement de renaissance des arts a déjà eu en Italie, comme partout, une influence décisive sur les progrès de l'industrie. Nous avons vu à Londres des vitraux qui ont été, pendant six mois, le sujet d'une surprise, la cause d'une satisfaction universelle. Ils plaisaient au commun des visiteurs par leurs défauts, par l'afféterie des expressions et la recherche inutile des effets de la peinture; mais ils avaient, aux yeux des connaisseurs, des qualités puissantes qu'une direction mieux conseillée saura utiliser dans les conditions propres au vitrage. Les mosaïques, les camées et quelques meubles en bois sculpté, particulièrement ceux de Barbetti, de Côme, rappelaient d'une meilleure manière la vieille Italie et ses grandes traditions. Seule, au milieu de cet immense bazar, cette contrée privilégiée semblait ignorer qu'il y eût eu de par le monde un style rococo, et qu'il y a une mode qui lui rend partout aujourd'hui une vogue insensée; ses moulures, le choix de ses ornements, le dessin général de ses meubles, étaient d'une pureté antique, quoique de proportions un peu lourdes, et ce style, si simple dans sa grandeur, reposait les yeux et l'esprit après toutes les folies et les dévergondages qu'ils avaient dû constater. Quand on taille le bois comme on le fait en Toscane, où il semble une matière molle dans laquelle un ébauchoir s'est joué, il doit être bien facile de revenir à ces grands et beaux modèles qui demandent moins de travail et se contentent de pureté. Avec de bons dessins, avec une exécution aussi hardie, aussi habile, et une main-d'œuvre aussi bon marché, les ornemanistes de Florence et de Rome devraient défrayer le monde de cadres et d'ornements sculptés.

L'Italie nous surpassait au xvie siècle dans l'art de fondre le bronze. François Ier, en attirant à Fontainebleau ses plus habiles fondeurs, nous avait initiés à tous les procédés. Les fontes exécutées sous ses yeux, et sous la direction de Benvenuto Cellini et du Primatice, sont admirables; leur perfection avait été presque atteinte par les frères Keller au xviie siècle, et la supériorité de la France dans ce grand art ne fut contestée depuis lors par personne; l'Italie menace aujourd'hui de nous l'enlever. Sa fonte se dégage de nos procédés devenus routiniers, et se présente sur le marché industriel avec un sentiment de l'art, une respectueuse reproduction du modèle et un charme d'harmonie dans la patine, que nous n'avons pas ou que nous n'avons plus.

Déjà les soieries de la Lombardie, ses velours et ses peluches sont d'une exécution remarquable, de teintes harmonieuses et éclatantes, de dessins qui fondent habilement les goûts de l'Orient avec les principes de l'art antique; l'Italie semble se rappeler le succès de ses fabriques d'étoffes au moyen âge, et elle reprend hardiment ce riche filon qui n'était qu'abandonné.

Je n'examinerai pas en détail l'Exposition italienne; une observation générale fera comprendre mon impression. Ni la variété ni l'abondance des produits ne frappaient; mais on aurait cru entendre, dans cette calme Exposition, l'écho lointain et toujours persistant des traditions de l'antiquité; on sentait que l'Italie a beau céder aux tendances de ses touristes et chercher à flatter leurs goûts blasés, elle ne saurait tomber aussi bas que le but qu'elle se propose. Un goût inné dans la nation, et les grands modèles répandus sur le sol ou accumulés dans les collections, sont, pour le public et l'industrie qui le dessert, comme ces portraits des ancêtres qui retiennent dans la voie de l'honneur le gentilhomme chancelant.

De quelque temps encore, il est vrai, nos artistes et notre industrie n'auront à craindre, comme rivale, cette contrée privilégiée. Toutefois, ne l'oublions pas : dans la culture des arts comme dans celle de la terre, un sol vierge est plus difficile à exploiter, mais il est aussi plus fécond qu'une terre qui a longtemps donné; or, l'Italie s'est épuisée pendant cinq siècles de l'antiquité, pendant deux siècles de la renaissance. Aujourd'hui elle se réveille doucement, et nous prépare, d'une main aussi assurée que patiente, une redoutable concurrence : d'abord chez elle, d'où, aidée par les antipathies nationales, elle nous chassera facilement; ensuite sur le marché espagnol, si important pour la France; et enfin dans les contrées orientales, où ses affinités de race, de climat et de langage la portent plus naturellement que nous. Bientôt, à l'abri d'institutions plus libérales, favorisée par les capitaux étrangers, elle donnera l'essor à son esprit ingénieux et à ce goût pur qui ne produit pas encore des chefs-d'œuvre d'art, mais qui, répandu dans toutes les classes, assure à sa fabrication dans tous les genres le même besoin de perfection, la même richesse d'élégance et de style que je demande, en France, à de nouvelles écoles et à un ensemble d'encouragements judicieux. C'est là le danger qui nous menace, et sur lequel il serait insensé de fermer les yeux. On se trompe sur le compte de l'Italie, parce que l'on juge son industrie sur l'envoi de quelques objets fabriqués pour l'Exposition par des spéculateurs; là n'est pas l'Italie, là ne sont pas les éléments de renaissance qu'elle garde au fond de son cœur, j'entends dans les entrailles mêmes du pays.

Quand vous vivez en Italie, vous sentez, comme dans les anciennes familles, la noblesse de la race en dépit des négligences de la toilette, de la poussière qui couvre les tentures, de la fumée qui noircit les dorures : cette noblesse se décèle sans forfanterie, sans besoin de paraître; de même aussi sa richesse se trahit, au milieu du parcimonieux de l'ordinaire et de la lésinerie des détails, par la richesse du fond, par l'ampleur et le cossu des choses héréditaires, par une accumulation de trésors sans emploi. Cette noblesse de race est partout dans la grande famille italienne : elle drape de ses guenilles le mendiant qui se chauffe au soleil, debout contre le mur; elle donne aux jeunes filles qui viennent au marché, la tête chargée d'ignobles fardeaux, des poses de cariatides antiques et des airs d'impératrices romaines; elle inspire à toutes les classes un sentiment de la vraie beauté, qui est la grande, et un éloignement instinctif pour la fausse beauté, qui est petite et prétentieuse. Là est pour l'Italie son principe de renaissance; là est pour nous le danger, si nous ne savons pas, avant qu'il se produise, créer au milieu de nous cette grande éducation par la culture renouvelée des arts.

Allemagne.

Il faut descendre jusqu'à nos jours, jusqu'à la nomination de Schadow à la place de directeur de l'académie de Dusseldorf, pour trouver une école en Allemagne. Ce grand pays est composé d'éléments trop divers et fut tiraillé par des influences trop contraires pour pouvoir donner suite à une direction, à une manière, à un style, à cet ensemble de principes et d'œuvres qu'on est convenu d'appeler une école. Bien douée pour la culture des arts, l'Allemagne a manqué du don créateur; son originalité, quoique puissante, n'a pas su résister aux influences du dehors, n'a pas pu maintenir au dedans le caractère national, faute peut-être de cette autorité qui, partant d'un centre, rayonne et s'impose par l'influence des protecteurs sur les maîtres, des maîtres sur les élèves. A la fin du xe siècle, sous l'empereur Othon II, le style byzantin lui arriva complet, et de toutes pièces, dans les bagages de la princesse Théophanie, fille de l'empereur de Constantinople; l'Allemagne l'appliqua avec un grand bonheur à ses monuments. Au xiiie siècle, elle vint chercher en France le style gothique, que nos architectes avaient créé; elle appela à elle ces mêmes architectes, qui lui construisirent ses premiers modèles. L'idée une fois importée, l'élan et l'impulsion donnés, elle en tira un parti sage et heureux, avec l'aide de ses qualités d'imitation patiente et de réflexion consciencieuse, qui introduisent, dans toutes les influences étrangères dont elle accepte la domination, une part d'originalité qui lui est particulière. Au xv° siècle, elle avait des peintres médiocres, et soit dans ses miniatures de manuscrits, soit dans sa peinture religieuse, on ne distingue que des mérites secondaires et rien qui fasse autorité. La première école flamande, et l'un de ses meilleurs artistes, le maître de Cologne, ne propagèrent leur influence que très-peu avant dans l'Allemagne; mais l'école des frères Van Eyck, la seconde école flamande, la domina tout entière. Les perfectionnements matériels introduits par ces grands artistes dans la peinture à l'huile, et leurs tendances réalistes, convenaient à l'esprit d'observation et aux facultés imitatives qui forment le fond du caractère allemand; mais, si l'on adopta tous les principes, si l'on suivit servilement même les erreurs, on resta fort au-dessous des modèles. La renaissance italienne influa sur les Flandres, et en même temps sur sa voisine et son élève; mais l'Allemagne dut cette fois à un homme de génie de résister au courant et de conserver, sinon sa propre originalité, au moins celle de son plus grand peintre, qui est devenue le type et le trait caractéristique de son art.

Albert Dürer, en effet, est la gloire artiste de l'Allemagne. En lui brille sa seule et véritable école; avec lui elle s'éteint, et ses élèves les plus intelligents ne semblent avoir reçu de leur maître d'autre mission que de conduire convenablement le convoi de l'art allemand. Par l'influence puissante, par l'exemple fécond de ce grand artiste, l'Allemagne renouvela ses ateliers de peintres, de sculpteurs, de graveurs, qui répandirent dans des œuvres d'art et d'industrie de toute nature, depuis le tableau et la statue associés à l'architecture jusqu'aux moindres ustensiles de la vie privée, les mille combinaisons, les idées ingénieuses et pleines de grâce dont son enseignement et ses ouvrages étaient la source. Déjà l'influence des Flandres avait répandu dans l'industrie allemande cette disposition artiste; mais il était réservé à Albert Dürer de la développer au plus haut degré et de transformer l'Allemagne, pendant les cinquante premières années du xvi͏ᵉ siècle, en une sorte de pourvoyeuse générale du monde entier. La gravure sur bois et sur cuivre fut à Dürer et à ses élèves un puissant moyen de propagation, et ils en usèrent tous largement pour défrayer les ateliers de toutes les industries des modèles variés de leur inspiration ingénieuse. Dürer mort, l'Allemagne vécut quelque temps de son impulsion vigoureuse et de sa chaleur fécondante; comme après un beau jour d'été, quand le soleil est déjà couché, la nature entière, imprégnée de l'ardeur de ses rayons, s'éclaire encore du reflet de ses feux. Bientôt les rôles changèrent. L'Italie d'abord, la France ensuite, fournirent les modèles que suivit l'art allemand, non pas servilement, mais en amalgamant toujours à ses imitations une originalité particulière et à petites doses. Sans étudier méthodiquement la marche de cette culture des arts *à la suite,* on doit avouer que, vers le milieu du xviii͏ᵉ siècle, le dévergondage de nos Van Loo et de nos Boucher faisait singulière figure de l'autre côté du Rhin, privé de sa grâce et transformé en art sérieux par la *Gründlichkeit* allemande.

D'habiles archéologues, de profonds penseurs qui n'étaient pas artistes, ou qui n'étaient que de médiocres artistes, songèrent à quitter cette voie d'imitation, mais ce fut pour en prendre une autre qu'ils croyaient meilleure. Au lieu des Van Loo et des Boucher, ils conseillèrent les monuments de l'antiquité, les fresques d'Herculanum et de Pompéi, les sculptures et les monuments de toute l'Italie. Le conseil avait du bon, observé dans une certaine mesure. Raphaël Mengs et Cartens le suivirent résolûment; ils ne furent pas les seuls : toute l'Europe à la fois entra dans cette voie, et nous prîmes si bien les devants sur l'Allemagne, qu'elle se trouva un beau jour, non pas à l'école de l'antique, mais dans l'atelier de notre peintre David. Il fallut vingt années de guerre de l'autre côté du Rhin pour que la réaction nationale des artistes contre notre influence fît explosion, en même temps que l'élan patriotique de la nation s'insurgeait contre notre domination. Les armées prussiennes, bavaroises, hessoises, marchaient à la conquête de la France avec moins d'enthousiasme que les jeunes artistes allemands ne marchaient sur Rome à la conquête d'un nouveau genre d'imitation; car le but de la grande levée de boucliers contre l'influence matérialiste de David ne fut pas ce qu'il devait être : l'indépendance de la pensée dans l'étude de la nature et dans le culte des plus belles créations de l'antiquité, mais l'imitation servile d'un art à ses débuts, d'une langue dans les bégayements de son enfance.

Je ne ferai pas l'histoire de cette croisade, elle est connue. Pour moi, qui ai passé huit années de ma jeunesse en Allemagne, cette émigration fanatique est comme un fait contemporain. Je les ai vus revenir, ces enthousiastes, j'ai été le confident de leurs espérances, j'ai partagé leur confiance dans un nouvel avenir, j'étais jeune comme eux; mais j'ai vu bientôt se refroidir la chaleur excessive de leur système, j'ai vu aussi peu à peu se modifier le programme, s'altérer principes et manière. Si ces courageux jeunes gens qui ne reculèrent devant rien, ni devant la longue expatriation, ni devant l'abjuration de la foi de leurs pères, n'ont pas renouvelé le monde comme ils l'espéraient, c'est que le monde ne se remue pas pour si peu; mais ils n'y auront pas perdu leur peine, et l'Allemagne ne doit rien regretter de ces vigoureuses tentatives : son art aura conquis dans cet enseignement, puisé à l'une des sources de l'art, un principe de renaissance. Les croisés de Rome sont rentrés au foyer; et de même que nos anciens croisés ont rapporté d'Orient, comme enveloppés dans un souvenir pieux, les nouvelles idées, les nouveaux goûts qui, associés au fonds national, ont produit le style gothique, de même les croisés de Rome sont revenus en Allemagne avec la foi dans un meilleur avenir, avec un sentiment élevé des destinées de l'art et l'expérience de ses défaillances, avec une confiance inébranlable dans la supériorité de l'idéal sur toutes les pauvretés du réalisme et du pittoresque.

Une forte éducation est indispensable à l'artiste, et malheureusement elle a manqué à cette pléiade généreuse qui sortit des foyers paternels pour tenter de régénérer, par l'Italie primitive, l'art dégénéré de l'Allemagne; elle leur manquait si bien à ces jeunes fanatiques d'un art naïf et spiritualiste, qu'ils érigèrent en système l'inutilité du modèle et l'inconvénient du métier. Des sentiments pieux exprimés par des êtres impossibles; des pensées pittoresques rendues sans couleur; des rêves littéraires se heurtant contre les conditions impérieuses de la réalité et contre les règles absolues de la perspective : en trois mots, de la poésie, du sentiment et pas de pratique, tel fut le programme. Cette disproportion continuelle entre la prétention et l'exécution réduisit la brillante phalange à l'impuissance. Elle comprit enfin ce qui lui manquait. Elle vit bien qu'elle avait trop négligé les moyens pratiques de l'art, qui donnent une base aux plus fortes créations, de l'assurance aux tentatives de l'imagination, et au talent une souplesse qui se prête aux mille données capricieuses et charmantes de l'esprit uni à la grâce. Il est beau sans doute de planer dans les airs, il est bon de savoir aussi raser la terre : ainsi fait l'aigle. Les artistes novateurs démontrèrent à leurs Gouvernements cette nécessité d'un retour sur les pas déjà faits, et avec leur généreuse protection, à l'imitation de la France, ils fondèrent des institutions d'enseignement. Schadow à Dusseldorf, Schinckel et Wach à Berlin, Cornelius à Munich, instituèrent de véritables académies, dans lesquelles on enseigna tous les principes de l'art, toutes les pratiques du métier, dans lesquelles des prix stimulèrent les efforts, dans lesquelles le grand prix donnait aux élèves les moyens d'étudier à Rome; à Rome, où leurs maîtres allaient autrefois, plus enthousiastes sans doute, mais moins bien préparés. Hildebrandt, Bendemann, Lessing, sont sortis de Dusseldorf; Krause, de Berlin; Hess, Rietschel et Kaulbach, de Munich. Je cite au hasard ; je me trompe peut-être, et je fais des omissions, mais personne ne contestera la valeur de ces grands talents.

Overbeck seul resta ferme dans ses convictions, dans sa manière, et dans Rome. Ne voir dans l'art que son emploi religieux; ne comprendre de l'architecture que le style à ogive, de la sculpture que les maigres figures des églises, de la peinture que les impuissances et les débilités gothiques, c'est voir en petit, c'est regarder par un trou au lieu de porter ses yeux vers le ciel et sur toute la nature. Overbeck s'est amoindri, rapetissé, affadi, dans cette étroite limite, dans ce champ borné de la peinture religieuse. Son sentiment pieux domine toutes ses compositions; mais ce sentiment profond, convaincu, qui, assisté de la grande peinture, comme la comprenaient Andrea del Sarto et Fra Bartholomeo, aurait produit des œuvres puissantes et radieuses, tourne dans ce petit cercle à une sentimentalité de novice, à quelque chose de timide et de piètre. On voudrait secouer ce foyer assoupi et ranimer ce feu qui ne donne que des flammes blafardes et vacillantes.

Cette résistance d'un grand artiste au développement de l'art par ses conditions matérielles, ce développement obtenu par d'autres, et encore incomplet malgré de si persévérants efforts et de si lourds sacrifices, ce sont deux traits caractéristiques qui expliquent les timidités de l'art allemand et les embarras de son industrie. Quelques développements seront ici à leur place. Un penseur, un poëte, un philosophe, quelque sublimes que soient leurs inspirations, ne deviennent pas des artistes parce qu'au lieu de la plume ou de la parole ils s'emparent d'un pinceau pour exprimer leurs pensées, fixer leurs rêves, développer leurs systèmes. Qui dit artiste dit un être doué d'une vocation spéciale, particulière, indépendante de tous les autres développements de l'intelligence, et qui doit préexister à toutes les autres facultés. Les Allemands se font trop souvent illusion : leur imagination rêveuse, leurs tendances poétiques, la naïveté charmante de leurs douces inventions, composent dans leur tête quelque chose qui ressemble aux facultés de l'artiste, parce que l'artiste, pour accomplir sa mission, doit être animé aussi de ce genre d'inspiration; mais ce quelque chose n'est pas la disposition pittoresque et le feu créateur. Ils se croient de bonne foi artistes, et avec du travail, de la ténacité, ils parviennent à produire tant bien que mal des œuvres qui ont toutes les qualités, excepté la plus importante au point de vue de l'art, la qualité pittoresque. Ces demi-artistes, ces quasi-littérateurs, sont en rapport naturel et direct avec la classe des gens de lettres, dont ils forment une sorte de démembrement : de là l'influence de la critique littéraire, active et fâcheuse, sur l'art allemand. Tandis que des littérateurs se chargent d'expliquer longuement les tableaux des peintres, d'écrire trois volumes de commentaires sur l'œuvre d'Hogarth et un volume d'explications sur l'*Hospice des fous* de Kaulbach, les peintres, par un retour de bons procédés, consentent à mettre sur toile les abstractions des littérateurs; ce n'est pas une pensée philosophique qui germe dans leur cerveau et simultanément prend sa forme pittoresque, mais c'est une forme que l'artiste cherche péniblement, facticement, pour exprimer une pensée obscure qui est aussi étrangère à son esprit qu'elle est antipathique aux manifestations de l'art.

Ainsi traité, l'art allemand rappelle nos robustes habitants des Landes montés sur leurs échasses : la pensée est forte et haute, mais la base manque d'ampleur et de solidité; et cette pensée, que n'arrête pas, que ne guide pas la faculté pittoresque, devient rêveuse, nuageuse, incompréhensible. Les peintres allemands sortent du domaine de la peinture, parce que ce sont des penseurs et des poëtes habillés en peintres, et non pas de vrais peintres : aussi l'ouvrage de Lessing intitulé *le Laocoon* devait être écrit en Allemagne et pour ses habitants; il sera lu avec profit par les artistes de tous les pays, mais il est particulièrement à l'usage des artistes allemands. Le fantastique est une autre de leurs erreurs, une de ces impossibilités qu'ils abordent avec la confiance d'enfants ignorant le danger. On s'étonne que les artistes allemands, avec cette abondance d'imagination, de légendes gracieuses, d'inspirations poétiques, soient peu féconds : on doit le comprendre quand on sait que la pensée marche en avant, et que le pinceau ou l'ébauchoir ne peuvent la suivre, qu'ils ne peuvent même pas la retenir; quand on voit la tête puissante, la main impuissante, l'artiste incomplet. Nous avons en France des hommes de cette trempe : M. Chenavard est du nombre ; je les appellerais volontiers des peintres-littérateurs. Ils ne savent pas écrire un livre, et ils croient pouvoir développer leurs systèmes en images ; ce sont des intelligences déclassées, des artistes impossibles, et ainsi s'explique l'association maladive des supériorités de l'intelligence avec les faiblesses et les misères de l'art.

Tels sont les défauts ; courons aux qualités, aux conditions de succès, aux talents. Il en est d'éminents : si vous voyagez de Dusseldorf à Berlin, en passant par Francfort et Cassel ; de Berlin à Munich, en passant par Dresde ; de Dresde à Vienne, en passant par Prague ; de Vienne à Darmstadt, en passant par Stuttgard ; étudiez les hommes, voyez les productions, et vous vous sentirez dans une atmosphère pure, élevée et heureusement dégagée du matérialisme qui ailleurs infecte l'art. Les artistes allemands ont une grande idée de leur mission, une haute ambition. Absorbés dans leurs pensées, ils rêvent un idéal qui leur permet de dédaigner tous les succès obtenus dans les voies qui ne conduisent pas à ce but. Ils se préoccupent médiocrement de reproduire les apparences extérieures de la vie matérielle ; ils cherchent dans l'homme ce qu'il y a de plus élevé, son âme, et ils se créent un idéal qui est moins un type de beauté qu'une expression du sentiment. De là ce sérieux qui plane sur toutes leurs productions, sérieux qui admet toutes les grâces de la naïveté, des mœurs simples, des légendes poétiques, mais qui exclut tout ce qui tendrait à rabaisser l'art et la mission de l'artiste, comme la caricature, le grotesque et le lascif. Cherchez-vous l'élévation dans un sujet poétique, et la religion est une poésie, voyez les compositions peintes à fresque par Hess dans la basilique de Munich ; êtes-vous plus touché par le sentiment antique des scènes de la Bible, portez votre attention sur le tableau des Israélites de Bendemann ; l'expression profondément sentie des douleurs intellectuelles va-t-elle plus droit à votre âme, entrez par la pensée dans l'hôpital des fous de Kaulbach : pas un de ses personnages qui ne fasse un acte insensé et ne porte sur son visage un trait de la bouffonnerie, et cependant les pleurs roulent dans vos yeux; pénétrez au milieu de l'orgie de Knauss, toutes ces têtes avinées, si bien rendues dans leur abrutissement, sont tristement gaies, et servent à faire mieux sympathiser avec la douleur de la jeune épouse.

Telle est la tendance : elle est noble; elle est précieuse à observer et elle est bien rare. Si le talent créateur, la faculté pittoresque, l'exécution, la mise en œuvre, les moyens matériels, que sais-je? le métier, ne répondent pas ou répondent très-imparfaitement à ces hautes inspirations, c'est par les institutions, par l'enseignement, par la pratique, qu'on fera converger vers un même but les deux parties de l'art dont l'action combinée est indispensable, et qu'il est difficile de réunir. Il faut reconnaître ces obstacles, il faut peut-être admettre l'impossibilité d'une conciliation, car autrement l'Allemagne aurait déjà renouvelé de nos jours, dépassé même les beaux temps de la renaissance italienne.

Quand une nation a le courage de placer le but aussi haut, quand elle y marche résolûment, elle peut laisser en route de hardis mais impuissants athlètes; elle doit certainement en mener plusieurs au sommet, et, en tout cas, élever partout le niveau de l'art. Il se fait en Allemagne une régénération qui a toutes les défaillances, tous les côtés incomplets des tentatives généreuses. Ne jugez ni par Cornélius ni par Overbeck; ne jugez même pas cette réforme par leurs élèves. Aujourd'hui c'est le combat, et vous seriez de mauvais juges de la lutte; attendez-en l'issue. Pour ceux qui ont étudié l'histoire de l'art, partout où ils rencontrent ces tendances élevées, la victoire peut leur paraître plus ou moins prochaine, elle n'est pas douteuse. Quand il ne manque à une armée valeureuse, à des soldats animés du plus chaud patriotisme, que la charge en douze temps et l'immobilité dans l'alignement, un peu de discipline a raison de ces lacunes; mais le courage et l'enthousiasme qui soutiennent dans les longues épreuves, le sentiment de l'honneur qui conduit à la gueule du canon et au-devant d'une mort certaine, ces qualités ne se donnent pas avec la même facilité. L'art allemand est cette armée; quelques bonnes institutions lui feront cette discipline.

De hautes prétentions, quand elles dominent des talents médiocres, des spéculations vagues et nuageuses, quand elles remplissent des têtes vides, sont contraires à la saine production, et elles expliquent, sans qu'il soit besoin d'entrer dans le détail, comment la séparation de l'art et de l'industrie est plus profonde en Allemagne qu'en tout autre pays. Le moindre commençant, de l'autre côté du Rhin, croyant avoir une mission d'en haut et exercer un sacerdoce, le dernier élève de Cornélius étant persuadé qu'il est appelé à régénérer l'art, on conçoit quelles difficultés, quels dédains l'industrie rencontre quand elle demande aux artistes de lui venir en aide, quand elle propose à des hommes préoccupés de *l'idée* d'appliquer leur art à des besoins, lorsque ces hommes ne consentent même pas à se plier aux nécessités les plus évidentes de leur métier. On ne fut pas longtemps à s'apercevoir des graves inconvénients de cette scission, et la grande association douanière connue sous le nom de Zollverein signala avec force, d'après le tableau des importations et des exportations, le tort considérable que faisait à l'Allemagne l'infériorité de son industrie dans toutes les branches qui ont besoin du concours des arts. De là les efforts de quelques hommes distingués pour amener un rapprochement.

La Confédération germanique se compose, quand il s'agit du progrès des arts, non pas de quarante États, comme en politique, mais de trois pays qui, par leur importance, leur initiative ou la richesse de leurs collections, ont influé depuis un demi-siècle sur la direction des arts et sur les progrès de l'industrie : la Prusse, la Bavière et la Saxe.

L'art moderne, rajeuni par l'originalité nationale, date à Berlin de 1815. Le réveil artiste de l'Allemagne eut lieu dans la ville qui sonna le tocsin belliqueux. Le roi de Prusse, en voyant à Paris le Musée du Louvre qu'on dépouillait, en visitant nos écoles, en assistant à nos séances académiques, prit goût à nos institutions protectrices des arts et des métiers, et, pendant son long règne, il ne cessa pas de tendre la main à toutes les innovations, à prêter son concours à toutes les institutions capables de développer chez son peuple le goût et le génie des arts. Il fut assisté dans cette régénération par des hommes d'un grand mérite, tels que Schadow le peintre, Schinckel l'architecte, F. Tieck et Rauch les sculpteurs ; par son fils, le roi actuel, que j'appellerai un artiste, parce que je crois l'honorer en lui donnant un titre qu'on lui jette comme une injure ; par quelques hautes intelligences, parmi lesquelles chacun citera : Beuth, le directeur de l'institut des métiers ; Kugler, l'auteur d'une histoire de l'art ; Waagen, le conservateur des tableaux du Musée ; Sotzmann, l'homme le mieux versé dans l'histoire des procédés de l'art. On vit bientôt se former de vastes collections à Berlin, s'ouvrir de nouvelles écoles de dessin, se fonder des institutions, des académies ; et cette capitale, qui avait brillé, à une autre époque, par tous les raffinements de l'esprit, se distinguer bientôt par l'éclat des beaux-arts et la magnificence des monuments. Il est impossible de n'être pas vivement impressionné en descendant la belle promenade des Linden, entre l'arsenal et le musée, la bibliothèque et le palais neuf, l'église catholique et l'ancien palais. Dans toutes ces créations architecturales, on remarque la pureté du style et les traces d'études sévères ; elles sont d'un grand goût et d'un grand air. Sur cette place du Musée s'élève la statue du grand Frédéric, monument de sculpture original et grandiose comme l'antiquité en osait, comme un grand artiste les conçoit, quand une certaine liberté est laissée à son imagination, quand un souverain homme de goût l'anime et le dirige. Ce qui excite l'admiration du voyageur habitue insensiblement la population à épurer son goût, à élever ses idées, et déjà cette bonne influence apparaît dans les manifestations du goût public.

Du milieu de cet ensemble de réformes salutaires et de créations heureuses, le roi choisit Schadow pour diriger l'école de Dusseldorf. Cet artiste sut mettre au service de ses jeunes élèves quelque chose de plus instructif qu'un grand talent :

c'est l'expérience de tentatives ambitieuses avortées, la sage direction d'un esprit enthousiaste revenu de ses illusions, et ce don sympathique qui attache les élèves à leur maître. On peut discuter les principes de Schadow; il est permis de soutenir que la réaction des pratiques du métier contre les divagations creuses, vides et malhabiles des penseurs a été fatale aux arts; mais l'esprit de paradoxe n'empêchera pas de reconnaître que l'art, se sentant protégé par l'État, s'est relevé comme dans une vigoureuse renaissance, et que les noms de Kaulbach, Bendemann, Lessing, Hildebrandt, ne feront jamais tort à la réputation de Schadow, de Dusseldorf, de la Prusse et de l'Allemagne.

La confiance est une particularité du caractère prussien et une de ses qualités; elle devient un tort, quand elle conduit à se complaire dans ses succès, à se contenter facilement, et à fermer les yeux sur le mouvement qui se fait ailleurs. Il résulte de cet aveuglement qu'on persévère dans des défauts dont il est facile de se corriger : ainsi une timide mesquinerie dans la composition, une grande sécheresse d'exécution, et dans la sculpture une tendance malheureuse à donner à toutes les matières, même au plâtre, le poli et la dureté de l'acier, sont des défauts qu'on semblerait devoir corriger rien qu'en les signalant.

En dehors de l'action du Gouvernement, une institution imitée de celle qui se forma à Paris, au commencement de ce siècle, sous le titre de *Société des amis des arts*, s'établit d'elle-même, pour ainsi dire, dans la capitale de chacun des États confédérés et dans d'autres villes. Intéresser tout le monde aux arts, faire d'une faible contribution personnelle, au moyen de l'association, un puissant instrument de propagande et un mode d'assistance pécuniaire honorable pour les artistes, c'était l'idée même qui avait servi de base à l'institution parisienne; mais ce qui appartient à l'esprit méthodique et persévérant de l'Allemagne, c'est d'avoir multiplié les ressources de ces associations en les soumettant à une fusion habilement combinée et à une action commune. Elles ont remplacé, dans des pays pauvres, la richesse et son patronage.

L'industrie ne participait pas à ce mouvement si favorable aux arts : j'en ai donné la raison; et les hommes supérieurs, qui voyaient le mal, cherchaient par quels moyens ils pourraient le détruire jusque dans sa racine. Il y avait alors à Berlin deux hommes distingués, très-unis d'amitié, et entièrement d'accord sur cette grave question : l'un était Schinckel, artiste presque universel et architecte d'un immense mérite; l'autre, Beuth, qui n'avait qu'infiniment d'esprit et beaucoup de goût. Le premier, poussé par ses tendances naturelles et affermi dans sa conviction par l'exercice de son art dans toutes ses ramifications, comprenait l'association de l'art et de l'industrie comme il croyait l'avoir vue en pratique dans une étude approfondie de l'antiquité, et, du point de vue politique, comme le programme de l'avenir le plus digne de préoccuper un Gouvernement dont l'ambition serait de se placer à la tête de l'Allemagne. Le second, esprit ouvert à toutes les idées larges et pratiques, conçut l'organisation d'un établissement où les ouvriers dans tous les genres pourraient se former aux principes de l'art appliqués à tous les métiers.

Le roi de Prusse accueillit avec l'intérêt qu'il méritait le projet combiné entre Schinckel et Beuth, et il ne recula devant aucun sacrifice pour le constituer. Telle fut l'origine de l'institut des arts et métiers, du *Gewerbinstitut*. Je l'ai visité bien des fois pendant un long séjour à Berlin, en 1835, et quand je me rappelle sa prospérité d'alors, ses résultats si remarquables, ses publications magnifiques si utiles, et ces deux hommes excellents qui en étaient l'âme, l'accueil donné à toute innovation, la fécondité de leurs idées, les ressources infinies du talent combiné avec un juste esprit d'observation, pour trouver au métal et à la céramique, au bois et à la pierre les plus justes applications, je cherche vainement pourquoi cet établissement est tombé, depuis la mort de ses deux fondateurs, dans la décadence où il se trouve aujourd'hui. Il paraîtrait qu'on en a découvert la raison dans ce fait, qui est,

comme on sait, l'abomination de la désolation : on y formait
des artistes et non pas des ouvriers. Voyez-vous le mal ! des
ouvriers devenant artistes, et, après les quelques tentatives
d'un amour-propre exagéré, retournant au bercail de l'industrie. Mais c'est comme une contagion qui règne généralement dans les arts, et à laquelle il serait superflu de s'opposer. Cette idée fausse fait qu'on croit aujourd'hui relever
cet établissement au moyen de la triste panacée du jour,
par le vain *dessin industriel;* on demande des maîtres et un
directeur aux établissements de Sèvres, des Gobelins, aux
ateliers de l'industrie parisienne : on me semble patauger dans
un marais bourbeux et sans issue. Mais ce désordre d'idées est
passager; on prend le change pour le moment, on reviendra
sur la saine voie que tracèrent, il y a trente ans, Schinckel et
Beuth; on comprendra bientôt, à Berlin comme à Paris,
qu'il n'y a qu'un art comme il n'y a qu'un soleil; que cet art
éclaire de ses mille rayons toutes les inspirations, peinture,
sculpture, architecture et industrie. Ainsi convaincu, on re-
montera à la source, et, avec des écoles de dessin dirigées par
des peintres de talent, on réformera l'industrie dans son élément principal, avec les instruments domestiques, j'entends
avec les vrais enfants du pays, qui violenteront d'autant
moins l'originalité nationale, qu'ils en seront eux-mêmes tout
imbus.

La Bavière est à Munich, et Munich ne pouvait se transporter à Londres. Au commencement du siècle, cette ville
marqua par une grande invention, qui forme comme un trait
d'union entre les arts et l'industrie : Sennefelder découvrait la
lithographie; mais ce ne fut ni à cette invention, ni à des institutions déjà anciennes, ni à des traditions conservées dans
le pays, ni à des dispositions naturelles à la nation, qu'elle dut
de se placer au rang des villes monumentales les plus intéressantes de la vieille Europe; elle le doit entièrement à son
roi, au roi Louis. L'influence de cet ami enthousiaste des arts
a transformé Munich en une grande ruche artiste. On a dit
en Allemagne qu'il en avait fait une moderne Athènes; on

l'a peut-être cru, et il me suffit de constater cette opinion pour établir l'influence rayonnante que sa renaissance a dû exercer autour d'elle. Malheureusement le roi Louis ne semble pas s'être donné la capitale de l'Attique pour modèle, ou s'être fixé un idéal quelconque; il a marché sans but, poussé par un enthousiasme un peu vague, et communiquant à sa génération une fièvre générale plutôt qu'une action déterminée. Élevé dans le courant d'imitation qui était devenu la règle des écoles à la fin du xviiie siècle, et qui déjà avait épuisé sa force et sa vogue, il crut voir un mouvement national et un moyen de popularité dans la croisade catholique entreprise à Rome par les jeunes artistes allemands contre l'influence matérialiste de l'école française. Ce système, autre mode d'imitation, qui consistait à retrouver le véritable art chrétien dans les maîtres primitifs, sourit à son esprit, et il l'adopta avec une ardeur et un absolutisme qu'il portait dans les choses, l'appliquant à toutes les productions de l'art, à toutes les époques, à tous les styles. Quand on passe en revue ce qui s'est ainsi produit par sa volonté, on acquiert la conviction qu'il n'a eu d'autre prétention que de réunir dans Munich des spécimens de l'activité artiste de tous les siècles, et il a employé vingt-deux années de règne, toutes les ressources financières du pays, une passion inaltérable et un entêtement à toute épreuve à conduire cette œuvre surprenante dans son étendue et même dans ses résultats. Niebuhr disait de cette nouvelle Athènes et de cette renaissance des arts : *Ueberlünchte Barbarey* (de la barbarie badigeonnée); il frappait juste, mais était-il généreux de frapper là? Le roi Louis, comme tout fondateur, sentant que le temps lui manquerait pour procéder autrement, au lieu de commencer par le commencement, débutait par la fin; ce qui aurait dû couronner l'œuvre lui servait de base. Les monuments et tous les styles des monuments jetés ainsi pêle-mêle à la tête d'un pays mal préparé, ce n'était pas une manière sage de procéder; il eût fallu faire l'éducation du peuple, et, selon les tendances qu'il aurait manifestées dans ses progrès, lui donner en modèle la reproduction des monuments les plus propres à développer son originalité, laissant une part de ces créations mêmes à son initiative, carrière ouverte à ses instincts nationaux. Cinquante ans et trois souverains n'eussent pas suffi à cette œuvre, et le roi Louis ne pouvait compter ni sur le temps ni sur des successeurs fidèles à sa pensée. Il fit des monuments à tout hasard, et de sa capitale un grand palais de Sydenham; on y passe sans transition d'un temple grec à un palais de Venise, d'une maison de Pompéi à une façade gothique, de l'art romain au byzantin ou à une *loggia* imitée de celle de Florence. Un peu de tout, de tout partout; un esprit critique n'y verrait qu'un enfantillage général, si le soin de l'exécution et la recherche de l'exactitude n'en montraient pas l'intention sérieuse, si les noms des artistes qui prirent part à ces travaux, et parmi lesquels il suffira de citer les architectes Klenze et Gärtner, les peintres Cornélius et Hess, le sculpteur Schwanthaler, n'assuraient à ces tentatives une attention sérieuse, au moins de la part des archéologues. L'influence sur le pays de cette résurrection puérile, de cette fièvre d'imitation dans son labeur hâtif, fut ce qu'elle devait être, rapide, étendue et sans portée pratique; mais elle donna un coup de fouet à l'Allemagne et la réveilla de sa torpeur; elle pénétra l'industrie de la Bavière, et se fit sentir jusque dans les goûts de son peuple.

Dresde fait un contraste singulier avec Munich: tandis que tout est galvanisé dans l'une de ces villes, tout est calme dans l'autre; tandis qu'ici la main royale plane sur toute l'activité artiste, elle semble se retirer là indifférente et parcimonieuse. Et cependant Dresde a d'admirables musées, des collections d'antiques, de gravures et d'objets d'art du moyen âge, des monuments curieux, et, plus que tout cela, elle a le souvenir et comme les obligations d'une capitale qui ne fut jamais insensible aux lettres, aux arts et à l'élégance. De ces belles ressources, de ces beaux souvenirs, les peintres Retsch, Vogel et Veith, le sculpteur Ernest Rietschel et l'architecte Semper semblent seuls avoir profité: les peintres, pleins de grâce et de sentiment; le sculpteur, élève de Rauch, unissant, dans une originalité de bon aloi, le style, le sentiment, la grâce, qualités rares qu'on remarque avec plaisir dans le fronton du théâtre de Dresde, dans la *Pietà* exposée à Londres, et dans des bas-reliefs imités de l'antique; l'architecte, enfin, trouvant dans une science consommée l'emploi judicieux d'une vive imagination et des réminiscences antiques les plus heureuses. Mais l'action des institutions doit-elle se réduire à former quelques artistes? ne doit-elle pas s'étendre sur l'industrie et sur la nation elle-même? A juger par la manufacture royale de Meissen, la célèbre manufacture de porcelaines de Saxe, il y a tout lieu de craindre qu'on ne laisse s'évanouir et se perdre ce goût charmant, ce soin précieux, cette élégance caractéristique, qui étaient rehaussés anciennement par une exécution parfaite.

Dans ce grand pays morcelé qui s'appelle l'Allemagne, ces trois États ont fait loi; ce qu'ils ont tenté pour raviver les arts et l'industrie a été imité en petit par les autres États, et on peut juger le fort et le faible de toutes les académies, des *Gewerbinstituten* (conservatoires des arts et métiers), des associations pour la vente des objets d'art, par le succès ou l'insuccès de ces institutions à Berlin, Munich et Dresde.

Nous avons vu ce qu'ont produit les arts; examinons ce qu'exposait l'industrie. Du premier coup d'œil, et sans en avoir scruté la cause, on sent qu'il existe une barrière entre l'art et l'industrie. Je laisse de côté la contrefaçon impudente de nos produits, tout en constatant son habileté; je me préoccupe de l'industrie nationale, et je vois que d'un côté l'invention fait défaut, que de l'autre la main de l'exécutant manque de légèreté. L'artiste n'intervient pas avec assez d'abandon, de franchise, de dévouement; lui seul pourrait satisfaire la mobilité des goûts, suivre pas à pas cette déesse coureuse qui s'appelle la mode, et galvaniser la lente et imparfaite conception des fabricants. Ajoutez à cette absence d'idées une patiente exécution dont on vante à tort la conscience, espèce de boulet attaché au pied de l'industrie d'outre-Rhin; l'ouvrier allemand se traîne dans tout ce qu'il fait, parce que, n'étant pas formé par l'éducation artiste, il interprète péniblement son modèle. Tandis qu'en France la main vole, esquisse, effleure, en Allemagne elle pèse, elle creuse, elle pénètre; gravure dans le cristal, sculpture dans le bois, ciselure dans le métal, partout on sent sa pesanteur. Pendant que l'ouvrier parisien cherche à comprendre son modèle et parvient, par la vivacité de son intelligence et la souplesse d'un talent exercé, à l'interpréter avec bonheur, l'ouvrier allemand suit lourdement tout ce qu'il voit, copie patiemment sans choix et rend tout avec une aveugle exactitude. Les jouets d'enfants de Nuremberg, de Cassel et des villes qui se consacrent à cette industrie répètent leurs anciennes données avec une désespérante monotonie; ils sont casuels, mesquins et barbares. Les cruches de grès qui font le service des eaux minérales, formées d'une terre blanche, ductile, harmonieusement émaillée, et dont on conserve dans les collections, comme objets d'art, d'anciens spécimens élégants, sont fabriquées aujourd'hui au tour, sans la moindre décoration, sans souci de la forme. Les dessins de broderies de Berlin, maîtres d'une vogue européenne, copient avec la même servilité les tableaux célèbres sans un progrès de souplesse, sans une amélioration dans le ton des couleurs, de façon à dégoûter du travail de la tapisserie jusqu'aux écolières les plus déterminées. La fonte de fer prussienne, si renommée, se laisse battre par la France et l'Angleterre dans l'exécution des grandes pièces, et étale avec complaisance de la dentelle en fer, des éventails en fonte, toute une collection de contre-sens dans ce rude et sombre métal. L'application du verre n'est pas mieux comprise : on l'emploie en colonnes de couleur rose, bleue et verte, et l'esprit s'inquiète de l'usage qui sera fait de ces supports fragiles. La galvanoplastie elle-même est défigurée : à quelle branche de l'art peut-on rattacher des bas-reliefs représentant les scènes de la nature avec recherche de la couleur naturelle par la coloration du bronze? Tout cela marque une industrie abandonnée au métier, délaissée par les artistes de talent, et qui se fourvoie faute de guide. Elle semble cependant, sur d'autres points, marcher d'un pas ferme. L'imprimerie, sans nous dépasser, a fait de grands progrès, et quelques-uns dans de nouvelles voies. Je ne parle pas de l'impression naturelle, qui est un enfantillage ingénieux, mais des caractères, du noir d'imprimerie, du tirage des gravures, de la qualité du papier surtout, qui se sont améliorés sensiblement. Si la lithographie est arriérée, si la photographie ne nous menace que par la perfection des portraits de Hanfstängel, à Munich, il faut avouer que la fabrication des étoffes est en progrès sensible, que les toiles damassées de la Saxe soutiennent leur réputation. Nous avons bien à revendiquer quelques dessins dans ces étoffes imprimées, quelques modèles dans ces combinaisons de tissus; mais en industrie, quand la copie est habile, quand la contrefaçon revient à meilleur marché que l'original, la concurrence est à craindre. La fonte de bronze, une vieille industrie germanique longtemps déchue, a de nouveau parcouru tout le domaine de l'art, depuis les petits animaux et les figurines jusqu'aux reproductions des plus belles statues de l'antiquité, et ses succès sont tels, que les grands ouvrages de sculpture de l'Allemagne, qu'on faisait fondre à Paris, sont maintenant exécutés à Munich. L'orfévrerie est remarquable, et lorsque les commandes lui permettent d'exécuter de grandes pièces, comme le bouclier donné par le roi de Prusse à S. A. R. le prince de Galles, comme la reliure de l'album offert au prince de Prusse par la province rhénane, comme la pièce principale d'un surtout de table exécutée par A. Wagner, et aussi lorsqu'elle vise au bon marché, comme dans les fabriques de Francfort et de Hanau, elle prouve ce que peuvent l'habileté de la main-d'œuvre et le bas prix des salaires. Il manque encore à cette belle industrie l'assistance de l'artiste supérieur qui donne le modèle, de l'artiste ouvrier qui l'exécute; l'embarras dans la conception générale et la timidité dans l'exécution se trahissent avec trop d'évidence au milieu de parties bien senties et de détails admirablement bien rendus. Nos orfévres font mieux sans doute; mais eux-mêmes, en présence de ces œuvres, ne sen-

tent-ils pas comme l'haleine du rival qui s'approche et menace
de les distancer? C'est déjà beaucoup, assurément, que cette
concurrence nous ait enlevé le marché de l'Allemagne et
nous dispute à cette heure celui de l'Amérique. La peinture
sur porcelaine est exécutée à Bamberg, à un prix inférieur
à tout ce que nous pouvons faire, avec un véritable talent
et sur des plaques dont l'émail crémeux et velouté est d'une
surprenante perfection. Pourquoi cet art appliqué aux formes
de la céramique est-il aussi inférieur? C'est que l'artiste était tout
entier à sa besogne, tout entier dans sa fausse dignité, quand il
a peint cette plaque qui diffère à peine de la toile de chevalet,
tandis qu'il a refusé d'entrer dans la fabrique de porcelaine, de
s'y associer, de se prêter à ses exigences et d'en développer les
ressources. Ainsi s'explique l'infériorité de la céramique allemande, même de celle que la Prusse et la Saxe patronnent de
leur subvention dans les grands établissements dits fabriques
royales de Berlin et de Meissen. Étendue à la terre cuite pour
l'usage décoratif, la céramique a fait, dans les contrées dépourvues de bons matériaux de construction, des progrès remarquables. Cette industrie s'est développée dans le Nord et
en Autriche avec le plus de succès, sous la direction d'architectes de talent, tels que Schinckel à Berlin, Semper à
Dresde, Forster à Vienne, qui ont trouvé dans des procédés
rendus économiques par la noble simplicité des ornements
le moyen d'atteindre à une grande richesse de décoration sans
dépasser les limites très-bornées de leur devis. L'Exposition
ne donnait qu'une faible idée de ce développement des fabriques d'objets en terre cuite, principalement de celles de Louis
Mussbach à Waagram ; il aurait fallu juger sur quelques fragments une industrie qui orne les jardins, les maisons, construit des palais, des synagogues et même des cathédrales.
Nous nous contenterons de signaler ses efforts et ses succès.
On n'en pourrait pas dire autant des verreries de la Bohême.
Elles sont renommées depuis longtemps; elles avaient sur nous
l'avance d'une ancienne possession de la faveur publique : il
eût suffi, pour conserver une domination à laquelle on était

fait, de maintenir le bon goût comme un drapeau d'honneur défendant cette belle industrie. L'Allemagne n'a pas trouvé un artiste de talent qui consentît à se faire industriel, et les verreries autrichiennes ont été battues par les verreries françaises, en dépit de toutes les conditions favorables à la fabrication. Ce sceptre est-il perdu sans retour? La Bohême sait désormais comment elle peut le reconquérir. Prenons garde, les tendances de nos verriers me font trembler.

L'ameublement, représenté par les parquets de Stuttgard et par quelques meubles d'une bonne fabrication, indiquait que l'ébénisterie de l'Allemagne est dans une excellente voie de consciencieuse exécution, qu'il ne lui manque que des idées et des modèles. Les meubles de Vienne, au contraire, semblent avoir pris un essor remarquable dans un ordre d'idées déraisonnables et dans la voie la plus fausse. On regrettait que du bois travaillé, assemblé, sculpté, poli et verni avec tant de soin et de peine, n'eût pas eu pour modèle le dessin d'un architecte de talent. Ces bibliothèques immenses, où l'on ne peut placer des livres, auraient coûté moins de frais et produit plus d'effet si elles avaient été conçues pour leur usage; ces lits menaçants, auxquels on s'accroche de tous côtés et qui semblent devoir écraser le malheureux condamné à s'en servir, auraient pris des airs majestueux et nobles à la fois si un artiste en avait tracé le modèle et suivi l'exécution; ces chaises qui ont tout prévu, excepté les aises de celui qui s'assoit, les auraient rencontrées sur le chemin de la simplicité et de la raison : tout cela prouve une invention maladive, qui gagnerait fort à reconnaître un principe et des règles. Ce défaut disparaît dans la petite industrie viennoise, qui correspond à l'industrie parisienne, car là ce qui est élégant, voyant, éveillé, nouveau, se passe de raison et d'à-propos. Toutefois les petites merveilles d'ébénisterie, de placages, de laques et de cuirs gaufrés, tous ces brimborions qui défrayent les galanteries des eaux à chaque retour de la saison des bains et remplissent les boutiques de toute l'Allemagne, ne nous feront concurrence que lorsque la raison viendra en aide à l'imagination, les saines conditions du goût au secours des inventions quotidiennes; alors, et ce moment, je le crois, n'est pas éloigné, l'industrie viennoise, dépouillant cette élégance grêle, prétentieuse, superficielle et de clinquant, adoptant l'ampleur proportionnée, la solidité nécessaire et un style approprié à chaque objet, nous fera une redoutable concurrence. Il en sera de même dans toute l'Allemagne, quand les artistes de talent donneront franchement la main à l'industrie. Combien leur riante imagination, leur fantaisie originale, leur naïveté gracieuse, leur sentimentalité un peu affectée, trouveraient d'occasion de se développer au profit de l'industrie ! Schinckel au pont de Berlin, T. Kalide donnant le modèle de l'*Enfant au Cygne,* qui forme une délicieuse fontaine, en ont fait l'essai et donné la preuve; il suffit de ces deux exemples : il en est beaucoup d'autres que je pourrais citer; et, lors même qu'il ne faudrait y voir que des exceptions, des protestations isolées, nous les donnerions encore en avertissement à l'Allemagne pour lui apprendre ce qu'elle peut faire, à la France pour lui montrer ce qu'elle doit craindre.

Résumons-nous, quoiqu'il ne soit pas facile d'embrasser d'un seul coup d'œil cette grande Allemagne et de porter un jugement d'ensemble sur cette mosaïque d'États, destinée à former un jour une seule et imposante nationalité. Nous dirons : un art aspirant haut, cherchant les sublimités de la pensée, les beautés de l'idéal, mais négligeant les conditions pratiques du métier, cette partie essentielle et trop dédaignée qui est la base solide; en regard, je ne dis pas à côté, je dirais plutôt en opposition, une industrie qui semble à première vue une grande et même fabrique de joujoux de Nuremberg, l'invention, la distinction faisant défaut, la vie manquant même là où le métier excelle; des outils et pas d'idées, des mains et pas de tête. On comprend maintenant pourquoi je place l'Allemagne, patrie de l'intelligence réfléchie, loin des pays moins bien doués qui nous menacent davantage de leur concurrence. Art et industrie, sur la rive droite du Rhin, renferment les éléments les meilleurs du progrès, car ils s'appuient sur l'observation patiente, sur la conscience, sur le sentiment, sur tout ce qui est noble et respectable; mais l'art, comme l'industrie, ne recevant pas la bonne, la vraie impulsion, s'épuise, je ne dirai pas dans un antagonisme, mais dans un parallélisme déplorable. Un jour ou l'autre, l'Allemagne comprendra que c'est de la rencontre, de la réconciliation, de la fusion de l'art et de l'industrie que dépendent l'essor de l'un et la prospérité de l'autre; ne lui laissons pas faire cette découverte avant d'être en mesure de braver sa concurrence.

Amérique.

Après avoir passé en revue des pays artistes devenus industriels, nous arrivons à une nation industrielle qui se fait artiste.

L'Amérique peut ce qu'elle veut, et elle veut être artiste. L'Amérique tentera de tout, même d'avoir le génie des arts; elle l'osera à sa manière, et elle accomplira en moins de cent ans ce que l'Europe n'a obtenu que par quinze siècles d'efforts. Les États-Unis ont défriché tout un monde; maintenant ils donnent les sciences, les arts et l'industrie en pâture à leur activité. Déjà ils comprennent qu'il leur faut des instruments de travail, des bibliothèques, des musées et des collections scientifiques : ils ont fondé, construit et acheté tout cela; ils comprennent qu'il est nécessaire de réunir, comme dans un même faisceau, les esprits les mieux disposés, pour que l'étincelle jaillisse du frottement des intelligences, et ils ont fondé l'établissement connu sous le nom de *national institution for the promotion of science and art;* on leur a enseigné que les particuliers, et les collections qu'ils forment, sont les promoteurs de l'art, et les particuliers achètent de tous côtés les plus belles statues et les meilleurs tableaux. Quand on racontait autrefois en Italie qu'on avait offert de couvrir d'or un tableau, qu'une généreuse commande avait été faite à un artiste vivant, ou bien qu'un brocanteur s'était facilement défait de Raphaël de contrebande et de Benvenuto Cellini de pacotille, on savait d'avance qu'un lord anglais était seul capable de ces enthousiasmes; aujourd'hui, c'est un marchand américain. Les citoyens des États-Unis ont encore appris que l'art ne s'invente pas, mais qu'il s'enseigne; que les artistes distingués ne surgissent pas seuls et d'eux-mêmes, mais qu'ils se forment près des maîtres, et ils envoient à Londres Healy, de Boston, qui s'approprie habilement les belles qualités de Reynolds et de Lawrence; à Paris Hunt, qui s'est formé à notre école; à Rome Powels, l'auteur de l'*Esclave enchaînée,* cette statue qui fait rumeur dans l'Exposition de Londres, tant elle est conçue avec grâce, noblesse et distinction, trois qualités que l'Angleterre disait antipathiques à ces Yankees, colons incapables de toute création originale, provinciaux inaccessibles aux choses de goût. A côté de Powels, P. Stephenson avait exposé des études exclusivement américaines, qui trahissent un style individuel et national avec des qualités rares d'observation et d'imitation de la nature.

La vieille Europe fera bien d'y songer. Il y a de l'autre côté de l'Atlantique une puissance d'invention, une sève de jeunesse, une originalité tranchée, qui marquent dans la mécanique, dans les découvertes scientifiques et dans la littérature, par des hommes d'un tel mérite, que le murmure du grand Océan n'a pas étouffé le bruit retentissant de leur célébrité. Chacun sait que les Américains ont inventé la machine qui sépare la graine de coton du coton lui-même, la faucheuse à vapeur et une multitude d'applications heureuses de la mécanique aux instruments aratoires, les revolvers, le chloroforme; personne n'ignore qu'il n'est pas d'invention théorique dont ils n'aient, des premiers, tiré le meilleur usage pratique; et, sans parcourir la longue liste de leurs ingénieuses applications, qu'il soit permis au rapporteur de la classe des beaux-arts de rappeler qu'un artiste américain, l'élève distingué de B. West, autre Américain, vint à Paris, en 1802, mettre en mouvement sur la Seine le premier bateau à vapeur viable et bien constitué. Cette machine ingénieuse, ce petit navire qui contenait dans ses flancs la plus grande révolution des rapports sociaux de l'humanité, resta amarrée au pont Royal, inutile et décriée pendant cinquante ans. On en rit à Paris, on la dédaigna à Londres; le peintre Fulton, plus heureux et mieux apprécié à New-York, a pu fonder dans cette nouvelle ville la nouvelle marine militaire et marchande du monde.

Les titres de l'Amérique dans le domaine des intérêts matériels et des sciences positives ne sont pas contestés; on ne lui refuse entrée que dans le royaume de l'intelligence, du goût, de la poésie et des arts. Nous allons voir avec quelle supériorité elle en force les frontières. Je ne cite dans chaque branche que des sommités : les historiens Bancroft, Prescott et Ticknor; les poëtes Longfellow, Dana, Bryant; les romanciers Cooper, Paulding, Hawthorne, Washington Irving, Edgar Poe; l'humoriste Tuckerman, le musicien Perkins. Un peuple chez lequel le hasard réunirait une aussi brillante pléiade serait déjà digne de figurer au nombre des grandes nations intellectuelles; l'Amérique y a d'autres droits, car elle possède en outre de généreux citoyens qui donnent, comme M. Lawrence, 500,000 francs à la ville de Cambridge pour fonder un établissement littéraire analogue à notre collége de France; dans cette même ville, M. Édouard Philipps lègue la même somme à l'Observatoire; à Boston, l'institut de Lowel est dû aux générosités du citoyen qui lui a donné son nom; et je n'enregistre pas la longue liste des magnifiques legs qui, dans cet ordre d'idées, remplacent si dignement l'initiative de nos gouvernements.

Voyez donc l'Amérique en Amérique, et laissez là les livres qui en parlent. S'ils font de la statistique, c'est une liste sans fin de musées, d'académies, de bibliothèques, qui feraient croire à une nouvelle Attique de l'autre côté de l'Océan; s'ils font de la critique, c'est une moquerie perpétuelle sur ces musées de chats empaillés, sur ces académies où l'on apprend à lire, sur ces bibliothèques où on ne lit pas, souvent faute de livres, plus souvent encore faute de temps. Voyez l'Amérique comme elle est : un géant, doué des facultés les plus rares, qui se réveille, se sent et s'essaye. Ce géant marquera dorénavant dans les arts et dans les choses de goût.

Déjà Benj. West, mort en 1820, avait prouvé à l'Angleterre ce que pouvait un Yankee, fils de quaker, en peignant la mort du général Wolf et le combat de la Hogue; aujourd'hui Ch. Leslie lui montre le physionomiste spirituel qui possède une rare souplesse de talent dans le genre de peinture qui est le plus sympathique à nos voisins; et ces qualités ne sont plus isolées et exceptionnelles, elles sont répandues : j'ai déjà parlé de la pureté de style de Powels, de l'originalité de Stephenson, des qualités diverses de Crawfurd et de Greenough, je m'en tairai ici, et je dirai seulement que, lorsque des tendances aussi remarquables se font jour chez une nation jeune et décidée, il est impossible de prévoir quelle puissance elle aura, nos expériences pouvant lui servir de leçons, nos institutions les plus éprouvées devenant le point de départ des siennes.

L'Amérique entreprend cette nouvelle croisade à la façon des enfants livrés à eux-mêmes, s'enthousiasmant de chaque procédé nouveau, achetant les modèles à tort et à travers, touchant à tout. La photographie devait frapper sa jeune imagination et s'offrir comme un expédient commode, comme le remplaçant de toute étude sérieuse. L'Amérique y a fait merveille. La galvanoplastie, cet autre auxiliaire merveilleux, qui est à la sculpture ce que la photographie est à la peinture, devait aussi sourire à ce peuple pressé de jouir, et il a exploité cette découverte avec un plein succès. L'imitation servile de tout ce que l'Europe envoyait sur ses marchés avait été la première préoccupation de l'Amérique, et une sorte de stupeur vous saisit devant ses contrefaçons étonnantes. Si j'entre chez les grands libraires de New-York, James Smithson, D. Appleton, J.-P. Putnam, les frères Draper, j'y trouve les livres illustrés de l'Angleterre, sa gravure sur acier et sur bois, sa reliure mécanique à bon marché; si je pénètre dans les magasins des autres industries, ce sont bien là nos papiers peints, nos étoffes imprimées, nos meubles; ce n'est plus la même délicatesse d'ajustement, le même soin d'exécution, mais quelle puissance de production, quelle adresse dans la substitution des machines à la main de l'homme, quel succès de bon marché !

Comme la gourme que jette un enfant pour prendre un teint plus brillant, l'Amérique se dégage aujourd'hui de ces excès, de cette exubérance de contrefaçon; elle commence à peine à être elle-même, et elle comprend déjà qu'elle doit cesser de suivre les autres, qu'il lui faut tracer sa voie, marcher de l'avant et lutter à armes égales. Il lui manque, dira-t-on, l'originalité : je le conteste, s'il s'agit du don pittoresque et de l'instinct de l'artiste; je l'accorde, si l'on entend par originalité un style fait et complet; mais je voudrais bien connaître un peuple qui l'ait possédé à ses débuts. L'Égypte emploie des siècles innombrables à former son style, l'Asie emprunte le sien à l'Égypte, la Grèce prend à l'Asie les types de son école d'Égine; à Rome, à Byzance, à Venise, à Florence, en France, en Espagne, en Allemagne, en Angleterre, tout est copie aux débuts; la véritable originalité est un fruit de l'observation et de l'étude qui mûrit à l'abri d'institutions protectrices. L'Amérique en est là, et elle avancera, car elle marche déjà, car elle comprend la nécessité d'accorder des encouragements aux arts. Les moyens d'enseignement lui manquent : elle créera des écoles et formera des maîtres; ses musées seront délivrés des enfantillages; elle achètera les tableaux des maîtres et les belles statues antiques; et je ne serais pas étonné que le congrès, s'éprenant à son tour de l'amour des arts, ne réservât quelques millions de ses économies pour organiser l'enseignement des arts et enrichir les musées, excellent placement qui rapporterait plus aux États-Unis que tous les dégrèvements d'impôt. L'architecture, il est vrai, est encore dans l'enfance, et M. Owen ne lui fera pas faire un pas avec sa prétention de créer une architecture américaine, car des singeries ne sont pas des inventions; mais pourquoi les États-Unis ne donneraient-ils pas à cet art positif un enseignement sérieux; à ce premier des arts, des encouragements féconds? Quel plus beau stimulant que ces villes qui sortent, pour ainsi dire, de terre, que ces Capitoles, ces églises, ces salles destinées aux assemblées, ces théâtres, ces marchés, autant de programmes intéressants faits pour inspirer les architectes et capables de les conduire, par les saines voies des fortes études de l'antiquité, aux données inattendues d'une architecture appropriée à des besoins nouveaux!

Craignez les enjambées de ces Knownothings, les pas de géant de ces nouveaux initiés. Être novice dans les arts et en avoir une passion intelligente, être dans le mouvement industriel et à la tête de cette armée de la mécanique qui est la plus redoutable des puissances, et entreprendre de mettre cette force au service des arts, c'est combiner ensemble deux actions qui feront l'effet du levier et du point d'appui d'Archimède.

Dans l'état actuel de nos arts et de notre industrie, ce danger est menaçant, car il est facile à l'ennemi d'entamer une troupe qui marche à la débandade. Serrons nos rangs. Que les règles du goût, comme les lois de la discipline, nous permettent de tenir ces assaillants à distance. Avec le désordre de nos engouements, l'inconsistance de nos modes, l'exagération ridicule de nos mascarades archéologiques, le marché américain nous sera bientôt fermé, et ses fabricants apporteront sur le nôtre nos misérables modèles exécutés à bas prix; si, au contraire, nous nous rattachons aux vrais principes de l'art, aux règles du goût, notre supériorité restera évidente, incontestable, inaccessible, et l'Amérique ouvrira d'autant plus largement ses ports à nos produits qu'avec la prétention impuissante de nous égaler naîtra l'excellence du jugement et la finesse d'appréciation qui lui fera sentir la différence entre ses tentatives incomplètes et nos perfections idéales.

Je n'ai pas distingué le Canada des États-Unis, et cependant j'aurais pu chercher dans le bas Canada des souvenirs, des habitudes et des goûts tout français; j'aurais pu puiser, dans les traditions de notre ancienne colonie, de nouveaux motifs d'appréhension. Je n'ai pas de place pour ces détails, et, par le même motif, je ne dirai rien de l'Amérique du Sud. Elle n'est pas dans des conditions industrielles menaçantes pour nous, et elle ne possède pas au même degré les facultés du progrès avec l'esprit de conquête et d'entreprise. Là nos arts, nos modes, nos excentricités même, feront encore fortune pendant longtemps. Je ne veux pas dire, toutefois, que le Mexique, le Pérou et les républiques du Sud n'aient pas un goût décidé pour les arts; je crois, au contraire, leur sol naturellement fécond et déjà préparé par le souvenir de l'ancienne et primitive civilisation qui a laissé dans ces contrées des monuments si curieux. Mais les peintres mexicains et péruviens se sont formés à Paris, dans les ateliers de nos peintres, et on ne peut attendre d'eux des talents caractérisés. Tous, il est vrai, retournent dans leur patrie et reprennent quelque chose de l'originalité native; comme ces animaux domestiques abandonnés par les marins dans des îles désertes, et qui deviennent loups, tigres et faisans, de caniches, matous et poulardes qu'ils étaient, ces artistes mi-français deviendront de vrais Mexicains, Péruviens, Chiliens, quand ils seront rentrés dans le cercle de leur nationalité; ils formeront des élèves, ils dirigeront l'industrie et desserviront peut-être mieux que nous les goûts du pays qu'ils sont plus à portée d'étudier et de comprendre.

En résumé, l'avenir des arts est-il là-bas, à l'Ouest, dans le *Far west*? Le progrès marche-t-il dans ce sens, le voyons-nous poindre, nos enfants le verront-ils grandir et menacer l'Europe? La civilisation renouvelée, la société assise sur de nouvelles bases, l'art et l'industrie développés sous l'égide de la liberté et des inspirations d'un peuple primitif, tel est l'avenir : est-il réservé à l'Amérique? Un jour nos villes seront-elles visitées, dans leur abandon, par les habitants du nouveau monde, comme nous allons voir Rome, Athènes, Jérusalem et Palmyre, ces cités majestueuses et désolées de l'ancien monde? Laissons à Dieu l'avenir. Il nous a confié le présent, préoccupons-nous des progrès de l'Amérique, et luttons avec elle par nos propres progrès.

Suisse.

De république à république il y a une grande distance, quand l'une est jeune, au milieu d'un pays nouveau, immense, inépuisable, l'autre ancienne, au centre de la vieille Europe, dans des limites rigoureusement définies et très-étroites. Il n'y a donc pas lieu de comparer la Suisse à l'Amérique. Ses arts et son industrie nous menacent également, mais autrement.

La Suisse n'a jamais eu d'école, elle n'a pas même eu de peintre. Le grand Hans Holbein, né à Bâle, sur sa frontière, s'est formé en Allemagne et dans les Flandres. C'est en Angleterre qu'il a exercé son admirable talent. Faut-il attribuer, comme on l'a fait, cette pénurie pittoresque, cette disette d'artistes, à l'écrasante beauté des Alpes, qui rend impossible toute imitation et décourage l'artiste par la comparaison? Je ne le crois pas; ce paradoxe d'hommes de lettres fait bien dans un livre, il faut l'y laisser et, dans des études pratiques, chercher des causes plus solides. Les arts ne sont le privilége d'aucune créature; Dieu, dans sa bonté, n'a disgracié aucune nation. Mais les arts vivent de traditions, d'institutions nationales fortement constituées, de protection généreuse, et quand ils sont destitués de tous ces appuis, ils languissent là même où ils ont une fois prospéré; ils ne voient pas le jour là où ils ne sont pas appelés par ces puissants patrons.

Quelle protection ont-ils trouvée dans les cantons? Courageux, intelligent et industrieux, le Suisse a toujours été pauvre. La civilisation romaine ne prit pas racine dans ses vallées, et n'y laissa pas trace de ses grandes créations monumentales. Pendant tout le moyen âge, des populations guerrières ont lutté contre des difficultés suscitées par la nature même du pays, par leur position géographique et par un noble amour de l'indépendance qui les poussaient à l'encontre des convoitises de leurs redoutables voisins. La lutte patriotique élève l'âme d'un peuple, la pauvreté fortifie son moral, l'âpreté du climat constitue sa santé; mais les arts ne fleurissent qu'à l'abri d'une paix assurée, du luxe entretenu par la richesse, d'une cour élégante devenant le centre des règles de la politesse et des exemples du bon goût. Les arts ne purent prendre leur essor en Suisse, et les monuments qui s'y rencontrent, églises et couvents, manuscrits et peintures murales, créés sous la protection passagère et factice du clergé, soit dans une grande abbaye, soit dans les vastes monastères, sont plutôt d'importation que d'essence nationale. A la fin du xv° siècle, la Suisse avait au moins, à défaut d'autre institution protectrice, la tranquillité et une prospérité relative; les arts vinrent à elle, et déjà ils se développaient dans l'architecture, dans la sculpture d'ornementation, dans la peinture appliquée aux murailles, aux manuscrits et aux vitraux, lorsque la réforme de Luther, et surtout celle de Calvin, bouleversant toutes les idées, se firent en Suisse plus iconoclastiques et barbares que partout ailleurs. Depuis trois siècles, la Confédération végète sous ce niveau pesant du radicalisme réformateur qui s'est étendu, comme une contagion, même sur les cantons qui restèrent à l'abri de la réforme. Vainement Dieu, avec une prédilection marquée, appelait cette population à l'intelligence de l'art en mettant sous ses yeux les sublimes beautés de sa création : en été, dans l'éclatant appareil de la plus riche végétation, d'un ciel pur se réflétant dans des eaux profondes, de cimes hardies découpant de tous côtés les grandioses horizons; en hiver, par le spectacle solennel et émouvant de la nature entière endormie sous un linceul de neige. Vainement les costumes pittoresques animaient les aspects toujours variés de cette nature inépuisable; vainement l'Europe entière, que dis-je? les deux mondes, envoyaient l'aristocratie de l'intelligence et de la fortune, transformée en légions de touristes, parcourir ses vallées, gravir ses sommets, cherchant partout à acheter dessins et tableaux, qui lui rappelaient des sites devenus les favoris de son admiration. La Suisse restait, comme ses marmottes endormies par l'hiver, dans l'engourdissement causé par la froideur de son culte et la rigidité méthodiste de ses idées.

Depuis la paix générale de 1815, la Confédération s'est ressentie de la disposition universelle qui porte les esprits vers la culture des arts; elle a participé au relâchement de rigorisme qui dispose toutes les sectes protestantes à appeler l'art et son prestige au secours du culte. L'architecture religieuse a obtenu l'autorisation d'élever, à Genève même, une église catholique dont les flèches gothiques vont s'élancer vers le ciel avec les pics des Alpes et dans un même hommage à la divinité. La statuaire a trouvé des protecteurs depuis que Pradier est venu nous demander, faute de protection, une nouvelle patrie. La peinture a ses écoles, ses sociétés des amis des arts et ses expositions. On ne peut encore appeler tout cela des institutions, il n'y a rien là qui ressemble à une direction intelligente; mais, puisqu'avec si peu d'aide l'art prospère par le seul fait de la levée de la proscription qui pesait sur lui, que ne devra-t-on attendre, dans cet heureux pays, de fortes associations agissant de concert et faisant concourir les dispositions de cette population intelligente à la gloire nationale? Des talents de premier ordre signalent déjà cette renaissance. Je ne parle pas de Léopold Robert, qui a cherché à Paris son éducation d'artiste et en Italie les inspirations sympathiques à son âme; mais Calame s'est senti violemment remué par la belle nature de son pays : il a peint fidèlement et poétiquement à la fois, poésie de l'exactitude, ce qu'il avait sous les yeux, et les sombres magnificences de ces Alpes orgueilleuses sont venues se refléter dans ses toiles éclatantes. Castan a pris aux riantes vallées leurs plus frais aspects, Mayden et Grosclaude ont demandé à ces mœurs patriarcales, à ces races robustes et primitives, des scènes paisibles qu'ils ont rendues avec calme, simplicité et bonhomie.

L'art est en chemin et en bon chemin : que Dieu le protége, et puisse l'esprit de réforme trouver son compte dans sa prospérité ! Au reste, cette renaissance commence à se ressentir d'une impulsion à laquelle rien ne résiste, pas même le fanatisme religieux, l'impulsion des intérêts matériels, du profit, du lucre, et la Suisse n'est pas insensible à cet intérêt.

Tout ce que j'ai dit de l'importance des arts dans le développement industriel est déjà compris par les cantons, qui deviennent des pays de fabrique. Dans cette nouvelle carrière il ne suffit plus d'élever d'immenses bâtiments, de se procurer les machines les plus perfectionnées, et de travailler à meilleur marché que l'Europe et l'Amérique; il faut encore que les ouvriers aient de l'intelligence et du goût, que des artistes distingués donnent des dessins et en surveillent l'exécution, et ces conditions ne s'obtiennent en aucun pays tant que l'art, à son sommet, n'est pas lui-même en progrès. Quand, au lieu de contrefaire piteusement nos dessins ou de les acheter tout faits à Paris et à Lyon, la Suisse les fera elle-même et leur donnera une originalité qui pourra s'imposer à la mode; quand, au lieu d'embaucher nos contre-maîtres, elle formera elle-même les siens avec les jeunes gens sortis de ses écoles de dessin et des ateliers de ses artistes, nous pourrons redouter sa concurrence, car à toutes les conditions de bon marché et d'habile fabrication, de rapports d'affaires étendus en tous pays par l'entremise patriotique de ses nationaux établis sur tous les marchés, elle joindra ce charme, ce goût, cette recherche du beau avec lesquels nous la battons encore.

La Suisse ne peut reculer devant de légers sacrifices pour faire ce progrès dans les arts; il y va de ses intérêts les plus chers. Devenue industrielle, il lui faut conquérir à tout prix ces institutions qui la rendront artiste. Ne consommant rien elle-même et fabriquant énormément, elle doit, coûte que coûte, trouver le moyen d'écouler ses produits. Or, le seul obstacle qu'elle rencontre et qui la laisse si loin derrière nous, c'est la différence d'une œuvre distinguée par l'originalité du dessin et par le goût et d'une piètre contrefaçon. Dans le domaine des choses élégantes, l'assistance des artistes lui manque, et cependant déjà elle ouvre la lutte sur ce terrain. Ses broderies, arrêtées à la frontière française par nos droits de douane, acquittent cette lourde redevance et viennent sur nos marchés battre nos broderies, car avec des progrès de goût, des perfections d'exécution, elles se vendent à meilleur marché que les nôtres. Ces doigts habiles qui travaillent presque pour rien ont-ils donc acquis, par l'habitude du dessin, cette dextérité que nous voulons donner aux nôtres ? Non pas encore, et on peut reprocher à ces mousselines brodées de tourner au carton-pâte, au cuir gaufré, à tout, excepté à ce qu'elles sont et à ce qu'elles doivent paraître, un tissu léger légèrement orné. Quand nous voyons Guillaume Tell ajustant la pomme, les montagnes de la Suisse avec leurs forêts de sapins, les chalets percés de petites fenêtres, les laitières coiffées de grands chapeaux, tout cela brodé sur la mousseline et étendu sur les épaules d'une femme, nous laissons la Suisse s'user les yeux et les doigts à ce ridicule travail de peinture en broderie, et nous luttons sans grand effort avec elle au moyen de dessins dont la pureté et le charme sont rendus sans perte de temps ni excès de peine et font effet à bon marché. Il en est de même de ses cotonnades, de ses soieries, de ses velours : ils sont frappés de cette même infériorité de goût et de distinction; mais quand, en regard des grands progrès et du bon marché effrayant de tous ses unis, on calcule la faible barrière qui sépare encore les deux fabrications, on se demande ce qu'il faut d'efforts à la Suisse pour nous atteindre, pour nous dépasser même, si nous restons stationnaires. La sparterie suisse est une sorte de passementerie en paille, et, comme telle, soumise à quelques règles de goût. Jusqu'à présent on en a fait un feu d'artifice de fantaisies ainsi que de caprices, et elle séduit par ses évolutions rapides et inattendues, comme le cheval échappé plaît par ses sauts et ses écarts. L'invention ne perdrait rien cependant à broder sur un type plus pur, à choisir une phrase moins insignifiante et à la poursuivre dans ses variations. L'orfévrerie suisse et son émaillerie sont arrivées à une habileté de main-d'œuvre qui n'attendent que des hommes de talent pour retrouver la vogue conquise autrefois par le Suisse Petitot. Je laisse de côté l'horlogerie, qui poursuit son but : la plus grande précision dans le plus petit volume, la plus parfaite régularité au meilleur marché possible. Je ne parle pas des chalets, petits et grands, des sculptures en sapin et des peintures de glaciers sur bois blanc : tout cela, comme les fleurs naturelles que l'on admire aux champs, que l'on cueille avec empressement et qui semblent si pauvres une fois entrées dans le salon, doit rester au milieu des montagnes et se parer de la simplicité de ceux qui les font comme du charme des souvenirs de ceux qui les achètent.

La population suisse, laborieuse par habitude et par intérêt, régulière dans sa conduite, honnête dans ses transactions, est devenue industrielle contre nature, et peut-être afin de prouver que la volonté de l'homme domine les circonstances les moins favorables. La Suisse a réussi en dépit de tous les obstacles. L'éloignement des matières premières et du combustible grève la production de transports coûteux, la rigueur des hivers et les escarpements d'un pays montagneux isolent les cantons, et cependant, par le concours de grands établissements armés de machines que des chutes d'eau puissantes mettent en mouvement, par l'association des travaux de la fabrique avec la culture des champs, qui rend possibles des salaires minimes, l'industrie suisse a pu s'emparer de branches entières de notre fabrication, comme les soieries unies, en obtenant des prix de revient auxquels nous ne pouvons atteindre. Quand à ces conquêtes se joindra l'étude du dessin généralement répandue, quand contre-maîtres, ouvriers, petits enfants, auront dans cette éducation artiste exercé leur goût et formé leur intelligence, quand enfin, dominant le tout, une école de peintres et de sculpteurs s'unira à l'industrie pour la diriger dans les voies nouvelles de l'art appliqué à toute la fabrication, je dis que Lyon et Mulhouse, les soieries et les cotonnades, pourront suspendre tous travaux, et, comme les Israélites sur les rives du fleuve, s'asseoir sur les bords du Rhône et du Rhin pour pleurer leur prospérité évanouie.

Nous n'en sommes pas là, Dieu merci! nous tenons encore la tête, et dédaignant de faire usage du fouet et des éperons, nous sortons vainqueurs de la course par la seule force d'une nature mieux préparée. Ne nous fions pas trop à nos avantages. Les rivaux ont leur ruse; ils travaillent sourdement, avec suite et application. La fable nous apprend comment la tortue dépasse le lièvre. Que notre école des Beaux-Arts élève son idéal au-dessus de toute atteinte, que nos artistes appliquent à l'industrie un goût épuré, un style approprié; qu'une élégance, qu'une distinction toujours vigilante mettent toutes nos productions hors de la portée des concurrents.

Belgique.

Il y a des contrées qui semblent privilégiées pour les arts, comme il y a des coteaux qui sont favorables à la vigne, sans qu'on puisse expliquer pourquoi, à culture égale, à latitude pareille, d'autres contrées sont moins favorisées : la Grèce, l'Italie et la Belgique sont de ce nombre.

Les Flandres avaient déjà eu plusieurs époques éclatantes dans les arts, lorsque, à l'appel des princes français nouvellement placés à la tête de ce pays, deux frères associés dans leurs travaux perfectionnèrent la peinture à l'huile et fixèrent par des chefs-d'œuvre l'attention de tous sur ce nouveau procédé. Il ne s'agissait pas seulement d'une recette pour peindre, l'art entier était en question. La nature se substituait à la convention; le réalisme, dans ses conditions les plus parfaites, les plus séduisantes, s'intronisait pour la première fois dans les arts et allait faire le tour du monde.

On connaît les admirables œuvres de cette ancienne école, nouvelle alors, protégée à ses débuts, encouragée et développée par les grands travaux que les ducs de Bourgogne demandaient, appuyée, en outre, sur le goût de l'art et du luxe élégant que ces princes avaient apporté de la cour de France et répandu autour d'eux avec un faste inouï.

On sait comment ces nobles tendances, implantées dans un sol prédisposé, prospérèrent; comment elles devinrent, à travers les changements de gouvernement et de délimitation, une qualité propre à tout le pays et comme le trait caractéristique des Pays-Bas, si bien qu'à cette première renaissance en succédèrent d'autres, qui, chacune en suivant les mêmes directions, eurent un nouveau retentissement en Europe et une influence marquée. Inutile de refaire cette histoire de l'art dans les Pays-Bas, elle est connue, et je ne veux en tirer d'autre conséquence que ce fait d'une disposition native et toute particulière, disposition qu'un gouvernement négligent des vrais intérêts du pays peut laisser sommeiller, qu'une administration habile réveille facilement.

Nous avons parlé des Pays-Bas et des Flandres, nous oublions que la Hollande et la France pourraient se plaindre de cette confusion de noms, de ce mépris des traités; parlons de la Belgique. Créée en dépit de l'Europe, entourée sinon d'ennemis, au moins de voisins envieux, toujours menacée de rentrer sous le joug d'un souverain qui, depuis vingt-trois ans, n'a pas voulu prendre son vrai titre de roi de Hollande, la Belgique, malgré ce mauvais vouloir, ou en raison de ces rivalités, a trouvé de nouvelles forces dans sa nationalité. Elle a réuni, comme dans un faisceau, tous ses enfants, et, par leur union, leurs efforts, elle est parvenue, en moins d'un quart de siècle, à reconstituer une nation, à refaire une littérature populaire et une histoire nationale, à retrouver une puissante école de peinture et de sculpture, à former un conservatoire de musique excellent, à figurer dans le monde honorablement en toutes choses.

Le patriotisme et les traditions ont une large part dans cette renaissance; le gouvernement et les institutions qu'il a fondées à l'imitation des nôtres y ont aussi beaucoup contribué. Les écoles, les académies, les instituts de l'industrie, les concours provinciaux, les expositions provoquées par l'État et répandues dans les provinces par les sociétés des arts, les commandes, tout cet ensemble de bonnes mesures, animées par les collections de tableaux et d'objets d'arts publiques et particulières, par les monuments dont le pays est rempli, par la rivalité avec des voisins actifs comme les Français, les Hollandais et les Allemands, et surtout par des traditions nationales et un goût inné pour les arts, ont fait sortir d'une seule génération une foule d'hommes éminents qui en promettent d'autres. Courage, leur dirai-je, courage! me réservant de dire aux miens : Prenez garde, veillez!

Veillez, car cette école, après avoir fait fausse route, comme vous, reprend le bon chemin; veillez, parce que le goût des arts, provoqué par tout ce qui concourt à leur développement, se répand dans la nation et la forme au bon goût, ce grand mobile de l'industrie, dans ses ouvriers comme dans ses chefs de fabrique, dans ses marchands comme dans son public.

Remarquez bien ces circonstances favorables : en haut, un roi et un gouvernement qui comprennent l'importance des arts; en bas, un public qui les aime. Dès la constitution de la Belgique, ce souverain et ses ministres ont pris immédiatement l'art au sérieux, le souverain en montrant au talent les plus grands égards, en lui réservant, comme à tout autre service rendu à la patrie, les titres, les croix et les honneurs, en ouvrant en personne, entouré des grands dignitaires, toutes les solennités de l'art : expositions, concours et nouveaux musées. Traité avec ce sérieux, avec cette dignité, l'art a été digne et sérieux. A cette assistance partie d'en haut ajoutons l'appui venu d'en bas. Les artistes belges ont été soutenus, stimulés, maintenus dans la bonne voie par un public moins nombreux que le nôtre, mais plus éclairé, moins enthousiaste de prime abord, mais plus persévérant dans son goût, moins inquiet surtout, et dirigé par un instinct national qui le poussait dans les excellentes traditions de ses vieux maîtres. C'est ce même public qui applaudit avec enthousiasme les Servet, Vieuxtemps, Batta et Baillot, formés dans le conservatoire de musique de la capitale, et qui, réuni en sociétés chorales, répand sur toute la Belgique les flots d'une musique populaire qui réveille dans la nation ses instincts d'harmonie; c'est encore ce public qui conviera bientôt l'industrie au bon goût dans le choix des modèles et à la perfection de la main-d'œuvre dans tous ses produits.

Résumons, en peu de mots, les directions principales de l'art et de l'industrie en Belgique.

Les Flandres, en raison de leur position géographique, ont toujours eu deux tendances marquées : l'une, nationale, propre au sol, au caractère de la nation, à sa nature, tout cela très-original, mais assez trivial ; l'autre, imitative et d'importation étrangère, venant de Byzance, de l'Allemagne, de l'Italie ou de la France. Celle-ci avait pour but d'échapper au réalisme par trop prosaïque des dispositions nationales, et de s'élever à ces hautes qualités de l'idéal, de l'élégance et du style qui doivent être antipathiques à la nation, car elles n'ont jamais pris racine dans ce sol rebelle, quels que soient les hommes de talent qui se sont efforcés de les y implanter. Jusqu'à la fin du xviiie siècle, l'école flamande lutta victorieusement contre les influences du dehors ; mais avec la révolution de 93 l'art fut anéanti, la résistance céda, l'école de David triompha, et David lui-même, en choisissant Bruxelles pour son lieu d'exil, perpétua dans ce pays, plus longtemps qu'ailleurs, ses doctrines et son influence.

En Belgique cependant, aussi bien qu'ailleurs, la réaction se produisit, et des artistes comme Odevaere et Havez, qui, par la nature de leur talent, s'étaient soumis à David, trouvèrent des successeurs qui, par une disposition de nature analogue, mais en réagissant contre eux, allèrent chercher dans l'école française, dans Delaroche, Scheffer, Schopin et nos autres peintres anecdotiques, les modèles à suivre.

Wappers, Gallait et de Keyser sont les plus illustres dans cette voie, et il n'y a peut-être qu'une raison de priorité pour faire pencher de notre côté la balance, dans laquelle seraient placés les qualités et les mérites des concurrents. Là n'est ni l'avenir pour l'école belge ni le danger pour la nôtre. Voici où ils sont : avec les bienfaits de la paix se réveillèrent tous les bons instincts. En Belgique, le vieux fonds national n'était pas aussi complétement anéanti qu'on l'avait cru ; il fit preuve d'existence, d'abord en copiant servilement les anciens peintres flamands et hollandais, puis en les imitant avec une certaine liberté, et de progrès en progrès, ayant acquis par l'observation patiente tous les secrets du métier, ayant réveillé en eux, au moyen de ces pastiches, des tendances naturelles et originales qui ne sont que des analogies de dispositions natives, les peintres belges passèrent sans difficulté de la copie à l'original, de leurs vieux maîtres à la nature et aux types qui les avaient inspirés. Ils sont arrivés aujourd'hui à ce point, et les Leys, Wilhems, les deux Stevens, Adolphe Dillens, Verlat, et de plus loin Coulon, Degroux et d'autres, en possession des meilleures pratiques de leur art, animés du véritable esprit des vieux maîtres, vont renouveler l'école nationale en restant fidèles aux instincts nationaux. Je ne suivrai pas ces peintres dans les diverses phases de leur talent qu'on pouvait étudier aux diverses expositions de Londres. Je dirai un mot seulement de Leys et à Leys. Ce peintre ingénieux a compris l'école de Van-Eyck comme je voudrais que nos artistes comprissent l'art des Grecs; il s'est fait vieux Flamand comme je voudrais qu'on se fît ancien Grec, partant de cette noble nature d'emprunt pour développer l'originalité native. Leys, d'ailleurs, n'usurpait pas le bien d'autrui, il héritait du bien paternel; il ne copiait pas ses ancêtres, il leur ressemblait par pente naturelle et par instinct; mais Leys doit se défier de ses procédés de peinture : il devra recourir à la nature, étudier ses effets, retrouver son coloris, et craindre le maniérisme, qui est autant dans la couleur que dans l'expression, dans l'effet que dans le dessin. Le maniérisme commence où le vrai cesse, et la couleur de M. Leys n'est pas toujours vraie, elle est souvent conventionnelle et vieillotte; elle semble avoir déjà subi cette sorte de cuisson qu'opère le temps avec les couleurs entre l'apprêt et le vernis. Avec une couleur plus vraie, je voudrais que Leys peignît des sujets ou plus éloignés ou plus rapprochés de nous, c'est-à-dire l'idéal poétique ou le réalisme prosaïque; il ferait taire l'envie, qui lui nie les qualités originales.

La statuaire belge avait une tâche plus difficile que la peinture. Bien que la cathédrale de Louvain et d'autres églises offrent aux artistes modernes des spécimens remarquables de la sculpture monumentale du XIIIe siècle, bien que les collections aient recueilli, que les églises aient conservé des sculptures en bois du xive et du xve siècle, qui se distinguent par la grâce de la composition et le charme de l'exécution la plus précieuse, bien que chaque génération compte quelque sculpteur qui, comme François du Quesnoy, puise dans un sentiment vif de la nature des ressources remarquables, cependant il n'y avait pas dans ces chefs-d'œuvre du réalisme la même tradition suivie et des modèles aussi féconds que dans la peinture des vieux Flamands. L'école moderne a dû se faire d'elle-même, et je doute qu'elle s'y soit bien prise. L'influence exercée à Paris par Canova s'est étendue jusqu'en Belgique, et y persévère encore aujourd'hui ; on la retrouve dans le type des figures, dans leur élégance et leur grâce, et jusque dans le choix des compositions. Une réaction se produit de nos jours, le style s'épure et le goût s'ennoblit : telle qu'elle est, la statuaire belge faisait bonne figure à l'Exposition de Londres, et, placée à côté de la nôtre, elle marquait combien les frontières de l'art français et de l'art belge tendent à se confondre. Elles ne sont guère plus apparentes que celles qui divisent les deux pays; on passe de l'un à l'autre sans secousse, et en se demandant : Est-ce ici, est-ce là, suis-je arrivé, ai-je dépassé? Quand on pense que nous haussions les épaules, il y a vingt-cinq ans, en parlant de la Belgique, et que nous ne la connaissions que pour maudire ses contrefaçons, il faut avouer que cet alignement des deux arts a de quoi faire réfléchir.

Ainsi donc, pendant que nous désapprenions, les Belges apprenaient; pendant que, traitant tout avec cette légèreté dont nous nous faisons un mérite, nous compromettions l'héritage de domination légué par nos pères, les Belges, stimulés par le réveil de leur nationalité, fortifiés dans l'atmosphère de leur indépendance, sentant qu'ils avaient à prouver devant l'Europe qu'ils étaient dignes de leur passé, les Belges prenaient l'art au sérieux, apprenaient consciencieusement leur métier, travaillaient avec conviction, et, à chacune de nos expositions, venaient nous apporter les témoignages de leurs progrès, qui auraient dû résonner dans nos ateliers comme une cloche d'alarme.

On prit cependant ces sérieux efforts en grande pitié et ces sévères avertissements en profond dédain. Nos grands critiques affirmèrent que ces peintres étaient les élèves de nos peintres, ces tableaux des imitations de nos tableaux, et toute notre jeunesse, avec ce contentement d'elle-même qui est la première de ses qualités, puisqu'elle soutient les autres, s'en alla répétant qu'on ne peignait pas mal à Bruxelles près Paris. Prenons-y garde : la Belgique ne nous copie pas. Si même, en lui donnant des leçons, nous laissons les élèves devenir plus habiles que les maîtres, ils pourraient bien, à leur tour, dater nos tableaux de Paris près Bruxelles, de Paris près Anvers. Ce n'est pas ainsi qu'on juge ses rivaux. Placée à notre porte, la Belgique n'a pu résister à la tentation de regarder par la fenêtre comment nous nous y prenions pour régenter le monde; et pouvons-nous lui en faire un reproche, nous qui avons plus d'une fois regardé par le trou de la serrure dans l'atelier de Rubens, de Van-Dyck et de Rembrandt? Les critiques ont abandonné cette tactique : ils nous disent maintenant de M. Leys : C'est du Hemling; de M. Wilhems : C'est du Metzu; comme en France nous sapons la réputation de M. Ingres en disant : C'est du Raphaël. Tout cela est aussi facile qu'inutile à dire : admirons les Hemling, les Metzu, les Raphaël modernes, quand ils vivent de leur vie propre : — l'avenir fera le partage.

L'industrie a pris une autre voie que les arts; ses progrès se sont faits uniquement dans la direction du bon marché, et, sous cette tyrannique tendance, elle a abdiqué sa puissance artiste et se présente sous ce rapport, dans le grand concours des nations, avec humilité et en contradiction avec les progrès faits dans les arts; et cependant nous savons quels prodiges de gracieuses productions industrielles sont éclos dans les Pays-Bas à toutes les époques florissantes de leur art; attendons-nous donc à voir surgir de nouveau ce développement naturel de leur prospérité, car il est impossible qu'entourée de si remarquables monuments, ayant accès dans dix musées remplis des merveilleuses productions de ses artistes, convoquée tous les ans aux expositions des associations des arts, où elle court avec ardeur, où elle applaudit avec enthousiasme, la Belgique, sollicitée par le développement du bon goût qui s'étend partout, ne s'impose pas à son tour ce programme qu'elle remplira si facilement. Elle a beaucoup à faire, car si, d'un côté, tout le mobilier de l'église est exécuté à Liége, par la maison John Philipp, dans un sentiment pieux, digne et d'après les plus saines notions de l'archéologie, de l'autre côté, ses vêtements ecclésiastiques, ses dessins d'étoffes et ses étoffes brodées n'offrent qu'une qualité, la richesse ; et qu'est-ce que la richesse, en l'absence du goût, de l'élégance et du sens archéologique ? Une richesse massive, lourde, surabondante. Ses meubles et ses tapis sont ordinaires ; mais ses parquets, et particulièrement ceux de Godefroy, à Bruxelles, combinent heureusement la mosaïque antique, l'arabesque et le dessin de tapis : le tout exécuté cependant à la mécanique. Ses porcelaines, mi-françaises, mi-anglaises, sont des contrefaçons sans le moindre mérite d'originalité, et cette fusion représente assez bien le goût dominant dans l'industrie belge : cela fait aux yeux la même impression que fait aux oreilles le français des Belges. L'établissement de marbrerie de Leclercq, à Bruxelles, travaille aussi bien que la marbrerie parisienne, c'est-à-dire qu'elle est aussi médiocre que la nôtre. Quant à l'arquebuserie, nous ne l'envisagerons qu'au point de vue du goût, de l'ornementation et de l'élégance des formes, et sous ce rapport elle a bien des progrès à faire. Un examen plus approfondi ne servirait qu'à nous persuader davantage de l'influence fâcheuse de cette poursuite du bon marché qui seule et uniquement préoccupe l'industriel belge. Il obtient en ce sens des résultats surprenants ; mais je ne puis douter que le bon goût, l'invention, une heureuse association des idées artistes de tous les temps avec les exigences modernes de la mode, ne fussent des éléments certains de succès, et des éléments très-conciliables avec le bon marché. En effet, le mauvais goût est le plus cher de tous les goûts : le grand style est simple, le petit genre est contourné.

Si la Belgique était un plus grand pays, si ses artistes avaient des tendances plus hautes, plus épurées, plus passionnées, si son industrie voulait être plus parfaite d'exécution et pouvait prendre plus d'extension, si son Gouvernement n'avait pas, depuis les dernières années, une disposition à se croiser les bras et à laisser faire, croyant qu'il a tout fait, je l'aurais prise pour type de ce que nous avons à redouter de nos concurrents, de ce que nous devons faire pour lutter victorieusement; mais nous trouverons ces périls et ces menaces mieux indiqués chez nos dangereux voisins d'outre-Manche : passons donc en Angleterre.

Angleterre.

Tandis que la sculpture anglaise était entrée triomphalement et se montrait au complet dans le Palais de cristal de l'Exposition, la peinture était représentée dans les musées publics de Londres, dans les exhibitions spéciales qui avaient obtenu de tous les amateurs un concours généreux, enfin dans les célèbres collections Egerton, Elsemeer, Devonshire, Ashburton, Sunderland, Grosvenor, Carlisle, Lansdown, Baring, Ward, Robert Peel, Holford, Rogers, Sheepshanks, etc., etc. Tous ces riches musées des particuliers s'ouvraient pour la première fois sans entraves à la curiosité publique, et jamais occasion meilleure n'a été offerte à l'observateur pour étudier la marche des arts en Angleterre, le point où ils sont arrivés et l'influence qu'ils exercent sur son industrie.

Chaque peuple est doué de certaines qualités innées que développe et fortifie l'action prolongée d'une haute civilisation. Le goût des arts n'appartient pas exclusivement à telle ou telle nation, il ne se parque pas, comme les oranges et les ananas, dans certaines zones; il naît et se propage partout; seulement, de même que la chaleur douce et continue du soleil, l'abri contre le vent et contre les intempéries, sont indispensables à la croissance de ces belles plantes, de même aussi la protection généreuse, les soins intelligents, dans une marche continue et sans interruption violente, sont nécessaires à la culture des arts. La France a sur tous les autres pays, sur l'Italie même, cet avantage que ses rois n'ont pas cessé, pendant près de 1,200 ans, de mettre au nombre de leurs devoirs, quand même ce n'aurait pas été dans leurs dispositions naturelles, le patronage des arts et le maintien du goût par la plus noble magnificence. En Angleterre, faute de cette bienfaisante intervention, le sentiment des arts s'est développé tardivement, et par le fait de circonstances religieuses et politiques, qui ne pouvaient être que malfaisantes, il a éprouvé des interruptions et des retours de nullité.

Il ne manque pourtant à nos voisins que les qualités qui s'acquièrent; les qualités innées sont vivantes et vivaces; elles se sont souvent manifestées dans l'histoire monumentale de leur pays, et depuis un siècle elles se développent avec une remarquable vigueur. Ils ont aussi des défauts, mais de ces défauts qui viennent du trop-plein et non pas du vide, d'une nature énergique et non pas d'une constitution épuisée. A tout cela il aurait suffi d'une bonne direction.

Le caractère de l'art en Angleterre doit son originalité à la constitution géographique du pays; il est insulaire : dans sa couleur, une gamme forte et accentuée, des contrastes brusques et des oppositions heurtées; dans ses types, ses physionomies, ses gestes et ses attitudes, l'étude exclusive du modèle anglais : à première vue, un art qui semble ignorer qu'on peint, sculpte et dessine de l'autre côté du détroit, un art qui, comme le bon Dieu, procède de lui-même, et se fait à l'image de son créateur. Mais il manque à cet art l'élévation de la pensée, les beautés idéales et le style; dans son originalité, il reste terre à terre. D'où provient cette infériorité? à quelle cause attribuer cette impuissance?

De même que la plante sauvage qui croît en liberté est chantée par les poëtes comme la plus productive, de même aussi les arts, laissés à l'état d'inspiration et de sauvage indépendance, sont vantés par ceux qui en parlent sans les connaître, comme se trouvant dans la situation la plus favorable à leur développement. Dans l'un et l'autre cas, ce sont des rêves et des phrases : la culture produit les meilleurs fruits. La nature a besoin que la main intelligente de l'homme écarte de ses productions les dangers qu'elle leur suscite elle-même, et leur assure une distribution régulière de chaleur, d'humidité, d'engrais, que, dans le cours fantasque de ses saisons, elle est incapable de leur donner. Ainsi des arts. Laissés à eux-mêmes, non pas dans une société primitive qui leur conserve une certaine originalité, mais chez une nation développée par le contact des nations voisines, ils s'abandonnent à tous les écarts, recommencent avec chaque génération les mêmes expériences, se laissent aller aux mêmes engouements et rencontrent les mêmes déceptions. Tel est l'effet que l'absence de bonnes institutions a produit sur les arts en Angleterre.

Aux XIIIe et XIVe siècles, avec une constitution sociale et des éléments en tout pareils à ceux du continent, c'est-à-dire avec une cour, une aristocratie et des corporations de métiers, elle produisit, aussi bien que sur le continent, des cathédrales immenses enrichies de tout le luxe qui formait le cortége de l'architecture gothique, c'est-à-dire ornées avec profusion de sculptures, de peintures, de vitraux et du riche mobilier ecclésiastique ; et l'on pourrait affirmer qu'elle allait de pair avec la France, les Flandres et l'Allemagne, puisque le luxe était assez développé chez les Anglais pour qu'ils donnassent souvent, dès cette époque, le ton dans des objets de toilette et des formes d'habillement. Ces moments de prospérité ont été fréquemment accordés aux arts, mais sans continuité, sans persistance. J'en cherche la raison, et je la trouve dans la vie nomade des rois de l'Angleterre, dans l'instabilité de leur entourage, dans le manque de suite et de véritable passion qui font la force des encouragements. Croisés, guerriers et conquérants, le luxe de leur cour a brillé, avec leur valeur, sur les grands chemins et en Terre-Sainte, en Guyenne et en Normandie, plus qu'à Londres et dans les résidences royales en Angleterre. C'est par boutades, sans institutions permanentes et sans règle, que s'est exercée leur influence, et, dans leur absence, les arts du royaume étaient livrés aux directions les plus opposées dans les divers centres où la richesse les sollicitait : ici, sous l'égide du clergé; là, sous le patronage de l'aristocratie, sans compter l'intervention des municipalités, des corporations et des bourgeois enrichis. L'architecture, l'art par excellence, livré à toutes ces influences, ou, pour mieux dire, à ces tiraillements contraires, parcourut rapidement cette pente de décadence où le style gothique glissait en tous pays. Nulle part l'exagération des formes, l'abus de richesse et d'ornementation, ne se firent plus sentir qu'en Angleterre; nulle part aussi une renaissance moins bien étudiée, moins solide, ne fit succéder le style renouvelé de l'antiquité au style gothique passé de mode. Toutefois ces défauts allaient recevoir leur correctif; car la cour d'Angleterre, désormais plus sédentaire, et entraînée par la passion des arts qui régnait, en France, sous Charles VIII, Louis XII et François Ier, allait aussi se jeter dans ce courant d'élégance et de luxe. Pendant le règne de Henri VII, le Flamand Jean Mabuse, un peintre italianisé d'un grand talent; sous le gouvernement de Henri VIII, Jean Holbein, un Suisse germanisé dans le sens de la renaissance et un artiste de premier ordre dans tous les sens, vinrent à la cour d'Angleterre et sollicitaient déjà par leur exemple, leurs travaux, leurs succès, les artistes du pays à réveiller leurs instincts, à relever leur style, à former une école nationale, lorsqu'un souffle iconoclaste venu du fond de l'Allemagne renversa ces heureuses tendances. La réforme de Luther fut pour les arts de l'Angleterre le grand naufrage, et il ne surnagea, à cette froide inondation de puritanisme stérile, que quelques portraits peints par des artistes étrangers, tels que Lucas Penni, Fréd. Zucchero, Ant. More, Lucas de Heere, Mytens et Lucas Hoorenbout, devenus les peintres en titre d'office à la cour ou les peintres à la mode dans toute l'aristocratie. A partir de ce fatal moment, l'art cessa de former une partie de l'éducation et de la vie publique : n'ayant plus aucun lien avec le culte religieux, étant même fort suspect aux yeux du plus grand nombre, il n'exerça plus d'influence sur la nation et ne conserva rien de ce caractère élevé qu'on appelle le style, j'entends cette distinction supérieure qui s'étend traditionnellement à tous les esprits pour le comprendre, à toutes les productions pour s'en imprégner; le style, cette haute qualité qui n'appartient exclusivement à aucune école, à aucune nation, mais qui se retrouve partout où l'étude des arts est en honneur et leur direction dans des mains habiles. Tout au contraire, les arts devinrent le caprice des seigneurs de la cour, quelque chose de futile et sans consistance. La royauté s'apprêtait, au xviie siècle, à leur rendre leur vrai caractère et leur signification, à être leur arche de salut et à les relever de leur abaissement, alors que Charles Ier, avec un goût délicat, une passion généreuse, une protection libérale, recueillait dans toute l'Europe, et jusqu'en Orient, les tableaux célèbres, les belles statues, attirait les plus grands artistes, fondait les meilleures institutions. Les seigneurs de la cour, stimulés par l'exemple du roi, partagèrent sa passion. Le comte Arundel, le duc de Buckingham et d'autres firent des sacrifices énormes pour amener en Angleterre et offrir à l'étude les plus beaux modèles de l'antiquité et de la renaissance italienne. Les artistes anglais répondirent à cette intelligente protection, ou plutôt ils allaient y répondre; et déjà Henri Stone, le vieux Stone, et William Dobson suivaient les traces de Van-Dyck, avec une fidélité trop servile sans doute, mais avec un talent qui met à une rude épreuve la sagacité des amateurs, et ils cherchaient à se former une manière qui serait devenue, avec la véritable originalité, l'héritage de leurs élèves. Dans un genre plus limité, Pierre Olivier, en utilisant les collections créées par le roi, en étudiant Van-Dyck, s'éleva beaucoup au-dessus de son père Isaac Olivier, célèbre sous le règne précédent.

Ce mouvement parmi les talents nationaux, ces progrès

d'une école naissante, allaient s'étendre à tout; mais la hache du bourreau fit en 1649 ce que le marteau iconoclaste avait fait en 1530. Elle dispersa les collections royales et princières, elle détruisit les établissements favorables aux arts, et remarquons bien ces deux faits, ces deux instruments de destruction, le fanatisme religieux et la politique, car ils sont si bien liés, que depuis deux siècles toute renaissance des arts en Angleterre a rencontré devant elle les deux résistances qui en proviennent en ligne directe : le clergé anglican proteste encore contre les arts comme arme du papisme et source d'idolâtrie; les hommes politiques déclament encore contre les allocations financières destinées à la protection des arts, parce qu'ils continuent à les considérer comme un moyen de corruption à l'usage de la royauté. Sous le coup de ces deux anathèmes, les arts ne se propagèrent en Angleterre que par le côté prosaïque; ils n'y pénétrèrent que par la petite porte des choses utiles. L'aristocratie continua à faire faire son portrait; après Rubens et Van-Dyck, elle appela d'autres hommes de talent pour remplir cette mission ingrate. Les Allemands Pierre Lely et Kneller furent le plus en vogue.

Le portrait étant l'unique programme donné au talent d'artistes aussi éminents, ils en firent des tableaux; ils cherchèrent dans la physionomie, la couleur, l'effet, des auxiliaires qu'ils eussent peut-être moins bien accueillis si de vastes tableaux avaient mis à contribution leur imagination, l'habileté du compositeur et le talent du dessinateur. De ces influences et des habitudes de trois siècles se dégagea à la longue, et pour la première fois au milieu du dernier siècle, un art national, une originalité vraie et puissante. Reynolds et Gainsborough sont les illustres fondateurs de cette école. On devine dans leurs portraits le mérite supérieur comme le lion par son ongle, on sent les maîtres formés, mais retenus dans ce cadre étroit, et qui, s'ils avaient grandi dans une atmosphère plus libre, auraient donné des Rubens aussi puissants et plus nobles que le peintre d'Anvers. Tels qu'ils sont et qu'ils ont pu être, leurs chefs-d'œuvre de peinture ne sont pas tout leur mérite. Ils en ont un autre plus recommandable : ils se sont préoccupés de l'avenir de cette école qui naissait avec eux, et, sans hésiter, ils ont demandé à la royauté et au gouvernement une protection et des institutions, car ils comprenaient que leurs efforts allaient devenir impuissants contre les entraînements de la protection mercantile et de l'esprit spéculatif ; ils sentaient qu'il fallait aux arts un centre d'action, une base d'autorité, un corps de doctrines, un enseignement supérieur. Ils n'imaginèrent rien de mieux qu'une académie et une école des beaux-arts semblables aux nôtres, et ils en demandèrent la création au souverain.

Il est nécessaire de faire ici une halte, parce que c'est le point culminant de l'art en Angleterre, et le moment qui a décidé du sort de son école. Quels furent les grands soucis, la préoccupation fixe et la pensée dominante de ces artistes, qui joignaient à un talent demeuré incontestable une distinction d'esprit, une supériorité de vue moins connues, quoiqu'éminentes? Ce fut le résultat de leur propre expérience. Ils avaient éprouvé par eux-mêmes que le défaut d'une éducation artiste bien dirigée est comme le boulet attaché au pied et qui, dans toute une vie, arrête ou ralentit la marche. Reynolds avait passé trois années en Italie (1749-1752) au milieu des grands modèles, enseignement insensible qu'il n'est possible de comparer qu'à la douce tiédeur dont on est imprégné dans une journée d'automne. Il avait trouvé de si précieux avantages dans cet intime commerce avec les chefs-d'œuvre, il avait si bien compris tout ce qui avait manqué à sa première éducation pour en jouir utilement, qu'il voulait donner à tous cette assistance, en la préparant en Angleterre, au début de la carrière, par un enseignement fortement organisé. En 1766, le roi accéda à ses vœux, et, par une patente ou charte royale, la société des artistes de la Grande-Bretagne fut constituée en académie royale des arts. D'après l'article 1er, cette compagnie devait être composée de quarante membres ; l'article 2 ordonnait que le choix des membres serait fait sur un morceau de réception dûment examiné ; par l'article 5 il est pourvu à l'organisation de l'école : on choisira neuf des plus habiles artistes, parmi les membres de l'Académie, pour exercer le professorat; ils alterneront tous les mois dans leurs fonctions; enfin il est dit dans l'article 7 qu'il y aura tous les ans une exposition de tableaux. Ne se croirait-on pas à Paris, un siècle en arrière? Reynolds, plus que tout autre, prenait à cœur et au sérieux cette nouvelle institution; il voulait mieux faire qu'en France, c'est la prétention de toute nouvelle fondation, et il croyait ce mieux facile par cette raison assez plausible, que l'école anglaise naissait, pour ainsi dire, avec les commencements de son académie. *Nous n'avons rien à désapprendre,* disait-il, dans la séance d'ouverture, avec une fierté de parvenu qui se sent le fils de ses œuvres.

L'Académie, en effet, trouvait un sol vierge et entreprenait de le préparer aux plus belles cultures; elle ne rencontrait pas de vieilles souches à extirper, de fâcheuses racines à arracher; elle n'avait pas à lutter contre un parti pris, mais il lui fallait élever les esprits, ennoblir les tendances, tenir haut la bannière. L'entreprise était grande, et elle attendait de tous une assistance dévouée : elle la trouva. C'était à qui s'associerait à ce nouveau culte des graves enseignements et des grands modèles. Tout le mouvement archéologique de l'époque y concourait, car à l'étranger, comme je l'ai dit, ce sont les Anglais qui y eurent la plus notable part. Déjà, vers 1734, une société de touristes s'était formée à Londres, sous le nom de *Dilettanti,* pour se communiquer, dans des réunions littéraires, leurs souvenirs de voyage, les renseignements qu'ils avaient recueillis, les publications qu'ils projetaient. En 1764, ayant fait des économies assez considérables, ils décidèrent qu'ils les emploieraient à envoyer en Orient des personnes capables de relever, dessiner et décrire les magnifiques ruines des monuments grecs. L'érudit Chandler, l'architecte Rewett, qui revenait d'Athènes, et l'habile dessinateur Pars, formèrent la première expédition; le résultat de leurs travaux, publié en 1769 avec un grand luxe, et de format in-folio, donna une idée nouvelle et séduisante de ce bel art des Grecs.

Stuart publiait simultanément, et dans le même format, de concert avec Rewett, les *Antiquités d'Athènes*, et fournissait à l'étude de l'architecture et des arts plastiques des représentations fidèles de ce que les anciens considéraient comme le chef-d'œuvre par excellence de l'architecture et de la sculpture. Tout ce mouvement se faisait à Londres, mais il était éclos, il avait été nourri et entretenu en Italie par les touristes anglais qui s'y enthousiasmaient au contact des fouilles merveilleuses d'Herculanum et de Pompéi. Stuart avait trouvé des encouragements auprès des antiquaires de son pays. J'en citerai deux des plus marquants : Charles Townley, qui ne reculait ni devant les sacrifices d'argent, ni devant les fatigues de voyages en Grèce et en Orient, pour acquérir les plus beaux spécimens de l'art le plus pur, et l'ambassadeur d'Angleterre à Naples, un seigneur érudit, sir William Hamilton, qui faisait graver en un format magnifique ses *Antiquités étrusques, grecques et romaines*. On peut facilement concevoir, le vent de l'engouement et de la mode soufflant dans ce sens, quelle impulsion vigoureuse devaient donner ces dix volumes in-folio, remplis de bonnes reproductions de si admirables monuments de l'art; quels salutaires enseignements ils fournissaient aux architectes, aux peintres, aux sculpteurs et à l'industrie.

Qu'on ne perde pas de vue que l'antiquité n'avait jamais été étudiée avec autant de science, ni figurée avec cette exactitude et cette magnificence; qu'on n'avait jamais réuni sous les yeux du public, dans vingt collections dont les noms sont encore synonymes de choix éclairé, un ensemble aussi complet des plus beaux fragments de sculpture de la belle époque; qu'il ne s'agissait plus d'un art de seconde main, comme l'architecture et la sculpture romaines, mais des monuments du style grec parvenu à l'apogée de sa pureté et de son excellence; que monuments, statues et bas-reliefs, vases et peintures de vases, apparaissaient au milieu d'un cortége de critiques savantes, et se présentaient cette fois avec toute l'autorité du corps de doctrine le plus imposant, avec la séduction des nouveautés les plus nobles tout à la fois et les plus charmantes.

Ainsi, il y a plus d'un siècle, par un concours d'efforts et de sacrifices des membres les plus intelligents d'une aristocratie puissante par la richesse et l'influence politique, l'Angleterre se trouva tout d'un coup dans la voie la plus sûre et la meilleure, dans la voie que conseillerait aujourd'hui même tout homme qui a réfléchi sur ces matières. L'espace me manque pour détailler les effets considérables de cette heureuse révolution, mais j'en ferai toucher du doigt toute l'importance, en citant dans chaque branche de l'art un seul homme. Je laisse de côté les études littéraires, qui produisaient des philologues, hellénistes et latinistes de premier ordre. Je mentionnerai seulement : en architecture, William Chambers, l'auteur de Sommerset-House (1780); dans la peinture, Benj. West, l'auteur de la *Mort du général Wolf* (1770); dans la sculpture, Flaxman, dont l'imagination était plus sculpturale que la main; dans l'industrie enfin, J. Wedgwood, le metteur en œuvres pratique, l'industrieux ouvrier, et le grand propagateur de ces saines et admirables doctrines.

C'était là une féconde tendance et une excellente direction, mais à la condition que l'État, luttant contre la mobilité des goûts du public, associerait son influence persévérante et sa direction, aussi stable que puissante, à l'intervention capricieuse et mobile de sa nature des hautes classes de la société. L'ambassade de lord Elgin à Constantinople, en 1799, appartient par son côté politique au Gouvernement anglais; mais les projets archéologiques de l'ambassadeur, les artistes qu'il emmena avec lui, les gens expérimentés qu'il soudoya, tout le cortége de l'amateur des arts, étaient comme la suite, la conséquence et le dernier reflet de cette influence aristocratique que je viens de détailler; ils étaient tellement étrangers au roi, au ministère et aux chambres, que lord Elgin ayant fait transporter à Londres les admirables fruits de ses honteuses rapines, l'authenticité de ces marbres sublimes fut mise en question par le monde politique; leur mérite et le prix qu'il en demandait, simple équivalent de ses dépenses, furent contestés, discutés, et ses propositions au moment de se voir repoussées avec dédain. Les témoignages éloquents de Visconti, Canova, Quatremère de Quincy, l'intervention chaleureuse de lord Aberdeen, un des dilettanti, et de tous ses collègues, suffirent à peine pour amener les chambres à voter une aussi excellente acquisition et à enrichir la nation de cette collection à toujours unique.

L'esprit puritain et les scrupules politiques dont j'ai parlé plus haut avaient appliqué aux arts, dans toute sa rigueur, le système du *selfsupporting*. Les arts devaient se soutenir eux-mêmes, c'est-à-dire être dirigés, rétribués, encouragés par ceux qui y prenaient plaisir, sans devenir une charge à la partie la plus nombreuse de la nation, qui n'en faisait aucun cas. Les hommes chargés de la direction du gouvernement ne comprenant pas, ou ne voulant pas admettre l'influence morale de la culture des arts propagée dans toutes les classes de la société, les rangeaient avec l'élève des chevaux, des chiens et du gibier, dont ils laissaient le soin aux amateurs d'équitation, de courses et de chasse. Les arts, abandonnés ainsi à eux-mêmes, étaient conduits d'une main, comme nous venons de le voir, par les efforts passagers d'une société d'élite, dans la haute sphère des études les plus sérieuses et des aspirations les plus nobles, tandis qu'ils étaient menés de l'autre main dans les voies faciles du petit genre, de la petite séduction, dans les voies d'une rapide décadence. Nous allons examiner cette dernière tendance.

Il faut dire que le goût des collections de tableaux et de statues, introduit et développé avec tant d'ardeur par Charles Ier, accepté et imité avec tant de magnificence par les seigneurs de la cour, n'avait pas cédé devant les coups du puritanisme. On fait tomber la tête du roi, un autre roi lui succède; on vend la collection royale, et cette grande collection en produit à elle seule vingt petites. Toutes les modes ont traversé l'Angleterre; la mode du collectionneur a été répandue le plus rapidement et est restée la plus persistante. Mais il est à remarquer que si, à l'imitation de Charles Ier, par goût et dans le noble but de propager les saines doctrines de l'art, les premiers collectionneurs anglais n'admettaient que les tableaux des maîtres italiens de la meilleure époque, après eux, peu à peu et à la suite de plus d'un mécompte, on ne rechercha que les tableaux des Pays-Bas. Cette prédilection pour un art terre à terre s'explique par les relations et les affinités de l'Angleterre avec la Hollande, les Flandres et l'Allemagne, par les garanties d'authenticité qu'offre à la spéculation la peinture empâtée et terminée, enfin par les dimensions des tableaux et leur débit facile; aussi, à l'époque de notre révolution, quand mon oncle fut contraint, par la saisie de tous ses biens, de vendre sa collection (la collection d'Orléans), ce furent les tableaux flamands qu'on poussa avec le plus d'ardeur aux prix les plus élevés. Mais les bons tableaux de cette ancienne école ne sont pas nombreux; on reculait devant l'exagération des enchères, et les artistes vivants sollicitaient des commandes. La peinture, dans sa fraîcheur, a aussi son attrait. On consentit à compléter ses Flamands avec des tableaux modernes; seulement, comme la manie du collectionneur, tout intéressée, n'entraîne avec elle aucune des tendances généreuses du vrai protecteur des arts, les artistes dûrent se plier au genre de peinture terminée à l'excès, au choix des sujets prosaïques, aux petites dimensions, qui s'alliaient avec les idées de spéculation des amateurs.

Si le goût public déversait dans cette ornière, nous conviendrons que les artistes eux-mêmes y étaient entraînés par leurs propres tendances. Habitués à peindre le portrait et à étudier les physionomies, ils étaient naturellement portés à la peinture de genre : aussi peut-on sans difficulté établir une liaison intime entre le goût des collectionneurs, l'invasion des tableaux flamands, et la venue presque simultanée de Wilkie, Mulready, Leslie, Elmore et autres, parmi lesquels je ne cite pas Hogarth, qui a toute sa valeur dans les gravures exécutées d'après ses compositions, mais qui n'en a aucune dans sa peinture lourde, blafarde et plâtrée.

Remarquons que cet esprit collectionneur, répandu dans l'aristocratie de naissance et de fortune, n'était pas encore partagé par le Gouvernement anglais au profit du vaste public. Le *selfsupporting* l'empêchait de suivre l'exemple de ce qui se pratiqua d'abord en France, et ensuite sur tout le continent; il laissait faire dans les arts le bien et le mal, sans se croire obligé d'activer l'un, d'entraver l'autre. L'initiative généreuse d'un particulier l'obligea à sortir de ce système négatif. Hans Sloane légua à la nation, en 1753, une collection d'objets d'histoire naturelle et d'antiquités qui lui avait coûté plus de 1,200,000 francs, et les chambres votèrent l'acquisition de Montague-House pour la placer, la disposer méthodiquement et la rendre publique. C'était la fondation du Musée britannique, ouvert pour la première fois aux curieux en 1759, mais qui se présentait alors plutôt comme une collection d'objets relatifs aux sciences physiques et naturelles que comme un musée d'objets d'art et d'antiquités. De ce moment, le Gouvernement, lui aussi, était collectionneur, c'est-à-dire qu'il abandonnait son système pour adopter le principe de la protection des arts, et comprenant dès lors l'utilité des bons modèles offerts au public et à l'étude, soutenu d'ailleurs par l'obligation d'agir, comme État, avec autant de magnificence et plus de suite que les particuliers, il ne s'adressa jamais vainement et il s'adressa tous les jours avec plus de confiance aux deux chambres pour obtenir les crédits qui ont fait du Musée britannique le premier musée du monde pour les antiquités et la sculpture.

Dès 1823, l'ancien hôtel Montague était devenu insuffisant; le Parlement vota les fonds nécessaires pour construire un édifice adapté à son usage, digne des collections qu'il devait renfermer et de la nation qui l'élevait. Robert Smirke s'acquitta de ce difficile programme avec talent. A cette même époque, l'Angleterre et Londres ne possédaient pas encore un seul musée de tableaux où les amateurs et le public pussent se former à l'étude des arts par la connaissance et la comparaison des meilleurs ouvrages des artistes les plus célèbres de toutes les écoles. Il ne fut pas difficile de pousser le Gouvernement, le mouvement étant donné et le principe de protection adopté, à demander 1,500,000 francs aux chambres pour acquérir la collection du banquier Angerstein, qui forma le riche noyau de la Galerie nationale. On sait combien elle s'est enrichie depuis par les allocations libérales des chambres et les dons patriotiques des particuliers. En 1835, Ed. Vernon légua à la nation sa galerie de tableaux d'artistes anglais, qui forme aujourd'hui une collection particulière dans Malborough-House, mais qui sera réunie à la Galerie nationale quand un nouveau local, devenu indispensable, aura été construit, comme on en a le projet, dans les meilleures conditions d'éclairage et hors de Londres, c'est-à-dire à l'abri de ses brouillards et de sa fumée. Je parlerai plus loin d'un musée d'objets d'art du moyen âge et de la renaissance fondé depuis l'Exposition de Londres; c'est une conséquence nouvelle du principe de protection, une conséquence aussi de l'Exposition universelle.

Cet exposé de la formation successive et tardive des musées publics de Londres était indispensable pour expliquer comment l'influence mercantile du collectionneur s'exerça sans contre-poids sur l'école anglaise pendant tout le xixe siècle et jusqu'à nos jours. La petite peinture, la peinture de genre et le portrait furent seuls protégés; la peinture historique et les fortes études qu'elle exige n'eurent pas un seul appui. Nous examinerons plus loin cet art moderne; donnons quelques moments d'attention à la sculpture, à l'architecture et à l'industrie dans leur marche parallèle.

Si la peinture, faute d'une direction persistante qui fit concourir vers un même but toutes les protections généreuses, éparpilla ses efforts et affaiblit sa portée, la sculpture, ce grand art bien autrement sérieux, rencontra plus d'obstacles encore, et, jusqu'à nos jours, il n'a pu prospérer en Angleterre. Au moyen âge, la sculpture, telle qu'on peut l'étudier encore dans les monuments gothiques, était médiocre; ni la pensée, ni le style, ni même l'exécution, ne la distinguent des sculptures du troisième ordre que nous conservons en France de la même époque. La renaissance du xvi⁰ siècle ne produisit rien de remarquable, et la sculpture d'ornementation de ce style, riche et féconde jusqu'à l'excès sur le continent, n'a laissé en Angleterre que des souvenirs qui semblent des redites. C'est avec la renaissance de la peinture au xviii⁰ siècle, avec la fondation de l'académie et le grand mouvement archéologique dont il vient d'être question, que la sculpture anglaise commença à être de la sculpture.

L'aristocratie, à ses portraits peints, voulait joindre des portraits sculptés. Elle était alors sous le charme de l'antiquité, et ne voyait pour tous les arts d'autres modèles que les monuments des anciens. Appliquer ces doctrines à la sculpture, rien de plus rationnel, de plus sensé; mais il fallait préparer de longue main les artistes à cette difficile tâche, tandis que les sculpteurs durent, sans études préalables, sans principes fixes et bien arrêtés, adopter le style antique. Ils s'en firent un à leur usage : il était sec, vide, froid, pauvre; il excluait toute inspiration originale, sans avoir en compensation aucun attrait. Cette impulsion nouvelle fit cependant surgir quelques hommes de talent qui exécutèrent un petit nombre de bustes de mérite; mais à cela se réduisait la sculpture anglaise, lorsqu'un homme de génie vint au monde, envoyé sans doute du ciel pour servir de guide à l'Angleterre : c'est John Flaxman, qui est mort de nos jours (en 1826), quoiqu'il semble déjà appartenir aux générations éloignées. Il alla à Rome puiser les bonnes traditions à la source éternelle de l'antiquité. Malheureusement il lui manquait cette éducation première, complète, qui donne à l'artiste une telle conscience de sa force qu'il conçoit l'idée et sa forme simultanément, et n'est satisfait que lorsqu'il a donné à cette forme l'exécution la plus achevée. Flaxman, au contraire, se sentant riche d'idées et pauvre de forces créatrices, a donné libre cours à son imagination dans des compositions au trait qui sont la perfection du genre, parce qu'un sculpteur seul pouvait imposer à sa fantaisie des bornes aussi étroites, un champ aussi fermement limité. Son idée prenant sur le papier une forme plastique, il la livre dépouillée de tout artifice, et elle séduit d'autant plus qu'il abandonne davantage à l'imagination de chacun le soin de la compléter.

A une œuvre semblable un peintre aurait échoué, un sculpteur complet l'aurait dédaignée comme la perte de son temps et le désaveu de son art; il fallait, pour la conduire avec cette persévérance, l'imagination puissante, l'éducation artiste incomplète et la santé débile de Flaxman. Il revint en Angleterre en 1794, encore dans le feu de l'inspiration; car il était loin de l'avoir épuisée dans ses nobles illustrations des grands chefs-d'œuvre : Homère, Eschyle et Dante.

Un homme ainsi doué, qui à l'inspiration du génie, à la délicatesse du goût, à un amour exclusif du beau dans sa simplicité, à l'étude et à la connaissance de tous les chefs-d'œuvre de l'antiquité, joignait par bonheur une maladresse d'exécution et une impuissance de mise en œuvre qui le rendaient incapable de produire des œuvres dignes de son savoir et de son imagination, cet homme était prédestiné à devenir chez une nation le directeur de ses beaux-arts; mais le Gouvernement anglais, comme je l'ai dit, se croisait alors les bras et laissait faire. Il ne tira donc aucun parti de cette heureuse chance, et si l'exemple, l'enseignement et le succès des publications de Flaxman ne furent pas sans influence, cette influence, tiraillée par des impulsions contraires, ne fit souvent que refroidir l'inspiration nationale sans être assez puissante pour diriger, régler et contenir ses élans. Elle fut réelle toutefois; elle s'étendit même de l'art à l'industrie, et nous la trouverons un peu partout. Avant de la suivre dans ce rayonnement, examinons la marche de l'architecture.

La patrie d'Inigo Jones, l'auteur de Guildhall, de Ch. Wren, l'architecte de Saint-Paul, de William Chambers, qui venait d'élever Sommerset-House, ne pouvait regarder avec indifférence la renaissance des goûts classiques. Tous les efforts des archéologues, toutes leurs conquêtes en Orient, leurs publications, leurs beaux dessins gravés, s'adressaient de préférence aux architectes, et ceux-ci étaient mieux préparés par l'habitude de l'étude à comprendre et à mettre en pratique ces nouveaux principes qui se réduisaient à un seul : l'emploi exclusif et bien approprié du style grec le plus pur. Malheureusement, au lieu de l'étudier avec maturité, au lieu de le mettre lentement en œuvre, et avec toute réflexion, il fallut l'appliquer immédiatement à de grands monuments et à tous les usages. Aussitôt on vit sortir de terre, à Londres, à Édimbourg, et dans vingt villes de l'Angleterre, des édifices grecs, de style dorique et ionique, ornés avec une simplicité toute primitive. Il y eut naturellement, dans cette subite importation, de l'étrangeté; dans ce généreux mouvement, des faux pas; dans cette renaissance, bien des erreurs. On n'avait pas en Angleterre, comme en Italie et en France, les exemples d'une renaissance antérieure qui s'interposait doucement entre le modèle rigoureux des anciens et les besoins actuels des modernes; on prit l'antiquité tout d'une pièce; on l'imposa de force à tous les programmes, en dépit d'un climat contraire, d'une lumière différente, d'usages qui n'avaient aucun rapport avec les dispositions imaginées pour la destination primitive. Le style grec, semblable à ces belles fleurs arrachées au sol des tropiques, qui réussissent dans la culture attentive des serres chaudes et périssent dans le plein air de nos climats, le style grec ne fut compris ni par les architectes, qui n'eurent pas le temps d'en retrouver et d'en développer les ressources, ni par le public, qui n'en aperçut que les inconvénients. L'État, qui prétendait assister au développement des arts en spectateur, et qui seul aurait pu donner aux architectes le temps et les moyens de construire des monuments étudiés d'après ces sages principes, mais modifiés suivant les besoins, l'État fut le premier à abandonner ces belles traditions, à admettre des caprices de souverain en goguette, comme le palais chinois de Brighton; des styles sans nom, comme Buckingham-Palace, coûteuse et déplaisante résidence royale, et des retours puérils à un style gothique bâtard, comme le Parliament-House, qui va engloutir cent millions.

Dans ce sauve qui peut des bonnes doctrines et du bon goût, tous les escadrons ennemis, j'entends toutes les fantaisies du mauvais goût, firent leur trouée. Depuis la pagode chinoise jusqu'aux temples de l'Égypte, depuis le palais indien jusqu'aux édifices gothiques, tout eut libre entrée et s'étala sur la voie publique avec les facilités qu'offrent à la spéculation des matériaux factices, de telle façon que l'Angleterre, où depuis cinquante ans on a le plus construit et avec le plus de magnificence, est certainement le plus bas dans l'opinion des connaisseurs sous le rapport de l'architecture.

Au milieu de ce dévergondage d'imitation de tous les styles, deux tendances dominent impérieusement : l'une féconde, et qui réclame tous les encouragements sans en avoir jusqu'ici obtenu aucun; l'autre impuissante, et qui prospère cependant, parce qu'elle réside au fond du cœur anglais, et qu'elle a pour elle ce patron puissant qui est tout le monde. La première de ces tendances, celle dont j'ai tracé l'historique, c'est la renaissance grecque par l'étude des plus beaux monuments de la Grèce et de l'Asie. Quoique battue en brèche par l'abandon où l'État l'a laissée, elle forme encore le fond des études de tous les architectes anglais de quelque mérite, et elle conserve en germe l'avenir de l'art en Angleterre. Il faut sans doute la tenir en bride et la gouverner, empêcher les entrepreneurs du West-End de traiter l'architecture, quand il s'agit de construction, comme les peintres la traitent quand il s'agit de décoration, sans se préoccuper des règles les plus élémentaires, sans songer même à la réalité, aux nécessités, aux convenances; mais la Poste, la Banque, la Galerie nationale, quelques grands clubs et d'autres édifices sont la preuve que les efforts des dilettanti, les travaux de Stuart et de Rewett, les belles collections du Musée britannique, ont introduit un goût pur et une prédilection heureuse pour le style grec, dans un pays et une capitale où l'on peut aussi tolérer le grand éteignoir, autrement dit l'église de Regent street, l'enceinte décorative des parcs et les inventions les plus saugrenues des particuliers. La seconde de ces tendances est archéologique et toute de sentiment. En adoptant le style gothique, on s'est cru national en Angleterre, comme nos enthousiastes de la même école se sont crus catholiques en France; et l'amour de l'art uni à ce sentiment patriotique a propagé activement ces singeries, au secours desquelles accoururent des artistes habiles que les difficultés d'un art autrement sérieux et les séductions de travaux bien rétribués poussaient dans la voie de la fortune aisée. Pugin, notre collègue du Jury, a été, parmi ces architectes gothiques, le plus célèbre. Il a exercé une véritable influence, moins toutefois par son talent supérieur que par son activité passionnée et infatigable. C'est à lui que sont dues ces nombreuses publications dans lesquelles tout est prévu pour une application du gothique à toutes choses; c'est lui qui a construit des églises entières et des résidences de campagne dont le succès a été prodigieux et l'imitation incessante; c'est à lui, enfin, que revenait en grande partie l'honneur, ou la responsabilité de cette cour du moyen âge qui fit tant d'impression à l'Exposition de Londres.

Je me suis réservé, en quittant Flaxman, de revenir sur son influence, quand il serait question d'industrie; j'y arrive, et nous allons trouver ici, comme dans les arts, les deux influences: l'une excellente, protégée exceptionnellement par les sommités aristocratiques; l'autre dépendant du goût public, qui en Angleterre est moins bien formé, plus brut, plus faux que partout ailleurs.

Faute des encouragements de l'État, qui participent de sa stabilité en persévérant dans les bonnes doctrines, la première de ces influences, la bonne, a été étouffée; la seconde, la mauvaise, a dominé dans l'industrie. Nous en sommes la cause, car l'influence des notions et des modèles de l'art grec s'est exercée en Angleterre, sans discontinuer, depuis les premières publications des dilettanti au milieu du XVIIIe siècle jusqu'en 1815. Les excès de notre révolution, les guerres de l'Empire et le système continental préservèrent nos voisins de l'influence de David, et, au retour de la paix générale, nous retrouvâmes avec étonnement dans les arts et dans l'industrie de l'Angleterre de vénérables traditions, non pas conservées, mais continuées, qui nous parurent d'autant meilleures qu'elles nous rappelaient les productions distinguées de notre ancienne école académique et de nos anciens corps de métiers. C'est à partir de cette époque et des communications faciles de l'Angleterre avec le continent, qu'aux inventions pleines de noblesse d'un Flaxman, interprétées avec pureté, avec grâce et à-propos par un Wedgwood, à la belle orfévrerie ample et cossue, à un ameublement somptueux et raisonné, ont succédé les imitations burlesques de la mode française. Sommes-nous revenus à notre renaissance du xvi° siècle, aux styles patronés par Louis XIV ou par Louis XV, aussitôt l'industrie anglaise est entrée dans cette voie, Dieu sait par quelle porte, et elle en est sortie affublée comme un masque, ayant pris à François 1er son pourpoint, à Louis XIV sa perruque, à Louis XV ses habits à ramages et à paillettes. Ce tableau des variations du goût, des styles et des manières dans les arts et l'industrie de l'Angleterre serait incomplet, si l'on ne tenait pas compte de deux penchants particulièrement sensibles au cœur anglais : c'est, dans les arts, une recherche un peu prétentieuse de la naïveté; c'est, dans l'industrie, une intervention outrée de la nature végétale.

Il était nécessaire de se rendre compte de ces deux courants contraires pour comprendre la mise en présence, l'antagonisme constant de deux tendances très-différentes : l'une supérieure, féconde, mais difficile et ingrate, du moment où elle était laissée sans encouragement par l'État; l'autre petite, terre à terre, recherchant les qualités mesquines, l'élégance de mode et de keepsake, et trouvant dans un public passionné des patrons aussi généreux qu'aveugles, du moment où, le hasard ayant fait le succès d'une idée quelconque, le succès a proclamé sa vogue. On n'aurait pas compris sans ces explications la présence simultanée en Angleterre d'ouvrages du style le plus pur et du meilleur goût, dans son architecture, sa peinture et sa sculpture, dans ses ameublements, ses bronzes, son orfévrerie et toutes ses productions industrielles, en même temps que d'autres œuvres de la composition la plus baroque et du genre le moins admissible ; on n'aurait pas compris le succès populaire obtenu par les collections du Musée britannique, formées du choix sévère des modèles éternels de l'art, des documents les plus précieux de la science, et un succès égal conquis par le palais de Sydenham, qui va, dit-on, engloutir vingt millions pour exposer l'arlequinade au grand complet de l'art de tous les peuples.

Telles quelles, et malgré des tiraillements en sens divers, les bonnes influences furent les plus fortes, et elles ont créé, non pas une école, mais un ensemble d'architectes, de peintres, de sculpteurs et d'industriels dont les productions sont évidemment supérieures, et comme goût et comme exécution, à tout ce qu'on était habitué de voir en Angleterre. Il n'y a pas d'école chez nos voisins, si l'on s'en tient au sens élevé de ce mot, qui devrait désigner un corps de doctrine promulgué par le génie et maintenu religieusement par un enseignement supérieur dans les hautes sphères de l'idéal, de la poésie et du style ; mais il y a école, faute d'un autre mot pour désigner l'ensemble respectable de tous les artistes anglais, et cette école, dans son manque d'unité et avec tous ses défauts, est plus près d'une renaissance que toute autre, car elle a le bonheur, comme les parvenus, d'avoir sa fortune liquide sans aucune des charges traditionnelles d'une ancienne noblesse ; elle marche de l'avant, et ses défauts tiennent de sa jeunesse : heureux défauts !

Examinons donc l'art et l'industrie en Angleterre sans perdre de vue cet historique de leur passé, et voyons comment, du désordre où ils sont tombés, semble devoir naître un développement rajeuni et pour nous menaçant.

La grande peinture, telle que Reynolds la rêvait dans ses projets et la conseillait dans ses *Entretiens,* cet art élevé qui est l'apogée de l'art, ne pouvait se réaliser par lui. Il sentait que pour quitter le portrait, pour entrer largement dans cette carrière des créations idéales, il lui manquait la base indispensable, le fonds essentiel, une forte éducation artiste : aussi la conseillait-il à tous ses élèves. Benjamin West remplissait mieux les conditions par la science du dessin et l'entente de la composition : son *Combat de la Hogue* et sa *Mort du général Wolf* en sont la preuve; mais, quand on étudie ces deux pages d'histoire comme toute son œuvre, non pas dans les gravures de Woollett et W. Sharp, mais dans les tableaux originaux eux-mêmes, on voit qu'il manquait à West le don du peintre, les qualités les plus essentielles de couleur, de touche et de sentiment, et par-dessus tout le style, si par style on entend ce caractère universel de beauté qu'un artiste porte en soi, et dont il retrouve les plus purs modèles répandus en tous pays. B. West n'avait pas ces facultés et ne se souciait pas de ces recherches; il est resté Anglais ou Américain en peignant les scènes de la Bible, de la Grèce et de Rome avec des modèles de Londres, des physionomies de Londres, des carnations de Londres. Si ces deux artistes, recommandables à plus d'un titre, n'ont pu remplir la haute mission qu'ils s'imposaient, d'autres, parmi les jeunes gens qui se pressaient dans leurs ateliers, pouvaient mieux réussir; mais il aurait fallu un encouragement puissant, des occasions de produire, des commandes faites par l'État, des honneurs, un avenir : tout a manqué à la fois aux artistes courageux qui consentaient à suivre cette voie pénible, à gravir les rudes escarpements des hauteurs sublimes.

Celui qui de sa volonté crée le génie, de sa volonté aussi l'envoie sur cette terre et le répartit entre les nations; celui-là, le grand Artiste éternel, pourrait demander à l'Angleterre quelle sollicitude elle a eue pour la part qui lui était si libéralement octroyée. Le Créateur lui dira : Qu'as-tu fait de Thomas Stothard? Je l'avais doué d'une imagination féconde, de la grâce la plus riante, d'une souplesse de talent merveilleuse, d'une ardeur au travail incomparable, et 5,000 fois (car à ce chiffre s'élève son œuvre, et 3,000 de ses dessins ont été gravés), 5,000 fois je t'ai avertie qu'il y avait là le germe et l'étoffe d'un grand talent, et tu as condamné à illustrer tes livres, à ne pas dépasser les proportions de tes petites maisons de Londres, le peintre qui portait dans sa tête, qui avait dans son ardeur de quoi décorer tes édifices publics et tes résidences aristocratiques. J'avais donné à l'auteur du *Pèlerinage de Canterbury* et des pastiches de Watteau toutes les grandes qualités, et, faute d'une éducation sérieuse, faute de nobles encouragements, tu l'as rapetissé à ce rôle. Qu'as-tu fait de Lawrence? Ai-je accordé à un autre artiste des dons de coloriste plus précieux, une plus habile entente de l'effet, un sentiment plus fin de l'arrangement d'une composition, de la dignité des attitudes et des gestes, une puissance pareille pour faire palpiter les chairs et circuler le sang sous la peau? Et tu l'as réduit à peindre des portraits. Qu'as-tu fait de Wilkie, de Bonnington, de Mulready, de Landseer, de Grant? des peintres de petits genres et d'animaux, quand je les avais mis au monde avec toutes les conditions du génie qui crée les grandes scènes de la passion, de la poésie et de l'histoire. Dans quelle école trouverait-on une réunion d'artistes doués d'autant d'habileté pour composer une scène, d'un talent d'observation plus profond pour saisir et rendre la physionomie individuelle, un charme de couleur, une puissance de réalité plus grands? et tout cela, tu l'as circonscrit dans des scènes vulgaires, dans des portraits aux costumes étriqués, dans des études de chiens et de chevaux! Et Dieu n'ajoutera pas : Je te maudis! Il continuera à doter largement l'Angleterrre d'artistes supérieurs. Leur ouvrira-t-elle une meilleure voie? Tout le fait présager, car les grandes peintures historiques du palais des deux chambres ont commencé, depuis 1841, une nouvelle ère pour la peinture anglaise. Déjà MM. Dyce et Maclise se sont montrés à la hauteur de cette tâche. Il y a tout à attendre des talents de cette école, quand l'esprit des jeunes gens se sera accoutumé à aborder les grandes difficultés de l'art et à répondre aux conditions élevées de leur mission.

Jusqu'à ce jour, ne rencontrant dans ce pays qu'une protection mercantile, étant soumis à toutes les mauvaises impulsions de la mode, l'artiste, au risque de rester ignoré, a dû se prêter aux exigences du goût public, et tout a concouru à le pousser aux exagérations. S'agit-il de coloris, les couleurs de l'arc-en-ciel et les mille feux des pierres précieuses n'y suffisent pas, ce ne sont que reflets, qu'oppositions; s'agit-il d'effet, tout y est sacrifié; doit-on dessiner savamment, on va jusqu'aux contorsions. C'est que l'*exhibition* annuelle exerce sa domination : c'est l'unique moyen de se faire connaître du public acheteur, du vrai patron, et il faut à tout prix poindre, percer, se montrer dans ce semis de tableaux. Dût-on faire tache, on veut être vu, et la vérité est sacrifiée à l'effet : on n'étudie plus la nature, on étudie la mode pour se soumettre à ses volontés.

Lorsque l'artiste est parvenu, aux dépens de ses meilleures qualités, à fixer l'attention des amateurs sur son talent, lorsqu'il a atteint cette réputation qui, à l'abri de l'engouement, pourrait tout se permettre, même l'étude sérieuse, alors c'est encore la mode qui l'accapare, car la facilité de gagner de l'argent le pousse à faire de la peinture facile. Ainsi Landseer, imitateur consciencieux de la nature et maître de son art dans la première partie de sa carrière, n'est plus qu'un peintre d'apparences, de trompe-l'œil, depuis qu'on se presse à sa porte pour acheter, à des prix fabuleux, sa peinture lâchée, creuse et vide. Il ne se donne plus la peine de regarder la nature : ses animaux ont du poil et n'ont plus d'os; ils ont de l'esprit et n'ont pas de corps; ses personnages sont des poupées.

Cette influence pernicieuse s'exerce sur l'art en tout temps comme en tout pays; seulement elle a carrière ouverte en Angleterre, parce que l'État, la cour et l'aristocratie ne lui font pas contre-poids. Déjà, au xviie siècle, Jabach, un grand amateur parisien, qui voyageait dans ce pays sous le règne de Charles Ier, reçut de Van-Dyck la confidence de ses procédés expéditifs. Son atelier était organisé comme une fabrique; les portraits s'y faisaient, pour ainsi dire, mécaniquement. La part du grand artiste se réduisait à la pose du personnage et à une étude très-rapide de sa physionomie; le reste se faisait, je le répète, en fabrique par des jeunes artistes que Van-Dyck avait à sa solde. Il est resté dans l'école anglaise comme une tradition de ces procédés faciles, et tous les peintres les pratiquent fidèlement aussitôt que la vogue, accumulant les demandes et exigeant une prompte expédition, leur permet ces libertés.

La peinture, arrêtée ainsi dans son essor et compromise dans ses conditions d'existence, a perdu la première de ses qualités : le style lui manque. Mais, dira-t-on, l'école anglaise copie la nature : le type anglais lui sert de modèle, et peu importe que les apôtres, dans une scène de la vie de Jésus-Christ, aient l'air de membres de la chambre des lords, qu'un empereur romain ressemble à un baronnet, que les Israélites, au passage de la mer Rouge, puissent être pris pour des matelots de la Tamise; c'est la nature. Voilà justement ce que je conteste, car, outre que les trois royaumes ne sont pas la nature entière, le type anglais n'est pas naturel. Il a subi, par la nourriture particulière à l'Angleterre, par les exercices de gymnastique et de boxe, par d'absurdes leçons de danse et de maintien, et par des modes excentriques d'habillement et de coiffure, des altérations ou des modifications assez semblables à celles qu'on remarque dans les bœufs, les moutons et les porcs des expositions agricoles de la Grande-Bretagne. C'est de la nature embellie jusqu'à la monstruosité, jusqu'à la santé exubérante, jusqu'au dégingandage de la taille; c'est une nature exceptionnelle, d'une beauté insolite, contestable et d'un caractère exclusivement anglais. Si, faute d'étudier les grands modèles, nos voisins ignorent qu'il y a quelque chose qui s'appelle du style, de même aussi, faute de s'habituer à élever leur esprit à l'étude des grandes passions, à porter leur observation dans les mille replis de la vie humaine, ils semblent ignorer qu'il est une puissance créatrice de l'artiste au moins égale à celle du poëte, la puissance de l'imagination. Ils étudient les ridicules de l'espèce humaine oubliés ou négligés par leur critique Hogarth, ils se font traducteurs, *illus-*

trateurs des scènes imaginées par les auteurs classiques ou décrites par les écrivains à la mode, ils observent les animaux et rendent leur physionomie avec autant de scrupule que celle des hommes, avec plus d'esprit, avec trop d'esprit; mais, en fin de compte, l'école anglaise n'a pas la grande imagination pittoresque.

Et cependant sa peinture est originale dans l'observation, originale dans la manière de rendre ce qu'elle conçoit, originale dans ses tendances coloristes, originale dans un goût décidé pour les effets de la lumière, qualité rare dont elle a conquis tous les secrets. Que lui manque-t-il donc? Ce qu'il manque d'ordinaire à la jeunesse, la mesure. Que lui faut-il? Se débarrasser d'une exubérance de santé, de vigueur, de trop-plein, appliquer ses facultés à des sujets plus élevés, trouver l'occasion de traiter de la grande peinture et de lui faire parler non plus le caquetage des salons ou le patois des champs, non plus les redites de ses romanciers ou les échos de ses chansonniers populaires, mais la belle langue poétique de l'imagination et le grand style de l'histoire. Il lui faut surtout chercher le beau, dont ses admirables collections publiques et particulières contiennent tous les éléments, dans une nature plus variée, non pas plus belle, mais autrement belle que la nature circonscrite par les bords de ses îles. De cette manière elle associera aux qualités précieuses qui lui sont propres des qualités qui s'y fondront, comme les sucs d'un sol généreux fournissent la sève à l'arbre.

Sans attacher beaucoup d'importance aux nouveaux *primitifs* qui viennent de naître en Angleterre, je dirai mon opinion sur cette tendance passagère. Les arts trouvent profit à marcher résolûment à rebours de leurs mauvais penchants : je crois donc très-bonne en elle-même, et assez féconde dans l'avenir, la tentative des peintres Millais et W. Hunt, de remonter aux Flamands de l'école primitive des Van-Eyck. L'entreprise, cela va sans dire, échouera, comme a échoué celle des Allemands quand ils allaient copier à Florence, à Pise et à Rome les Giotto, Masaccio et Pérugin; mais remarquez bien la différence. Tandis que les Allemands réagissaient contre David dans le sens de leurs défauts naturels, qui sont le fini, le timide et le sec, les Anglais réagissent par la précision de l'observation, la finesse du modelé, la sévérité du trait, contre le conventionnel de l'imitation, l'abus de la couleur, les commodes facilités de l'effet, et cette tentative doit laisser après elle d'utiles études, de bonnes habitudes et des œuvres châtiées.

Je ne terminerai pas ce que j'avais à dire de la peinture anglaise sans parler du matériel, qui est très-perfectionné de l'autre côté de la Manche. Sur ce point elle n'a rien à nous demander, et nous avons à apprendre d'elle ses préparations, ses mélanges et ses procédés. Depuis longtemps nous allons à Londres chercher les pains de couleur à l'eau que vendent Ackerman et d'autres bons fabricants; nous devrions en rapporter aujourd'hui des vessies de couleur.

En examinant les tableaux peints à l'huile en Angleterre depuis cinquante ans, en les comparant à nos toiles de la même période, nous constaterons des intensités de tons, des transparences maintenues dans les ombres et une tenue dans la pâte, sans fissures, craquelures ni éclats, qui doit nous faire envie quand nous observons le voile noir qui est descendu sur le *Naufrage de la Méduse;* la teinte verte qui a envahi l'*Entrée de Henri IV;* les craquelures larges comme le pouce qui sillonnent les tableaux de toute l'école française, tableaux d'hier, comme les *Moissonneurs,* de Léopold Robert, et les *Femmes d'Alger,* d'Eugène Delacroix; tableaux d'aujourd'hui, comme l'*Assaut de Constantine,* d'Horace Vernet. Ces qualités des couleurs anglaises, cette supériorité matérielle, dépendent de la fabrication, et non pas du maniement des couleurs par le pinceau. Le peintre anglais ne sait pas son métier. Par suite de l'indépendance absolue qui règne dans l'école, les traditions ne se continuent pas et chacun se crée une manière. Il en résulte des bizarreries et des progrès à contre-sens. Nous avons de l'aquarelle vigoureuse, à larges touches, à enlevures hardies, qui font l'effet d'empâtement, à côté de tableaux à l'huile unis comme un miroir, tant la couleur avec laquelle ils ont été peints est délayée, ténue, sans consistance ; ces aquarelles sont si grandes, qu'il faut renoncer à les couvrir de glaces ; ces tableaux à l'huile sont si petits, si précieusement terminés, qu'on croit devoir les préserver avec un verre. Mais il n'en subsiste pas moins un matériel supérieur au nôtre : toiles et pinceaux, couleurs, huiles et vernis ont reçu des perfectionnements qu'il est du plus grand intérêt de posséder. Il y va de la durée de nos plus belles créations.

Je me répéterais si j'analysais les diverses causes auxquelles on doit attribuer les succès partiels et les mécomptes plus nombreux de la statuaire anglaise. Ils sont en grande partie les mêmes que dans la marche de la peinture. Je ne rangerai pas dans le nombre la maussaderie du climat, la pruderie des mœurs, la cherté du marbre et de la main-d'œuvre. Il y a, en Angleterre, des statues partout; les dames de Londres ont placé sous les fenêtres du duc de Wellington son portrait en Achille, sans demander aux artifices du costumier d'autres voiles qu'un bouclier, un casque et des cnémides; enfin en aucun pays plus d'argent n'est consacré chaque année à la statuaire; non, les obstacles sont d'une autre et plus grave nature. Un retour subit vers l'antiquité ne pouvait réformer subitement la statuaire anglaise. Cet art difficile exige des conditions particulières d'études sérieuses, qui ont manqué aux artistes, pour compenser, par le savoir qui reproduit exactement les formes, par la grâce qui les assouplit et les rend séduisantes, par la distinction, c'est-à-dire par le style qui ennoblit l'œuvre, pour compenser, dis-je, par toutes ces qualités, les unes rares, les autres difficiles à acquérir, les qualités faciles de réalisme, d'ampleur et d'aisance qu'ils abandonnaient et que nos sculpteurs français avaient importées en Angleterre. Parmi nos compatriotes, l'élégant et fécond élève de Nicolas Coustou, le grand prix de l'Académie en 1750, François Roubilliac, avait promené dans tout le royaume britannique cette abondance qui pétrit la terre comme le peintre esquisse au crayon, qui se joue du marbre comme s'il existait un moyen de l'amollir, qui produit en sculpture des ouvrages imposants par la tournure, l'entrain et une certaine majesté, réminiscence du grand siècle.

Le mouvement archéologique du xviiie siècle conduisit les Anglais à une sobriété, à une sévérité qui allait peut-être mieux à leur nature, mais qui n'est supportable qu'avec la grâce et le style. Un artiste supérieur, Flaxman, prouva que l'Angleterre pouvait demander à ses enfants la réunion de toutes les qualités; mais il fit son apparition trop tôt, le goût public n'était pas formé alors, et il eût fallu toute la puissance d'un gouvernement, les ressources financières dont il dispose, les encouragements publics qu'il peut offrir, pour donner à ce maître l'autorité officielle qui rehausse celle du talent. Dans ces conditions, Flaxman eût été écouté, suivi, complété et surpassé par la jeune école qui se pressait sur sa trace. Le goût public, abandonné à lui-même, abandonna Flaxman. Quand il mourut, les élèves avaient déjà renié le maître et suivaient le courant de la mode. Il manqua donc à l'école classique la science pratique et les encouragements pour marcher d'un pas ferme dans cette voie difficile. Les mêmes causes qui rabaissaient la peinture vinrent amoindrir la sculpture : la prédilection pour le buste-portrait, la séduction des moyens mécaniques, l'intervention des idées prosaïques et des goûts réalistes, tout cela favorisé par un public qui n'était pas capable d'excuser les insuccès de l'école classique par l'appréciation juste des difficultés d'un genre aussi élevé. Ainsi fut compromise pendant vingt-cinq ans, une génération entière, la renaissance qui s'était annoncée au milieu du xviiie siècle.

La grande paix dont nous avons joui depuis 1815 jusqu'à l'ouverture de l'Exposition de Londres, et le concours de l'État agissant depuis près de vingt ans sur les études des jeunes gens et sur les travaux des artistes, ont été favorables aux progrès de la statuaire. Un retour aux saines doctrines de l'art est sensible dans toute l'école : la nature n'est plus comprise comme L. Chantry la comprenait, l'antiquité n'est plus interprétée comme R. Westmacott l'interprétait. Après avoir honoré des hommes morts à la peine, comme Flaxman, dont on a réuni les œuvres dans la grande halle du collége de l'université, on a repris leur marche avec une tendance plus naturelle et des ressources d'études plus développées. H. Baily a marqué le premier dans cette reprise de judicieux errements; il a été suivi de près par Gibson, qui a cherché l'antique dans l'atelier de Thorwaldsen, au lieu de le prendre dans les marbres du Musée britannique. Macdowell a eu raison de ne pas séjourner trop longtemps dans ce même atelier; il y eût peut-être altéré ses précieux dons de sentiment, d'élégance et de grâce. R.-J. Wyatt a fait preuve, dans une statue de jeune fille intitulée *Glycera,* de dons précieux, de pureté et de douce naïveté. J. Bell nous a montré, dans un *Berger tirant de son arc sur un aigle,* ses qualités et ses défauts. J.-H. Foley est rempli de distinction, puisée à la bonne source, dans son *Jeune homme au torrent.* L. Sharp fait sentir qu'il est maître de son art et de la faculté de l'observateur dans son *Jeune garçon au lézard.* A côté de ces artistes de talent une foule d'émules en marche : ainsi donc un art en pleine vie.

Je ne parle pas de quelques statues iconographiques conçues dans un grand style et exécutées avec une habileté qui rajeunira la peuplade de Westminster; je ne mentionnerai pas davantage les bustes innombrables que commande généreusement l'aristocratie et que l'école nouvelle de sculpture exécute avec un bonheur de ressemblance, une vérité d'accent et une noblesse tout à fait originales, quoiqu'elles tiennent de l'art antique le caractère approprié aux physionomies et à l'époque; je ne puis entrer dans cet examen détaillé, je n'indique que l'impression générale et je trouve qu'elle ressemble singulièrement à celle que produit la peinture : d'abord l'étonnement sur tant de progrès accomplis depuis vingt ans, puis une grande estime pour l'originalité et l'à-propos des tendances, enfin la conscience d'un avenir assuré à cette école naissante ou renaissante et un sentiment de crainte devant une rivalité aussi redoutable.

Sans doute, il manque bien des choses à cette école; mais ce qui lui manque s'acquiert. Elle a les qualités instinctives et natives; elle possède le plus beau musée de sculpture, un musée qui contient tout l'enseignement de l'art, une aristocratie qui a réuni, sur tous les points du pays, les collections les plus précieuses, au point qu'on peut dire que l'Angleterre est un musée : ce sont là les grandes ressources de l'étude. Que faut-il donc à l'école anglaise ? Des institutions pour l'enseignement, des facilités pour se dépayser, et enfin des commandes pour élever sa pensée, son exécution et son style. Ces institutions existent depuis près d'un siècle. C'est ce qu'on dit, c'est ce que je nie, parce qu'après les avoir examinées, non pas seulement sur le papier, mais dans leur action, j'ai acquis la conviction que leur ensemble pourrait donner une impulsion utile, mais qu'elles sont annulées par leur organisation précaire.

En premier lieu, elles manquent d'un lien qui les unisse, d'une indépendance qui laisse jour au mérite, d'une sorte de reconnaissance légale du talent et du goût qui donne au vrai juge l'autorité. En Angleterre, l'argent prétend trop tyranniquement au dernier mot en toutes choses. Si je commande une statue en France, en Allemagne ou en Italie, je me sens une sorte de responsabilité, j'ai l'idée d'un devoir qui m'impose l'obligation de faire le choix le plus raisonnable et d'obtenir l'œuvre la meilleure, afin qu'on ne rie pas de moi, afin qu'on m'estime dans l'artiste que j'aurai choisi, dans la statue qu'il m'aura faite. Il y a plus, parce que j'ai le pouvoir de commander une statue, je regarde, je cherche à m'instruire, j'ai l'ambition de deviner un talent et de l'encourager, je lutte contre les réputations établies, j'ai la prétention d'en faire naître une nouvelle. Ce sentiment, cet amour-propre de l'individu, se retrouve dans l'administration ou dans les associations entre particuliers, quand les uns ou les autres font exécuter un monument; ce sentiment n'existe pas en Angleterre. Dans ce pays d'indépendance publique et privée, si je commande une statue avec mon argent, je choisis l'artiste selon mon goût, et, si son ouvrage me satisfait, personne n'a le droit de me blâmer. Le ridicule n'existe pas pour moi, il est pour ceux qui s'occupent de ce qui ne les regarde pas. Si, comme chef d'une corporation, comme membre du gouvernement, comme représentant d'une municipalité ou d'un comté, je suis chargé de choisir un artiste, comme il ne s'agit plus de mes deniers et de mon propre goût, je mets ma responsabilité sous l'abri de la vogue; je ne cherche pas un talent approprié à l'œuvre, je m'adresse, les yeux fermés, à l'artiste en réputation et je lui donne carte blanche : ainsi s'expliquent la fortune colossale de quelques artistes surchargés de travaux et la misère de jeunes talents que personne ne devine. La direction des institutions publiques, presque toutes fondées par des particuliers, est entravée par cette intervention incompétente; celui qui lègue à un établissement les revenus qui assurent son existence lui impose son nom, sa famille et sa descendance à perpétuité pour le diriger et le gérer. Ainsi se sont traînés longtemps le Musée britannique sous la tyrannie de ses trustees, la Galerie nationale dans les tiraillements de ses comités, l'Académie sous l'influence de la camaraderie, l'enseignement du dessin dans les écoles communales, à travers les volontés contraires qui, dans chaque localité, le dirigeaient d'après des principes différents.

Un autre obstacle bien plus grave, bien autrement difficile à détruire, c'est la médiocrité du goût public. Cette infériorité serait inexplicable pour le lecteur si je n'avais pris soin, dans ce qui précède, de lui en expliquer les causes, qui peuvent se résumer en peu de mots : la nullité d'une cour qui n'aurait pu avoir une initiative magnifique sans devenir suspecte, l'influence prépondérante d'un puritanisme religieux hostile au développement des arts. Le goût public n'existe donc pas en Angleterre. Les hautes classes ont le goût faussé par l'absence de bons modèles ou par l'habitude de voir une trop grande variété de modèles sans l'enseignement autorisé qui marque le meilleur et contraint à l'imiter; les classes moyennes n'ont pas encore de goût et en font peu de cas; le public des basses classes est destructeur et gâcheur dans ses habitudes, grossier et ignorant dans ses appréciations. Cette infériorité générale du goût marque en bien des choses, mais plus particulièrement dans la toilette des femmes, dans les détails de l'ameublement, dans les monuments dédiés, sur les places publiques, aux célébrités contemporaines, dans les objets d'art choisis par les comités de courses et de dons patriotiques. Quand des modes parisiennes auxquelles manque la consécration de la bonne compagnie sont justement celles qui ont la vogue en Angleterre; quand l'ameublement est entièrement abandonné aux tapissiers, et se répète avec monotonie dans tout le pays, comme il se retrouve à Paris dans la classe des notaires, des médecins et des dentistes; quand des monuments publics se passent la fantaisie d'être ridicules comme le palais de Buckingham et la statue équestre du duc de Wellington près de Hyde-Park, sans exciter une émeute d'indignation; quand les objets destinés aux prix peuvent être monstrueux et ne sont repoussés ni par ceux qui les donnent ni par ceux auxquels on les offre; quand la situation générale est telle, on peut porter un jugement sévère, mais juste, parce qu'il admet d'honorables exceptions, et dire : L'Angleterre n'a pas de goût.

Par quels moyens, sous l'action de quelles institutions nouvelles la Grande-Bretagne parviendra-t-elle à reconquérir, sous ce rapport, le rang qui lui appartient au milieu des nations civilisées? Nous allons l'examiner; mais il est nécessaire d'abord de se rendre un compte exact de l'état de son industrie, qui, sous beaucoup de rapports, est en avance sur le goût public.

En effet, dans l'industrie le même contraste que dans les arts : les tendances les plus heureuses, des recherches d'une délicatesse infinie, à côté des aberrations du goût les plus déplorables. Je montrerai comment les premières tiennent à l'ancienne direction donnée, aux anciens efforts faits par l'aristocratie du dernier siècle, faute d'un roi pour stimuler et d'un gouvernement pour appuyer; comment les secondes prennent leur source et trouvent leur ressort dans la spéculation, en dépit de toutes les règles admises, en opposition avec les conditions élémentaires du goût. D'un côté, toute la faïence de Minton; de l'autre, toutes les serpentines de Penzance : là, l'influence du style; ici, le caprice de la déraison.

Mais, avant tout, marquons bien où nous nous plaçons pour envisager, pour discuter, pour rabaisser même cette grande puissance qui s'appelle le génie commercial de l'Angleterre, appuyé sur un crédit sans limite, sur des vaisseaux sans nombre, sur des machines toujours en voie de perfection, sur un combustible mieux à sa portée, partant meilleur marché. Nous restreignons notre point de vue au domaine de l'art; il est vrai que ce domaine est immense.

Quand l'industrieuse Angleterre va chercher sa soie en Chine et en consomme pour 150,000,000 de francs à façonner des étoffes de soie à meilleur marché que nos fabricants qui l'achètent en France, j'admire le fait sans m'inquiéter de ses conséquences, car je juge les dessins mauvais et les nouveautés vieilleries : étoffes de robes et d'ameublements, rubans de toute espèce, je vois une infériorité marquée; mais, quand ces étoffes de soie s'appellent popelines d'Irlande, velours et moires antiques, et sont plus belles, en coûtant moins que les nôtres, plus belles de dessins, plus riches de nuances, plus heureuses d'association de couleurs, oh! alors je m'inquiète, car le progrès fait sur un point peut s'étendre aux autres; et si le goût, le sentiment de la distinction, partant l'esprit d'invention artiste, pénétrait une bonne fois en Angleterre avec des moyens de production si puissants, la fabrique de Lyon serait perdue.

Quand l'industrieuse Angleterre accapare à elle seule les trois grands quarts de la production cotonnière, quand elle échange avec les cotons bruts des contrées transatlantiques ses cotonnades fabriquées, auxquelles elle a donné cinq fois leur valeur première, je ne me laisse pas étourdir par l'armée de chiffres qu'on fait jaillir de cette production immense; j'examine les dessins imprimés sur les cotonnades de Manchester, les dessins brodés sur les mousselines de Glasgow, et je vois régner sur tout l'ensemble comme un brouillard de vulgarité, comme un nuage d'inventions monotones. Je remarque que le petit nombre de pièces réussies est copié sur les nôtres; que des genres entiers inventés par l'Angleterre, comme les toiles d'ameublement, à larges fleurs, imprimées et calandrées, lui ont été enlevés par nos artistes fabricants; qu'enfin l'élégance et l'attrait appartiennent encore, d'une manière incontestable, à la France. Je ne voudrais pas cependant que nos établissements s'endorment; partout nous sommes menacés si nous restons stationnaires; il faut partout marcher de l'avant.

Quand l'industrieuse Angleterre, avec son outillage parfait, avec son combustible à bon marché, avec ses traditions pratiques, fond et travaille les métaux, elle nous bat sur tous les points; s'agit-il de comparer les prix de revient et de vente, le chiffre de la fabrication et les exportations, nous sommes dans une infériorité complète. Mais, lorsqu'il faut orner un objet quelconque, et qu'est-ce qui ne sollicite pas l'addition des ornements? on voit que l'Angleterre n'est plus dans son élément, et, comme la mouche qui cherche le jour, elle se cogne à toutes les vitres de la maladresse. Ici, elle ornera un petit objet, comme une plume métallique, jusqu'à l'étouffer; là, elle placera l'ornement à contre-sens; partout elle agira sans règle et contre les règles. Je fais mes réserves pour quelques exceptions que je citerai plus loin, je parle de la généralité.

Je ne pousserai pas plus loin ce parallèle du bon marché des productions et de leur valeur artiste. Je pourrais l'appliquer au papier mâché, employé à mille usages auxquels il est rebelle et orné de la peinture la plus criarde; aux papiers peints, qui souvent rencontrent bien, mais qui, pour la généralité des produits, se partagent entre le médiocre et la contrefaçon de notre fabrication courante. Si je scrute la cause de cette infériorité, elle ne réside pas dans le goût public, qui est mauvais; dans l'absence d'artistes capables de donner de bons dessins, nous avons montré l'école anglaise florissante; dans l'éloignement de ces artistes pour l'industrie, ils ne partagent pas la répulsion que nous avons signalée dans d'autres pays; non, cette infériorité peut bien n'être, comme plusieurs autres, que momentanée.

En effet, si le bon marché a été la première préoccupation de l'Angleterre, si elle a détourné son attention de l'intérêt qui vient immédiatement après : la perfection du produit par le charme de l'invention et la distinction des arts, aujourd'hui elle comprend son importance, elle y porte sa sollicitude, et on peut être persuadé dès à présent qu'elle ne s'en détournera pas. Déjà, sur plusieurs points, l'industrie anglaise est dans une voie excellente. Fatiguée de notre activité d'écureuil qui tourne inutilement dans sa roue archéologique, et nous voyant perdus dans les imitations de tous les genres et des plus déraisonnables, elle s'est retournée vers les temps passés, aux sources de toute beauté, avec la sage précaution, toutefois, de ne faire usage des modèles qu'en les soumettant aux règles du bon sens; or, c'est avec ces deux vieilles armes réunies, et qui sont moins émoussées qu'on ne l'aurait cru, qu'elle s'apprête à nous battre. Elle étudie, dans l'usage des objets et dans leur destination, la décoration qui convient le mieux à chacun d'eux, la forme la mieux appropriée à chaque chose, et, quand elle les a trouvées, elle s'y tient. Elle a longtemps cherché le pot à eau qui pût contenir le plus d'eau possible, à portée de la main et sans être exposé à se renverser étant huché sur une base trop frêle; elle a trouvé une forme trapue, pansue, avec une ouverture proportionnée au besoin de verser vite et en abondance; cette forme se reproduit depuis vingt ans, et dans vingt ans elle se reproduira encore. Elle a fait elle-même ainsi sa théière, son broc, ses larges cuvettes, ses plats avec leurs cloches, ses vases à rafraîchir. On se sentait à l'aise dans l'espace réservé à sa céramique, au Palais de cristal. Une simple ménagère en appréciait les mérites aussi bien qu'un artiste supérieur. L'Angleterre est ainsi arrivée, non à une perfection idéale de formes, non à une uniformité de style et d'époque, mais à la forme propre aux choses, et, comme l'homme n'a pas changé de nature depuis que Dieu l'a jeté sur cette terre, elle est parvenue peu à peu, sans grands efforts, naturellement, pour ainsi dire, et sans s'en douter, à retrouver ce que l'antiquité avait cherché aussi et trouvé autrefois: des formes déduites de l'usage et auxquelles les fabricants anglais ont adapté, sans violence, l'ornementation grecque la plus pure. Prenons garde à cet esprit pratique, il nous battra. Nous allons le suivre dans la céramique et quelques autres industries, les unes importantes, les autres secondaires.

L'industrie de l'Angleterre s'est montrée supérieure partout où, marchant dans sa voie naturelle, elle se rencontrait dans le courant des saines doctrines de l'art. L'absence de bons matériaux de construction a créé l'art du potier en tous pays; la brique a fait Wedgwood en Angleterre, et Wedgwood a produit Minton. Il y a chez ce dernier fabricant, qui compte déjà cinquante ans d'activité dans son industrie, une rencontre heureuse de qualités variées : l'esprit pratique du commerçant, le goût artiste de l'amateur, le choix intelligent et la conduite habile des hommes, et par-dessus tout une absence complète de prétentions personnelles et de parti pris, qui lui permet d'accepter des auxiliaires, quel que soit leur talent, et des conseils, si déplaisants qu'on les fasse, si cher qu'on les donne. Qu'a produit cet industriel? D'abord d'excellente faïence usuelle à bas prix; ici les formes étaient le principal, et il a su, par ses efforts persévérants et couronnés de succès, les ramener à leur destination. Voulant étendre son industrie, sentant qu'avec une matière aussi docile, aussi bon marché, avec un émail et des couleurs admirables, qui ne craignent ni les années ni les intempéries, il avait devant lui un champ incommensurable d'applications heureuses à l'usage de toutes les classes de la société, il se mit à étudier la céramique de la Grèce, des Étrusques, du moyen âge en Angleterre et en France, des Italiens des XVe et XVIe siècles, de Bernard Palissy et des fabriques françaises de Paris, de Nevers et de Rouen; et prenant à chacune d'elles des idées, des formes, des modèles, il est parvenu à composer l'ensemble de fabrication le plus séduisant, applicable à tous les usages, à la portée de toutes les fortunes. Ses frises grecques, ses moulures et corniches italiennes, tous les membres de l'architecture polychrome imités des terres cuites antiques et des faïences des Della Robbia, ouvrent des perspectives nouvelles à l'architecture urbaine, et mieux encore à l'architecture rurale. Ses carrelages, plus solides que ceux de nos anciennes cathédrales, offrent des combinaisons aussi variées, aussi gracieuses; ses majolica ont le brillant, l'éclat, l'harmonie des originaux sans en être une imitation servile; ses vases et bassins, dans le goût des faïences émaillées de Bernard Palissy, sont des compositions neuves et distinguées; ses grandes jarres et ses tabourets de jardins, ornés dans la manière de nos vieilles fabriques de Nevers et de Rouen, ont, autant que les modèles, la fraîcheur, la vivacité et l'éclat, obtenus ici à peu de frais.

Je vanterai moins la porcelaine de Minton. Pâte dure ou pâte tendre, ce produit céramique se traîne dans une imitation insipide des ouvrages de la manufacture de Sèvres. La comparaison sert à montrer dans son vrai jour quelle distance sépare encore le décorateur anglais de nos décorateurs. Le grand fabricant ne se fait pas illusion sur ce point, et il s'efforce, avec les moyens en son pouvoir, de propager parmi ses ouvriers de meilleures notions de science et de goût. Il a fondé près de sa fabrique une grande école de dessin, où la population qu'il emploie complète son éducation. Mais il faut à ces institutions l'auxiliaire du temps pour qu'elles agissent avec efficacité, et ce temps ne lui est pas encore venu en aide. Toutefois, je ferai une exception pour son biscuit de porcelaine qu'il appelle *parian*, parce qu'il se rapproche, par sa teinte et son éclat, du marbre de Paros, étant à notre froid biscuit de Sèvres ce que le marbre est au stuc. Cette délicieuse composition a reçu les plus gracieuses applications en statuettes, en vases ornés de bas-reliefs, en sculptures d'ornementation destinées à l'architecture.

Minton n'est pas seul. Étruria est un monde de potiers, et les succès d'un fabricant ne laissent pas dormir ses concurrents; tous sont à l'œuvre pour faire aussi bien et pour faire mieux, mais il suffit ici d'avoir marqué la place de l'homme supérieur et le degré de perfection où il a conduit son industrie. La défaite de la France a été complète sur ce point à l'Exposition de Londres, et nous ne saurions l'attribuer qu'au manque d'initiative de la manufacture de Sèvres, qu'à la confiance étourdie et aveugle de nos fabricants. Certes, la patrie de Bernard Palissy ne devait pas recevoir cet affront ; elle a une revanche à prendre.

Dans l'orfévrerie, les progrès de l'Angleterre sont loin d'avoir été aussi heureux, et son expérience devra nous instruire. En 1815, cette belle industrie était juste au point où elle se trouvait en France en 1775, lors de la guerre d'Amérique. Le goût français, la belle orfévrerie du règne de Louis XV, ramenée sous Louis XVI à plus de pureté, avait passé en Angleterre, et elle s'y maintint sous la protection de l'isolement auquel la condamnait notre révolution d'abord, et ensuite le système continental. La mode, suivant sur le continent sa course capricieuse, s'éprenant tour à tour de l'antique, du gothique, de la Renaissance et du style de Louis XIV, avait laissé d'abord l'Angleterre loin derrière elle ; mais en marchant toujours, en revenant à Louis XV et à Louis XVI, elle s'était trouvée à sa suite, quoique l'Angleterre n'eût fait ni un pas en avant ni un pas en arrière. Ainsi s'explique la vogue dont jouit un moment l'orfévrerie anglaise parmi nous ; on admira ses formes majestueuses, amples, cossues, qui étaient nos anciennes formes françaises ; ses moyens d'exécution et ses conditions de bonne fabrication, qu'elle devait au maintien de ses vieilles traditions, qui étaient les nôtres. Ces mérites et ces qualités s'altérèrent bientôt. La réforme archéologique de David n'avait pas marqué en Angleterre ; les modèles donnés par Flaxman pour le bouclier d'Achille et le triomphe de Bacchus et d'Ariane, assez faiblement exécutés par Rundell et Bridge, n'avaient eu qu'une faible influence : on comprenait l'élévation du but où tendaient ces modifications dans le style, mais on sentait en même temps que les forces manquaient pour l'atteindre, et cependant on voulait innover, on croyait qu'il était urgent de rajeunir l'ancienne orfévrerie.

En Angleterre, les largesses du moyen âge sont encore de mode. Distribuées par les grands seigneurs de l'aristocratie ou données au moyen de l'association et par voie de souscription, peu importe, les grandes pièces d'orfévrerie sont continuellement demandées à l'industrie pour remercier un ministre, récompenser un bon citoyen, donner le prix aux vainqueurs dans les courses, les régates, les comices. C'est énorme ce qui se consomme d'orfévrerie en Angleterre. Nulle part un champ plus vaste, plus généreux, n'est offert aux orfévres. Qu'arriva t-il de ce besoin, de cette recherche de nouveauté? Faute de trouver en eux les ressources d'invention, faute de savoir, par le seul raisonnement, déduire de l'industrie elle-même ses vrais besoins et ses conditions d'être, faute d'avoir pu tirer des principes de l'art les formes naturelles et une ornementation sensée, les orfévres anglais cédèrent à l'influence de notre Chenavard et de sa séquelle, et dès lors la nature morte, la nature vivante et tout un genre pittoresque envahirent l'orfévrerie. Ce ne furent que palmiers et forêts vierges, bois de sapins couverts de neige et habités par des ours, chasses à l'éléphant et aux tigres, scènes des croisades ou de la vie privée la plus ordinaire, comme le duc de Wellington à cheval dans son parc, ou bien toute la végétation des serres chaudes de l'Angleterre, tout le règne animal du monde, péniblement imité, durement rendu. Surtouts, candélabres, vases à rafraîchir, pièces de milieu, soupières, corbeilles à fruits, plats et boules, avez-vous eu assez de complaisance? Vers 1845, on avait si bien abusé du caprice, de la fantaisie et de l'absurde, que les Anglais étaient arrivés à ce moment de satiété où l'on accepte tout, même le bien et le beau, pour changer. A la maison Elkington, de Birmingham, et à M. de Schlick, architecte danois, revient l'honneur d'être sorti de cette mauvaise voie. Ce dernier avait étudié à Pompéi et dans les collections du musée de Naples tous les ustensiles antiques, et il s'était parfaitement rendu compte des ressources d'élégance et de charme que les anciens avaient trouvées dans des formes appropriées aux besoins et déduites de l'usage même de chaque objet. Il donna à la fabrique de M. Elkington une collection d'excellents modèles, les uns copiés sur les monuments anciens, les autres imités de l'antique. Des modeleurs français, parmi lesquels il suffit de citer Jeannest, exécutèrent ces modèles, et la fabrique les rendit parfaitement tant que la galvanoplastie lui vint en aide; mais, aussitôt qu'il lui fallut employer la fonte et reprendre le métal par la ciselure, une infériorité marquée se fit sentir. Quoi qu'il en soit, l'orfévrerie anglaise montrait à l'Exposition de Londres, dans la case de M. Elkington, un principe de renaissance que les Cartwrigth, de Birmingham, Georges Richmond, Colles, Stor et Mortimer, de Londres, s'apprêtaient à adopter, et qui me sembla plus menaçant encore que la présence des belles pièces repoussées par Vechte. Là c'est un essor national, ici un progrès d'importation, et j'en augurais des conséquences plus graves, quoique le cœur me saignât aussi en pensant que cet artiste français, cet art et cet enseignement étaient perdus pour nous, faute de quelques mille francs d'appointements qu'une administration vigilante aurait donnés à cet homme habile.

La bijouterie et la joaillerie anglaises, considérées sous le rapport de l'art, étaient tout entières dans l'exposition de Morel : autre douleur pour un Français, autres regrets ; elles y étaient à l'état de perfection, et déjà on voyait l'influence de cet artiste-ouvrier rayonner autour de lui.

Je crois avoir expliqué comment le gothique a repris son empire en Angleterre; il règne maintenant dans la maison du lord aussi bien que dans celle de Dieu. Églises et colléges sont à ogives; buffets d'orgue et pianos, stalles et fauteuils, sont à trèfles et à lancettes. Pugin a été le plus actif promoteur de cette renaissance du gothique. Renaissance, c'est trop dire, car jamais le goût de ce style et son emploi n'avaient été abandonnés en Angleterre : les universités d'Oxford et de Cambridge sont là pour le dire; mais jamais aussi plus grande extension ne lui a été donnée que depuis 1835. On avait formé, dans l'Exposition de Londres, une cour de l'art du moyen âge, *mediæval court,* qui contenait tout l'ameublement des églises à ogives et la *furniture* des habitations de style gothique. Je ne sais si je dois attribuer le peu de charme que j'y ai trouvé à l'infériorité du gothique anglais comparé au nôtre ou à l'infériorité de son imitation comparée aux singeries du même genre que nous faisons si bien en France; mais il est de fait que tout cela m'a paru d'une insigne pauvreté de conception et d'exécution. J'excepterai de ce blâme quelques bons vitraux, des pièces de dinanderie franchement travaillées, des sculptures exécutées dans notre belle pierre de Caen par un praticien français pour le compte de MM. Gates et Georges, des mosaïques, genre byzantin, assez heureusement reproduites, des mosaïques de carrelage habilement combinées par l'architecte Digby-Wyatt. Mais c'est assez s'étendre sur une industrie de pastiches; revenons à une industrie plus vivante, plus riche, à la fonte du métal. Il y a de la largeur dans l'exécution et un grand goût dans les productions de la compagnie Coalbrookdale, du Shropshire. Fonte de fer et fonte de cuivre sont également remarquables, et le sujet particulier de mon étonnement a été l'initiative hardie d'une foule d'innovations heureuses; ses rampes d'escalier, ses chaises, ses bancs et ses tables de jardins, ses supports de cannes et manteaux, ses consoles, ses devants de feu, tous les ustensiles, en un mot, qui peuvent être utilement exécutés en fonte pour l'ameublement des intérieurs et l'usage extérieur prennent dans cet établissement une propriété de forme bien remarquable. Je pourrais reprocher trop d'exubérance dans l'ornementation et recommander plus de repos dans les formes, mais ces défauts sont de ceux qu'on corrige facilement quand on a conquis les autres mérites.

Je ne m'étendrai pas sur les diverses industries dans lesquelles nos voisins font chaque jour des progrès étonnants : je pourrais citer leurs remarquables reliures, leurs impressions de livres et de gravures toujours supérieures, leurs imitations de bois et de marbres en peinture et en stuc, leur carton-pierre si solide; je pourrais vanter vingt autres industries et jeter le cri d'alarme; mais à tant d'éloges qu'on dira exagérés, à tant de craintes qu'on taxera de vains fantômes, on objecte que les efforts de Minton, Graham, Elkington et autres sont dus aux transfuges de nos ateliers, aux artistes et aux contre-maîtres français qu'embauche l'argent de l'Angleterre. J'examinerai cette circonstance, dont on doit tenir compte, en exposant les mesures savamment combinées que prépare ce gouvernement habile pour venir en aide à l'industrie nationale.

RÉCOMPENSES

DÉCERNÉES

AUX EXPOSANTS FRANÇAIS PAR LA XXXe CLASSE DU JURY INTERNATIONAL,

FORMANT LE GROUPE DES BEAUX-ARTS.

Je crois avoir porté un jugement impartial sur l'état des arts chez tous les peuples, et ne m'être pas trompé en mettant en évidence les éléments de jeunesse et de renaissance qui s'offrent à eux. M'étendrai-je maintenant sur notre attitude en présence de l'Europe entière et vis-à-vis de tous nos concurrents, sur l'impression favorable que nous devons à une réputation séculaire? Non, car je tiens en réserve des arguments pressants pour nous réveiller de l'engourdissement dangereux que produit dans nos esprits, trop disposés à la confiance, un facile et trompeur succès.

La masse des visiteurs, fidèle à une opinion traditionnelle, avait proclamé la France sans rivale, avant même d'entrer dans le Palais de cristal; elle a couru voir la France avant de visiter les autres nations, et elle a tout admiré sans exception. Le groupe restreint des artistes, des gens de goût et des hommes qui ont étudié la marche de l'art et ses transformations dans les monuments anciens et dans l'activité moderne, ce groupe, inaperçu dans le flot mouvant des visiteurs, mais dont la voix fait l'opinion publique, et qui, en fin de compte, guide la foule moutonnière, ce groupe d'élite a porté un jugement différent, qui était élogieux comme une épigramme et semblait caresser quand il blessait.

Le Jury des beaux-arts ne fut ni aussi indulgent que le gros du public, ni aussi sévère que les hommes de goût; il devait récompenser les plus méritants, abstraction faite de toute perfection idéale, et il reconnut loyalement que la comparaison nous était favorable. Je vais rapporter ses décisions; mais, avant de donner la liste des récompenses accordées aux exposants français par la XXXe classe, je dois dire qu'agissant comme Ve groupe, c'est-à-dire souverainement, elle prit, à l'égard de la grande médaille d'honneur ou du conseil des présidents, une décision en conformité avec ce vieux préjugé de la nécessité de maintenir une séparation entre les arts et l'industrie. Elle décida que cette récompense de premier ordre serait réservée à l'art pur, à l'art affranchi de toute préoccupation matérielle ou industrielle, c'est-à-dire à la statuaire et aux dessins. Je luttai vainement contre une décision qui nous empêchait de récompenser les Gobelins, Sèvres, Fourdinois, Vechte et Morel; mais c'était une de ces préventions invétérées qu'une discussion, même passionnée, altère à peine, que le temps seul peut détruire. S'il s'agissait de comparer l'art aux procédés industriels, je n'aurais pas hésité, plus que mes collègues, à le mettre dans une catégorie à part et plus élevée; car, même lorsqu'il se fond dans l'industrie, il voit devant lui un idéal de beauté toujours inaccessible, qui stimule ses efforts en élevant sa mission. L'industriel qui a taillé les facettes d'un diamant, tissé sans accident une étoffe ou laminé régulièrement du métal, peut croire qu'il a atteint les dernières limites de la perfection; mais dans les arts cette perfection, comme un mirage décevant, marche en avant des efforts et des succès, s'éloigne à mesure qu'on approche, et n'est jamais atteinte. L'art est donc d'une essence supérieure; mais de même que la nature, dans sa prodigieuse et indépendante fécondité, fournit à l'industrie de l'homme le lierre qui tapisse ses murs, la rose qui orne ses jardins, la grappe de raisin qui pend aux ceps de vigne et les mille êtres gracieux qui animent le monde végétal, de même aussi l'artiste, vivant dans la sphère épurée de l'inspiration, crée des chefs-d'œuvre qui deviennent, placés sur une pendule, appliqués à un meuble, le plus délicieux accompagnement des œuvres de l'industrie. L'art est quelque chose par lui-même, en dehors de toute autre préoccupation, et la classe des beaux-arts devait lui faire une large part dans la distribution des médailles d'honneur, comme au plus noble de ses justiciables; mais le mérite des artistes est-il donc altéré, compromis, parce qu'ils auront étudié les besoins de leur temps, parce qu'ils auront cherché à faire vivre de la vie de chaque jour des créations qui perdraient certainement beaucoup à rester dans l'isolement et l'inutilité? Je ne le crois pas : à mes yeux, leur mérite grandit; et s'il est un moyen, de nos jours, de galvaniser les arts qui s'en vont mourants, c'est de les encourager à entrer dans cette voie féconde. J'y perdis mon éloquence : la classe des beaux-arts passa outre, et je ne pus faire appel au groupe, puisque la XXX⁰ classe formait à elle seule le V⁰ groupe, ni à la Commission royale, qui avait laissé les groupes juges de ces questions. Je dus accepter cette décision, et voici comment les récompenses furent décernées aux exposants français. J'omets les éloges qui furent adressés aux exposants dont les produits, bien que du domaine des arts, ressortissaient aux autres classes; on trouvera ces mentions dans le rapport officiel publié par la Commission royale de Londres.

LISTE DES RÉCOMPENSES.

Médaille du conseil des présidents.

M. J. PRADIER, pour la statue de *la Phryné*.

Médailles de prix (*Prize medals*).

M. AUGUSTE DEBAY, groupe du *Premier berceau*
M. E.-L. LEQUESNE, statue du *Satyre dansant*.
M. A. ÉTEX, groupe de *Caïn et sa famille*.

M. J.-M. Ramus, groupe de *Céphale et Procris*.

M. Jean Debay, groupe du *Chasseur tuant un cerf*.

M. Fratin, études d'animaux.

M. A. Lechesne, groupe d'enfants et de chiens.

M. M.-J. Liénard, sculptures en bois.

M. A. Collas, réductions de statues.

M. Diéterle, pour ses compositions et pour la direction donnée aux travaux de la manufacture de Sèvres.

Mme A. Ducluseau, peintures sur porcelaine.

M. Jacober, peintures de fleurs sur porcelaine.

M. A. Béranger, portraits peints sur porcelaine, d'après Rubens et Winterhalter.

Mme P. Laurent, peintures en émail sur métal, d'après Raphaël et M. Ingres.

Mme Jacotot, peinture sur porcelaine, d'après Raphaël.

M. Bonnet, peinture en émail sur fonte de fer : *l'Apôtre saint Jean*, en pied.

M. Schilt, peinture sur porcelaine, décorant des vases et une table.

M. Hamon, peinture en émail sur cuivre, décorant des coffrets et des aiguières.

M. Alfred Gérente, peinture de vitraux dans le style du xiiie siècle.

M. Maréchal, de Metz, peinture sur verre, représentant une *Scène de la Peste*.

M. J. Roucou, pour ses damasquinures.

M. E. Laroche, dessins de châles, de baréges et de mousselines.

MM. Berrus frères, dessins de châles et d'étoffes.

M. A. Couder, dessins de châles, de tapis et de meubles.

M. J. Chebeaux, dessins de cotonnades et de toiles imprimées.

M. J.-H. Meraux, dessins de dentelles.

M. R.-J. Lemercier, lithographie en noir et en couleur.

M. Engelmann, lithographie en couleur.

M. G. Silbermann, impressions typographiques en couleur.

M. C.-E. CLERGET, dessins d'ornements applicables à l'industrie.

Mentions honorables.

M. M. PASCAL, groupe du *Moine et des enfants*.
M. C. CORDIER, buste de nègre.
M. BONNASSIEUX, *l'Amour se coupant les ailes*.
M. L. LAUTZ, sculptures en ivoire.
Mme TURGAN, peinture sur porcelaine.
M. MARIETTE DE CHASSAGNE, peinture sur porcelaine.
M. A. LUSSON, peinture sur verre, vitraux du moyen âge.
M. F. DIDIER, dessins pour les fabriques.
M. MEYNIER, *idem*.
MM. NAZE et Cie, *idem*.
M. BRAUN, *idem*.
M. E. PICARD, *idem*.
M. N.-A. GALIMARD, compositions pour vitraux d'église.

Un petit nombre d'observations sur cette répartition expliquera la part qui a été faite à la France. En ce qui concerne la sculpture, nous n'étions pas représentés à Londres : cinq ou six sculpteurs de talent ne pouvaient donner une idée du style et des progrès de notre école, tandis que la réunion de tout ce que les Anglais avaient exécuté depuis nombre d'années formait une exposition importante. L'Italie elle-même, habituée à vendre ses statues aux Anglais, considéra l'Exposition de Londres comme un bazar, et, en dépit de l'éloignement et des frais, elle envoya un nombre énorme de groupes et de figures en marbre. Dans cette situation, je croyais avoir bien défendu les intérêts qui m'étaient confiés en obtenant pour la France deux médailles de conseil, trente et une médailles de prix et treize médailles de bronze. Mais cette répartition, qui n'était qu'équitable, fut faussée dans son esprit par la rédaction du catalogue. M. Marochetti, qui paraît être natif de Turin, mais que le Jury avait considéré comme un Français, fut déclaré digne de la médaille de conseil, ou grande médaille, et cette récompense, portée au compte de la France, empêcha que M. A. Debay ne l'obtînt à côté de Pradier. On objecta que trois grandes médailles dépassaient la proportion, les autres nations n'en ayant qu'une. Je cédai devant cette raison, et je dus être étonné, un mois plus tard, de trouver M. Marochetti dans la liste des exposants anglais : je réclamai; mais on répondit que cet artiste travaillait à Londres, s'était fait porter sur la liste des exposants anglais et se déclarait désormais Anglais. Vechte et Morel, tous deux Français, malgré l'apparence étrangère de leurs noms et en dépit de leur qualité de transfuges, tous deux apprentis des ateliers de Paris, auxquels j'avais compris que de grandes médailles avaient été accordées par notre classe, ne reçurent d'elle que des éloges, la XXIIIe classe les ayant déjà récompensés.

J'ai expliqué comment il avait été décidé, dans la classe des beaux-arts, que la médaille de conseil, ou grande médaille, ne serait accordée qu'aux ouvrages les plus remarquables dans l'une des branches de l'art, sculpture et peinture. Cette décision frappait toute l'industrie : les manufactures de Sèvres et des Gobelins furent comprises dans cette exclusion; j'obtins toutefois un vote par lequel le XXXe Jury, expliquant à la commission supérieure des présidents sa manière de procéder et l'impossibilité où il se trouvait de donner aux manufactures de France la récompense qui leur était due, les recommandait à sa sollicitude. Cette intervention indirecte eut le succès que je désirais : le conseil des présidents accorda la grande médaille à ces établissements.

J'avais obtenu une médaille de bronze pour la statue de *la Femme piquée par un serpent;* mais, au moment de la révision, un membre anglais du Jury s'opposa fortement, dans l'intérêt de la morale et, je crois même, de la religion, à récompenser « une œuvre dont la beauté ne faisait que « rendre plus coupable l'intention immorale. » Je fis mes efforts pour écarter cette fin de non-recevoir; je demandai à mes collègues de se considérer comme juges d'objets d'art et non pas d'actes de vertu : j'échouai; la XXXe classe, agissant comme V⁰ groupe, procéda à la révision de son propre travail et revint sur sa première décision : M. Clesinger fut rayé de la liste des récompenses. Tout ce qu'on m'accorda, ce fut d'insérer dans le procès-verbal les motifs de cette exclusion, et, en effet, on lit dans le rapport officiel : « Le Jury, par des rai« sons tout à fait indépendantes du talent reconnu de ce jeune « artiste, a renoncé, bien qu'à regret, à accorder à cet ou« vrage une haute marque de son approbation. »

Suivant le règlement adopté par la Commission royale, un rapport lu et discuté en séance devait rendre compte des travaux et motiver les décisions de chaque classe du Jury. Ce travail, revêtu ainsi d'un caractère officiel, était destiné à entrer dans le rapport général. Le groupe des beaux-arts avait abordé des questions si délicates; tout en finissant par s'entendre sur la distribution des récompenses, il avait manifesté des divergences d'opinion si considérables, que je fis prévaloir sans difficulté cette pensée, que son rapport s'énoncerait avec réserve sur tous les points de doctrine, et éviterait avec le plus grand soin les théories, les méthodes, les systèmes, parce qu'il était impossible, en si peu de temps, entre membres étrangers les uns aux autres et réunis de tous les points de la terre, non pas seulement de s'entendre sur les principes qui doivent diriger dans un jugement, mais aussi sur la manière de les énoncer et de les ériger en formules officielles. M. Panizzi avait été élu rapporteur justement parce qu'il était de nous tous le moins engagé dans ces questions, parce qu'il pouvait rédiger le rapport sans être tenté d'y introduire des considérations personnelles et des principes exclusifs. La Commission royale de Londres a pensé différemment, car de son autorité privée, sans consulter la classe des beaux-arts, et après la dispersion de ses membres, elle a demandé à M. Waagen, de Berlin, et à M. Redgrave, de Londres, des mémoires particuliers, à l'un sur la sculpture, à l'autre sur les dessins, pour les insérer dans le rapport officiel. Si ces mémoires avaient été lus à la XXX⁰ classe, ils auraient été discutés par ses membres, et pour mon compte je n'aurais certes

pas laissé passer des phrases comme celle-ci : « Jusqu'au com-
« mencement du siècle présent les sculpteurs de Berlin conti-
« nuèrent à imiter le style faux et maniéré de l'école française
« contemporaine. »J'aurais demandé à prouver que Jean Cousin,
Jean Goujon, Jean de Douai (ou de Bologne), le Pujet, les
Coustou, Houdon et Chaudet étaient des artistes supérieurs,
qu'on avait eu grand'raison, pendant trois siècles, d'imiter à
Berlin, et que, si l'on y a été faux et maniéré, ce n'est pas la
faute de ces excellents modèles. Je me contenterai de cette
seule observation; mais j'ai dû faire mes réserves, parce que,
tout en accordant à ces rapports particuliers la valeur qu'ils
tirent de la position et des talents de leurs auteurs, mes collègues et mes amis, je leur refuse toute autorité et ne les mentionne même pas.

L'IMPORTANCE DES ARTS EST GÉNÉRALEMENT RECONNUE; EFFORTS FAITS POUR NOUS DISPUTER NOTRE SUPÉRIORITÉ.

L'appréciation générale des visiteurs de l'Exposition de
Londres ne se ressentit pas du jugement sévère des hommes
de goût, ni de la réserve de la classe des beaux-arts. Entraîné
par notre vieille réputation, soumis à la domination séculaire
de la mode française, le public du Palais de cristal ne vit que
nos qualités d'élégance, de bon goût, d'harmonieux éclat et
d'arrangement séducteur. Tandis que chaque nation visitait
de préférence son exposition nationale, toutes les nations se
réunissaient dans l'Exposition française, et on n'y entendait
qu'un murmure approbateur. De cet examen un peu confus,
de ces jugements assez discordants quant aux motifs, mais
unanimes quant à l'admiration, découla une opinion toute
favorable aux arts et à l'industrie de la France; mais en même
temps trois révélations se firent jour qui vont servir de base
à un plan d'attaques formidables contre notre suprématie.

En premier lieu, on acquit généralement cette conviction,
que les arts étaient désormais la plus puissante machine de
l'industrie; en second lieu, chaque nation prit la ferme résolu-

tion de conquérir à tout prix ce mobile de nos succès; en troisième lieu, elles formèrent ce projet avec d'autant plus de confiance qu'elles se dirent que les arts, comme les sciences, sont la propriété commune de l'humanité, et qu'en les protégeant aussi bien et mieux que la France on pouvait atteindre aussi loin qu'elle et plus loin.

Dans les luttes que l'industrie de chaque pays a soutenues contre les industries rivales des pays étrangers, les armes dont elle s'est servie ont été le bon marché et le bon goût. Le bon marché tient à l'abondance des capitaux mis au service de l'industrie, à l'outillage plus ou moins perfectionné, au prix des matières premières, de la main-d'œuvre et du combustible. Le bon goût entre dans les habitudes d'un pays par une longue éducation artiste; il s'y maintient par les institutions qui l'entretiennent. Tous les grands pays industriels ont dirigé leurs efforts vers le bon marché; la France seule, par caractère, par disposition native et par cette éducation dont j'ai esquissé les principaux traits, a poursuivi la perfection de l'œuvre par l'intervention des arts dans l'industrie, par la bonne fabrication et les soins apportés à l'exécution des moindres détails.

Or, il se trouvait, en 1851, que tous les pays qui visaient au bon marché se disputaient entre eux le plus minime profit, au prix d'une immense fabrication, d'un excès de travail imposé aux ouvriers dans les temps prospères, de la misère et des crises commerciales les plus terribles dans les temps difficiles. L'Angleterre était sans rivale dans cette lutte de gros sous; mais le bon marché n'est pas un monopole facile à conserver, et l'Angleterre sent qu'il lui échappe sous les efforts de la Belgique pour les tissus de laine peignée, pure ou mélangée, embellis par la contrefaçon habile des dessins français; de l'Amérique pour toutes les étoffes de coton, dont la matière première ne supporte aucuns frais de transport, aucun droit à payer; de la Suisse enfin pour les mousselines brodées, d'après des dessins de Paris et de Lyon.

Le tort de l'Angleterre avait été de n'envisager que cet

unique côté de la question industrielle. Si elle s'était dit que le bon marché implique l'idée d'un objet d'une certaine élégance pouvant faire un service utile, et que hors de là le bon marché est ruineux, l'Angleterre aurait soigné davantage sa fabrication, et, en produisant moins, elle eût gagné tout autant. Pour la France, le bon marché consiste dans l'élégance de la forme, de l'arrangement, de l'ajustement, de la disposition générale; elle vise au bon marché de ce qui est séduisant; jamais au bon marché du laid et du grossier. A prix de revient égal des matières premières, nous devons l'emporter sur tous les marchés avec nos qualités de bon goût; car celles-ci ne nous coûtent rien, et elles ne relèvent d'aucune législation douanière. Ainsi s'explique aussi comment la France, médiocrement industrielle de sa nature, et qu'on n'avait pas comptée jusqu'alors sur le grand marché des peuples, se trouve, au moyen de ses charmants modèles, et d'une élégance qui lui est propre, en mesure de battre dans les qualités moyennes et supérieures l'Angleterre avec son immense outillage, ses capitaux et son vaste marché; la Suisse, la Belgique et l'Allemagne avec le bon marché de leur main-d'œuvre; l'Amérique avec les avantages que lui procurent le bas prix et l'abondance des matières premières.

On surprit alors notre secret. On vit qu'une étude persévérante de l'art nous avait donné cette force. Les arts devenus une puissance!

Une question futile et de dernier ordre aux yeux des hommes graves, une préoccupation de gens à imagination vive, qui d'ordinaire ne comptaient pas dans les affaires sérieuses, devient désormais une question vitale et presque une question d'existence pour les nations. En effet, les beaux-arts, passe-temps élégant, étaient jadis réservés à quelques personnes auxquelles leur rang donnait ces goûts et leur fortune ces loisirs; hors de ce cercle restreint les beaux-arts étaient considérés comme un luxe royal que l'industrie pouvait mettre à profit, mais dont personne, dans le gouvernement, ne devait se préoccuper, pas plus que des autres caprices du roi. Un sage ne l'a-t-il pas dit : Nous traitons les choses éternelles comme si elles étaient frivoles, et les choses frivoles comme si elles étaient éternelles.

Le duc de Rosny, l'ami de Henri IV, Sully, a été sans doute le dernier grand esprit qui, en France, aura traité les arts de babioles. L'année 1851 a été, à l'étranger, le dernier terme du triomphe des gens positifs, qui les comptaient parmi les superfluités. A partir de ce moment, on a compris que les sciences et les arts étaient les deux mamelles inépuisables où l'industrie prend sa nourriture et renouvelle ses forces; mais, au moment même où on leur reconnaissait cette importance, on tomba dans une autre erreur : on crut que la conquête de ce moyen de succès était plus facile que tous les autres.

Les nations étrangères se rencontrèrent donc, en quittant l'Exposition, dans cette pensée commune, qu'il ne suffisait pas d'avoir des machines, du charbon de terre, des capitaux; qu'il fallait encore avoir du goût; et, comme le goût ne se trouve pas en terre, qu'il ne se fabrique ni ne s'achète, elles résolurent de faire les plus grands sacrifices pour, à l'imitation de la France, encourager les arts, non plus seulement au point de vue des jouissances délicates d'un petit nombre d'intelligences supérieures, mais sous l'influence des préoccupations les plus positives et les plus graves, dans le but de développer l'industrie, l'avenir commercial, le bien-être des peuples et la puissance des États.

Je ne crois pas utile d'exposer en détail les projets de chaque pays, les institutions qu'ils s'apprêtent à fonder, l'organisation nouvelle qu'ils préparent en faveur de leur art et de leur industrie : l'espace me manque. Il suffira d'établir comme un fait certain que l'Angleterre, l'Amérique, la Belgique, l'Allemagne, la Suisse, la Lombardie et la Sardaigne se préparent à nous disputer sur tous les points notre ancienne réputation et de nouvelles conquêtes. Dans vingt ans peut-être, nous nous rencontrerons à forces égales avec l'Amérique; aujourd'hui, c'est l'Angleterre qui nous menace, et c'est là que réside le danger. Les moyens de défense, ce que nous imaginerons pour le combattre de ce côté, seront autant de parades assurées contre les coups qui nous viendraient d'autre part. Examinons donc les projets de l'Angleterre.

J'ai montré plus haut comment les Anglais tendent à former une nouvelle école des arts sur les meilleures bases ; j'ai parlé des résultats qu'ils obtiennent depuis vingt ans. Ces progrès méritent l'attention la plus sérieuse, soit que, désintéressé dans la lutte, vous les examiniez au point de vue élevé du développement des arts, soit qu'intéressé aux grandes questions internationales, vous n'envisagiez pas sans émotion l'immense outillage de l'Angleterre, son approvisionnement de charbon, ses énormes capitaux, ses relations étendues et son esprit d'entreprise élevant l'industrie à une perfection inconnue jusqu'alors, par la conquête nouvelle de toutes les séductions de la forme, du dessin, de l'arrangement et du goût.

On s'est demandé en Angleterre, presque de nos jours, pourquoi les Reynolds, les Gainsborough, les Wilson, les Wilkie, les Lawrence, étaient si rares? pourquoi chacun de ces artistes laissait après lui des chefs-d'œuvre et ne laissait pas d'école? Puis, passant de l'art à l'industrie, on s'est effrayé du désordre qui régnait dans les idées sur les différents styles, sur le système d'ornementation le plus sensé, sur tous les points où les règles du bon goût devraient contenir l'imagination et diriger la main. On était arrivé à cet état d'incertitude et de malaise qui précède les fortes résolutions, lorsque s'ouvrit l'Exposition de 1851. Cette exposition sera la renaissance de l'Angleterre. Ce qu'elle soupçonnait, nous le lui avons démontré ; ce qu'elle cherchait, nous le lui avons apporté. Oui, elle a compris que les machines n'étaient rien sans l'art, elle a saisi du même coup d'œil le point vulnérable de son industrie, le secret de nos succès et l'explication de cette lutte sublime que nous soutenions contre elle, en pleine révolution, sans machines, sans capitaux, sans marine, sans débouchés.

Depuis longtemps déjà les hommes clairvoyants de l'Angleterre, ceux que des voyages sur le continent ont éclairés, s'affligeaient de l'état de dégradation, de barbarie même où se trouvait le peuple anglais dans ce qui touche au sentiment des arts et à ce qu'on est convenu d'appeler le goût. Ils faisaient des vœux pour qu'à l'imitation des autres pays, leur Gouvernement prît en main ce grave intérêt. Mais les chambres avaient pour principe de ne pas intervenir dans ces questions; elles en laissaient le soin à ceux qui devaient en avoir le profit immédiat. Sous l'empire de ce laisser-faire, il ne se faisait rien. L'université d'Anderson, établie à Glasgow au commencement de ce siècle, donnait quelque instruction aux apprentis dans les courts moments de loisir que leur laissait la fabrique; Léonard Horner, Esq., fonda aussi, à Édimbourg, en 1821, une école dans laquelle les apprentis apprenaient et apprennent encore à dessiner et à modeler : voilà tout ce que j'ai pu découvrir de favorable aux arts, appliqués à l'industrie, dans les trois royaumes; et cependant, poussée par le courant sourd et mystérieux de l'intérêt général, la chambre des communes avait nommé, en 1835, un comité avec mission de « rechercher les moyens les plus efficaces pour étendre la con- « naissance des arts et les principes du dessin dans le peuple, « et particulièrement dans la population manufacturière. » Les résultats de son enquête avaient été la fondation d'une école centrale de dessin à Londres, dans laquelle « l'élément princi- « pal de l'enseignement ne devait pas être théorique, mais pra- « tique, et particulièrement applicable aux manufactures, » et en outre l'établissement de vingt et une écoles dans les trois royaumes, aux frais de l'État, qui reconnaissait enfin, par cette intervention directe et cette allocation de crédit, qu'il était de son devoir d'encourager et de répandre la connaissance des arts.

Cette organisation, qui offre une apparence imposante sur le papier, était en réalité précaire et insuffisante. Les hommes éclairés dans les deux chambres se réjouissaient d'avoir remporté une grande victoire sur le système du *selfsupporting*; mais en fait ils n'avaient donné à l'industrie qu'une assistance médiocre et impuissante. Aussi continua-t-on à venir, de toute l'Angleterre, chercher des dessins et embaucher des dessinateurs en France. Il ne sera pas inutile de donner une idée de cette sorte de piraterie organisée. Les fabricants anglais payaient un abonnement annuel au bureau de certains individus établis à Paris qui s'engageaient à leur faire passer, aussitôt sortis de la fabrique, les dessins et coupons d'étoffes de toutes les nouveautés des maisons réputées pour avoir la plus grande vogue. Ces modèles, enlevés frauduleusement dans nos magasins, étaient emportés en Angleterre par les convois directs des chemins de fer, et dès leur arrivée on les copiait avec une rapidité dont le prodige était encore surpassé par le chiffre prodigieux de mètres d'étoffe qui s'en fabriquait, tellement que l'inventeur du genre avait eu à peine le temps d'en vendre quelques pièces quand déjà son plagiaire en inondait les deux mondes; et ce métier de forban, connu des deux Gouvernements, toléré par la police, se faisait en plein jour, avec l'assistance du télégraphe électrique, de la poste et des chemins de fer à grande vitesse. Nos fabricants crurent parer ce coup en envoyant leurs nouveautés sur le marché de Londres avant même de les mettre en vente à Paris; mais alors les fabricants anglais s'adressèrent directement aux dessinateurs français, qui n'étaient plus, comme autrefois, attachés à une fabrique et exclusivement payés par elle, mais qui vendaient leurs dessins au plus offrant; ils leur demandèrent des dessins; ils obtinrent souvent les meilleurs, et comme il fallait des ouvriers habiles pour les exécuter, ils débauchèrent les nôtres avec leurs contre-maîtres. C'est ainsi que nous avons trouvé l'habile M. Bontemps, ancien directeur de la verrerie de Choisy, à la tête de la plus grande verrerie de Birmingham; M. Arnoux, un porcelainier expérimenté, établi chef des travaux d'art de l'immense fabrique de Minton; Carrier, Jeannest, sculpteurs, et vingt autres artistes de talent attachés aux plus grandes maisons de l'Angleterre et de sa capitale.

J'ai vu des esprits très-fermes, des industriels remplis d'expérience, s'inquiéter de ces menées. Ils les appelaient déloyales, et je les trouvais de bonne guerre industrielle, puisque nous n'avons pas agi autrement avec l'Italie et les Flandres tant que nous avons eu besoin de leurs artistes et de leurs ouvriers. Ils les considéraient comme très menaçantes, parce qu'ils voyaient notre élégance, notre bon goût, passer le détroit et s'acclimater en Angleterre; ils ne savaient pas que les arts, pas plus que les arbres, ne se transplantent vigoureux et tout venus. On réussit bien, avec mille peines, à en faire reprendre quelques-uns; la première année ils se couvrent d'une menue verdure et on applaudit, mais la seconde année déjà ils montrent des branches mortes et succombent bientôt dans le sol qui leur est étranger, dans l'air qui leur est contraire. Ainsi nos artistes transfuges arrivent pleins de sève et d'imagination en Angleterre; ils ne savent pas ce que coûte l'exil, ce que pèse l'ennui, ce qu'il y a de décourageant à n'être pas apprécié par des intelligences sympathiques, à n'être pas compris par des ouvriers adroits; au bout d'un peu de temps l'artiste ne se reconnaît plus lui-même, lui et son patron sentent qu'ils ont fait un mauvais marché. Aussi n'ai-je pas partagé les terreurs qu'inspira généralement cet embauchage, précurseur et conséquence de l'Exposition; j'y vis un affaiblissement passager pour nos fabriques, un moyen de concurrence momentané au profit de nos voisins, deux maux effacés rapidement par le niveau montant de nos progrès, et je m'affermis dans cette conviction, que les colonies d'artistes et d'ouvriers étrangers peuvent dégrossir une nation, lui communiquer des procédés nouveaux, l'enrichir de quelques tours de main, mais qu'ils ne lui portent ni l'originalité ni l'initiative. Ils me rappellent la fable de *l'Alouette et ses petits, avec le maître d'un champ :* aussi me suis-je bien promis de ne m'inquiéter que lorsque les Anglais, au lieu de faire faire leurs dessins par nous, entreprendraient de les faire eux-mêmes, au lieu d'emprunter nos ouvriers, formeraient les leurs. Or, c'est ce qui arrive aujourd'hui; c'est aussi ce qui m'inquiète.

L'Exposition de 1851, visitée par l'Angleterre entière, allait fermer ses portes, et les derniers visiteurs sortaient à peine du Palais de cristal, lorsque les lords du comité du conseil privé pour le commerce, frappés enfin, et à leur tour, de l'importance que les arts prenaient dans la vie sociale, dans les progrès industriels, et particulièrement dans l'extension du commerce, se réunirent et mirent à l'ordre du jour de la séance la discussion sur l'état des arts en Angleterre et sur les moyens de les faire prospérer. Il s'agissait, comme en toutes choses de l'autre côté de la Manche, de procéder pratiquement : aussi, sans faire une de ces enquêtes minutieuses comme les chambres les exigent et comme les *blue-books* en attestent la puérile et volumineuse inutilité, on décida la création immédiate d'un département des arts appliqués (*of practical art*), on constitua son personnel et on demanda au Parlement de doter ce nouveau service. La facilité avec laquelle furent votés les crédits dans les deux chambres est la meilleure preuve de l'assentiment que cette mesure avait déjà obtenu de l'opinion publique.

Avec ce département ministériel et ce budget voici ce qu'on a fait :

1° Une grande école centrale de l'art appliqué (*Metropolitan school of practical art*) a été établie dans Sommerset-House, en attendant qu'on la transfère dans les bâtiments plus considérables de l'hôtel Marlborough. Là se forment, à grands frais, des maîtres de dessin pour les écoles de toute l'Angleterre, et les jeunes gens qui se consacrent à cet enseignement sont non-seulement élevés gratuitement, mais on les paye, pour encourager leur persévérance et combattre les séductions des industriels qui cherchent à les attirer dans leurs établissements.

2° Une collection de plâtres et de modèles de toutes sortes, destinés à l'étude du dessin, est fabriquée pour le compte du Gouvernement et cédée par lui à toutes les écoles de dessin des trois royaumes, à des prix très-réduits et selon certaines conditions.

3° Un musée public d'objets d'art du moyen âge et de la Renaissance a été commencé, d'abord avec un fonds de 115,000 francs, appliqués à l'achat de quelques-uns des meubles qui furent exposés en 1851; puis cette collection s'augmenta des objets de toute nature, art et industrie, anciens et modernes, achetés sur le continent par des agents qui ont eu à leur disposition plus de 600,000 francs; enfin elle s'enrichit à une source qui est toute spéciale à l'Angleterre et à l'Amérique, à la source des dons et des legs, à la source non moins utile des dépôts temporaires d'objets d'art du plus grand prix.

On s'aperçut bientôt que l'enseignement des sciences, qui se lie à celui des arts, avait une égale importance pour l'industrie et se trouvait dans le même désarroi. De ce moment il fut question d'adjoindre au département des arts un département des sciences, qui conduira forcément à un département de l'instruction publique. Dès la première année, le budget a été de près de 2,000,000 de francs (79,846 liv.), ce qui est une assistance très-respectable, quand on songe que le Gouvernement abandonne à peine son système d'abnégation.

Si je faisais ressortir uniquement les avantages que l'Angleterre a droit d'attendre de cette initiative de l'État et de cette organisation nouvelle des arts et des industries qui s'y rattachent, dans un pays où ils ont été laissés à eux-mêmes depuis plus de deux siècles, je ne ferais voir que le côté de la question le plus séduisant pour les Anglais et le plus grave pour nous; je jetterais inutilement des inquiétudes dans les esprits de nos artistes et de nos industriels. Il importe de l'envisager sous son autre face, afin de montrer que, tout en nous menaçant, l'Angleterre nous donne le temps de nous préparer à la lutte. En effet, il a manqué, dès le début, à ces nouveaux départements ministériels les conditions de vie et de succès. Mes critiques ne s'adresseront pas aux mille détails d'exécution : elles porteront sur l'absence d'un chef autorisé et compétent, sur la direction, qui manque de l'intelligence pratique, enfin sur les mesures adoptées, qui ne sont pas appropriées à l'état des arts en Angleterre.

S. A. R. le prince Albert, homme de goût et de savoir, s'intéresse vivement, dit-on, à cette grande impulsion gouvernementale; mais il ne peut intervenir qu'indirectement, officieusement : l'autorité appartient au *Board of trade*. Ce conseil, ou comité pour les intérêts commerciaux, divise sa responsabilité entre ses membres, c'est-à-dire qu'il la laisse flotter un peu au hasard. En ce qui concerne les nouveaux services dont nous nous occupons, il l'abandonne aux soins d'employés subalternes, fort honorables sans doute et bien intentionnés, tels que MM. Cole et Playfair, devenus les directeurs des arts et de l'industrie, mais qui n'ont pas pour eux ce qui constitue l'autorité morale; j'entends la position sociale, des antécédents illustres et les connaissances spéciales. Aussi qu'est-il advenu? L'enseignement des arts a pris dans toutes ces écoles, établies à grands frais, une régularité bureaucratique, et se ressent déjà d'une sorte d'esprit mécanique et systématique qui tient, à la fois, des méthodes lancastriennes et des rouages d'une fabrique.

L'éducation des maîtres de dessin est en tout point insuffisante. Des jeunes gens sans expérience sont décorés du titre de professeur et placés à la tête de grandes écoles avant de s'être formé le goût, avant d'avoir acquis la science. Suffit-il donc d'une certaine habileté de main, d'une routine d'exécution, pour enseigner le dessin, même à des écoliers? Ne faut-il pas pouvoir accompagner l'enseignement positif, et pour ainsi dire matériel, de notions judicieuses appropriées à chaque intelligence? Ne faut-il pas apporter dans toutes les classes un mûr discernement, qui met chaque élève dans la meilleure voie de progrès?

L'éducation industrielle (*technical classes*), telle qu'elle est pratiquée à l'École centrale de Londres, telle qu'elle va se propager dans les autres villes de l'Angleterre, est un véritable joujou, et un joujou coûteux. Enseigner dans un établissement public, et à la fois, la science de l'architecture et de la construction, les règles de la décoration et de l'ameublement, la fonte des métaux, la théorie des machines, le dessin *industriel* des papiers peints et de tous les tissus; en outre, la gravure sur bois et sur cuivre, la lithographie et la peinture sur porcelaine; tout cela non pas théoriquement, comme on l'enseignerait du haut d'une chaire, dans un développement esthétique, mais pratiquement et manches retroussées, quoique privé de toutes les ressources de démonstration que les grands travaux donnent aux artistes et aux contre-maîtres de fabrique; se substituer ainsi, en amateur, à l'œuvre artiste et industrielle, aux architectes et aux maçons, aux peintres et aux fondeurs, aux porcelainiers et aux tapissiers, c'est le monde renversé, c'est l'apprentissage pris à rebours, c'est la ruine des principes enseignés par l'expérience la plus vulgaire, et, pour compenser les dépenses de ce grand établissement de Sommerset-House, de ses collections, état-major, directeurs, professeurs, employés de toute sorte, 120 jeunes apprentis occupés à une maussade besogne. La belle avance pour la grande industrie anglaise, qui prétend devenir la pourvoyeuse du monde! Et cependant M. Cole proclame les progrès faits par ses élèves, particulièrement dans la classe de peinture sur porcelaine; il affirme que des peintres d'un mérite égal à ceux de Sèvres, Dresde et Munich peuvent être formés en Angleterre, et qu'il dépend maintenant du public de donner au pays, en les employant, le moyen d'avoir une école de peintres en couleurs vitrifiables égale à aucune autre du continent. J'ai vu de ces peintures, contrefaçons maladroites des peintures de l'ancien Sèvres; comparez-les aux ingénieuses créations de Hamon, Schilt, Jacober et autres, et vous vous expliquerez quelle analogie il peut exister entre un travail de manœuvre et les heureuses dispositions d'artistes distingués. De pareilles illusions suffiraient pour marquer dans quelle fausse voie s'aventure ce nouveau département des arts.

Donner de bons modèles à bon marché est une excellente mesure, que nous sollicitons pour la France depuis longtemps; mais répandre des pauvretés et les vendre assez cher, ce n'est pas avancer la question. Nous avons vu la collection des modèles dessinés sous la direction du département des arts; elle fait pitié. Nous avons examiné le choix des moulages en plâtre et les objets imités en galvanoplastie; il aurait exigé une critique autrement exercée. Répandre les œuvres de Phidias et de ses successeurs, des artistes grecs établis à Rome et des artistes italiens et français les plus purs des xve et xvie siècles, c'est une chose sensée, quand on a le soin de bien marquer le rang de chacune d'elles, d'indiquer les tendances, les mélanges et les pentes, parce qu'une même grandeur, une même noblesse a animé tous ces styles; mais placer sous les yeux des enfants, et sans avertissement préalable, le gothique, la Renaissance, les sculptures de Versailles et celles de plusieurs de nos monuments de Paris, dont nous n'aurions jamais supposé l'autorité en matière d'enseignement, c'est là une aberration qui doit avoir les conséquences les plus funestes; c'est faire passer l'Angleterre, sans aucune transition, de l'ignorance des arts à leur corruption.

Ce défaut de délicatesse et de mesure dans l'adoption des modèles d'étude est encore aggravé par la création de deux musées insensés. On refait à Londres, imparfaitement et mesquinement, notre musée de l'hôtel de Cluny, en y associant quelques branches du musée de notre Conservatoire des arts et métiers; c'est-à-dire qu'au bric-à-brac du passé on associe les produits dépourvus de style noble et de goût sévère de l'industrie moderne. Offrir ainsi en modèle à la jeunesse artiste et à la classe ouvrière les évolutions misérables des modes de tous les temps, dans un pays dont le goût devrait être guidé avec fermeté et sans hésitation dans la seule voie ouverte au véritable style en toutes choses, dans un pays qui est très-peu avancé dans l'érudition archéologique d'un passé dont il n'a pas sous les yeux les monuments debout et vivants, c'est inquiéter son esprit, dérouter ses idées, fausser ses bons instincts. Mais cependant l'influence du musée de Sommerset-House, de cette contrefaçon arriérée de nos collections publiques, eût été sans importance, si un autre musée, créé sous l'influence de la Commission royale de l'Exposition de 1851, quoique indépendant de toute subvention de l'État, ne venait s'ajouter à lui et donner cette fois au pays entier, et particulièrement à Londres, sa métropole, une véritable indigestion de l'art et de ses applications à l'industrie. L'Angleterre ne s'était-elle donc point suffisamment passé ces fantaisies coûteuses? Nous avons vu, il y a trente ans, son Colosseum, avec ses paysages suisses animés par de vrais sapins, de vraies vaches de l'Oberland et de vraies paysannes de l'Helvétie; nous avons vu ses monuments de l'Inde et de la Nubie en plâtre et en carton peints : ne pouvait-elle donc pas éviter un nouvel enfantillage, éviter surtout d'offrir à la nation un amalgame capable de donner le vertige aux jeunes élèves sans expérience et des nausées aux artistes vieillis dans des études sérieuses? Ignore-t-on chez nos voisins qu'on ne juge bien l'art égyptien que lorsque le profil de ses monuments se détache sur le ciel bleu de l'Orient et sur l'immensité du désert; qu'il faut voir le Parthénon au haut de l'Acropole d'Athènes, en vrai marbre, dans la pure atmosphère de l'Attique, et que ces grandes impressions ne se remplacent, pour ceux qui ne peuvent faire le voyage, que par un tableau fait de main de maître ou par les moulages exacts de fragments caractéristiques? Juger des monuments en dehors de leur destination, des styles en faisant abnégation du pays et des temps qui les ont formés, c'est confondre dans sa tête tout et à plaisir. Si l'Angleterre avait demandé à ses rivaux le meilleur moyen de compromettre pendant vingt ans le goût de sa jeunesse et de la nation entière, de rendre inutiles l'influence salutaire de son admirable Musée britannique, de la Galerie nationale et des cartons d'Hampton-Court, les efforts judicieux des anciens dilettanti et de leurs savants successeurs, parmi lesquels il suffira de citer le vénérable Cockerell, ses rivaux lui auraient dit : Faites de tous les monuments de la terre des trompe-l'œil, des fac-simile qui n'en sont que la plus grotesque grimace; en peu de mots, dépensez trente millions de francs pour créer le palais de Sydenham.

Ainsi donc il se fait en Angleterre des efforts, mais ces efforts jusqu'à présent ont été mal dirigés; les chambres prêtent leur concours au Gouvernement, qui remplace le *selfsupporting*, ou l'abstention, par l'enseignement gratuit et les encouragements de tous les genres; mais ce changement de système n'est pas encore assez franc ni ces encouragements assez généreux. Voilà des raisons pour calmer nos inquiétudes et nous donner le temps de préparer nos batteries de défense. En outre, vous pouvez vous dire qu'on ne fait pas d'un coup de baguette, qu'on ne crée pas en un jour, même avec les meilleures institutions, une nation artiste; qu'il a fallu à la France, à ne remonter que jusqu'à saint Louis, six cents ans de royauté artiste, intelligente et dévouée, pour s'élever à la supériorité qu'on lui reconnaît.

Et cependant prenez garde, on répare facilement ces imperfections, on comble vite ces lacunes, et les derniers venus ont sur leurs devanciers l'avantage de profiter de coûteuses et lentes expériences. Jusqu'à présent nous n'avons eu à lutter que contre des efforts individuels, et nous sommes déjà atteints sur quelques points dans les arts, battus complétement par les poteries de Minton, menacés par l'orfévrerie d'Elkington et par plusieurs autres industries. Quand un peuple a les grandes facultés, et par-dessus tout cette qualité de persévérance qui ne connaît aucun obstacle, vous avez tout à redouter. Les Anglais, quoi que vous en pensiez, ont les dispositions artistes les plus rares à un degré éminent. Jusqu'à présent ils n'ont pas su les développer, parce qu'ils n'ont pas considéré qu'il importait de faire passer cet intérêt parallèlement avec d'autres qu'ils ont crus plus importants, comme leurs institutions sociales, l'industrie mécanique, la marine, etc. Aujourd'hui ils mettent l'art, non pas en première ligne, ils ne lui accordent pas encore sa véritable place, mais à un rang respectable, et ils ont compris que, sous ce rapport, académies, écoles, industrie, la nation entière, étaient arriérées. Ils ont entrepris de les relever de cette déchéance, et soyez certains que l'Angleterre atteindra sur ce point une grande hauteur, et, si vous n'y prenez garde, une supériorité sur vous, comme elle l'a obtenue dans ses routes, ses canaux, ses chemins de fer, ses chevaux, son industrie, sa marine, en tout et partout où elle a voulu, car elle sait vouloir.

NÉCESSITÉ DE S'OPPOSER À L'ENVAHISSEMENT DU MAUVAIS GOÛT EN FRANCE,
POUR LUTTER CONTRE LA RENAISSANCE DU BON GOÛT À L'ÉTRANGER.

Notre succès à l'Exposition de 1851 serait le plus traître des flatteurs, s'il nous avait fait illusion au point d'endormir notre intelligence, d'engourdir nos bras, de paralyser notre ardeur.

De quelle résolution la France a-t-elle fait suivre cette reconnaissance générale de sa supériorité? S'est-elle dit dans sa suffisance : Nous serons toujours supérieurs à nos rivaux; qu'est-il besoin d'autres efforts? ou bien, se laissant aller au découragement, s'est-elle écriée : Nous sommes perdus, car les étrangers, connaissant désormais le secret de notre force, vont nous disputer nos succès en appelant à eux nos ouvriers les plus habiles, en imitant nos institutions consacrées par une longue expérience?

J'ignore ce que la France décidera. Suffisance aveugle ou découragement énervant seraient également funestes dans la position critique où nous nous trouvons. Je sais qu'il est une manière commode de nier le danger, de croire même qu'il n'existe pas, c'est de fermer les yeux pour ne pas le voir. Je n'ignore pas qu'il y a vingt manières de s'étourdir sur le péril; mais j'ai appris par expérience qu'il n'y a qu'un bon moyen pour le vaincre, c'est d'aller droit à lui, et, après l'avoir démasqué brutalement, de le combattre avec conviction et courage.

Notre suprématie dans les arts et dans l'industrie sera bientôt contestée sur plus d'un point; elle est déjà menacée partout, menacée par les efforts de nos rivaux, menacée dans nos propres mains par des symptômes inquiétants de décadence. Il est donc urgent d'y pourvoir.

L'originalité de l'Angleterre, l'habileté de la Belgique, la persévérance réfléchie de l'Allemagne, la hardiesse des États-Unis, et en tous pays des moyens d'éducation artiste qui ne laissent sommeiller aucune faculté, sont autant de batteries dirigées contre notre école d'architectes, de peintres et de sculpteurs. Si nous comparons les progrès obtenus depuis vingt-cinq ans par les pays étrangers et ceux que nous avons faits nous-mêmes, nous pourrons calculer mathématiquement le moment où nous aurons nos émules pour égaux, et bientôt après pour vainqueurs. Il n'est donné qu'au soleil de briller dans l'inaction. Si nous nous croisons les bras, nous serons complétement fourvoyés dans une impasse de pastiches et de médiocrités. Bientôt notre industrie, qui s'inspire de nos arts, sera délaissée, car partout les goûts nationaux et les marchés étrangers seront desservis par nos rivaux, qui, nous égalant dans ce qui touche à l'art et au bon goût, nous surpasseront par la perfection de l'outillage, par les prix des matières premières et du combustible, par des rapports commerciaux plus étendus, par le bas intérêt et l'abondance des capitaux. Prenons en exemple les toiles, les cotons, les soies et les papiers peints, quatre industries formidables dans lesquelles nous luttons avec les grandes puissances commerciales. Nous avons tout contre nous; elles ont tout pour elles, excepté le bon goût, qui est notre arme. Les Anglais exportent pour 150,000,000 de francs de toiles peintes, la France pour 30,000,000. Les toiles anglaises se vendent meilleur marché, les nôtres ne luttent que par l'élégance des dessins et l'harmonie des couleurs. Sur les 700,000,000 de kilogrammes de coton que la terre produit, l'Angleterre en fabrique plus de la moitié, les États-Unis un quart, et l'industrie du continent européen se partage les 175,000,000 de kilogrammes restant. Cette infériorité devant les chiffres nous laisse la supériorité, si nous considérons la qualité des produits et peut-être le revenu net des bénéfices. En tout cas, lutter contre le bon marché anglais et américain n'était pas possible, et nous ne l'avons même pas tenté; mais Wesserling et l'Alsace entière, Saint-Quentin et Tarare s'ingénient tous les jours à varier les combinaisons des tissus, la distinction des dessins, l'heureuse harmonie des couleurs. Il se fabrique en France, et presque exclusivement à Lyon, pour 400,000,000 de soieries, dont 250,000,000 sont exportés, représentant 40 p. o/o de l'exportation totale de notre industrie, et cette admirable branche de notre commerce ne doit sa supériorité qu'à des qualités artistes. Nous fabriquions, au commencement de ce siècle, les papiers peints de l'Europe et de l'Amérique; chassés de tous les marchés étrangers par la concurrence locale, qui livre ses produits à plus bas prix, nous avons maintenu notre supériorité et l'écoulement de nos papiers peints partout où on recherche l'élégance.

La crue montante de la concurrence étrangère, son habileté à s'emparer des séductions de l'élégance, seraient désespérantes, si l'extension du goût n'était pas en rapport exact avec son épuration, si, en même temps que les peuples s'éprennent d'amour pour les arts, leurs hautes classes ne discernaient pas plus facilement la véritable distinction de la distinction d'emprunt, l'originalité de bon aloi de la contrefaçon maladroite. Cette marche simultanée nous permettra de faire toujours apprécier notre supériorité, mais à la condition de maintenir hors d'atteinte et d'élever sans cesse le bon goût, dont nous pouvons rester les gardiens et les interprètes.

Telle doit être, en effet, notre mission; sommes-nous loin de compte? je le crains. La décadence nous envahit, le mauvais goût s'intronise au milieu de nous; le guide sûr, la direction puissante, nous manquent. Rien ne surgit depuis quinze ans. La France semble une terre épuisée que dorent encore les épis de la dernière moisson. On sent une sorte d'arrêt; il se fait entendre comme un cri de détresse. Prenons garde, ces crises arrivent d'ordinaire au moment des grands enivrements, quand on se couronne de roses, et que, paresseusement couché sur ses lauriers, on regarde d'un œil aviné les efforts de rivaux dont on croit n'avoir rien à craindre. Être en possession de la mode, c'est avoir un crédit ouvert de toutes espèces de folies et d'absurdités, crédit considérable, mais limité; quand on l'absorbe, on est ruiné à tout jamais. Depuis une cinquantaine d'années, nous avons beaucoup usé de ce crédit; je crains bien que nous ne l'épuisions, que nous ne dissipions bientôt ce vieux patrimoine, car je vois déjà les étrangers, et parmi eux ceux qui étudient sérieusement l'état des arts en France, être frappés d'un abaissement général du goût. Tandis qu'un sens persistant de grâce et d'élégance faisait pardonner à nos ancêtres, au milieu de nos décadences des xve et xviiie siècles, leurs déviations fâcheuses, leurs excès immoraux, ce sens, qui dans les arts est la distinction du style, dans l'industrie le bon goût des applications de l'art, semble s'être perdu de nos jours ou être en train de se perdre.

Comment en aurait-il été autrement, quand, depuis les débuts de ce siècle, la manie archéologique nous jette dans l'imitation acharnée de tous les styles les uns après les autres? Comprenez-vous comment l'art n'a pas été radicalement tué sous deux générations de fossoyeurs qui se succèdent lugubrement depuis soixante ans, occupés exclusivement à fouiller les tombeaux de toutes les générations passées, à arracher des débris à tous les monuments, à les étiqueter, à les classer suivant l'âge, la provenance, l'école, la destination, à les étaler dans de vastes galeries, à les copier aveuglément, servilement, sans choix et comme poussés par un fétichisme fanatique, à les imposer tous, mais successivement, comme la règle immuable et exclusive, comme le modèle unique? Comprenez-vous quelle atmosphère sépulcrale plane sur ces hommes, et combien est grande la nécessité d'aérer et de parfumer ces caves de l'art moderne : d'aérer avec la brise fraîche de la nature, de parfumer avec un choix de véritables modèles; combien il est urgent de constituer des hommes pratiques et une génération saine et vigoureuse qui sache faire une distinction radicale entre l'art créateur et les monuments du passé, comme on distingue la vie réelle de l'histoire?

J'ai retracé les variations des styles de l'architecture et les retours de mode dont chacun d'eux a été l'objet de nos jours, successivement et sous nos propres yeux, si bien que des édifices, lents à s'achever, portent à chacune de leurs assises la marque de chaque inondation nouvelle, le stigmate de ces caprices. Je n'ai pas le courage de critiquer ces monuments. Tout homme qui réfléchit l'a déjà fait, et c'est un problème inexplicable pour les étrangers que la nullité de l'architecture française depuis la révolution de 1789, chez un peuple qu'ils sont habitués, depuis huit cents ans, à considérer comme l'initiateur et le chef de file. Ils ignorent, ces visiteurs de quelques jours, quelle influence désastreuse ont exercée depuis soixante ans d'abord l'abandon des traditions, puis les engouements impatients du public, engouements qui pénétraient jusque dans l'École des beaux-arts, par l'influence des hommes politiques, ministres de la maison du roi ou de l'intérieur, intendants ou directeurs des arts.

Si la sculpture était représentée seulement par les compositions exécutées en marbre, œuvres de quelques artistes de mérite, je pourrais lui reprocher sa froideur théâtrale devenue plus tard une insignifiance dissimulée sous un bon maintien, je pourrais aussi vanter avec plaisir sa science et sa pureté; mais la sculpture d'ornementation, la vraie sculpture, si elle était comprise dans ses conditions d'associée dévouée de l'architecture, prouverait, au besoin, qu'une fécondité banale, qu'une facilité de main déplorable a remplacé les qualités de notre ancienne école de sculpture. Je n'en dirai pas davantage. Quant à la peinture, elle flotte entre le laid par parti pris et l'affectation dans tous les genres, affectation de sentiment efféminé, de grâce enfantine, de naïveté précieuse, d'élégance frêle, de types maladifs soi-disant religieux : on sent que la vie sérieuse s'échappe et s'évanouit, que les qualités fortes manquent; le style dans ses conditions de noblesse est battu par la trivialité; la grande peinture historique, qui se prêtait aux rêves de l'imagination poétique et aux inspirations religieuses, fait place à la peinture de vulgaires réalités, dite peinture de genre. M. Winterhalter et la dynastie des Dubuffe conservent la vogue pour les portraits depuis plus de vingt ans, malgré les efforts tentés par les peintres consciencieux pour montrer combien une image fidèle, sérieuse, vivante, diffère de ces enluminures qui sourient pendant quelques années et grimacent bientôt aux yeux de tous et des modèles eux-mêmes, fort étonnés de s'être autrefois reconnus, de s'être aimés un jour dans ces miroirs trompeurs.

Comme un astre qui se brise et laisse derrière lui une traînée lumineuse, l'école française, si éclatante avant la Révolution, si heureusement inspirée il y a vingt ans, s'est divisée en une multitude de genres secondaires et de petits talents qui ont aussi leur éclat, un éclat de nébuleuses.

L'industrie s'est ressentie de cet amoindrissement; l'art ne l'anime plus directement, il ne projette sur elle qu'un obscur reflet. Je suis effrayé de la médiocre et fausse originalité de nos dessinateurs pour étoffes, tapis, rubans. Ils vont furetant dans le cabinet des estampes, ils extrayent de ces catacombes de l'art quelques idées, et leurs yeux, devenus une sorte de kaléidoscope, tournent sur elles et en tirent des combinaisons infinies qui suffisent aux modes de chaque jour et à l'ébahissement des niais, mais qui, aux yeux de l'homme de goût, sont tout aussi médiocres que l'idée mère qui leur a donné naissance. Comme on possède des mécaniques à combinaisons arithmétiques, ces artistes sont de véritables mécaniques à combinaisons de dessins; ils n'observent pas un principe, ils ne suivent pas une règle, ils n'ont pas même une faculté ou une prédilection. Aussi quelle misère de redites dans cette ornementation soi-disant si riche! Quand les frères Fannières, Liénard, Cornu et deux ou trois autres bons dessinateurs sont parvenus à trouver une idée vraiment originale, aussitôt la foule des imitateurs d'accourir à la curée, et vous voyez en moins d'une saison *l'oiseau défendant son nid contre un reptile* mis à toutes sauces dans la vaste cuisine industrielle!

Toute la fabrication de Limoges, les productions même de nos porcelainiers de Paris, mises à côté de l'exposition de Minton, faisaient peine à voir. Jamais avertissement plus sévère n'a retenti à mes oreilles qu'en face de cette céramique de bas étage. Non, le pays qui, après s'être glorifié de l'artiste auteur de la faïence dite de Henri II, a donné le jour au délicieux Bernard Palissy, a vu fleurir les fabriques d'Avignon, de Nevers et de Rouen, et qui peut produire de pareilles énormités, qui possède un public capable de les tolérer, que dis-je? de les approuver, puisqu'il les achète, ce pays a le goût faussé. Type et caractère de figures, esprit de la composition, invention des formes et choix des ornements, association de l'or et des couleurs, tout cela hurle, fait grincer les dents et descend dans le mauvais goût à des profondeurs inouïes. Ne me parlez pas de l'excellence de la pâte, de la blancheur de l'émail, de la hardiesse de l'exécution, du bon marché des articles les plus voyants : ce sont autant d'aggravations du mal, puisqu'avec toutes ces ressources matérielles vous manquez de l'ingrédient qui ne coûte rien et qui donnerait du goût à toutes ces choses, du sentiment de l'art. Et, en effet, avec ces excuses on arrive à répandre dans le pays des faïences et des terres de pipe usuelles qui ont une barbarie de formes, de couleurs et d'ornementation digne des peuples en enfance : que dis-je? il y a plus d'art, plus de sentiment de la forme, plus d'amour pour l'harmonie des dessins et des couleurs dans ce qui nous est parvenu des peuples incultes, Celtes, Germains, Gaulois, dans ce qu'on avait apporté à l'Exposition de Londres des forêts de l'Amérique et des déserts de l'Afrique, que dans la vaisselle de nos campagnes. Nos marchands de bric-à-brac vont échanger dans les fermes de la Normandie et du Nivernais des services entiers de faïence neuve contre une seule pièce d'ancienne vaisselle, prouvant ainsi à ces populations, par le meilleur des arguments, à quel point le goût s'est altéré dans nos fabriques.

Nous faisons, il est vrai, mille petits articles, dits de Paris, mieux que tout autre pays; mais ce n'est pas avec ces babioles qu'on se tient à la tête de l'industrie du monde. Il arrive un jour où la mode adopte d'autres babioles qu'on fait mieux à Berlin ou à Vienne, et notre industrie est aux abois : ainsi les trônes s'écroulent au grand étonnement des rois qui s'y croyaient le plus solidement assis.

N'estimez dans les arts que les œuvres sérieuses et de grand style, dans l'industrie n'appréciez que l'art inspiré par l'originalité puisée à sa source la plus pure; ainsi, dans la littérature, vous êtes-vous jamais enquis du nom des auteurs de ces romans du jour, de ces vaudevilles du soir qui font jaser tout Paris pendant vingt-quatre heures? Non, vous savez que cela pousse sans culture dans le fonds inépuisable de l'esprit français, comme les fleurs naturelles croissent aux champs, comme les gracieuses fougères poussent dans la forêt; il vous suffit de savoir qu'il en faut et qu'il y en a: mais vous cherchez avec sollicitude les grandes œuvres dramatiques, les créations poétiques, les graves histoires, ces puissantes compositions qui mettent la gloire littéraire d'une nation hors de pair.

Est-il nécessaire de poursuivre partout ces symptômes de l'altération du goût? Non; en présentant les moyens de relever le bon goût, je n'aurai que trop souvent l'occasion de signaler le mauvais. Parcourons seulement nos édifices publics, examinons les décorations et les ameublements nouveaux de nos hôtels de ville et de nos ministères; ils donnent le diapason du goût que l'État propage, la mesure du style dont il se fait le patron. Les yeux sont éblouis, l'esprit est dérouté; pas une notion du beau qui puisse s'associer à cette manie de surcharger, d'entasser, d'empiler, de galvauder, d'abuser. Si d'une impression personnelle, rendue exigeante par l'idée peut-être trop grande que nous nous faisons des obligations de la France dans les choses de goût, nous passons à l'opinion d'un corps de l'État qui n'a cependant jamais marqué par des tendances exagérées de style et d'élégance, nous rappellerons qu'hier les chambres de commerce avertissaient notre industrie des draps que les marchandises des Anglais nous étaient préférées partout en Amérique, parce que nos voisins ornaient leurs pièces avec plus de goût que nous ne savions en mettre aux nôtres. Les Anglais ayant plus de goût que nous! C'est la chambre de commerce qui le proclame, l'entendez-vous?

Après la suppression de la cour et de son excellente direction, la principale cause de l'altération du goût est dans la division de la propriété, et par suite dans la cessation d'abord partielle, aujourd'hui presque complète, de la protection aristocratique. On objecte, il est vrai, qu'on n'a jamais tant construit, peint et sculpté, que jamais les artistes n'ont demandé et trouvé autant d'argent de leurs œuvres; oui, sans doute : mais cette protection enrichit l'homme qui s'est emparé de la vogue; elle laisse mourir de faim l'artiste de talent qui débute, celui dont les travaux consciencieux, les efforts vers un but élevé, demandent un appui. Quel est le Mécène de nos jours qui achète des tableaux avec la ferme conviction qu'ils ne vaudront pas, quand il les vendra, la dixième partie de leur prix d'achat? La libéralité des hommes d'argent pousse les jeunes gens dans les fausses voies où leurs œuvres deviennent des objets de spéculation; l'ancienne générosité des seigneurs les conduisait vers un but coûteux pour les protecteurs, plein d'avenir pour les protégés.

Ce déplacement dans la protection des arts a des inconvénients, des dangers réels, mais momentanés; il se lie à un grand fait moderne, à la transformation de la société par le nivellement des classes, résultat des institutions démocratiques, et par la facilité des rapports, conséquence de la rapidité de tous les genres de communications. Le nombre se substitue à l'élite, une fraternité universelle remplace le patriotisme qui acceptait pour limites les divisions arbitraires de la carte politique. Il n'y a plus de Pyrénées, disait Louis XIV en grand politique et en père affectueux; cette belle parole est devenue le mot d'ordre de l'humanité : il n'y a plus de frontières. Il faut maintenant compter avec les masses, masse de consommateurs, masse de producteurs, et s'attendre à voir un certain niveau d'uniformité s'étendre sur l'art et l'industrie de tous les peuples.

La richesse de notre époque en découvertes scientifiques, la rapidité des communications de toute nature, une certaine libéralité qui prend sa source dans l'impossibilité de rien garder secret, font participer à peu près uniformément les industries de tous les pays aux procédés les meilleurs, aux mécanismes les plus parfaits. Il y a bien des nations, comme l'Angleterre, l'Amérique et la France, qui tiennent encore la corde dans cette grande course dont la vitesse se traduit en bon marché; mais, en général, les nations les plus arriérées regagnent du terrain : l'Autriche, la Suisse, toute l'Allemagne, le Piémont et la Lombardie, les Pays-Bas, la Suède, la Russie même, font des efforts couronnés d'un succès déjà remarquable, et le moment est facile à prévoir où toutes elles arriveront au but. Admirable marche du progrès rêvé par les grands esprits d'un autre âge, réalisé par nous! Si le ciseau ou la navette pouvaient marcher seuls, disait Aristote, les esclaves auraient leur liberté; le ciseau de Colas, la navette de Bonelli, marchent seuls, et les esclaves et les serfs, et l'ouvrier, sont affranchis de toute la partie écrasante de leur labeur; ils travaillent moins des mains et des pieds, ils travaillent de la tête, c'est-à-dire qu'ils la relèvent en se sentant une part de création dans l'œuvre qui concourt au bien-être de tous.

Les cinq parties du monde, reliées entre elles par la chaîne continue des chemins de fer et de l'électricité, gravitent désormais avec ensemble vers le même but, et ce but est élevé. L'envisager dans toute sa grandeur, y marcher résolûment et bien préparé, c'est s'assurer le premier rang, l'autorité, la victoire, dans la grande marche de l'humanité. Quelles sont les armes propres à cette lutte? Une école des arts sans rivale, jetant dans l'industrie les inspirations les plus pures. Ces armes, nous les avions, et nous pouvons les reconquérir, si elles ne sont plus dans nos mains.

L'école française, dans son éparpillement, est arrivée au point de partage où l'on trouve deux routes : celle qui conduit à une renaissance, celle qui mène à une décadence. Avec les éléments d'une forte constitution, la vigueur au départ, le bagage complet du voyage, nous sommes dans un si grand désordre d'idées, dans une telle incertitude de projets, dans ce vague qui côtoie à distance si égale l'ardeur du combat et le découragement de la lutte, que nous pouvons, selon que sera la direction, marcher à pas de géant dans la bonne voie ou nous enfoncer aussi rapidement dans la mauvaise. L'un ou l'autre, il n'est pas permis de rester stationnaire; avancer ou reculer; mais il est un court moment d'arrêt qu'on remarque dans la boule qui, lancée en l'air, a terminé sa carrière ascendante et s'apprête à descendre; elle semble hésiter et regarder autour d'elle avant de prendre ce dernier parti : ainsi l'école française s'est arrêtée depuis dix années, prête à monter, prête à descendre, et cherchant quelle main puissante lui donnera la bonne impulsion.

Il n'est plus permis de demander si le don des arts, c'est-à-dire l'esprit inventif allié au bon goût inné, est une plante particulière au sol de la France, et qu'on ne peut acclimater en aucun autre pays. Cette plante est connue de tous, et elle pousse partout. Comme chaque production de la nature, elle a besoin de culture pour vivre et se développer : laissée à elle-même, elle risque de dépérir ou de dégénérer; soignée habilement, elle grandit et défie la concurrence. Telle est la question vitale de l'avenir des arts et de l'industrie en France, en face d'une concurrence qui s'élève partout menaçante, d'une ardeur générale à ouvrir la lutte, à tenter l'abordage.

Mais comment organiser une direction indispensable, maintenir l'autorité et la discipline, quand l'armée est innombrable; concilier la soumission, sorte d'abnégation de la personnalité, avec la liberté, source de l'originalité; élever l'art aux sommités en l'étendant à la surface, le maintenir pur en l'exposant aux mille alliages que l'industrie lui fait subir? La tâche est difficile; mais si elle était commune, vaudrait-il la peine de l'entreprendre? si elle n'était pas de la plus grande urgence, mériterait-elle qu'on y fît attention?

FIN DU PREMIER VOLUME.

www.ingramcontent.com/pod-product-compliance
Lightning Source LLC
Chambersburg PA
CBHW052234220526
45471CB00001B/43